# Global Marketing Management

# 全球营销管理

侯　旻　顾春梅 编著

浙江工商大学出版社 | 杭州
ZHEJIANG GONGSHANG UNIVERSITY PRESS

**图书在版编目(CIP)数据**

全球营销管理 / 侯旻,顾春梅编著. — 杭州:浙江
工商大学出版社,2022.10(2023.7重印)
ISBN 978-7-5178-4210-1

Ⅰ. ①全… Ⅱ. ①侯… ②顾… Ⅲ. ①市场营销学
Ⅳ. ①F713.50

中国版本图书馆 CIP 数据核字(2020)第 256854 号

# 全球营销管理
**QUANQIU YINGXIAO GUANLI**

侯 旻 顾春梅 编著

| | | |
|---|---|---|
| **责任编辑** | 唐 红 | |
| **责任校对** | 李远东 | |
| **封面设计** | 朱嘉怡 | |
| **责任印制** | 包建辉 | |
| **出版发行** | 浙江工商大学出版社 | |
| | (杭州市教工路 198 号 邮政编码 310012) | |
| | (E-mail:zjgsupress@163.com) | |
| | (网址:http://www.zjgsupress.com) | |
| | 电话:0571-88904980,88831806(传真) | |
| **排 版** | 杭州朝曦图文设计有限公司 | |
| **印 刷** | 广东虎彩云印刷有限公司绍兴分公司 | |
| **开 本** | 787mm×1092mm 1/16 | |
| **印 张** | 18.25 | |
| **字 数** | 400 千 | |
| **版 印 次** | 2022 年 10 月第 1 版 2023 年 7 月第 2 次印刷 | |
| **书 号** | ISBN 978-7-5178-4210-1 | |
| **定 价** | 69.00 元 | |

# 前　言

　　中国加入WTO(世界贸易组织)已21年,这21年是中国经济飞速发展的21年,也是中国企业从尝试走出国门到全面参与经济全球化进程的21年。随着我国对外开放程度提高,跨国公司全面进入中国市场的同时,越来越多的中国企业主动进入全球市场,积极参与全球竞争,取得了可喜的成效。10年前中国企业的国际营销还处于初级阶段,还无法在全球市场的范畴中进行科学有效的决策;10年后华为、中兴等一大批中国企业已经全面融入全球化时代,有效地开展全球营销。本教材正是基于这一大背景,希望能对我国企业的国际营销实践做一总结,对未来的全球营销进行展望,使更多的中国企业能更快走向全球市场,在全球市场上取得更好的发展。

　　本教材的内容共分为4个部分:

　　第一部分是全球市场营销概述,包括第一章认识全球市场和全球营销,主要介绍了全球市场营销管理学的产生和发展、全球市场营销的内涵和特点以及企业开展全球营销活动的动因。

　　第二部分是全球市场营销的环境研究,它主要包括:第二章全球营销的经济与金融环境研究,第三章全球营销的政治法律环境研究,第四章全球营销的社会文化环境研究,第五章全球市场分析。这一研究顺序是符合全球营销决策程序的,首先,一个国家的经济和金融环境客观地反映了该国的市场吸引力,如果通过对这些环境因素的分析发现一个国家具有市场吸引力,则可进一步通过分析研究该国的政治法律环境,以确定该国市场的可进入性,当企业进入一个国家后要在市场上站稳脚跟,则必须进一步研究该国的社会文化环境,以提高企业及其产品的市场适应性。企业要把握环境因素及其发展趋势,则需要进行全球营销调研,而全球营销调研是为全球营销决策提供依据的。

　　第三部分讨论的是全球营销战略决策,它是本教材的重点。第六章全球营销调研,是企业进入全球市场的前提;第七章是全球市场细分与目标市场战略决策;第八章是全球市场进入战略决策,它主要解决企业是否需要进入全球市场、进入哪个(些)目标国家市场以及如何进入等一系列战略问题。

第四部分讨论的是全球市场营销组合策略。其中，第九章全球市场产品决策，是其他各项营销组合决策的基础；第十章是全球营销渠道策略，它要解决产品如何从一个国家的生产者转移到另一个国家的消费者手中的问题；而要实现这一转移，离不开合理的定价决策和有效的沟通决策，因此，第十一章和第十二章我们将分别讨论全球市场产品定价策略和促销策略。

作为新形态教材，本教材在以下 3 个方面体现了创新性：一是视角新，除了将眼光投向全球化营销的大背景外，更加突出中国企业全球化最新成果；二是内容新，书中理论和案例都体现了全球营销的最新进展；三是形式新，每章开头都有明确的学习目标和需要把握的重点，由案例引出所要讨论的内容，可以激发读者的学习兴趣，每章结尾设有本章小结和本章关键概念，使读者对每章的主要内容和概念有清晰的认识，复习思考题可以帮助读者对每章的一些主要问题进行反复练习和深入思考。此外，结合知识点的短视频有利于读者更好地理解和把握全球营销理论和方法，其中这些资料不仅包括老师的讲授内容，还有大量文献、案例和视频的相关链接，丰富的案例材料有利于读者更快地了解中国企业的全球营销实践，更好地把握全球营销的前沿理论和发展方向。本教材可作为各类高等院校工商管理类专业学生的教材，也可供从事全球营销活动的市场实战人士阅读。

本教材由侯旻和顾春梅编著，在编著过程中汲取和引用了国内外许多专家学者的研究成果，在此，对有关专家学者表示感谢。由于全球营销理论与实践还处于不断发展过程中，加上笔者水平有限，书中难免存在不少缺陷，敬请读者批评指正。

本教材的顺利出版要感谢国家"双一流"专业（市场营销）建设基金的大力支持，感谢浙江工商大学出版社领导和编辑的鼎力相助，感谢研究团队金水明、李慧瑶、李灿灿、吴舒静、孟毅等同学为教材出版进行的案例收集、资料梳理工作。

作者

2020 年 11 月于浙江工商大学

# 目　录

# 第五章　全球市场分析

# 第六章　全球营销调研

# 第七章　全球市场细分与目标市场战略决策

# 第八章　全球市场进入战略决策

# 第九章　全球市场产品决策

# 第十章 全球营销渠道策略

# 第十一章 全球市场定价决策

# 第十二章 全球市场沟通决策

# 第一章 认识全球市场和全球营销

【学习目标】

☆了解全球营销学的产生和发展；

☆掌握全球营销的含义和特点；

☆把握全球营销的动因。

【导入案例】

2020年10月18日，中国内地首家茑屋书店在杭州正式开业。之后，茑屋书店还计划在广州、南京、西安、成都、北京、天津、香港、澳门等地拓展门店。茑屋书店到底有多厉害呢？

自2011年开始，茑屋书店的营业额就在日本屡创新高，每月盈利上亿日元，是日本其他品牌书店营业额的90％。有人称它为"全球最美的书店"，有人谈论其以图书为核心的多元经营，还有人研究它提出的"生活方式提案者"的运营模式。而这一切的基础，都离不开茑屋书店6000万会员的数据体系。

茑屋书店的创始人叫增田宗昭，他在2003年建立起了T-card会员积分体系。最初的T-card只是茑屋书店的会员卡，用户可以通过它来借阅、购买图书。随着茑屋书店业务规模的扩大，如今T-card积分体系（T-Point）已经囊括了全日本168家公司、64万家店铺，包括日本最大的加油站、消费者身边高频使用的宅急送、全家便利店等，T-card成了一个覆盖衣食住行的通用货币。基于T-Point庞大的数据体系，茑屋书店可以把用户画像做得很精细。

## 一、精准选品

在茑屋书店，你看到的不是按类别规则摆放的书籍，而是"一书一世界，一卷一乾坤"的生活方式。比如：意大利食物菜谱的旁边，会售卖书籍中介绍的意大利面、酱料等食材；挪威旅行书籍的旁边，会摆放挪威的明信片和定制的旅行产品，形成茑屋书店独有的"书＋x"经营模式。这些生活方式的提案者，是茑屋书店特有的专业选书团队。他们通过T-Point数据体系，对目标用户的偏好进行分析，而后搜集各个领域的精品书。每一个区域的提案者，都是该领域的KOL（关键意见领袖）。比如：茑屋音乐杂志专区的负责人，是第一位在芝加哥（爵士发源地）演唱爵士的亚洲女性；食品书籍卖场的负责人,是一位做了 35 年餐饮杂志的专家。

## 二、定制门店

基于用户数据的研究,茑屋书店实现了千店千面。茑屋书店有 1400 多家门店,每一家门店的定位、设计和功能都不尽相同。比如:在一个以老年人为主的社区,它会根据老年用户的活动需求进行规划和设计,处处体现温暖贴心的服务;在另外一个孩子较多的地区,它就可能装修得更加明亮一些,并设立儿童活动中心,摆放更多儿童书籍和绘本,让小朋友获得愉悦的体验;如果是在年轻人比较多的地方,它会变得更新潮、更有活力,设计成年轻人喜欢的样子。

## 三、特许经营

事实上,茑屋书店的盈利,20%来自图书音像制品的销售,80%都来自特许经营业务。茑屋书店以 6000 万用户数据作为资源,网罗了电信公司 Soft Bank、全家便利店、东宝电影院、三越伊势丹集团等公司,实现了积分的互通。一般来说,用户消费 100—200 日元,就可获得 1 积分。用户可以使用累积的积分,抵消实际消费金额,一般为 1 积分等于 1 日元。特许经营还可以降低发行积分的风险。如果消费者可使用积分的场景不够多,就会有大量积分保留在库,由于无法预知顾客什么时候进行兑换,发行积分的公司就必须准备大量备用金。

资料来源:https://mp.weixin.qq.com/s/Wq-JijRVrikKM_n-R6AiiQ。

茑屋书店的秘密          下一个即将红遍世界的日本品牌:茑屋书店

世界各个角落的企业,无论规模大小,一定知道全球经济对它们业绩的影响。互联网、电子商务、数字化沟通和信息透明化带来日趋移动办公的雇员、信息更加充分的顾客,以及快速变化的技术和商业模式。其结果是,许多企业必须选择全球营销战略以便赢得市场份额,获取并保留现有和潜在客户。市场营销变得更为重要,因为全球的企业都在尽力开发对顾客有吸引力的产品和服务,目的是在日益拥挤的全球市场上实现差异化。因此,营销战略是在全球市场上获取竞争优势的关键所在。

# 第一节　全球营销学及其研究对象

## 一、全球营销学及其产生和发展

### (一)全球营销学

全球营销学(Global Marketing),简称全球营销,是一门研究企业如何向多国消费者或用户提供商品和劳务,以获得全球利益最大化的学科,它是一门建立在市场营销学基础上的高级市场营销学。其目的在于实现所有营销活动在全球范围内的协调、合理化和整合,这些活动包括目标市场选择、营销组合决策、组织设计和控制机制等。全球营销活动整体包含开发全球产品、建立全球品牌、制订全球沟通和分销战略等。

### (二)全球营销学的产生和发展

任何理论都源于实践,同样,全球营销学的产生也是因为国际市场营销实践的发展,需要相应的理论来指导。

全球营销,或称国际营销,实际由来已久,正如美国全球营销学家基根所说,"全球营销是世界上一种古老的职业",古代国际商人是全球营销的最早实践者。如我国在公元前5世纪就有丝绸的国际营销,当时,我国的丝绸经甘肃,由新疆出境,销往希腊、罗马和印度等国家,受到当地消费者的喜爱。

但真正意义上的全球营销出现在产业革命以后。产业革命以前,资本主义国家的市场或贸易是由商业资本控制的,产业资本比较弱小,还不能支配自己的国内外市场。在这种产业资本从属于商业资本的情况下,生产企业无论是在国内市场还是国际市场上都不可能对产品从生产者到达消费者手中的全过程加以策划和引导,也就不可能有现代意义上的全球营销。产业革命以后,资本主义企业完成了从工场手工业到机器大工业的历史性转变,资本主义的生产力空前提高,产业资本迅速增长。资本家为了争夺国内和国际市场,开始支配和控制其市场销售活动,摆脱商业资本的控制并反过来控制商业资本。由于这个历史性转变,产品的市场销售活动,从原来纯粹的商业或贸易活动转变为产业资本引导产品从生产者到达国内或国际用户的一种企业活动,这种活动就是国际营销。但当时还没有系统的全球营销理论指导全球营销实践。

20世纪50年代以后,国际市场营销实践有了较大的发展。主要表现:一是市场空间逐步扩大,超越了国界的限制;二是随着市场的扩大,不仅是商品,还有技术、资本等实现了跨越国界流转。因此,原有的市场营销理论已经无法满足市场营销实践的需要,必须要有新的理论来指导跨越国界的市场营销活动的开展。于是,国际市场营销理论就应运而生。这一时期国际营销理论的发展大致经历了两个阶段:第一个阶段是第二次世界大战结束到20世纪50年代上半期,这一时期的国际营销学实际上就是将国内营销理论应用于国际贸易的问题。当时有关国际营销学的代表作是1956年出版的帕莱塔教授的《近代国际商业论》,此书正式采用了"出口营销学"这一用语,并把出口营销界定为"出口企业针对美国大陆以外的各国条件,运用美国商品化政策及营销方式,有秩序有组织的技术性交易过程"。第二个阶段是20世纪50年代以后,出口营销理论开始向现代国际营销理论演进。当时比较有代表性的人物是美国宾夕法尼亚大学克莱默教授,他在其1959年出版的《国际营销学》序言里指出:"目前,我们有必要采用国际企业、国际经营、国际营销等用语。其事实和根据是美国国际企业的海外经营活动有爆发性的扩大,所以陈旧用语(这里指出口营销学)就不符合时代要求了。"

### (三)全球营销的最新发展

进入 20 世纪 80 年代以后,全球市场营销实践发展进入了一个新的阶段,表现为生产要素和服务业的国际营销迅速增长,国际企业进入全球营销时代,此时,也是国际营销理论发展最突出的阶段,出现了大量的国际营销方面的专著,主要代表:杰恩的《国际营销管理学》(1984 年,第 1 版),菲利浦·科特勒的《国际营销学》(1987 年,第 6 版),等等。这标志着国际营销理论日趋成熟化和系统化。

国际营销实践的发展,要求国际市场营销理论更加注重对全球市场营销的管理和协调,因此,国际市场营销学更加强调对国际营销活动的分析、计划、组织和控制。目前西方多数国家是从管理决策的角度来研究国际市场营销活动的,因此,我们突出国际市场营销管理,正是体现了这种研究趋势。

20 世纪 90 年代以来,全球经济一体化进程加速,促使国际企业间的竞争不断扩大和激化,加快了世界买方市场的形成,迫使企业着力研究全球营销环境,以制订切合实际的全球营销战略,于是全球市场战略营销学等理论随之出现。近几年来,随着科技的发展,虚拟经营、电子商务等对传统的全球营销提出挑战,全球网络营销学等新的理论也在形成。

## 二、全球市场营销学的研究对象和方法

### (一)全球市场营销学的研究对象和内容

全球营销学是研究企业的全球市场营销活动及其规律性的学科,其核心内容是研究全球市场的需求,更好地为全球市场提供产品或服务,从而实现企业的营销目标。全球营销学从研究市场环境入手,进而讨论如何根据不同环境下的市场需求,开发设计相应的产品,采取合适的分销并制订合理的价格,通过适当的促销宣传将产品推向全球市场。在整个市场营销过程中,营销人员都应重视研究全球市场需求及其变化,努力满足需求,实现营销目标。

### (二)全球营销学的研究方法

全球营销学是应国际营销实践的需要而产生的,其直接目的是指导全球营销实践,因此,它是一门具有很强应用性和实践性的学科,这一特点决定了国际市场营销学研究的方法除了唯物辩证法等科学研究的基本方法外,还需要运用以下具体研究方法。

一是微观分析的方法。全球营销学是立足于企业的经济活动,通过微观分析和研究,指导企业的营销活动。虽然全球营销也涉及宏观问题,但它们不是主要的,所以我们还是从微观的角度来分析研究问题。

二是系统分析的方法。在全球营销活动中,全球市场的环境复杂多变,我们需要用系统的方法去分析研究各个层次的环境因素;各个国家的市场也是由各个因素互相影响、纵横交错而成的系统,因此,我们也应进行系统的分析;国际企业本身也是一个系统,各子公司、各部门之间相互联系,互相影响,必须系统地加以研究和调配,以取得整合优势。

三是动态分析的方法。影响企业开展全球营销活动的各种环境因素都不是固定不

变的,而是随时随地都在发生着变化的,市场的需求和竞争也时刻在发生变化,因此,企业的营销决策必须根据市场变化的要求及时进行调整。这就要求企业运用动态分析的方法制订相应的营销策略。

四是定量与定性分析相结合的方法。全球营销活动中的许多问题,如对形势的判断、对政策的理解和掌握等都涉及定性分析。但有些问题却需要通过定量分析来解决,如目标市场的评估、市场进入方式的选择等。因此,在全球营销学中需要把定性和定量分析这两种方法有效地结合起来,才可能进行科学决策。

### 三、全球营销学与相关学科的关系

#### (一)全球市场营销学与市场营销学

全球营销学作为市场营销学的分支学科,自然与市场营销学具有许多共性。与市场营销学一样,全球营销学也属于管理学范畴,它以管理学的基本原理为基础,吸收了经济学、行为科学、哲学和社会科学等学科的优秀成果。此外,由于全球营销学具有跨越国界的特点,它和国际经济学、国际贸易学、国际投资学、国际企业管理学、国际经济法学又有千丝万缕的联系。但总的来说,全球营销学主要运用了市场营销学的一般原理和方法,研究跨国营销的特殊问题。所以,全球营销学可以说是市场营销学的一个分支学科,它与市场营销学一样需要以市场为中心开展营销活动,只不过市场营销活动的范围更广、难度更大。全球营销学是一门建立在市场营销基本原理之上的高级市场营销学。

#### (二)全球营销学与国际贸易学

全球营销学主要研究企业如何在全球市场上开展营销活动,它是一门微观管理学;而国际贸易学是研究国与国之间的商品交换活动及其规律性的学科,是一门宏观经济学。

#### (三)全球营销学与国际企业管理学

全球营销学与国际企业管理学都属于微观管理学,但国际企业管理学的范畴比全球营销学广泛。国际企业管理学的研究范围包括国际生产管理、国际人事管理、国际财务管理、国际营销管理等,因此,全球营销学只是国际企业管理学的一个分支学科。

### 四、学习全球营销学的意义

第一,学习全球营销学有利于中国企业把握全球市场营销的规律性,尽快融入全球经济一体化的大潮中去,分享经济全球化的利益。进入 21 世纪,我国的对外开放程度将越来越大,同时,全球市场对中国企业及其产品的接受程度也将越来越高。中国企业应尽快把握全球营销的理论和方法,利用这一契机,积极参与国际竞争,迅速提高在全球市场上的地位。

第二,学习全球营销学有利于我国企业适应全球营销环境及其发展变化趋势,顺利开拓全球市场,并实现预期的营销目标。

第三,学习全球营销学有利于我国政府了解和运用国际惯例,对在华开展全球营销活动的国际企业采取相应的管理措施,以维护本国的正当利益。同时,我们也可借鉴外资企业的管理方法和经验,洋为中用,为中国企业的全球营销实践提供帮助。

# 第二节　全球营销的内涵和特点

## 一、全球营销的概念

全球营销是指企业向一国以上的市场提供产品或劳务,在满足市场需求的基础上实现更大的经济利益的跨越国界的经济活动。

理解全球营销的内涵可从以下几方面入手:①全球营销的主体是企业;②全球营销的范围是一国以上的市场,包括本国市场;③全球营销的内容是提供产品或劳务;④全球营销的目的是取得更大的经济利益。

## 二、与全球营销相关的几个概念

### (一)出口营销、多国营销和全球营销

从全球营销的发展阶段来看,国际营销活动的发展经历了出口营销→多国营销→全球营销等阶段。出口营销、多国营销、全球营销是国际营销在不同发展阶段的活动,它们既有区别,又有联系。如表 1-1 所示。

出口营销(Export Marketing)是指企业将国内生产的一部分剩余产品销往国外,此时,企业的市场重心是国内市场,仅把海外市场作为国内市场的补充。出口产品的行为也带有偶然性和辅助性,企业并没有真正将全球市场作为一个整体,以制订相应的营销战略和策略。出口营销是国际营销初级阶段的表现形式。

多国营销(Multinational Marketing)是指企业开始将国外市场作为目标市场,有计划地、系统地运用国际营销手段开拓国外市场。但此时企业的海外市场仍集中在少数几个国家,企业尚未将全球市场作为一个整体来制订和实施相应的营销策略。

全球营销是指企业将全球市场作为整体,从世界范围来筹划企业的营销行为,以求得企业的综合竞争优势,实现全球利益最大化。

表 1-1　跨国营销、多国营销与全球营销的区别

| | 定义 | 活动与职责 |
| --- | --- | --- |
| 跨国营销 | 跨越国界的营销活动 | 面对不同的环境,协调跨国经营所必需的活动 |
| 多国营销 | 在企业母国以外的多个国家开展营销活动 | 建立在国外市场开展营销活动所必需的营销形象,并开展相关的管理活动 |
| 全球营销 | 协调、整合和控制营销活动,使其实现全球利益最大化 | 整合国际营销活动,使全球利益最大化 |

资料来源:郭国庆、张平淡:《国际营销学》,中国人民大学出版社 2008 年版。

### (二)国际化经营、全球营销和跨国经营

从全球营销的活动形式来看,与全球营销相关的概念有国际化经营、全球营销与跨国经营。

国际化经营是一切涉外经济活动的代名词。它既包括引进产品、技术、资本等生产要素,也包括将产品、技术和资本输往国际市场。

全球营销是指企业将产品、技术和资本输往全球市场的经济活动,是国际化经营的表现形式之一。

跨国经营是国际营销的高级阶段,它是指企业向国外市场直接输出资本,通过在当地设立子公司或分支机构等形式,在国外直接从事产品的生产经营活动。通过跨国经营开展国际营销活动的企业往往被称作跨国公司。

### (三)国际企业

我们往往将从事国际营销活动的企业统称为国际企业(International Business)。国际企业有广义和狭义之分。

狭义的国际企业仅指跨国公司(Transnational Corporation),它一般具有以下特征:①在两个或两个以上的国家和地区;②通过直接投资设立分支机构;③在当地从事生产经营活动;④海外市场业务比重高,一般占总营业额的25%以上。

广义的国际企业包括面向国际市场,从事国际营销活动的所有企业。在此,我们讨论的是广义的国际企业。

## 三、全球营销的方式

企业进入全球市场的方式主要有以下三种。

### (一)出口

出口产品是企业进入全球市场的最基本方式,它是指企业在国内生产产品,然后将其销往国外市场。由于出口产品所承担的风险较小,所需资金也少,所以其是一般企业进入全球市场的首选方式。出口又可分为间接出口和直接出口两种具体形式。

### (二)合作

对外合作是企业开拓全球市场的又一种重要方式,它通过合约的形式,向国外输出技术、劳务等无形产品。其主要形式有许可证贸易、特许经营、合同制造等。

### (三)投资

投资是企业进入全球市场的高级阶段,它包括直接投资(FDI)和间接投资(FII)。直接投资是指企业通过对外直接输出资本,在国外设立子公司或分支机构,直接从事产品的生产经营活动。在本书中,我们主要讨论直接投资。

## 四、全球营销与国内营销

全球营销与国内营销的基本原理相同,但由于全球营销活动需要跨越国界在一个

完全陌生的环境下进行,因此全球营销要比国内营销更为复杂和困难。全球营销与国内营销的差别主要体现在以下几个方面。

**1. 营销环境的差异性**

由于企业的营销活动从国内市场延伸到国外市场,市场环境发生了很大变化。各国在经济、政治、文化等方面都存在着一定的差异,因此市场需求千差万别,在本国市场可行的营销策略不能直接在国外市场沿用,在国外某个国家市场成功的营销方法也不能照搬到另一个国家。

**2. 营销系统的复杂性**

营销系统是指在有计划的营销过程中,构成企业营销链的各种相互作用的参与者,包括企业的供应者、营销中介、顾客、竞争者等。构成全球营销系统的主要参与者的,有的来自本国,有的来自东道国,还有的来自第三国。而在国内市场上,这些参与者大多来自本国,因此营销系统相对较为简单。

**3. 营销过程的不确定性**

由于环境差异,各国的消费需求存在显著差异,从而使国际营销人员无法确切地把握国外市场的需求水平、需求构成、需求心理等,难以为之提供合适的产品、制订合理的价格、构建通畅的分销网络,也难以取得理想的促销效果。

**4. 营销管理的困难性**

全球营销管理的任务不仅在于把每一个国家的市场营销活动搞好,还需要对其在各国的营销业务进行统一规划、控制与协调,使母公司和分散在世界各地的子公司的营销活动成为一个整体,实现总体利益最大化。

从总体上看全球营销与国内营销的区别,如表 1-2 所示。

表 1-2　全球营销与国内营销的区别

| 比较内容 | 国内营销 | 全球营销 |
|---|---|---|
| 营销环境 | 本国环境 | 本国环境,他国环境 |
| 市场空间 | 一国:一国性、规模小、同质性较强 | 两国或两国以上:多国性、规模较大,异质性明显 |
| 营销利益 | 主要涉及企业利益 | 既涉及企业利益又涉及国家利益和国际关系 |

资料来源:陈祝平:《国际营销教程》,中国发展出版社 2009 年版。

**专栏 1-1　全球营销阶段**

(1)非直接对外营销阶段。此阶段公司并不积极培植国外客户,公司的产品可能会销售到国外市场,可能是销售给贸易公司或找上门来的国外客户。

(2)非经常性对外营销阶段。是指生产水平和需求变化所产生的暂时过剩而导致的非经常性海外营销。

从本质上讲,参与全球营销的前两个阶段更多地属于反应性行为,对国际市场扩张并没有战略考虑。

(3)有规律的对外营销阶段。在此阶段,企业拥有持久的可以用于生产在国外市场销售的产品的能力。企业可以雇用国外的中间商或国内的海外业务中间商,或者在重要的外国市场拥有自己的销售力量或销售公司。这些企业的生产和经营重心在于满足国内市场需求,但是,海外需求的增加,加强了针对国际市场的生产能力,并调整产品以满足国外市场的不同需要,海外利润不再被视为对正常利润的补充,公司依赖对外销售额和利润以实现公司的目标。

(4)国际市场营销阶段。在此阶段,公司全面参与国际市场营销活动,其在全球范围内寻求市场,有计划地将产品销往许多国家市场。这时不仅需要国际市场营销,而且需要在境外生产货物,公司已成为国际或跨国的营销公司。

(5)全球营销阶段。此阶段公司将包括本国市场在内的世界视为一个市场,从全球角度统一安排企业的组织机构、资金和生产经营活动等。通常公司的一半以上销售收入来自国外,国际市场营销向全球营销进程加快。

资料来源:[美]菲利普 R. 凯特奥拉等:《国际市场营销学》(原书第 15 版)赵银德等译,机械工业出版社 2012 年版。

### 五、全球营销与国际贸易

全球营销与国际贸易都是以国际市场为舞台的跨越国界的经济活动,都是以取得利益最大化为目标。但是两者在活动内容、活动形式等方面存在一定的差异,如表 1-3 所示。

表 1-3    全球营销与国际贸易的比较

| 比较内容 | 国际贸易 | 全球营销 |
| --- | --- | --- |
| 行为主体 | 国家 | 企业 |
| 产品跨越国界 | 一定 | 不一定 |
| 动机 | 比较利益 | 公司决策(通常是利润动机) |
| 信息来源 | 国家的国际收支平衡表 | 公司记录 |
| 营销活动 | / | / |
| 买和卖 | 进行 | 进行 |
| 实体分销 | 进行 | 进行 |
| 定价 | 进行 | 进行 |
| 市场调研 | 一般不进行 | 进行 |
| 产品开发 | 一般不进行 | 进行 |
| 促销 | 一般不进行 | 进行 |
| 分销渠道管理 | 不 进 行 | 进行 |

资料来源:Vern Terpstra, *International Marketing*, 4th. ed. (Orlando:The Dryden Press,1987).

从表 1-3 可以看出,全球营销与国际贸易主要有 3 点区别:

(1)行为主体的差异性。国际贸易是国与国之间的商品交换活动,其行为主体是国家;全球营销是企业在全球市场上开展的营销活动,其行为主体是企业。

(2)产品转移的差异性。在国际贸易活动中,产品必须实现跨越国界的转移,如商品的进出口活动;而在全球营销活动中,产品不一定跨越国界转移,如企业直接在国外投资,就地生产并就地销售,并不涉及产品的越国转移,同时,在全球营销活动中,即使是跨越国界的商品交换活动,也可以在一个企业内部进行,如母公司可以向在国外的子公司直接出口产品。

(3)活动内容的差异性。国际贸易活动除了进行产品的买卖、实体运输和定价以外,一般不进行其他活动,如市场调研、产品开发、分销管理和促销宣传等,而这一系列活动却正是全球营销的重要活动内容。

# 第三节　全球营销的动因

企业开展全球营销活动,无论对于国家,还是企业都具有十分重要的意义。全球营销的宏观动因主要是指全球营销活动给国家带来的利益,主要表现为:有利于扩大创汇,实现国际收支平衡;引进先进技术,加快技术改造;优化经济结构,带动国内产业发展;等等。

由于全球营销是一种企业行为,因此,在这里我们主要研究企业开展全球营销活动的微观动机和原因。

对于企业来说,进入全球市场,开展全球营销活动往往有以下动因。

## 一、全球营销的市场动因

企业开展全球营销活动的首要动机是获得更大的市场,具体来说,表现在以下四个方面:

### 1.进入国外市场

各国政府为了保护本国市场、扶持本国企业的生产和经营,往往采取一系列贸易保护措施,如关税和非关税壁垒,限制外国产品进入本国市场。因此,企业需要通过技术转让和对外直接投资等方式,将产品生产转移至市场国或不受贸易壁垒限制的第三国,以避开关税和非关税壁垒,使产品顺利进入该国市场。

### 2.拓展全球市场

由于一个国家的市场容量和潜量总是有限的,为了扩大市场,获得更大的市场生存和发展空间,企业需要通过全球营销活动来开拓市场。

### 3.市场多元化

由于销售的季节性等因素,某些产品经营可能出现波动。如果通过全球营销,将在国内市场处于滞销的产品销往处于热销的国外市场,就可以维持经营稳定,减少销售波动带来的经营风险。当企业在全球各国设有分支机构从事生产经营活动时,经营活动的弹性就会加强,对整个市场的适应性也会增强。通过市场多元化,可实现经营风险分散化。

**4. 市场内部化**

通过全球营销活动，特别是国际企业分散在世界各国市场的子公司之间的交易活动，可以将原来外部化的市场交易尽可能地内部化，纳入企业的管理体系中，实现对市场的支配和控制。所以，将全球市场内部化并发挥其优势，是全球营销的深层次动因。

## 二、全球营销的竞争动因

企业开拓全球市场的另一个重要动机是出于市场竞争的需要，这里又有四个方面的原因，其竞争目的不断深化，反映了企业的竞争动机更为理性和成熟。

**1. 避开竞争锋芒**

由于许多产品的国内市场供求日趋饱和，竞争十分激烈，为了避开竞争锋芒，企业开始走出国门，寻找更大的市场空间。例如：2017 年我国生产手机 19 亿部，其中智能手机 14 亿部，相比于 2017 年全球智能手机出货总量 14.62 亿部（IDC 数据），中国几乎囊括了全球所有智能手机的生产；2017 年中国生产笔记本电脑 1.724 亿台，相比于 2017 年全球笔记本出货总量 2.595 亿台（IDC 数据），中国占据了全球笔记本生产的绝大部分；2017 年中国生产液晶电视 1.69 亿台，相比于 2017 年全球液晶电视出货总量 2.11 亿台，中国占据了全球液晶电视生产的绝大部分。如表 1-4 所示。

表 1-4　中国在手机、笔记本、电视等各类产品生产规模上居全球首位

| | | | |
|---|---|---|---|
| 智能手机 | 14 亿部 | 14.62 亿部 | 几乎所有 |
| 笔记本 | 1.724 亿台 | 2.595 亿台 | 大部分 |
| 液晶电视 | 1.69 亿台 | 2.11 亿台 | 大部分 |

资料来源：IDC，WitsView，光大证券研究所，https://baijiahao.baidu.com/s? id=1632126508596952713。

**2. 追逐竞争对手**

由于企业的竞争对手已经开始向全球市场进发，如果企业不追随竞争对手进入全球市场，就会产生一种市场失落感或竞争失败感，因此，企业往往为了追逐竞争对手而进入国外市场。这实际上是一种"寡占反应"，它是指在寡占市场结构中，只有少数大厂商，它们互相警惕地关注着对方的行为。如果有一家率先投资海外，其他竞争对手就会相继仿效，追逐带头的企业去海外投资，这里固然有海外投资利润诱人的原因，更重要的是为了保持竞争关系的平衡，否则，竞争地位难保。从美国不少大企业的全球营销实践来看，寡占反应的现象十分明显。例如：在软饮料市场上，可口可乐与百事可乐这两大竞争对手之间；在美式快餐市场上，麦当劳与肯德基之间；在汽车市场上，通用与福特等竞争对手之间都存在着在全球市场上相互追逐、互相竞争的现象。这种寡占反应在跨国的竞争对手之间也存在，如美国的耐克公司与德国的阿迪达斯公司相互追逐国际运动鞋市场，美国的麦当劳与肯德基追逐美式快餐市场，等等。

**3. 锻炼竞争能力**

除了以上原因之外，许多企业跨出国门，开拓全球市场也是为了锻炼其在全球市场的竞争能力。因为全球市场的竞争水平一般超过国内市场，企业进入全球市场，就有机

会参与较高水平的市场竞争,从而可以借助竞争的动力和压力来推动企业技术创新和提高管理效率。

### 4. 发挥竞争优势

由于各国的经济发展阶段和技术进步水平不同,同一产品在不同国家处于生命周期的不同阶段,在一个国家市场上已不具备优势的产品,可能在另一个国家仍具有显著的竞争优势。某些在国内市场上供大于求、市场竞争力逐渐衰退的产品,可能在另一个国家的市场上正处于成长期,供不应求。因此,企业可将国内市场上已不具备优势的产品转移到国外市场,延长产品的生命周期,发挥其竞争优势。例如,20 世纪 70 年代末,日本企业将在本国市场上濒临淘汰的大量的黑白电视机出口到中国,使在日本市场上已没有竞争力的黑白电视机,在中国市场上重新焕发竞争力。

## 三、全球营销的资源动因

各国都有各自的资源优势,国际企业可以通过全球营销充分利用这些资源优势。许多跨国公司已将其置身于整个全球市场,充分利用各种资源,取得全球利益最大化。目前,大型跨国公司所需的零部件通常分散在世界各地生产,各国子公司只负责生产在该国具有资源优势的那部分零部件。例如,一架 777 飞机上有 300 万个零部件,由来自全球 17 个国家的 900 多家供应商提供。

### 1. 开发自然资源

由于各国的自然资源条件不同,企业通过国际直接投资,开发国外的自然资源,以弥补本国资源的不足,因此,对于资源贫瘠的国家来说,利用国外资源成为重要的投资目的。如日本开拓全球市场的重要原因是赢得本国所没有的资源。此外,开发国外资源可能比开发国内资源成本更低,收效更大。例如,我国中冶公司在澳大利亚投资建立"恰那铁矿",其开采成本只是本国的 1/8,而且矿产质量更好。这些优质的铁矿石,不仅可运回国内,而且可以销往其他国家和地区,取得更大的利益。

### 2. 利用劳动力资源

不少发达国家的企业纷纷来华投资,直接从事生产经营活动,除了看中中国巨大的市场外,更看中了中国所拥有的较低廉的劳动力等资源。

### 3. 获取技术资源

通过国际营销活动,还可以使企业获得通过其他途径无法获得的先进技术,这对于发展中国家的企业尽快缩小与发达国家企业的技术差距有着十分积极的意义。

### 4. 赢得信息资源

一方面,企业直接面对全球市场,有利于其更及时地了解全球市场的有关信息,为企业把握机会、科学决策提供条件;另一方面,企业走出国门,走向世界,也可以更直接地向海外市场传递信息,加强与国外消费者的沟通。

**专栏 1-2　被中国收购的国外知名企业**

**1.麦当劳**

麦当劳(McDonald's)是全球大型跨国连锁餐厅,1955年创立于美国芝加哥,在世界上拥有大约3万家分店,主要售卖汉堡包以及薯条、炸鸡、汽水、冰品、沙拉、水果等快餐食品。麦当劳公司旗下最知名的麦当劳品牌拥有超过32000家快餐厅,分布在全球121个国家和地区。在世界各地的麦当劳按照当地人的口味对餐点进行适当的调整。

2017年8月4日,中信股份发布公告称,此前公司联合凯雷拟以最多161.41亿港元收购麦当劳中国,于7月31日完成交割。10月,麦当劳公司名称"麦当劳(中国)有限公司"已于2017年10月12日正式更名为金拱门(中国)有限公司。

**2.通用家电**

通用电气创立于1892年,是世界上最大的提供技术和服务的跨国公司。但是,没有哪个企业是长盛不衰的,就像华为总裁任正非说"华为迟早要倒闭"那样。数据显示,2015年到2018年,通用公司接连亏损1930亿美元,几乎是要破产关门的节奏。就在这个时候,我们中国的企业海尔集团以55.8亿美元的价格,成功收购了通用电气家电业务。收购通用家电之后,海尔也一举成为全球知名的家电品牌,现在海尔旗下的业务已经遍布全球,一如当年的通用电气。

**3.美国的第二大影院 AMC(传奇影业公司)**

传奇影业公司(Legendary Pictures, Inc. 也称为传奇娱乐)是一家美国的电影制片公司,总部位于加利福尼亚州伯班克。公司成立于2000年。2016年1月12日上午,在万达集团并购传奇影业的发布会上,万达集团宣布以不超过35亿美元现金(约230亿元人民币)收购美国传奇影业公司。

**4.美国史密斯菲尔德**

1936年,史密斯菲尔德食品公司成立于美国弗吉尼亚州,20世纪80年代获得较快发展,到1998年成为美国排名第一的猪肉生产商,是全球规模最大的生猪生产商及猪肉供应商。2013年5月史密斯菲尔德和双汇国际达成战略性合并,双汇国际以总价71亿美元收购史密斯菲尔德。

2013年9月24日,双汇以71亿美元收购全球最大生猪屠宰商史密斯菲尔德的交易获得了后者的股东批准,这意味着这宗中国企业在美最大规模的收购案扫清了所有障碍。史密斯菲尔德在9月26日最终完成交易,从交易所退市后将作为双汇国际的全资子公司。

资料来源:看点快报,https://kuaibao.qq.com/s/20200212A075KL00? refer＝spider。

## 四、全球营销的利润动因

企业开展全球营销活动的根本目的是实现全球利益最大化。国际企业通过扩大市场、利用国外的资源优势等取得更大的收益。

(1)通过规模效应,获得更大利润。当企业的产品销量增加时,产品分摊的成本降低,从而实现规模经济效益。但是由于一个国家的市场容量有限,企业的产品销量往往受到限制,从而难以实现规模经济效益。通过全球营销活动,企业可以将产品销往国外市场,从而实现扩大销量、取得规模经济效益的目的。目前,我国绝大部分产品的国内市场已基本饱和,要扩大市场就应积极开拓全球市场。

(2)利用资源优势,获得更大利润。国际企业通过利用东道国的资源优势,包括上述自然资源、技术资源、劳动力资源及信息资源等可以降低成本,从而获得更大的收益。

(3)利用政策优惠,获得更大利润。各国政府为了鼓励本国企业走向海外,往往采取一系列优惠措施,如减免关税、出口补贴、出口退税等。因此,开展全球市场营销活动,有利于获得母国政府的政策优惠,同时,一些国家为了吸引外商投资,在税收等方面采取一系列优惠政策。国际企业也可以通过东道国政府的优惠政策获得更大的收益。例如,中国政府为了吸引外资,在税收方面采取两年免税、三年减半收税等优惠政策,这也是国际企业纷纷在中国投资的原因之一。

## ◆ 本章小结

全球营销学是一门建立在市场营销学基础上的高级市场营销学,随着全球营销实践的发展,正在成为越来越重要的理论。

全球营销是指企业向一国以上的市场提供产品或劳务,在满足市场需求的基础上实现更大的经济利益的跨越国界的经济活动。全球营销与国内市场营销及国际贸易活动有一定的联系,但它更为困难和复杂。

企业开展全球营销活动,无论对于国家还是企业都具有十分重要的意义。尤其对于企业来说,开展全球营销活动对于企业扩大市场、发挥竞争优势、锻炼竞争能力,以及实现全球利益最大化有着更为现实的意义。

## ◆ 案例分析

### 伊利海外收购的成果与启示

2017年,伊利集团营业总收入达680.58亿元,净利润60.03亿元,综合市场占有率超过中国整体乳制品市场的五分之一,是中国乳制品市场无可争议的绝对领导者。但伊利集团的目标并不止于此。在伊利集团的企业官网与其他企业宣传资料上,到处可见伊利集团的企业愿景,"成为全球最值得信赖的健康食品提供者",其中,最核心的两个关键词是"全球"与"健康食品提供者"。由此,我们可清晰地看到伊利集团的两个核心战略,第一个是跳出中国本土市场的全球化战略,第二个是跳出乳制品领域,覆盖更多品类的健康食品战略。

在伊利集团董事长潘刚眼里,伊利未来要成为一家覆盖多个食品品类,业务覆盖全球市场,能与雀巢、玛氏、达能等世界级的食品巨头企业相媲美的全球化品牌。如果说成为中国第一是伊利集团的上半场,那么成为一家真正全球化的世界级食品企业则是伊利下半场的愿景。围绕这一愿景,伊利集团一直在努力探索。

就在2018年11月29日,伊利集团发布上市公司公告,宣布其旗下全资子公司香港金港商贸控股有限公司将收购泰国本土最大的冰激凌企业 Chomthana 96.46% 的股权，交易初始对价为 8056 万美元。本次股权收购完成后，金港控股将成为标的公司的控股股东。这是前不久 Joyday 系列产品在印度尼西亚上市之后，伊利在东南亚市场的又一次重大业务举措。伊利收购 Chomthana 的消息迅速在国内引起业内的极大关注。

泰国是东南亚仅次于印度尼西亚的第二大冰激凌市场，Chomthana 是泰国本土最大的冰激凌和冷冻食品分销企业，拥有超过 37 年的行业经验，产品覆盖冰激凌、面包和甜点等多个领域。除泰国本土业务之外，Chomthana 公司同时还向周边 13 个国家出口冰激凌，深受东南亚消费者喜爱。伊利收购 Chomthana 公司股权，不仅可以借此快速进入泰国市场，还可以借助泰国在东南亚的地理优势，对整个东南亚国家市场形成辐射。这将是伊利成为一家全球化公司的重要桥头堡。对于伊利收购 Chomthana，全面进驻东南亚市场，香颂资本执行董事沈萌也评价认为，伊利这次收购泰国企业，是伊利国际化的一个重要里程碑，泰国是东南亚地区的重要国家和"一带一路"倡议的重要节点，是伊利国际化的审慎布局，也是中国乳业国际化的一个重要里程碑。

雀巢、达能等全球领先的食品巨头企业通过并购海外市场的本土优秀企业以实现全球化扩张。对于有志成为一家全球化食品企业的伊利来说，并购海外本土优质企业也将是其不可避免的全球化扩张手段。但过去，中国的食品企业很少具备海外并购的能力，多是被海外企业并购。例如，娃哈哈、汇源果汁与银鹭等众多国内知名食品品牌，都曾被雀巢、达能等海外巨头战略投资或者并购。

一个食品企业要想在海外收购本土企业，必须拥有领先的业务优势与全球化经验。如果不具备充足的业务优势与全球化经验，一方面收购企业很难得到被收购企业的认可，另一方面如果企业不具备领先的业务优势与丰富的全球化经验，即使收购了也很难整合成功。这是过去中国食品企业很少去并购海外优质本土企业的重要原因。因此，要想去海外收购企业，除了收购资金之外，业务基础与全球化经验都是收购成功的必要条件。

而伊利收购 Chomthana，也正是得益于其在全球化领域经营多年，积累颇深，是伊利全球化战略水到渠成的成果。

2010 年，正身处产品成本上涨和技术限制等瓶颈时期的伊利集团，毅然决然开启了整合全球优质的物质资源和智慧资源的"全球织网"战略，以进行全球化的产业链布局。伊利的"全球织网"战略，不只是将伊利的产品销售到全世界，而是整合包括奶源、研发、生产、物流和终端零售在内的全球产业链。除了在欧洲、大洋洲与美洲等地积极整合全球优质奶源，伊利还提出了"全球智慧链"的构想，围绕国际乳业研发的重点领域，整合海内外研发资源，从全球视角布设了一张涵盖世界先进研发机构的全球创新网络。

其中，在荷兰成立海外研发中心——欧洲研发中心；在大洋洲，投入 30 亿元在新西兰建设一体化乳业基地；在美洲，主导实施全球农业食品领域高端智慧集群——中美食品智慧谷。中美食品智慧谷集聚整合了全球综合排名前十的大学及在农业、管理、生命科学等各个领域全球排名第一的高校、科研院所和机构，形成中美乃至全球在农业食品方面"集聚院校机构最多、实力最强、涉及领域最广、最前沿，模式最独创、机制最灵活，影响最深远、受益面最大"的高端、超前智慧集群。

目前，伊利已经在亚洲、欧洲、美洲、大洋洲等乳业发达地区构建了一张覆盖全球资源体系、全球创新体系、全球市场体系的骨干大网。

除了这张覆盖全球的骨干大网，伊利全球化很重要的一个环节就是聚焦"全球最优品质"，积极对标国际标准，与SGS（瑞士通用公证行）、LRQA（英国劳氏质量认证有限公司）和Intertek（英国天祥集团）达成战略合作，制订了远高于中国标准的质量安全管理体系。其中，在国标线的基础上提升50%标准，制订企业标准线；在企标线的基础上再提升20%标准，制订内控线，致力于生产100%安全、100%健康的产品。

同时，伊利还利用互联网思维，建立完善的产品追溯程序。奶源基地从奶牛出生即为其建立养殖档案，原奶运输过程实现全程可视化GPS跟踪，原奶入厂后采用条码扫描，随机编号检测；同时，建立了生产过程的产品批次信息跟踪表、关键环节的电子信息记录系统、质量管理信息的综合集成系统和覆盖全国的ERP网络系统，实现了产品信息可追溯的全面化、及时化和信息化，并且与国家平台进行对接。

过去，中国食品企业由于缺乏领先的业务优势与丰富的全球化经验，所以很少具备海外并购的能力，多是被雀巢、达能等海外巨头并购。但伊利通过全球织网战略，构建了领先的全球化产业链与全球领先的质量管理体系，真正具备了反向收购并整合海外本土企业的能力。伊利集团这次得以收购泰国本土最大的冰激凌企业Chomthana，是其在全球化愿景下，执行全球织网战略的重要成果，也是中国食品企业开始全球化反击，反向收购海外优质本土企业的重要开端。

由于伊利在收购之前已经积累了领先的业务优势与丰富的全球化经验，外界对这次收购高度认可。被收购企业Chomthana总裁Soh Chee Yong在接受采访时也给予伊利充分肯定，他表示："通过多次接触会谈，我们认为伊利是一家令人尊敬的企业。伊利始终坚守'伊利即品质'的企业信条，一直以持续的国际化、创新享誉全球。在'让世界共享健康'的梦想下，伊利产品赢得了全球消费者的信赖，伊利是一家名副其实的与消费者同心的企业。"

伊利公司前身为1956年成立的呼和浩特回民区养牛合作小组，到今天发展成为中国最优秀的食品企业之一。回望伊利集团的发展历程，其就是一部不断追求进步的向上史。1993年，伊利提出"树立品牌"战略，在内蒙古自治区内脱颖而出。1996年，"伊利股份"上市，将战略调整为"全国织网"战略，迅速成长为中国市场的绝对领导者。今天，伊利的"全球织网"战略也逐渐开始收获。

在国际知名品牌价值及战略咨询公司Brand Finance发布的"2018年度全球最有价值乳品品牌10强"中，伊利众望所归，获全球乳品品牌潜力榜第一名，并蝉联全球乳品品牌价值榜第二名。

未来，伊利在下半场的全球化愿景下，其"全球织网"战略将进一步得以深入推进，全球化经验与能力将进一步得到提升，我们也有信心看到伊利将会把越来越多类似Chomthana的海外优质食品企业收入囊中，结出更多硕果。

同时,伊利收购 Chomthana 的案例,也给了其他同样志在全球化的中国企业重要启示,海外收购最重要的因素一定不是收购资金,而是收购企业要首先构建起支撑海外并购的业务能力。

资料来源:https://news.pedaily.cn/201812/438392.shtml。

## ◆ 深入思考

通过案例,应如何理解全球营销? 全球营销的过程中需要注意哪些问题?

## ◆ 延伸阅读

《阿里集团双品牌战略拓展海外电商市场的合力与挑战》

**阿里集团双品牌战略拓展海外电商市场的合力与挑战**

## ◆ 思考题

1.什么是全球营销? 把握全球营销的内涵应注意哪些方面?

2.全球营销的发展主要经历了哪几个阶段?

3.全球营销的方式主要有哪些?

4.全球营销与国内市场营销有何区别?

5.全球营销与国际贸易有何区别?

6.企业开展全球营销的动因主要有哪些?

# 第二章 全球营销的经济和金融环境

【学习目标】

☆理解全球经济环境；

☆掌握经济体制类别；

☆熟悉经济发展阶段；

☆了解全球金融环境与全球营销。

【导入案例】

2020年新冠肺炎（Covid-19）疫情在中国暴发，随后在全球多个国家和地区出现了蔓延态势。从新冠肺炎疫情表现的危害性看，疫情的全球蔓延以及进一步恶化将造成严重的经济冲击和社会影响。

在宏观经济层面，考虑到疫情对于服务业和制造业的影响强度和持续时间的差别，上海交通大学课题组假设了三种疫情影响强度，并结合扩散区域的可能性，建立了三种情景。在乐观情景下，2020年全球GDP增速为2.5%，比2019年下降0.4个百分点；在中性情景下，全球GDP增速下降为2%；在悲观情景下，全球GDP增速为1.2%。

从对金融市场影响来看，疫情全球暴发后的第一周（2020年2月24日—2月28日），全球金融市场的表现可以概括为美元和日元涨，股市和黄金跌。虽然类似的组合波动在2008年金融危机的时候也发生过，但目前看来，由于各国央行都采取了相应的积极行动，市场并不会出现类似2008年那样的大规模流动性危机。

全球疫情的蔓延加大了中国经济企稳的难度和不确定性。从对经济增速的影响看，比照2008年全球金融危机，新冠肺炎疫情的国际扩散将冲击出口增速，从而拖累我国GDP增速下降1.0（乐观）、1.9（中性）或3.0（悲观）个百分点。如果日韩疫情严重，我国在机电产品、化学制品（尤其是新材料）等领域将受到供应端影响，产业链的延伸可能冲击国内中下游半导体产业、汽车制造业。若疫情进一步在欧盟、美国等主要经济体蔓延，将对我国的机电、运输、化工、家具玩具、光学钟表、医疗设备、纺织品等行业造成较为严重的普遍性影响。

资料来源：新浪财经（https://baijiahao.baidu.com/s? id＝1660669587678292 612&wfr＝spider&for＝pc，2020年3月9日）

宏观环境包括经济、社会、文化、政治、法律和技术。每一个因素都很重要,但全球市场环境中最重要的就是经济。有了钱,一切都有可能。没有钱,对于营销人员许多事情都不可能办到。例如,奢侈品就不能卖给低收入的消费者。食品、家具或耐用品的大型超市需要大量消费者,这些消费者有能力大量购买商品。复杂的工业产品需要复杂的行业作为买家。

新冠肺炎疫情对全球经济的影响

全球市场营销史上第一次,世界各地的市场成为几乎所有公司的潜在目标,从高科技到低技术,从基础产品到奢侈品。事实上,我们将看到,增长最快的市场是处于早期发展阶段的国家。这种全球市场环境的经济规模是至关重要的。本章从市场营销的角度分析全球经济环境的特点。

# 第一节　全球经济环境概述

第二次世界大战以来,世界经济发生了深刻的变化,最根本的变化是全球市场的出现。为了应对新的机遇,全球竞争对手逐渐取代了本土竞争对手。与此同时,世界经济的一体化程度大大提高。经济一体化在20世纪初仅为10%,如今,这一比例约为50%。欧洲联盟(前欧洲共同体)和北美自由贸易区这两个地区的一体化尤其引人注目。

就在40年前,世界的一体化程度远不及今天。20世纪60年代,以汽车为例,欧洲品牌,如雷诺、雪铁龙、标致、莫里斯、沃尔沃等,与美国的雪佛兰、福特、普利茅斯或丰田、日产的日本车型截然不同。这些都是由当地公司生产的本土汽车,主要面向当地或地区市场。今天,世界汽车就是丰田、日产、本田和福特。不仅如此,产品的变化也反映在企业组织变化上,世界上最大的汽车制造商基本上已经发展成为全球性的公司。

在过去的10年里,世界经济发生了几次显著的变化,这些变化对商业有着重要的影响。当计划和战略建立在新世界经济之上时,商业成功的可能性会大得多。

(1)资本流动已成为世界经济的驱动力,而不再是贸易活动。

(2)生产已与就业"脱钩"。

(3)世界经济占据了主导地位。单个国家的宏观经济不再控制经济结果。

(4)通过互联网进行的贸易增长降低了国家壁垒的重要性。

**专栏2-1　中国企业全球化十大模式:全球化组织模式**

中国企业在全球化的道路上,根据自身的优势和特点,发展出了各自不同的模式。

**1.海尔安营扎寨模式**

早在中国加入WTO之前,海尔就已经走出国内市场。海尔的海外组织模式是在海外建立自己的生产基地,直接建立和推广自己的品牌,在当地树立企业形象,以便更好更多地销售自己在当地和中国所生产的产品,避免更多的关税壁垒,等等,如海尔在美国、巴基斯坦等国建立了生产基地。这种模式的优点是容易获得所在国消费者的信任和欢迎,提高销售量,可以回避关税,但挑战是成本较高。

### 2. 联想借船出海模式

联想的模式是一个以小博大的赌注,其核心是借船出海。收购 IBM 个人电脑部使联想一跃跨入世界 500 强行列,虽然借 IBM 的品牌只有 5 年的使用期,但联想获得了 IBM 在国际上成熟的团队和销售渠道。不过,借船出海能否成功最关键的还在于双方企业文化的融合和联想国际化团队的整合能力。

### 3. 华为技术领先模式

华为的摸索是一个中国企业注重建立和开发自己的技术体系,有明确的国家市场目标,先占领发展中国家市场,后大力出击发达国家市场,形成了自己品牌的拳头产品和优势,国际销售已占到公司销售的 50%,是中国企业"走出去"较为成功的一种技术导向的模式。其模式的挑战性是如何更进一步地进行技术创新而又避免知识产权纠纷。

### 4. 中国企业海外上市,借鸡生蛋模式

中国目前已有上百家企业在海外上市,包括中国电信、中国网通、中国移动、中国联通、中国石化等一大批国有企业,也包括新浪、亚信、搜狐、UT 斯达康、盛大等一大批新经济企业。这是中国在新的形势下利用外资的一种更有效的新方式,不仅靠"走出去"借助国外市场带回了新的资金,也带回了更加规范化的经营管理模式。

### 5. 温州星火燎原模式

中国企业"走出去"的这些年也出现了一种方兴未艾的星星之火,可以燎原的温州模式。这种模式主要是指一些中小企业,他们利用在海外的亲戚朋友或其他渠道,把中国的一些有竞争力的产品推销到世界各地,如温州鞋、义乌小五金、温州打火机等,让产品燎原到全世界。这种自发的、通常是家庭型的企业往往有着非常强大的灵活性和活力,是中国中小企业大面积"走出去"的开始,具有中国特色,也是一种值得鼓励的模式。

第一个变化是资本流动的增加。世界贸易的美元价值比以往任何时候都大。商品和服务的贸易额每年约为 4 万亿美元,伦敦欧洲美元市场每个工作日的交易额就高达 4000 亿美元。全世界每天的外汇交易约为 1 万亿美元,也就是每年 250 万亿美元——是世界货物和服务贸易总额的 40 倍。从这些数据可以得出一个结论:全球资本流动远远超过全球商品和服务贸易量。这就解释了美国在 20 世纪 80 年代上半叶出现贸易赤字和美元持续升值的奇怪组合。以前,当一个国家的贸易账户出现赤字时,其货币就会贬值。如今,决定货币价值的是资本流动和贸易。

第二个变化涉及生产率和就业之间的关系。尽管制造业的就业人数保持稳定或有所下降,但生产力继续增长。制造业并不是在衰落,而是制造业的就业率在下降。

第三个主要变化是世界经济作为主导经济单位的出现。德国和日本经济成功的真正秘密在于,商界领袖和政策制定者关注世界经济和世界市场。对日本和德国的政府和企业来说,最优先考虑的是它们在世界上的竞争地位。

# 第二节　经济体制

## 一、经济体制类别

经济体制(economic system)指一个经济体内国民经济的管理制度和运营模式，体现为经济资源的配置机制和经济成果的分配方式。基于资源配置与资源归属两个维度，世界各国的经济体制可划分为四种：资本主义市场(market capitalism)经济、社会主义计划(planned socialism)经济、资本主义计划(planned capitalism)经济以及社会主义市场(market socialism)经济，如图 2-1 所示。

| 资源归属 ＼ 资源配置 | 市场 | 指令 |
| --- | --- | --- |
| 私有 | 资本主义市场经济 | 资本主义计划经济 |
| 国有 | 社会主义市场经济 | 社会主义计划经济 |

**图 2-1　经济体制类别**

资料来源：改编自沃伦・基坎：全球营销学原理，傅慧芬，等译，第 4 版，北京：中国人民大学出版社 2009 年版。

### (一)资本主义市场经济

在资本主义市场经济中，经济资源归私人所有，配置及运营方式依靠市场的供求关系和价格机制。消费者的需求决定了企业的产出，而政府的作用体现为：(1)维护国家安全，(2)保护和促进市场主体之间的公平竞争，(3)保护自然环境，(4)维护消费者权益。新加坡、澳大利亚、美国等采用的是典型的资本主义市场模式，以自由竞争为核心内容，倡导经济活动的自行运转与市场价格的自发调节，从而达到社会资源的优化配置。在这种经济体制下，市场的进入壁垒相对较低，市场竞争也更为激烈。

### (二)社会主义计划经济

与资本主义市场经济相对，在社会主义计划经济制度下，政府掌控着国家的大量经济资源，经济活动通过“自上而下”的经济规划和计划做出指令性的安排。生产和消费的主体缺乏自主性和灵活性，政府部门、国有或国营企业负责执行经济计划，而公民的消费活动则主要依靠政府的配给。苏联的经济发展模式即是典型的社会主义计划经济。在特殊的历史背景下，中国也曾效仿这种经济体制，但自 1978 年党的十一届三中全会之后，中国实行了改革开放政策，开始由计划经济向社会主义市场经济转变。

### (三)资本主义计划经济

现实中，绝对的资本主义市场经济与社会主义计划经济非常罕见，大多数国家在不同程度上结合了市场与指令化的资源配置方式,以及私有和国有化的资源归属原则。其中,资源私有化和资源配置指令化的经济体制,称作资本主义计划经济,瑞典即是采用这种经济体制的国家。在瑞典,财产私有制是其主要的所有制制度,而资源的配置则主要依靠政府的经济计划以及税收、福利与收入政策。

### (四)社会主义市场经济

社会主义市场经济是一种在整体资源国有的环境中采取市场配置的经济体制。如今,中国已经从计划经济转向市场经济,但包括土地在内的核心经济资源仍归国家或集体所有,因而属于社会主义市场经济体制。特别是自加入世界贸易组织以来,中国进一步加快了经济体制改革的步伐。政府努力削减国有经济成分,国有企业的数量大幅减少,且大部分企业已初步完成了现代企业制度的改造。2010年起,国务院两度出台了《关于鼓励和引导民间投资健康发展的若干意见》(简称"新36条"),鼓励民营资本进入传统的国营垄断行业。在对外经济政策领域,中国向民营企业大举下放了对外贸易自主经营权,并依照入世承诺的时间表,先后开放了金融、电信、建筑、分销、法律、旅游和交通等诸多服务领域。立法和行政部门连续制定、修订、废止了3000余部法律、行政法规和部门规章,加强了知识产权保护,并进一步完善了投资环境。

经济制度

### 专栏 2-2　经济自由度指数(index of economic freedom)

所谓"经济自由度"主要包含3个要素,即个人的自主、歧视的消除以及竞争的开放。该指数的评价体系包括4个大类、10个小项:

法律规范:产权、腐败状况;

政府管制:财政自由、政府支出;

管理效率:商业自由、劳工自由、货币自由;

开放市场:贸易自由、投资自由、财务自由。

各个国家与经济体的得分可划分为5个等级,分值越高则意味着经济越自由,其中80—100分意为高度自由,70—79.9分为比较自由,60—69.9分为中等自由,50—59.9分为比较不自由,0—49.9分为极度不自由。

美国智库 Heritage Foundation 在2018年2月4日发布了最新的《2018年经济自由度指数》(2018 *Index of Economic Freedom*),2018年世界经济水平评级为"中等自由"(moderately free),这意味着整体而言,全球经济自由度再次上升,实现连续六年增长。这份报告涵盖了186个经济体,102个得分有所提高,75个得分有所下降,近3个维持不变。其中,六大经济体赢得了"自由"(80分以上)的评级指数,其余90个被评为"大部分自由"(70—79.9分)或"中等自由"(60—69.9分)。因此,总共有96个经济体(超今年榜单一半以上)提供了体制环境,即个体和私营企业至少保证可以从适度的经济自由中受益,以追求更大的经济发展和繁荣。但是,经济"不自由"(低于60分)的经济体仍然很多:63个被评为"比较不自由"(50—59.9分),21个为"极度不自由"(低于50分)。

经济自由度榜单前 10 名:1.中国香港,2.新加坡,3.新西兰,4.瑞士,5.澳大利亚,6.爱尔兰,7.爱沙尼亚,8.英国,9.加拿大,10.阿拉伯联合酋长国。

经济自由度最低的 10 个国家:180.朝鲜,179.委内瑞拉,178.古巴,177.刚果,176.厄立特里亚,175.赤道几内亚,174.津巴布韦,173.玻利维亚,172.阿尔及利亚,171.吉布提。

另外较值得关注的亮点之一是中国(除港澳台)排名第 110 名,总体得分 57.8 分,但各项指标进步空间很大。表现最佳的指标分别是财政健全(85.9 分)、贸易自由(73.2 分)及政府支出(71.6 分);而评比最差的指标有 2 项——投资自由只拿到 25 分,金融自由则是 20 分。

资料来源:前瞻网,https://t.qianzhan.com/caijing/detail/180205-a5d720c1.html。

## 二、经济发展阶段

一国所处的经济发展阶段会影响该国市场上各行业的发展及市场运行情况。美国著名经济学家罗斯托 1960 年在《经济成长的阶段》一书中提出经济发展阶段理论,他在该书中将经济发展分为传统社会阶段、起飞前夕阶段、经济起飞阶段、趋向成熟阶段和追求生活质量的大众高消费阶段。根据经济发展阶段理论,各国的经济发展主要有以下五个阶段,每一个国家都处于这五个不同的阶段之一,在经济上表现为相应的特征。

(1)传统社会。处于这一发展阶段的国家往往生产力水平低下,以农业经济为主,农村人口占绝大多数,识字率低,人口素质差。

(2)起飞前夕。处于该阶段的国家通常正在向起飞阶段转化。在此阶段,科学技术初步应用于农业和工业生产,国家的交通、通信设施正在逐步建立,卫生保健和教育等公共事业开始发展,人口素质逐渐提高。

(3)经济起飞。处于这一阶段的国家,经济稳定增长,社会福利转好。农业和工业的现代化水平不断提高,规模迅速扩大。

(4)趋向成熟。在此阶段,经济持续增长,工农业基本实现现代化,国家和企业更多地参与国际经济活动。

(5)大众高消费时代。这一阶段,公共设施完善,生活质量全面提高。全体公民的实际收入激增,可支配收入高,社会进入大量生产、大量消费阶段。

在上述五个阶段中,处于前三个阶段的是发展中国家,达到后两个阶段的国家已经属于发达国家。国际企业应根据目标国家所处的经济发展阶段,采取相应的营销对策。如,发展中国家对产品的需求较为侧重实用、功能和价格,而发达国家则更注重品牌和特色。英国联合利华公司针对不同目标国家的市场特点,推出不同产品,以满足不同市场的需要。它们在最不发达国家的市场上销售肥皂,在次不发达国家销售洗衣粉,在较发达国家推出洗衣机用洗衣粉,在发达国家提供纤维软化剂。

在欠发达国家和发展中国家的营销机会

## 三、经济结构

各国的经济结构有所不同,从而各国的经济发展水平也有一定的差异。世界各国的经济结构大致可分为以下四种:

### 1. 原始农业经济

这些国家主要从事农业生产，农业人口占绝大比重，从事制造业和其他生产的人口微乎其微。这些国家的农业劳动生产率十分低下，产品绝大部分供自身消费，能用于出口的剩余产品很少。由于原始农业经济属于维持性经济，几乎没有出口，也没有能力进口产品，因此，这类国家的营销机会很少。同时，由于这些国家交通、通信等基础设施落后，法制不健全，文盲人口比率很高，因此，也不是理想的投资场所。

### 2. 原料输出经济

这类国家往往拥有某种得天独厚的自然资源，但其他资源却十分贫乏，因此，自然资源的开采和出口换汇就成为该国的重要经济支柱。如沙特阿拉伯、伊拉克等是石油输出国，境内除了石油资源丰富以外，没有其他资源，食品等主要依靠进口。原料输出经济型国家由于自然和历史原因，国民经济结构单一，经济结构极不合理。一方面，与某一自然资源相关的行业发展迅速，处于世界先进水平；另一方面，其他产业十分落后。由于原料输出国有大量自然资源出口，因而支付能力很强，对进口商品的需求量大、需求面广。

### 3. 工业化进程中的经济

这些国家或地区正处于经济转型时期，是新兴的工业化国家或地区，亚洲的"四小龙"就属于此列。在这类国家或地区中，从事第二、第三产业的人口增加，从事第一产业的人口减少，他们对开展国际贸易的愿望迫切，希望提高自身的创汇能力。但由于这些国家或地区要发展自己的民族工业，所以需要进口的主要是机器设备和中间产品，尤其是先进设备和关键零部件，最终消费品的进口将受到一定程度的限制。这类国家或地区一般均实行对外开放政策，并努力健全各项经济立法，以吸引外来投资者。这类国家或地区存在较多的全球营销机会。

### 4. 工业化经济，又称发达国家经济

这类国家的多数或大多数人口从事第二、第三产业，第一产业人口较少。由于科学技术的发展，这类国家的机械化程度很高，农业生产也实现了工业化。这些国家是工业品、资金、技术的主要出口国。由于这类国家资金雄厚、技术先进、工资水平高，因此，资金和人口都集中于高度技术密集型产业和资金密集型产业，而最终消费品不少来自发展中国家，中间产品在这些国家也有较好的市场前景。这类国家的生产往往呈现高度社会化和专业化，在本国往往只生产主机及重要设备，而其他零部件则从国外进口或在国外装配。如：美国的汽车工业在国内主要生产引擎，零部件则从东南亚国家大量进口；美国的宇航工业也有类似情况。

## 四、收入情况

收入情况是反映一个国家市场吸引力的重要指标，它不仅影响市场规模和潜力，也影响着市场的结构、消费行为等。但在考察一国的收入指标对全球营销活动的影响时应注意：

**1. 收入指标的系统性**

在考察一国的收入指标时,不仅应考察国民收入,还应系统考察人均国民收入、人均可支配收入和人均可自由支配收入等指标。

国民收入通常以国民生产总值和国内生产总值表示。国民生产总值是一国居民在一定时期内所创造的产品或服务的总值,也是一国居民在国内生产和在国外投资所创造的总收入。国内生产总值则实行国土计算原则,凡是在本国范围内的生产活动,均计入一国的国内生产总值。国民收入从整体上决定了一个国家的经济实力,决定了总体的需求力水平。2017 年中国的国民生产总值排名第 2 位,为 122427.76 亿美元,但人均国民生产总值 9481.881 美元,列第 70 位。因此,我们除了考察国民生产总值以外,还要考察人均国民收入。

表 2-1　2018 年中国进出口贸易伙伴情况　　　　金额单位:亿美元

| 主要出口贸易伙伴情况 | | | | 主要进口贸易伙伴情况 | | | |
|---|---|---|---|---|---|---|---|
| 位次 | 国家或地区 | 出口金额 | 增速(%) | 位次 | 国家或地区 | 进口金额 | 增速(%) |
| 1 | 美国 | 4783.96 | 11.3% | 1 | 欧盟 | 2496.13 | 12.1% |
| 2 | 欧盟 | 3519.67 | 11.6% | 2 | 韩国 | 2046.43 | 15.3% |
| 3 | 中国香港 | 3020.22 | 8.2% | 3 | 日本 | 1806.61 | 9.0% |
| 4 | 日本 | 1470.49 | 7.1% | 4 | 中国台湾 | 1776.00 | 13.9% |
| 5 | 韩国 | 1087.56 | 5.9% | 5 | 美国 | 1551.23 | 0.8% |
| 6 | 越南 | 838.77 | 17.1% | 6 | 澳大利亚 | 1058.11 | 11.4% |
| 7 | 印度 | 766.76 | 12.7% | 7 | 巴西 | 775.70 | 31.8% |
| 8 | 英国 | 565.43 | −0.3% | 8 | 越南 | 639.56 | 27.0% |
| 9 | 新加坡 | 490.37 | 8.9% | 9 | 马来西亚 | 632.05 | 16.1% |
| 10 | 中国台湾 | 486.43 | 10.6% | 10 | 俄罗斯 | 591.42 | 42.9% |
| | 总值 | 24866.82 | 9.9% | | 总值 | 21357.34 | 15.8% |

数据来源:中国统计年鉴

人均收入也不能完全反映一国市场的购买力,所以我们还必须考察人均可支配收入和人均可自由支配收入。人均可支配收入是在人均国民收入中扣除税收,而人均可自由支配收入则是在人均可支配收入的基础上再扣除基本生活开支,人均可自由支配收入可用于选择性消费,发展中国家的居民对进口产品的需求往往在选择性消费之列。

**2. 收入指标的可比性**

各国的收入指标之间不具有可比性。首先,因为各国的统计口径不尽相同,有些项目在 A 国被列入国民收入中,但可能被排除在 B 国的国民收入之外。其次,不能将一国的国民收入按汇率换算成另一国的收入进行比较,因为这涉及汇率的合理性等因素。例如,将美国的贫困线 4 口之家年收入 19350 美元或 3 口之家年收入 16090 美元,按现行美元对人民币汇率换算,折合人民币为 11 万—13 万元,这在中国是属于中高收入家庭,显然不能采取这样的换算方法。

### 3. 收入分配的不均衡性

收入分配在国家之间、一国的居民之间的分配不均衡。目前全球的贫富差距正在不断扩大。根据世界银行最新报告,在有统计数据的 175 个国家或地区中,2019 年世界上人均国民总收入(GNI)最高的国家是瑞士,人均国民总收入为 85500 美元,而人均国民总收入最低的国家是布隆迪,仅 280 美元,马拉维、莫桑比克、塞拉利昂、马达加斯加、刚果(金)、中非共和国等非洲国家的人均国民总收入都在 600 美元以下。而且在一国市场内部也存在着收入分配不均衡等问题,如科威特是一个典型的两极分化的国家,少部分富翁收入水平甚至高于美国,但大众的收入较低,对绝大多数产品的需求量要少于美国。

### 4. 收入与需求的相关性

一般来说,收入水平越高,对某些产品的需求量就越大,如汽车等耐用消费品。但收入的高低与产品需求量的大小并不完全呈正相关关系。这是因为有些消费需求并不完全受收入影响,而更取决于其他因素。例如,在 20 世纪 60 年代,荷兰的家用电动吸尘器拥有率高达 95%,而意大利的仅 7%。造成这一差异的主要原因并不是收入水平的不同,而是地板覆盖物的区别:在荷兰,几乎每个家庭都用地毯;而在意大利,使用地毯的家庭屈指可数。又如,家用空调的需求往往不单纯取决于收入水平,而与气候条件密不可分。在一个贫穷的国家,即使天气再热,普通家庭也无法享用空调;而在另一些国家,即使人们再有钱,却可能因为四季如春而不需要购买空调。

# 第三节　金融环境与全球营销

企业在全球市场开展营销活动,不可避免地面临全球金融市场的影响,企业在全球市场上经营会面临因汇率变化、通货膨胀、货币转换等的影响而产生的风险。因此企业必须了解全球金融市场运行规律,分析全球市场上的金融风险。

## 一、全球金融概述

外汇使得一国的公司能够用不同的货币在其他国家经营。外汇是全球营销的一个方面,它涉及某些金融风险,也涉及与国内经营者需要做的完全不同的决策和所需开展的不同活动。在像泰国、马来西亚和韩国这样的市场上,这种风险会更大。当公司在消费者和供应商以国内货币支付的单个国家经营时,不存在外汇风险,因为所有的价格、支付、资产和债务都是以本国货币计算的。但当公司在开展跨境商务时,它就跳入了外汇风险之中。

外汇市场是由实际存在的买者和卖者组成的市场,即期或远期交割的货币交易在此市场上持续不断地进行。即期市场(spot market)进行即期交割,而实行远期交割的称为远期市场(forward market)。在这个市场中价格由交易时点的供求关系决定,货币价值表现为人们愿意为之支付的价格。这个市场的参与者:第一,一个国家的中央银行可以通过在外汇市场上买卖货币和政府债券来影响汇率。例如,在 2001—2006 年,中国买入了超过 2500 亿美元的美国长期国债。这样的买入确保了人民币相对于美元的疲软。第二,部分外汇市场的交易在全球货物与服务贸易购买结算时发生。例如,因为保时捷是一家德国公司,中国的购车者必须把人民币兑换成欧元。第三,货币投机者也参与外汇市场。

货币贬值(devaluation)可能是政府宣布本国货币相对于其他外币的币值降低引起的结果。如在 1994 年,中国宣布人民币贬值。此举的直接结果是确保中国出口商的低成本地位。但此举也为 1997 年泰国泰铢、马来西亚林吉特、印度尼西亚卢比的贬值铺了路。

一般说来,如果一个国家的出口大于进口,那么对该国货币的需求量就会上升,该国货币就存在升值的趋势,除非政府决策者不允许货币浮动。2005 年,中国政府面对贸易伙伴的施压做出回应,出台政策使人民币升值(revaluation)以求对抗美元和其他货币。人民币的坚挺意味着中国向美国的出口品涨价,同时美国向中国出口品降价,最终减少中国对美国的贸易顺差。

## 二、全球货币体系与对全球营销的影响

全球货币制度是全球货币关系的集中反映,它构成全球金融活动总的框架,各国之间的货币金融交往,在各个方面都要受到全球货币制度的约束。由于世界上没有统一的货币,主要是以主权国家的货币作为国际货币。全球货币制度的主要目的是协调各个独立国家的经济活动,促进国际贸易和国际支付活动的顺利进行。全球货币制度主要包括:

### 1. 国际收支及其调节机制

国际收支是各国对其经济活动的系统记录。国际收支及其调节是国际货币制度的核心问题。国际收支调节机制必须能有效地帮助和促进国际收支出现不平衡的国家进行调节,同时,使各国在国际范围内公平地承担国际收支调节责任。

### 2. 汇率及汇率制度

汇率是指一国货币折算为他国货币的比率,它是两国货币的相对比价。汇率制度围绕汇率确定、波动界限、调整、维持采取措施,制订一系列安排。各国政府一般都要颁布有关金融法令,规定本国货币能否对外兑换和对于对外支付是否进行限制等。

### 3. 国际货币资产或储备资产的确定

各国之间进行国际贸易必须确定使用什么货币作为支付货币,一国政府应持有何种为世界各国普遍接受的资产作为储备资产,以维持国际支付能力和满足国际收支平衡的需要。在做这些选择时应遵循国际协调或国际的普遍可接受性原则。

### 4. 国际货币活动的协调与管理

由于各个国家都存在不同的社会经济条件和特定的政策目标,各国的国际收支调节、国际汇率制度、国际储备体系都不同。在国际货币制度中,就产生了国际货币活动

协调与管理问题。其实质是协调各国的国际货币活动及与此相关的经济政策。

## 二、全球金融市场对全球营销的影响

### 1.全球金融市场

金融是指资金的借贷交易或资金的融通。经常发生多边的资金借贷而形成的资金供求市场，就是全球金融市场。全球金融市场是生产全球化和资本国际化的必然结果。随着经济全球化的演进，全球金融活动进一步扩大，全球金融市场也在不断演变，并出现不同类型的金融市场。按照经营业务划分，可分为资金市场、外汇市场和黄金市场，其中资金市场又分为短期资金市场和长期资金市场。短期资金市场是指资金借贷期限在一年内的信贷业务市场，也称为货币市场或资金市场；长期资金市场也称为资本市场，是指资金借贷期在一年以上的中长期信贷业务交易场所。

### 2.国际金融风险

企业从事全球营销活动会碰到多种风险，如信用风险、商业风险、政治风险、法律风险等。风险的结果都会反映到企业财务报表上来。比如当买方以种种理由拒绝承兑和支付已发出货物的款项，或无力偿还，应收款就变为坏账；又如当货物出口后，被进口国海关或商检机关定为不合该国规章、法律，而征收额外的税或被扣押、没收；由于子公司所在国政治、军事动乱而遭严重损害等，这些风险都会影响到企业的财务指标和经济效益。

企业在衡量这些风险时，主要是判断其营销行为会带来怎样的风险及潜在的市场机会能否抵消这些风险。当然，风险的多少与大小与进入一国市场的方式和进入全球市场的深度有关。对这些风险的控制，一是靠认真的事先调查，包括对市场环境特别是对交易对方的资信的调查；二是靠对交易合同的严格执行，包括对产品要求和交货条件的认真落实；三是靠有效的保险制度，国外有各种政府的或私人的机构对国际经营中的信用、商业、政治风险进行保险。企业在全球市场上遇到的风险除了上述几种之外，还会遇上一种更直接、经常发生且无法避免的风险，即由外汇汇率波动带来的风险。外汇风险有三种类型：交易风险，这是指在经营活动中发生的风险；折算风险，这是指海外子公司以外币计价和财务报表合并到母公司的财务报表时资产和负债的价值随汇率变动而变化的风险；经济风险，这是指公司的价值由于未来经营收益受未预期的汇率变动影响而引起的变化。

对我国绝大部分从事全球营销的企业来讲，主要表现形式仍是出口，因此，最常见的、最主要的外汇风险是交易风险。交易风险往往在以下几种情况下发生：(1)以即期或延期付款为支付条件的商品或劳务的进出口，在货物已装运或劳务已提供，而货款或费用尚未收到这一期间，外汇汇率变化所产生的风险；(2)以外币计价的国际信贷活动在债权债务清偿前承受的汇价变动的风险；(3)本期外汇合同到期时，由于汇率变化，交易某一方可能要拿出更多的或较少的货币去换取另一种货币的风险。

### 三、汇率对全球营销的影响

企业在全球金融市场上遇到的最大风险是外汇风险。汇率是一国货币以另一国货币表示的价格,汇率同一般商品价格一样是由货币供求关系决定的。当供大于求时,价格下降;当供不应求时,价格便上升。尽管外汇汇率的波动千变万化,但归根结底是由供求关系所决定。

在国际外汇市场上,影响外汇市场的供求关系,从而影响外汇走势的因素有两大类:影响汇率走向的基本因素,包括利率、通货膨胀、贸易差额、经济情况等;影响汇率走向的非基本因素,包括外汇管制、政治因素和其他因素等。

企业如果预测到外币将对本币贬值,对潜在的交易损失进行套期保值比较妥当,公司如果预计外币将对本币升值,那么外币收入换成本币时可能带来盈利。管理交易和交易风险的外部套期保值方法(external hedging methods)要求公司参与外汇市场。专门的套期保值工具包括远期合同(forward contracts)和外币期权(currency options)。内部套期保值方法(internal hedging methods)包括价格调整条款、公司内部外币的借出或借入;采用远期合同,公司可以锁定未来某一天的汇率,从而避免汇率波动带来的损失。

公司在预知货币风险,即销售合同已经存在的情况下可以利用远期外汇市场。然而在某些情况下,公司对未来发生的外币现金流入或流出并不确定。例如,一家中国公司为争取某海外项目竞标,它只有在晚些时候才能知道是否中标。如有可能在竞标中胜出,该公司就有必要为潜在的外币现金流入套期保值,以保护合同的人民币价值。外币期权(option)交易是这种情况下的最佳选择。卖权(put option)使购买者获得一种权利(而非义务),在期权到期之日前以某一约定的价格卖出一定数量的外币。相反,买权(call option)是一种外币购买权利(而非义务)。以上述投标海外项目的中国公司为例,它可以争取一个卖权,以便在将来有权按约定的价格卖出外币换取人民币。换言之,中国公司锁定了合同的人民币价值。因此,如果公司中标,未来的外币流入就通过卖权进行套期保值;如果未能中标,公司可将这一卖权在期权市场上卖掉,而无须执行。

**专栏 2-3　巨无霸指数**(Big Mac index)

巨无霸指数是一个非正式的经济指数,用以测量两种货币的汇率在理论上是否合理。这种测量方法假定购买力平价理论成立。该指数是由《经济学人》于 1986 年 9 月推出,此后该杂志每年提出一个新的指数。该指数在英语国家里衍生了 Burgernomics(汉堡包经济)一词。在 2004 年 1 月,《经济学人》推出了中杯鲜奶咖啡指数(Tall Latte index),计算原理一样,但巨无霸被一杯星巴克咖啡取代,标志着该连锁店的全球扩展。在 1997 年,该杂志发表了一份"可口可乐地图",用每个国家的人均可乐饮用量,比较国与国间的财富,该图显示可乐饮用量越多,国家就越富有。

《经济学人》之所以选择巨无霸汉堡包,因为它在多个国家均有供应,而且在各地的制作规格基本相同,让这个指数可以简便且相对比较准确地反映各地货币的实际购买力。最新一期的"巨无霸指数"发布于 2007 年 7 月 5 日,结果显示,巨无霸汉堡包在中国的售价最低。该指数显示,几乎所有新兴市场国家的货币都在一定程度上被低估,货币被高估的则大多是欧盟的边缘国家,比如冰岛、挪威和瑞士。

《经济学人》的"汉堡包指数"虽然得出人民币仍需大幅升值的结论,但他们同时也表示,其实这个指数用来对比经济发展阶段相同的国家时,更能说明问题。在美国这样的发达国家,低收入家庭可能会一周几次在麦当劳进餐,但在中国和其他一些亚洲国家,低收入者可能从来就不会去吃巨无霸汉堡包。

举例而言,假设一个巨无霸汉堡包在美国的售价为 \$2.50,在英国的售价为 £2.00,购买力平价汇率就是 2.50 ÷ 2.00 = 1.25。要是 1 美元能买入 £0.55(或 £1 = \$1.82),则表示以两国巨无霸汉堡包的售价而言,英镑兑美元的汇价被高估了 45.6% ((1.82-1.25)÷1.25×100%)。

用汉堡包测量购买力平价是有其限制的,比方说,当地税收、商业竞争力及汉堡包材料的进口税可能无法代表该国的整体经济状况。在许多国家,像在麦当劳这样的国际快餐店进餐要比在当地餐馆贵,而且不同国家对巨无霸汉堡包的需求也不一样。例如在美国,低收入的家庭可能会一周几次在麦当劳进餐,但在马来西亚,低收入者可能从来就不会去吃巨无霸汉堡包。尽管如此,巨无霸指数广为经济学家引述。

资料来源:百度百科,https://baike.baidu.com/item/%E5%B7%A8%E6%97%A0%E9%9C%B8%E6%8C%87%E6%95%B0/5459672? fr=aladdin.

## ◆ 本章小结

经济环境是全球市场建设和市场机会的一个主要决定因素。在当今的全球经济中,资本运动已成为主要的驱动力,生产已与就业相脱离。基于资源配置和资源所有的模式,世界各国的经济体制可分为资本主义市场经济、社会主义计划经济、资本主义计划经济、社会主义市场经济四种类型。

经济发展阶段分为传统社会、起飞前夕、经济起飞、趋向成熟、大众高消费时代。此外,全球金融货币体系、全球金融市场对全球营销均存在重要的影响。外汇提供了一个在不同国家进行贸易活动的手段。风云变幻的全球金融市场对各国的经济以及公司的经营绩效会有很大的影响。当一国的经济蓬勃发展或市场对其产品的需求比较旺盛时,该国的货币趋向于升值。每当币值出现波动,公司就会面临各种经济风险,公司可以通过套期保值来规避汇率风险。

## ◆ 案例分析

### 中国"一带一路"的机遇

"一带一路"(The Belt and Road,缩写 B&R)是"丝绸之路经济带"和"21 世纪海上丝绸之路"的简称,2013 年 9 月和 10 月由中国国家主席习近平分别提出建设"新丝绸之路经济带"和"21 世纪海上丝绸之路"的合作倡议。依靠中国与有关国家既有的双多边机制,借助既有的、行之有效的区域合作平台,"一带一路"旨在借用古代丝绸之路的历史符号,高举和平发展的旗帜,积极发展与沿线国家的经济合作伙伴关系,共同打造政治互信、经济融合、文化包容的利益共同体、命运共同体和责任共同体。

2015 年 3 月 28 日,国家发展改革委、外交部、商务部联合发布了《推动共建丝绸之路经济带和 21 世纪海上丝绸之路的愿景与行动》。

"一带一路"经济区开放后,承包工程项目突破 3000 个。2015 年,中国企业共对"一带一路"相关的 49 个国家进行了直接投资,投资额同比增长 18.2%。2015 年,中国承接"一带一路"相关国家服务外包合同金额 178.3 亿美元,执行金额 121.5 亿美元,同比分别增长 42.6% 和 23.45%。

2016 年 6 月底,中欧班列累计开行 1881 列,其中回程 502 列,实现进出口贸易总额 170 亿美元。

2019 年 3 月 23 日,中意签署"一带一路"备忘录。

"一带一路"建设需要大量的融资支持,经贸合作也将形成大量的货币流转,因此,资金融通是推进"一带一路"建设的重要支撑。目前针对"一带一路"建设的金融支持政策主要是成立亚投行和丝路基金,下一步相关部门将支持"一带一路"沿线省份推出地方版丝路基金,并出资成立其他类型基金。在"一带一路"倡议提出后,不少地方政府已开始尝试成立其他类型基金。福州市政府和国开行福建分行、中非发展基金携手合作,推动设立预计总规模 100 亿元人民币的基金,通过市场化运作,积极参与"21 世纪海上丝绸之路"建设。广东省政府正酝酿设立"21 世纪海上丝绸之路建设基金"。

## ◆ 深入思考

1. "一带一路"政策给企业带来哪些机遇和挑战?
2. 从全球金融角度分析,在进行全球营销时,如何正确规避汇率风险?

## ◆ 延伸阅读

《新冠肺炎疫情如何影响全球经济》

**新冠肺炎疫情如何影响全球经济**

## ◆ 思考题

1. 一国的经济发展可分为哪几个阶段? 它对全球营销产生哪些影响?
2. 一国的经济结构主要有哪几种形式? 对全球营销产生哪些影响?
3. 考察一国的收入指标对全球营销的影响时应注意哪些问题?

# 第三章 全球营销的政治和法律环境

【学习目标】

☆了解和把握影响全球营销的政治因素；

☆掌握政治风险的评估及防范措施；

☆了解影响全球营销的法律因素。

【导入案例】

### 美国电影引发争议 反美浪潮持续发酵

2012年9月初,由美国人萨姆·巴奇莱制作的电影《穆斯林的无知》因强烈的反伊斯兰教内容而激怒了整个伊斯兰世界,全球性的反美浪潮由此爆发。截至2012年9月17日,反美活动已蔓延至中东、非洲及东南亚等地区的20余个国家。埃及、也门、苏丹、伊拉克、突尼斯、利比亚和伊朗等国都爆发了大规模的示威游行,一些国家还发生了警民冲突,并造成多人伤亡。

埃及官方的中东通讯社16日报道称,围攻美国驻埃及使馆事件仍在继续,示威者向军警投掷燃烧瓶和石块,后者则用催泪弹驱赶人群。据阿拉伯电视台披露的数据,截至16日上午,发生在开罗市中心的冲突造成2人死亡、约400人受伤,滨海城市亚历山大也发生了冲击美国领事馆事件。

在苏丹、喀土穆和加达里夫等州,数万名民众14日走上街头示威游行,抗议美国发行诋毁伊斯兰教、亵渎先知穆罕默德的影片。他们围攻美国、德国和英国大使馆,并同警察发生了冲突,冲突导致两名示威者死亡、40多名警察受伤,美国使馆院内多辆汽车被焚烧。

塞内加尔宗教界人士14日向美国驻塞内加尔大使馆递交了一封抗议信,称他们有能力召集信徒到使馆前抗议游行,但是并未如此实施,而是希望美方妥善解决问题。

伊斯兰合作组织轮值主席、塞内加尔总统萨勒14日在一份声明中表达了强烈愤慨,他严厉谴责美国这一不负责任的行为,认为它严重伤害了穆斯林的感情。

中东媒体普遍认为,这一波反美浪潮不会轻易结束,事态有进一步扩大的趋势。美国外交关系委员会主席哈斯甚至说:"在可以预见的未来,中东地区将再次陷入混乱,这给美国带来很大难题,将使美国面临诸多困难抉择,因为在很多情况下,美国的利益大于其在该地区的影响力。"

有美国媒体分析认为,在全球范围发生的反美示威活动已成为奥巴马总统在大选年中最为严重的外交政策危机。这一中东乱局将持续很长一段时间,并将对奥巴马的中东政策形成严峻考验。极不稳定的中东局势将导致无法预料的外交和政治后果。美国通过外交渠道不断向阿拉伯国家领导人施压,要求他们采取措施减少本国针对美国的示威活动。奥巴马的外交顾问私下表示,他们也在考虑是否缩小美国在中东地区的外交活动规模。

奥巴马的中东政策已在美国国内引起广泛质疑,其共和党竞选对手全盘否定奥巴马上台后向阿拉伯世界示好的政策。还有分析认为,美国在大中东地区推行的民主遭遇水土不服。此前,奥巴马将利比亚称为向民主过渡样板的说法也令人生疑。

以色列《耶路撒冷邮报》刊发社论说,伊斯兰信徒说他们是被美国制作的影片激怒了,事实上这部片子只是点燃穆斯林怒火的一个附加因素而已。"9·11"事件后,美国政府为推行大中东民主计划,对伊斯兰世界采取了顺从、尊重和接触的政策,但是这一切依然无法平息阿拉伯人的愤怒和反西方情绪。

资料来源:新华网,伊斯兰世界爆发反美浪潮,http://news. xinhuanet. com/world/2012-9/17/c_123722141. htm。

企业在进入某一国家市场时,不仅要考虑该国人口、经济等环境因素,分析研究其市场吸引力,从而决定是否进入该国市场,而且要考虑能否进入该国市场。而决定一国市场可进入性的是该国的政治、法律环境。

政治、法律环境对企业开展营销活动的制约和影响有以下特点:①刚性。政治、法律环境对企业的影响不像社会文化环境那样是柔性的,而是必须要遵循的。②直接性。人口和经济环境可能通过对消费需求产生影响进而影响企业的营销活动,而政治、法律环境对企业的营销活动直接产生影响,例如,一国的政治暴乱将直接影响国际企业在该国营销活动的安全性。③突变性。政治、法律环境的变化具有突然性,它可能给国际企业的营销活动带来机会,也可能带来风险。因此,国际企业必须时刻关注政治、法律环境及其变化趋势,及早做出反应,从而趋利避害。

# 第一节　全球营销的政治环境研究

政治环境是指影响和制约企业开展全球营销活动的各种政治因素,这些政治因素有些来自国际企业母国(Parent country),有些来自东道国(Host country),而有些则是国际性的。在此,我们主要讨论东道国的政治环境,并研究这些政治因素变化可能带来的政治风险,在对政治风险进行评估的基础上,寻找避免和减少政治风险危害的对策。

## 一、政治体制及政策方针

了解一个国家的政治体制及其方针政策,可以考察一国政策的连续性和决策的民主性等关系国际企业营销的政治因素。

### (一)政治体制及政策出台

政治体制是指一个国家的政权形式及其相关的政治制度。世界各国的政治体制纷繁复杂,大多数国家的政体可分为代议制和集权制两种。代议制又可细分为共和制与君主立宪制两种。代议制国家,由于政党必须围绕特定的立法和行政措施集中公众的意愿。因此,一般来说,在代议制国家,政策、法规的透明度较高,决策较民主,政策的稳定性较好,有利于国际企业的营销活动。集权制则包括绝对君主制和独裁制。在这些国家,君主独揽国家政权,决策的透明度差、政策的稳定性也较差,不利于国际企业的营销活动。

企业在全球营销活动中必须了解和把握一国的政体,从而判断其政策的民主性、透明性和稳定性。

### (二)政党体系及其纲领文献

一个国家的政党体系及其纲领文献将直接影响企业在该国的营销活动,考察一国的政党及其制度有助于全球营销人员了解执政党的政治主张,以此推测该政府是保守的、中立的或是激进的,是倾向贸易保护还是贸易自由。

世界各国的政党体系大致可分为:一党制、两党制和多党制三种类型。

一党制是指一个国家只有一个政党并掌握政权,或虽有几个政党,但仅有一个执政党。一党制在第三世界比较普遍,如墨西哥是典型的一党制国家。一党制国家由于只有一个政党执政,因此政局相对较稳定,政策的连续性和稳定性也较好。

两党制是指势均力敌的两大政党轮流执政的政党体系,美国和英国是典型的两党制国家。由于两党制国家两大政党轮流执政,两党的政治纲领不同,它们之间的交替执政对国际企业在该国的营销活动影响巨大。例如:美国的共和党和英国的保守党倾向政府尽量少干预经济,主张企业自主地开展经济活动;而美国的民主党和英国的工党则比较倾向搞所谓的福利社会,主张政府对经济要有足够的参与,要将一些经济部门由国家直接掌握,英国的工党曾在其上台后将进口关税提高了15%。

多党制是指由几个政党联合执政或轮流执政的政党体系。与一党制、两党制相比,多党制国家的政局相对不稳定,政策多变,不利于企业在该国的营销活动顺利进行。日本是典型的多党制国家,这几年日本政界的变更与多党轮流执政不无关系。

## 二、政府的角色和行为目标

### (一)政府在经济中的作用

各国政府在本国的经济事务中都扮演着重要的角色,但角色不同,作用也不一样。一般说来,政府在经济活动中可能有两种角色:一种是经济活动的参与者,另一种是经济法规的制定者。

政府作为经济事务的参与者,往往表现为政府以下列身份直接参与经济活动。第一,政府是所有者。这是指政府往往直接垄断某些行业的产品生产和经营,使国际企业无法插足其间。大多数国家的交通、通信等基础设施是由该国政府垄断经营的,外国投资者往往无法获得这方面的市场机会。第二,政府是购买者。在任何国家,政府都是最大的买主。为了执行政府的职能,政府往往需要购买大到航空母舰、小到文具纸张等物品。政府支出领域一般包括国防、社会保障、教育、公共卫生、环境保护等。第三,政府是合作者。在一些国家,特别是社会主义国家,外来投资者能找到的合作者只能是政府,即直接与政府合伙经营企业。

一般来说,社会主义国家政府的参与程度要比资本主义国家高,发展中国家的政府参与程度也比发达国家高。当政府作为参与者时,企业的全球营销能力便会降低。

政府作为经济事务的规范者时,往往只为经济活动制定有关规定,而不直接参与经济活动。在这种情况下,国际企业只需要了解东道国的有关法规并遵从相应的法规。一般来说,发达国家政府往往只是经济法规的制定者而非直接参与者。

### (二)政府的行为目标

许多政治学家指出,政府的行为目标或动机很大程度上取决于政府自身的利益(国家利益),各国政府的行为目标各有区别,但归纳起来主要有以下几个方面:

(1)自我保护目标。主要是指政府需要保护本国的主权完整。当外来企业的进入对该国主权构成一种潜在威胁时,政府往往制定相当严格的限制性措施,阻止外国企业的进入。

(2)安全目标。各国政府都在尽最大努力寻求生存下去的机会,并将外来威胁控制在最低限度。为了实现这一目标,各国政府除了建立以军事为主的防御体系外,还在一些主要领域保持高度的政治敏感度。许多国家的政府规定在基础设施、国防工业、重要原材料供应方面不能依赖外国企业,并尽可能减轻外国企业对这些行业的影响力。

(3)繁荣目标。繁荣本国经济、提高国民生活水平是各国政府重要的、经常性的目标。当国际企业的行为符合东道国的这一目标时,政府会对国际企业的经营活动给予鼓励;反之,则严加限制。

(4)声誉目标。多数国家的政府也把提高本国及其政府在国际上的声誉作为目标,或者将此作为实现其他目标的一种手段。当国际企业能帮助该国政府达成这一目标时,就会得到鼓励;否则,会受到限制。

(5)意识形态目标。政府往往把保护某种意识形态的存在并促进其发展作为政府的行为目标之一。例如,民族意识等,如果外来投资者的进入会破坏这种意识形态的东西,则会遭到拒绝或阻止。

可见,东道国政府对国际企业的经营活动往往既有鼓励,又有限制,而这些行为的出发点便是上述五项目标。当然,在不同时期,不同政治、经济环境下,东道国政府的目标重点有所不同,因此鼓励或限制措施也不尽相同。国际企业只有通过仔细分析研究东道国的政府行为,保持对东道国政策导向的预见力,才有可能发现机会,防范风险。

### 三、政治干预

无论政府在本国经济中扮演什么样的角色,对本国经济都不是放任不管的,而是采取一系列政治干预措施,迫使外国企业改变其经营方式、经营政策和行为。

#### (一)没收、征用和国有化

没收(Confiscation)是指政府强迫外国企业交出其财产,且不给予企业任何经济补偿。征用(Expropriation)是指政府强迫企业交出财产,给予企业一定的经济补偿,但绝不是出于企业自愿的一桩交易。国有化(Nationalization)是指政府将企业的资产收归国有,由政府接管。没收、征用、国有化的区别在于:前两者是政府强迫外国企业交出资产后不一定由政府接管,也可能交由该国私人企业接管;而后者是政府强迫外国企业交出资产后直接由政府打理。

东道国政府对外国企业的资产进行没收、征用和国有化现象在 20 世纪 60 至 80 年代发生较多。较为典型的事例:1937 年墨西哥政府接管了所有外国人经营的铁路系统,1938 年又接管了整个石油工业;1953 年危地马拉政府接管了所有外国人在本国的香蕉园;1960 年古巴政府将所有工业收归国有,1962 年又接管了美国公司拥有的发电厂;1969 年秘鲁政府没收了美国标准石油公司在该国的资产;1979 年伊朗政府没收了所有外来投资;1983 年法国政府将所有银行收归国有。根据一项研究报告,在 1960 年到 1980 年间发生的所有接管事件中,49% 发生在拉美国家,近 30% 发生在阿拉伯国家,13% 发生在非洲,11% 发生在东南亚国家。联合国组织的研究还表明,在 1960 年至 1974 年间发生的所有接管事件中,2/3 发生在 10 个国家,其中包括阿根廷、智利、秘鲁、阿尔及利亚、利比亚以及伊朗等。

东道国政府的没收、征用和国有化是国际企业面临的最大政治风险。东道国政府对外国资本采取没收、征用和国有化的根本原因在于,东道国政府认为一些对国家国防、国家主权、国民福利、经济增长等至关重要的行业不能掌握在外国人手中。一般来说,被没收、征用、国有化风险最大的行业是公用事业和自然开采业。因为人们普遍认为,公共水电业对国民经济和国防至关重要,而采矿、石油以及其他自然资源的开发被看作国家财富之源泉,因而也特别容易被没收、征用和国有化。

近年来,采取没收、征用和国有化这样极端措施的国家越来越少,其原因主要有以下三方面:(1)各国政府越来越意识到外来投资对本国经济发展的巨大作用;(2)一旦东道国政府采取较为极端的措施,便会遭到国际企业母国的报复和引起国际社会的强烈反应;(3)国际企业为了减少这些政治风险,往往采取各种策略保护自己,如与当地企业合作,通过本土化经营融入当地社会中,降低被没收、征用和国有化的可能性。

#### (二)本国化

由于采用没收、征用和国有化这些措施有一定风险,因此,越来越多的东道国政府通过本国化,逐渐将外国公司纳入其控制之中。

本国化(Domestication)是指东道国政府通过对外国企业进行多方面限制,迫使其一步一步出售股权,最后由本国控制。为此,东道国政府往往采取以下措施:(1)将所有权逐渐转移到本国国民手中;(2)由一大批本国公民担任外资企业的高级管理职务;(3)本国公民拥有更多的决策权;(4)更多的产品在本国生产,以取代进口装配;(5)设计特别的出口管制,以便控制外资企业在全球市场上的营销活动。

对于东道国政府来说,本国化比征用更高明。因为这样一来:一是可避免因征用而造成的在国际上的窘境;二是与征用不同,本国化不会影响东道国在国际金融机构的信用等级;三是东道国不需要自己去直接管理这些外资企业;四是本国化有助于保持自身良好的政治气氛。

对于国际企业来说,本国化虽然不像没收、征用和国有化那样,但其风险也很大,有时甚至是灾难性的,其损害程度不亚于后三者。如:东道国政府要求外资企业在规定的时间内出售股权,由于时间紧迫,往往不会得到公平的价格;而在国际企业中要求有一定比例的高级管理职位由东道国国民担任,不管是否有相应的人才以及人才是否称职;要求国际企业在东道国当地购买原材料和零部件,但可能在东道国根本无法找到符合质量要求的货源等,于是国际企业不得不在东道国投入大量的资本、技术培训人员等,以便获得当地资源。

### (三)限制措施

除了上述政府干预形式以外,东道国政府还采取一系列限制性措施,对外国企业的营销行为进行控制,以下是东道国政府通常采用的限制手段。

#### 1. 外汇管制

一些外汇短缺的国家常常对外汇使用进行严格的限制,目的是保持一定数量的外汇以满足基本需要。如巴西是典型的外汇管制国家,巴西的外资法规定,外国投资是指"不经巴西外汇支出而进入巴西的,旨在进行生产或提供服务的商品、机器和设备;或用于巴西经济运作的外来金融资源及货币资源。上述商品、机器、设备、金融资源及货币资源的所有权应属于居住、定居或总部在巴西以外的自然人或法人"。巴西对外汇实行一定的管制,外国企业或个人(除有外交特权的单位或个人之外)在巴西银行不能开立外汇账户,外汇进入巴西首先要折算成当地货币后方能提取。

外汇管制对于国际企业的影响往往有两点表现:第一,外国公司在本国所取得的利润和资本不得任意汇回母公司;第二,原材料、机器设备和零部件等生产经营所需物品不能自由进口。

#### 2. 进口限制

进口限制是指东道国政府所采取的各种限制进口的措施,如许可证制度、关税、配额,以及各种苛刻的进口检验制度等。政府采取进口限制的主要目的是保护本国工业,其结果是迫使外国企业多购买本国产品,以达到扶持本国工业发展的目的。而对于国际企业则造成很大的影响。

#### 3. 税收管制

在有的情况下,东道国政府对外资企业进行额外征税或提前结束免税期,这些歧视性税收政策往往使国际企业的利润大减或计划大乱。东道国政府此举有时是为了增加财政收入,有时则是为了对外国企业进行警告。

#### 4.价格控制

东道国政府还可能采取价格管制手段,限制外国企业涨价。例如,在通货膨胀严重时期,东道国政府可能冻结物价。尼克松政府就曾在 20 世纪 70 年代初为遏制通货膨胀而冻结物价,这就直接对企业的定价决策产生影响,也会使企业的收益减少。

#### 5.劳工限制

在许多国家,政府为了保护本国国民的利益,往往支持工会要求国际企业给予优惠的待遇并禁止临时解雇员工,如墨西哥不但不准外资企业解雇当地员工,还通过一个由政府代表、劳资双方组成的国家委员会修订有关法令,使劳工有权分享外资企业的利润。在法国、英国等国家,劳工限制措施也较多。

### (四)其他干预措施

除此以外,政府的干预形式还包括政府效率和廉洁程度等。在一些国家,东道国政府为了阻止外资进入,设立重重关卡,事事刁难,使外资企业知难而退,以达到限制外资流入的目的。在某些国家政府贿赂之风盛行,如不贿赂则进入无门,这也是难以进入东道国市场的一道障碍。

**专栏 3-1 "透明国际"**

透明国际(Transparency International)是一个监察贪污腐败的国际非政府组织,总部位于德国柏林,并在大约 70 个国家有分支机构。从 1995 年起,透明国际每年制订和公布清廉指数,提供一个比较可靠的国际贪污状况列表,透明国际也跟一些政府合作打击腐败。清廉指数(Corruption Perceptions Index,缩写:CPI)是透明国际自 1995 年起每年发布的评估,就世界各国民众对于当地腐败状况的主观感知程度予以评估及排名。清廉指数是指各国商人、学者与国情分析师对各国公务人员与政治人物贪腐程度的评价,满分 100 分,清廉指数评分越高,意味着感知的腐败程度越低。

2020 年 1 月该机构发布 2019 年度指数,共计有 180 个国家(地区)获得排名,从排名中可以看出:

中国得分 41 分,由 2018 年的第 87 位小幅提升至第 80 位,但依然位于中下游水平,"透明国际"并没有特别解释 2019 年中国排名小幅提升的原因。北欧国家在 CPI 方面处于领先地位,排名靠前的是丹麦和新西兰(87 分),其次是芬兰(86 分),新加坡、瑞典、瑞士(85 分),欧洲国家总体平均得分 66 分。透明国际表示,即使 CPI 得分最高的国家(例如丹麦、瑞士和冰岛)也无法幸免于腐败,这些地区虽然是世界上最清廉的地区之一,但腐败问题仍然存在,特别是在洗钱和其他私营部门腐败的情况下,反洗钱监督和对违规行为的制裁常常是脱节的,反腐效果不佳。

资料来源:知乎,https://zhuanlan.zhihu.com/p/141739247? from_voters_page=true。

### 四、政治稳定性

政治稳定性对全球营销企业至关重要。如果一个国家的政局不稳定、政策多变,则企业在该国市场的营销活动应谨慎进行。

一个国家政治的不稳定性主要是由内部与外部因素引起的。

#### (一)影响政治稳定性的国内因素

**1.政权更迭频繁**

一个国家政权更迭频繁,政治环境就会多变,政局稳定性差,本国企业及在该国开展营销活动的国际企业遭遇政治风险的可能性就大。同时,政权更迭的形式不符合常规,也容易造成政局动荡。此外,掌握国家政权的领导层成员的变化,也会影响一国政局的稳定性。1989—2009 年日本的首相更替及执政党交替频繁(表 3-1 所示),其中小泉纯一郎上任前的十年,日本内阁像走马灯似的不断改换,被称作日本的"十年九相"现象。

表 3-1　1989—2009 日本执政党及首相

| 首相 | 代表党派 | 上任—卸任时间 | 在任时间 |
| --- | --- | --- | --- |
| 海部俊署 | 自民党 | 1989 年 8 月—1991 年 11 月 | 818 天 |
| 宫泽喜一 | 自民党 | 1991 年 11 月—1993 年 8 月 | 644 天 |
| 细川护熙 | 日本新党 | 1993 年 8 月—1994 年 4 月 | 263 天 |
| 羽田孜 | 社民党 | 1994 年 4 月—1994 年 6 月 | 64 天 |
| 村山富市 | 自民党 | 1994 年 6 月—1996 年 1 月 | 561 天 |
| 桥本龙太郎 | 自民党 | 1996 年 1 月—1998 年 7 月 | 932 天 |
| 小渊惠三 | 自民党 | 1998 年 7 月—2000 年 4 月 | 616 天 |
| 森喜朗 | 自民党 | 2000 年 4 月—2001 年 4 月 | 387 天 |
| 小泉纯一郎 | 自民党 | 2001 年 4 月—2006 年 9 月 | 2029 天 |
| 安倍晋三 | 自民党 | 2006 年 9 月—2007 年 9 月 | 351 天 |
| 福田康夫 | 自民党 | 2007 年 9 月—2008 年 9 月 | 360 天 |
| 鸠山由纪夫 | 民主党 | 2009 年 9 月—2010 年 6 月 | 259 天 |

**2.文化冲突**

文化冲突包括宗教矛盾、种族、民族矛盾以及文化的裂变等现象。宗教矛盾常常是造成政治不稳定的重要原因之一,例如,中东地区向来是爆发战争或骚动的"火药筒",这与该地区的宗教矛盾突出有着密不可分的联系。该地区是佛教、基督教和伊斯兰教的会合地,宗教之间的冲突在所难免,使该地区成为全球最为动荡不安的地区。种族、民族矛盾也是引发不安定的重要因素,例如,南非的种族隔离曾导致严重的政治危机。除此以外,文化的分裂也会导致政治不稳定,例如,印度国内文化复杂是其国内经常出现骚动的重要原因之一。

### 3. 政治冲突

政治冲突往往表现为暴动、政变等。如果一个国家的政治冲突频繁,则政局难以稳定,在该国进行营销活动的政治风险也在所难免。

### 4. 国民情感

国民情感是一种民族中心主义的表现形式。民族中心主义一般带有文化狭隘性,它视其所属的"族群"为一切事物的中心,评价和度量其他事物时必须参照这一中心。民族中心主义是从其自身的文化立场出发、以自我为中心的视角看待世界的一种主观倾向或态度。民族中心主义很容易引起对外来文化的敌视和排斥,从而引发矛盾,引起不安定。由民族中心主义引发的民间壁垒目前已成为外国企业或外来产品进入当地社会的一股阻力。近年来,中国产品在全球市场上屡屡遭遇民间壁垒。2004 年 9 月发生的"西班牙烧鞋事件"是由国民情感引发的民间壁垒的代表现象之一,这一非政治性的冲突也值得开展全球营销的企业重视和关注。

### (二)影响政治稳定性的国外因素

除了东道国自身的原因之外,外部因素也是引发本国不稳定性的重要原因。

### 1. 东道国的国际关系

如果一个国家在国际关系中的印象不佳,遭遇外部矛盾的可能性就会增加,政治的不稳定性也会加大。

### 2. 与邻国的领土纠纷

如果一国与邻国之间有领土纠纷等矛盾,则容易引发与别国的政治冲突,从而造成政治不稳定。

### 3. 遭遇外来侵略或袭击

如果一个国家遭遇外来的袭击,就会严重影响该国的政治稳定。而这种不稳定性又是最难以预见和防范的,因此,国际企业在营销活动中必须注意到这一点。

# 第二节　全球营销政治风险的评估与对策

由于东道国的政治环境对企业的全球营销活动会产生很大影响,易造成政治风险,因此,全球营销企业必须重视对全球营销中的政治风险的分析评估,在政治风险发生之前采取有效的防范措施,在风险发生之后积极寻求解决方案,将政治风险带来的危害降到最小限度。

## 一、政治风险的表现

政治风险可以定义为一组不利事件发生的概率。"不利事件"指那些对公司价值造成威胁而可能影响其业绩的事件,或此类事件包含指向特定公司的公司风险,以及不指向特定公司,但能影响特定行业内全国所有公司的国家风险,或称为微观风险和宏观风险。如表 3-2 所示。

表 3-2　政治风险类型

| | 政府风险 | 不稳定风险 |
|---|---|---|
| 公司风险 | 歧视性法规<br>"蚕食性"征用<br>违约 | 蓄意破坏<br>绑架<br>抵制 |
| 国家风险 | 大规模国有化<br>法规变化<br>货币不可兑换 | 大规模工人罢工<br>城市暴动<br>内战 |

资料来源：Wagner，D．，Defining "Political Risk"，International Risk Management Institute，Retrieved March 21，2007．2000．

政治风险具体表现为：

### （一）政治风险在国际贸易中的表现

政治风险在国际贸易中通常表现为：东道国强制关闭本国市场，限制非本国产品进入；东道国实行外汇管制，税率变化无常；东道国单方面破坏契约，并拒绝赔偿外国企业的经济损失；等等。

### （二）政治风险在国际投资中的表现

政治风险在国际投资中的表现如下：投资者的财产被当地政府没收、无偿征用和逐步实行国有化；合营企业投资者的利润无法汇回母国，正常的经营活动受到当地政府的任意干预；东道国政府与母国政府发生对抗战争等严重事变，导致投资者遭受损失；东道国发生动乱、革命或政府倒台等政治突发事件，造成投资者经营中断或利润损失；等等。

### （三）政治风险在国际信贷方面的表现

政治风险在国际信贷方面的表现如下：债务国否认债务，拒绝履约还款，债务国随意中止还款，造成债权国利益受损；债务国政府单方面要求重议债务；债务国国际收支困难，随意实施严格的外汇管制；等等。

## 二、政治风险的评估

### （一）政治风险的评估方法

对政治风险的评估可采取以下有效方法。

**1. 实地考察法**

这是指企业派出一位或数位高级经理对企业将要进入的目标国家进行考察，从而确定该国市场的政治风险及可进入性。这种方法有利于得到准确可靠的信息，但由于考察的广度和深度的限制，可能结果所反映的信息并不全面。

**2. 专家分析法**

这种方法是通过向有关专家进行咨询，从而了解目标国家市场的信息，进而判断该国的政治风险。一般来说,专家是由外交人员、当地政治家、资深商务人员、学者等组成的,在分析和判断问题方面较有经验,所获得的信息也较全面和准确。但如果专家本身的素质不高或经验不足,则会影响评估结果。

**3.德尔菲法**

这种方法是为了防止专家评估的主观性,而采取由若干个专家分别就某一国家的政治环境问题独立地发表意见,企业在将专家意见汇总后,将结果分发给每位专家,让他们在参考他人意见的基础上修正自己的最初意见,企业不断重复这个过程,直到专家们不再修改自己的意见为止。专家们最后的平均意见通常要比最初任何一位专家的意见都正确。这种方法虽然复杂,但得到的结果较为客观、准确。

**4.数量分析法**

企业还可以通过数量分析法来判断政治风险。企业可将影响政治风险的变量一一列出,根据各个变量之间的关系,建立相应的数学模型,用以预测事件发生的可能性。这种方法的评估结果较为精确,但局限性在于影响政治风险的因素并不都能量化,同时数学分析要结合专家意见才较可靠。

**(二)政治风险的评估内容**

企业对全球营销政治风险的评估可从企业外部因素和企业内部因素两个方面入手。若在全球营销活动中,企业的某项因素在东道国的政治敏感性大,则遭遇政治风险的可能性也就越大。

**1.企业外部因素**

(1)企业母国与东道国的关系。如果企业母国与东道国的关系越密切,企业在东道国遭遇政治风险的可能性就越小,企业在东道国的营销活动就越顺利。

(2)企业所在行业及提供的产品。如果企业从事的行业和提供的产品政治敏感度高,遭遇政治风险的可能性就大。罗宾逊教授曾在《国际企业政策》一书中提出了一套评估产品政治敏感度的方法,他要求国际企业对 12 个问题逐一加以回答,根据总评分的高低来判断行业和产品的政治敏感度。

①该产品的供应是否需要经政治上的讨论或立法机构授权后方可经营?(例如:石油、运输设备、公共设施等)

②是否有其他产业依赖该产品或以其作为再加工的原材料?(例如:水泥、钢铁、电力等)

③该产品是否具有社会及政治敏感性?(例如:医药、食品)

④该产品对于该国的国防是否有重要影响?(例如:交通设备、电信设备)

⑤该产品对于农业生产是否重要?(例如:农业机械、化肥)

⑥该产品是否必须利用当地资源才能有效地营运?(例如:当地劳动力、原料)

⑦在近期内是否会有与该产品竞争的产业出现?(例如:各种小型或投资少的制造业)

⑧该产品与大众传播媒体是否有关?(例如:印刷业、电视)

⑨该产品是否属于服务产品?

⑩该产品的使用或设计是否基于某些法律的需要?

⑪该产品对于使用者是否具有潜在的危险性?

⑫该产品的营销是否会减少东道国的外汇?

如若对上述问题的回答是肯定的,说明该行业或产品的政治敏感度高,遭遇政治风险的可能性大;若回答是否定的,则说明政治敏感度低,不易遭受政治风险。

(3)企业规模及地址。正所谓"树大招风",企业规模越大,被东道国视为威胁的可能性就越大,同时,若企业选址在东道国的政治、经济中心,遭遇政治风险的可能性也会加大。

(4)企业的知名度。企业的知名度越高,政治敏感度越高,政治风险可能就越大。

(5)东道国的政治状况。东道国政治局势越不稳定,对国际企业来说遭遇政治风险的可能性就会增加。

**2.企业内部因素**

(1)企业的行为。国际企业的经营行为会导致企业在东道国公众中的形象不一。形象好的国际企业政治敏感度低,遭遇政治风险的可能性小;反之,则容易遭遇政治风险。

(2)企业对东道国的贡献。如果外来投资者能为东道国的经济发展做出贡献,如提供就业机会、出口创汇、引进技术等,则遭遇政治风险的可能性就小;若外来投资无法为东道国经济发展带来好处,或好处不明显,则容易遭遇政治风险。

(3)经营的当地化。如果国际企业在东道国实现经营当地化,如使用当地的原材料、零部件,使用当地的资金、人才,在当地开发新产品,使用当地的品牌等,则不易遭遇政治风险。一般来说,外来企业的当地化程度越高,遭遇政治风险的可能性越小。

(4)子公司对母公司的依赖性。如果东道国的子公司在关键性的技术资源、市场等方面严重依赖母公司,则子公司在当地遭遇政治风险的可能性就会降低。子公司对母公司在技术、市场等方面的依赖性太强,即使东道国接管该子公司,也无法正常发挥子公司的作用。

**(三)政治风险的权威评估**

关于政治风险的主要问题是如何进行测量和管理。国际上有不少权威的评估机构,定期或不定期地对世界各国的风险进行评估,为国际企业的决策提供依据。大多数政治风险观察家认为,政治风险取决于政治权力如何行使,既包括政府的权力,也包括工会和活动人士等团体的权力。因此,通过监测社会动荡和不稳定是否可能发生并最终威胁公司业绩,可以衡量政治风险发生的概率。

衡量政治风险有两种办法:(1)定性法,基于德尔菲法的专家分析,专家包括经济学家、工会领导、政治家和当地企业家;(2)定量法,找出影响政治风险的量化因素,然后用公式计算各因素得分。尽管第二种方法看起来更加客观,但不一定比定性法更精确,精确度取决于模型的可靠性和有效性,以及使用什么数据库。

有两种著名的政治风险定量评估方法:经济学人智库(Economist Intelligence U-nit,EIU)模型和商业环境风险情报(Business Environment Risk Intelligence,BERI)模

型。EIU 复合风险评分包括政治风险(占复合分的 22％)、经济政策风险(28％)、经济结构风险(27％)、流动性风险(23％)。政治风险因子衡量政治稳定性(战争、社会动荡、有序的政治交接、政治暴力和国际纠纷)。BERI 模型包括一个利润机会推荐(Profit Opportunity Recommendation),这是一个宏观的政治衡量,基于以下三方面评分的平均值:

由政治和社会变量分值计算的政治风险指数(Political Risk Index);

由政治、金融和经济结构变量计算的经营风险指数(Operation Risk Index);

R 因子(汇兑和资金汇回本国),是根据国家法律框架、外汇、硬通货储备和外债计算的一个加权指数。

每家公司都必须进行风险评估,时时关注那些本行业特有的微观风险,与此同时,也要考虑到总体的宏观政治风险。表 3-3 采用本章所讨论的一些关键变量提出了一个简化的风险评估模型,该表可以作为任何一家公司制订全面政治风险评估战略的起点性矩阵。在微观变量部分,还应当加入恰当的国家、行业和项目变量。为每个关键变量赋予权重以反映相应公司的行业、地点、风险容忍度和总体政治经济环境。在各个类别上为各个国家打分,然后乘以权重得到各国在各个类别上的得分,加总后得到各国的总分,我们很容易通过比较总分来评估各国的相对风险。

表 3-3　风险评估模型

| | 宏观变量 | 权重 | 国家 1 | 国家 2 | 国家 3 | 国家 4 |
|---|---|---|---|---|---|---|
| 政治 | 战争和安全问题 | 0—10 | | | | |
| 经济 | 通货膨胀 | 0—10 | | | | |
| | 汇率波动性 | 0—10 | | | | |
| | 经济稳定性 | 0—10 | | | | |
| | 人均 GDP | 0—10 | | | | |
| | 国际收支 | 0—10 | | | | |
| | 真实的 GDP 增长率 | 0—10 | | | | |
| | 货币可兑换性 | 0—10 | | | | |
| 社会 | 社会革命 | 0—10 | | | | |
| | 腐败 | 0—10 | | | | |
| | 微观变量 | 权重 | 国家 1 | 国家 2 | 国家 3 | 国家 4 |
| 政治 | 工业法规体系 | 0—10 | | | | |
| | 恰当的政治/政府微观变量 | 0—10 | | | | |
| 经济 | 能源脆弱性 | 0—10 | | | | |
| | 恰当的经济微观变量 | 0—10 | | | | |
| 社会 | 恰当的经济微观变量 | 0—10 | | | | |
| | | 合计 | | | | |

资料来源:Alon,I.,Gurumoothy,R.,Mitchell,M.,& Steen,T.,Managing Micropolitical Risk:A Cross-Sector Examination," *Thunderbird International Business Review*,48(5)(2006),623-642.

### 三、政治风险的防范对策

#### (一)政治风险发生前的对策

在政治风险发生以前,国际企业应该采取一系列防范措施,以减少政治风险发生的可能性。根据对政治风险的评估,结合国际企业的成功经验,政治风险的防范对策主要如下。

**1. 寻求当地合作者**

这是国际企业最常用的防范政治风险的策略。因为一方面当地的合作者较了解本国的政策法规,与东道国有关部门有着一定的联系;另一方面,东道国政府也会顾及当地投资者的利益,在采取极端措施时会"投鼠忌器"。

**2. 在当地融资**

若国际企业采取在东道国筹集资金的方法,在东道政府采取极端措施时,其往往可起到保护作用。因为东道国政府要顾忌本国资本的利益,不会轻易采取没收、征用、国有化等强制性措施,这样就可使全球营销企业避免遭遇政治风险。

**3. 股权的多国籍化**

股权的多国籍化可以分散风险。如果企业的资本来自多个国家,东道国政府就会因为顾忌与多个国家为敌,而不敢贸然采取极端措施。因此,国际企业可利用这一点,使股权保持在多个国家手中,以减少政治风险。例如,世界著名的英国荷兰皇家壳牌石油公司,因拥有英国和荷兰双重国籍,常可以转危为安。当印尼苏加诺政府对荷兰不满时,公司就强调其英国企业身份;而当东道国政府对英国不友善时,公司就可强调其荷兰身份,从而减少政治风险。

**4. 减少固定资产的投资**

国际企业可采取有形资产与无形资产分开,或生产技术与营销技术分开的策略。例如,让东道国当地合伙者拥有固定资产,而核心技术等无形资产掌握在母公司手中,这样国际企业被接管的可能性就会减少。例如,美国联合水果公司在拉丁美洲一直是左翼政党紧盯的目标,为了减少政治风险,该公司放弃了在拉美的大多数土地所有权,将水果事业集中于营销和运输环节。

**5. 及时调整有关业务**

在政治风险来临之前,及时预见政治风险,尽快转移经营业务,这对于国际企业来说既是必要的,也是可行的。东道国政府往往对高度政治敏感的行业进行干预,若国际企业能够预见风险发生的可能性,及时将业务的政治敏感度降低,就可能躲过劫难。例如,美国电话电报公司(AT&T)在秘鲁的子公司在1960年末被征收之前,立即将经营业务转向东道国政府易接受的行业,如兴建喜来登宾馆和制造电器设备;又如,当巴西国会研究如何将圣保罗到里约热内卢高速公路两旁10公里以内的外国工厂收归国有时,德国巴斯夫(BASF)公司转向种植桉树,从一个巨大的化工制造商摇身一变为林业经营者,最终免遭被没收。由于国际企业的业务范围较广,因此,实现业务的转移是可行的。

### 6. 保持子公司对母公司的依赖性

国际企业可以通过将产品的研发(R&D)放在母国进行,使东道国无法得到生产所必需的关键技术,从而使子公司在技术上形成对母公司的依赖性。国际企业还可通过控制原材料和关键零部件、控制主要市场等手段来增强子公司对母公司的依赖性。例如,可口可乐的秘方始终掌握在母公司手中,这样,即使在外的子公司被东道国没收,但由于无法得到关键性技术,子公司无法独立运行,东道国政府就会因不能实现目标而放弃没收等行为。

### 7. 开展公共关系活动

如果国际企业与当地公众搞好公共关系,就可在当地公众中建立良好的形象,赢得当地公众的好感,这样企业所面临的政治风险就要小得多。例如,许多在华投资的跨国公司纷纷支持中国教育事业,其目的是得到中国公众的认同,从而减少政治风险。

### 8. 投保政治风险

向保险公司投保政治风险也不失为一种明智之举。近年来,由于政治形势变化加快,不少国际企业已意识到政治风险对企业经营的巨大影响,所以企业开始重视并投保政治风险,以减少风险发生所带来的损失。

### (二)政治风险发生后的对策

一般在政治风险发生之前,往往有一些征兆,此时,国际企业应积极采取对策,如理性地与东道国政府进行谈判。一方面让东道国政府了解其对东道国经济发展所做出的或将要做出的贡献,以及东道国政府采取极端措施所可能造成的严重后果;另一方面,向东道国政府承诺企业会在经营策略等方面做出让步,如改组人事、增资扩股,帮助当地政府实施新的投资计划,以及进行政治性或公益性捐款等,以得到东道国政府的认同,防止政治风险的发生。

若此举不能奏效,那就只能依照国际惯例,通过法律手段或其他途径减少政治风险带来的损失。

### 1. 积极寻求补偿

一旦发生政治风险,国际企业的财产即使被没收、征用或国有化,也不必绝望,国际企业要继续保持与东道国的关系,从长期来看仍可获得相当利润。如继续经营出口业务,或通过合同关系提供生产技术和管理经验,或出售原材料和零部件给东道国当地企业等,通过这些举措来寻求最大残余价值。

### 2. 寻求母国支持

当国际企业在国外投资遭遇政治风险时,企业可以通过母国政府进行外交干涉。一般来说,在经济全球化的今天,母国政府往往具有双重身份,它既是国际企业的母国政府,又是外来投资者的东道国政府,政府可利用这种双重身份,帮助本国企业在国外市场上赢得公平的条件。例如,母国政府在本国企业的要求下,可向对方国家在本国的企业进行报复,采取禁止该国产品进入本国市场或其他制裁措施。当然,动用母国政府进行报复,可能会使两国的关系恶化。

**3. 寻求国际社会支持**

国际企业在遭遇政治风险后还可积极寻求国际支持,企业可向海牙国际法庭申请法律赔偿,也可请求国际投资纠纷调解中心(International Center for Settlement of Investment Disputes,简称 ISCID)加以仲裁。

# 第三节 全球营销的法律环境

全球营销者应该熟悉他们业务所在地区法律体系中的特定部分,特别是海外经营中的销售代理、分销商协议等,以及海关和国际贸易法规、出口激励和控制、仲裁、知识产权、国际技术转让。全球营销所面临的法律环境主要由三个层次构成:一是本国的法律环境,二是东道国的法律环境,三是国际法与国际惯例。在这里,我们分别加以讨论。

## 一、各国的法律体系差异

要研究全球营销的法律环境,必须对各国的法律体系有一个基本的认识。世界各国的法律体系大致可分为大陆法系和普通法系两种类型。

大陆法系的基础是一个由成文法规(法典)构成的无所不包的法律体系,大陆法系是由罗马人创造出来的,为大多数国家所采用;普通法系的基础是传统、过去的惯例,以及法律通过对成文法和过去判例的解释所确立的法律先例。普通法系也称英美法系,在英国、美国、加拿大、澳大利亚等英联邦国家使用。

上述两大法律体系对于同一问题的解释和处理方法有较大区别。例如,在大陆法系国家,工业产权的所有权按"注册优先"原则确定,而在普通法系国家,则按"使用优先"原则确定。由此可见,法律体系的差别会对企业的全球营销活动产生较大影响,因此,企业在全球营销活动中,首先必须了解目标市场国家的法律体系。当然,可能属于同一个法律体系的不同国家的具体法律也不尽相同,企业还必须了解和把握各国具体的法律法规。

**专栏 3-2 麦当劳**

马来西亚的一家印度餐馆起名为"McCurry",麦当劳称其商标被侵犯,因此向法院起诉这家餐馆。其实,两个商标的唯一相同之处是前缀"Mc",但麦当劳认为这个前缀是它的产权。类似情形在马来西亚也发生过,当时麦当劳打赢了对 McBagel 和 McDhama's 两家餐馆的官司。但是,在此案中,法庭判决当地餐馆胜诉,允许其继续使用"McCurry"。商标律师克雷格·福克勒(Craig Fochler)在思考这一判决时说:"当你有一个类似麦当劳、可口可乐或 7-11 的商标时,法律工作是不断的。"而在澳大利亚,情形就不同了。法庭认为"Mac"和"Mc"是麦当劳的知识产权。塔斯马尼亚的一家小企业用"McBaby"作为它的童装品牌,法庭判决该名称与"Mc-Kids"太接近,后者在沃尔玛销售须经麦当劳许可。

资料来源：Adapted from：DKD Trade.（7 May 2009）.Trademark Battle Lost by McDonald's Trademark News；Eviatar，D.（2005）.It takes a global village to protect McDonald's trademark. IP Law & Business。

## 二、母国的相关法规

各国政府为了维护国家的整体利益，出于政治、军事、经济等方面的考虑，往往会制定一系列法规，对从事全球营销活动的本国企业加以限制和保护。

母国政府对本国企业的全球营销活动往往进行出口管制，出口管制包括出口产品管制、市场管制和价格管制等。

出口活动中的产品管制主要是限制那些具有战略意义或国家稀缺资源和产品的出口。受出口管制的产品通常有以下几类：（1）战略物资，如军火等；（2）高科技产品及技术资料，如宇航技术、通信设备等；（3）国内奇缺的原材料和某些消费品；（4）实行"自动"出口限制的商品；（5）古董、艺术品等。此外，各国的法律对出口产品本身均有相关规定，如我国的《进出口商检条例》《出口食品卫生管理法》等。市场管制主要是限制产品出口的目标市场，防止产品进入敌对国市场。价格管制是对出口价格的约束。

出口管制的主要工具是颁布的出口许可证。政府根据出口管制的有关规定，制订出口管制货单和输往国别分组管制表，然后采用许可证具体输出申请和通关手续。出口管制的目的是防止国内物资短缺、保障国家安全和推行国家对外政策等。

各国政府为了鼓励本国企业扩大出口，加快对国外市场的开拓，也采取一系列鼓励的措施，各国鼓励出口贸易的法规主要有税收减免、出口退税、出口信贷、出口补贴等。

## 三、市场国的相关法规

全球营销企业要着重了解并研究的是目标市场国家的法律法规，这里具体包括两方面的法律，一是与企业进入市场国有关的法律，二是与企业进入目标市场国后的营销活动直接相关的法律。

### （一）与进入市场有关的法律

与出口进入有关的法律是指与产品出口进入有关的相应法规，主要有关税和非关税壁垒。其中非关税壁垒又包括：进出口配额制、自动限制出口、进口许可证制、商品检验制度、外汇管制、反倾销法等。

与合约进入有关的法律，主要涉及专利使用权、商标使用权和专有技术使用权等有关技术转让的法规和国际保护知识产权的有关规定等。

与投资进入有关的法律，主要是公司法、企业法、外商投资法等有关法规。例如 2001 年 3 月，九届全国人大四次会议闭幕会通过了关于修改中外合资经营企业法的决定，对原有的中外合资企业经营法进行了修改，修改后的法规更加有利于外国企业在中国市场的经营活动，为外资企业进入中国市场增加信心。

海外商标注册，各国制度差异竟然那么大

**(二)目标国家与市场营销有关的法律**

**1. 与产品决策有关的法律**

在全球营销活动中,产品决策是最基本的决策,也是在限制最多的情况下的决策。每个国家都对产品制定了许多相关的法律、法规,对产品的质量、包装、品牌等做了相应的要求。如各国对产品的质量要求,除了要求产品的纯度、安全性、性能等物理、化学、生物指标符合外,还有严格的环保要求。例如:向美国出口的汽车必须装上防污染装置,否则难以满足美国防污染法对汽车排泄控制的严格要求;日本要求护发护肤用品不得含有甲醛,所以欧美一些化妆品出口厂商只能对产品做相应的调整,否则无法进入日本市场。除此以外,各国还制定了严格的产品包装法,如:美国的食品包装法要求对食品的成分及所含的微量元素进行详细标注,否则不符合要求;丹麦的包装法规定软饮料的瓶子必须可回收,这使得许多法国矿泉水厂商对该国市场望而却步,因为要把瓶子运回法国的成本实在太高了;英国禁止进口法国牛奶的理由是法国的牛奶是以升为计量单位,不符合英国以品脱为单位的食品计量法。此外,许多国家还对产品商标的使用等有相关的法律规定。

**2. 与分销决策有关的法律**

在营销组合决策中,渠道决策受到的法律限制可以说是最轻微的,厂商往往可以根据市场条件自由地选择分销渠道。但企业一旦与当地分销商签订分销合同,就会有法律上的问题,因为在一些国家,不能随意中止与本国代理厂商的协议,否则将带来很大的麻烦。因此,国际企业在进行渠道决策时,也需谨慎行事。

**3. 与定价决策有关的法律**

价格是买卖双方都非常敏感的要素。各国政府为了保护本国公民的利益,均制定了一系列控制物价的法规,但具体做法有差异。一般来说,发展中国家对价格的控制较发达国家更加严格,其通常做法是:规定最高限价、最低限价或限制价格变动等。有些国家采取直接控制利润率的方法,如加纳政府曾按不同行业,把生产企业的利润率规定为25%—40%。德国政府虽未对利润率做出规定,但要求企业详细地申报其价格和利润方面的资料。

产品价格的管制,可能是对于全部产品,也可能是对于部分重要产品。对于一些关系国计民生的重要产品,不少国家均采取了相应的价格限制。如:比利时政府则规定了药品的最高限价,同时规定药品的批发毛利率和零售毛利率分别不得超过12.5%和30%;阿根廷政府规定制药公司的标准利润率为11%。可见政府的价格管制一般针对食品、药品、日常用品等。

**4. 与促销决策有关的法律**

各国对产品的促销活动均制定了相应的法规,对企业的广告宣传、营业推广等促销活动都做了严格的限定。对于这部分内容,我们将在全球市场产品促销决策中详细讨论,在此不做赘述。

专栏 3-3　国外对违法广告的处理

**1. 美国**

在美国,特有的"集团诉讼制"有效保护了消费者权益,广告法律法规完备,广告监控细微严格。首先,美利坚民族自我保护意识强烈,公民社会责任感强。消费者即使并未购买该产品,仅是发现该则广告违规就会向联邦通讯委员会投诉,委员会会立即执行调查。若是某家广播电视台播出的广告频频被投诉,则该委员会会吊销相关企业的营业执照。高额的经济社会代价就会使得广告主以及广告发布者对于广告的设计制作和发布前审查相当慎重,不敢违规逾矩。此外,美国法律特有的"集团诉讼制"使得每位受损消费者不需直接去起诉,只要一人赢了官司,这个审判结果就适用于所有人,每人均获同等赔偿。这对广告商来说杀伤力巨大,只要输掉一场官司,赔偿就是天文数字。法律监管的"环环相扣"与社会监督的"无微不至"结合紧密,共同促进美国广告的可持续发展。

**2. 法国**

法国听取并采纳民意,将社会舆论监督与行业自我监督紧密结合。首先从传播学角度来解释,大量女性主角在广告中的出现,并非对女性的尊重,而是对女性的"性别歧视"。为倡导男女平等,法国激进的社会团体一直呼吁广告管理部门取缔带有明显黄色镜头的广告。法国广告业界也迅速做出反应,采纳社会团体的监督意见,于 2003 年制定并实行更为严格的广告管理标准,以确保尊重妇女尊严。相对于"妇女能顶半边天"的中国社会,广告片中的主角基本上是"妇女撑起一片天",业界似乎还没有意识到这种现象是对女性的不尊重。由此可见中国广告界对于性别的看法意识应该迅速跟进,与国际接轨。

资料来源:豆丁网. 广告法规与职业道德——违法广告案例分析. http://www.docin.com/p-807336625.html。

## 四、国际法与国际惯例

世界上并不存在制定和执行国际法的机构,所谓的国际法事实上只是具有相应法律效应的国际公约、条约,具有准法律效应的国际惯例,以及国际性组织的规章制度。

### (一)国际条约与全球营销

国际条约是国际法最重要的渊源。国际企业的行为必须符合母国缔结或参加的有关国际经济、贸易和金融方面的条约。国际条约包括双边条约和多边条约。战后多边条约逐渐增多,如布雷顿森林协定、多边清算贸易协定、关税与贸易总协定等。

对全球营销活动影响比较大的国际条约主要有有关国际货物买卖的公约、有关产品责任的公约、有关保护工业产权的公约。

### (二)国际组织与全球营销

国际性组织及其规章制度对其成员国来说具有法律效应,因此参加相应国际性组织的成员国必须在承担相应义务的同时才能享受相应的权利。对全球营销活动具有直接影响的国际组织主要有:

**1. 世界贸易组织(WTO)**

世界贸易组织的前身是关贸总协定(GATT),它代表着全球性的多边贸易体制,它既是多边贸易的规则或契约,又是多边贸易谈判的场所,也是解决多边贸易争端的机构。关贸总协定于 1947 年签订,于 1984 年生效,1995 年改为世界贸易组织。目前世界贸易组织已拥有 153 个成员国,其成员国之间的贸易额占贸易总额的 90% 左右。世界贸易组织所制定的多边贸易规则,已成为各国普遍接受的国际关系准则,而且多边贸易规则所规范的领域也不断扩大,从关税到非关税措施,从货物贸易到服务贸易、知识产权和投资措施等。世界贸易组织的宗旨是通过多边贸易谈判,在缔约国之间实现"达成互惠互利协议,大幅度地削减关税和其他贸易障碍,取消国际贸易中的歧视待遇""以提高生活水平,保证充分就业、实际收入和有效需求的巨大持续增长,扩大世界资源的充分利用以及发展商品的生产交换"。

**2. 国际货币基金组织(IMF)**

国际货币基金组织是影响全球多边贸易关系的联合国组织,是世界上最有影响力的国际金融组织,它对国际营销活动有着重要的影响。

国际货币基金组织成立于 1945 年,现有成员国 186 个,总部设在美国首都华盛顿,它对国际营销环境的影响主要表现有:(1)稳定国际汇率、减少汇率波动,从而减少汇率波动对全球营销带来的不利影响,使全球营销有一个比较稳定的金融环境;(2)消除妨碍全球营销的外汇管制,促进国际货币的自由兑换,从而促进国际贸易和投资的自由化;(3)通过国际货币储备和国际短期贷款解决成员国在国际收支上出现的短暂性困难,以提高成员国的外汇支付能力,从而维护和促进国际贸易;(4)参与贸发会议和世界贸易组织的某些审议活动。

**3. 国际标准化组织(ISO)**

ISO 是一个国际标准化组织,其成员来自世界上 100 多个国家的国家标准化团体,代表中国参加 ISO 的国家机构是中国国家技术监督局(CSBTS)。ISO 与国际电工委员会(IEC)有密切的联系,中国参加 IEC 的国家机构也是国家技术监督局。ISO 和 IEC 作为一个整体担负着制定全球协商一致的国际标准的任务。ISO 和 IEC 有约 1000 个专业技术委员会和分委员会,各会员国以国家为单位参加这些技术委员会和分委员会的活动。ISO、IEC 每年制定和修订 1000 个国际标准。ISO 和 IEC 都是非政府机构,它们制定的标准实质上是自愿性的,这就意味着这些标准必须是优秀的标准,其会给工业和服务业带来收益,所以各成员国会自觉使用这些标准。

**(三)国际惯例与全球营销**

国际贸易惯例是国际组织或者权威机构为了减少贸易争端、规范贸易行为,从长期的、大量的贸易实践经验中总结,并在实践中不断地修改和丰富其内容的基础上制定出来的。它不是法律,没有法律的强大约束力,但是它是在当事人意思的基础上自治制定出来的,因此对贸易双方当事人具有强制的约束力。

国际惯例是在国际交往中逐渐形成的不成文的法律规范,这些国际上普遍承认的惯例可以发展为规则,成为全球营销活动中自觉遵守的规范。对全球营销活动产生影响的国际惯例主要有国际贸易术语解释等。如在交易中发生争议,则是双方奉行的所期望的行为模式,如FAS,通常称作装运港交货,按这一贸易术语成交时,卖方要提供商业发票或电子信息,并自付风险费,提供通常的证明其完成交货义务的单据。如果在买方要求下,由买方承担费用和风险的情况下,卖方可协助买方取得运输单据,有关货物过境所需的出口许可证及其他官方文件,均可由买方负责办理。如果交易发生争议,法院或仲裁机构也会引用这一惯例判决或裁决。由此可以看出,虽然国际惯例不是法律,但各国的立法或国际公约赋予了它法律的效力。

## 五、全球营销纠纷及其解决

由于全球营销活动涉及面广,关系复杂,各种贸易纠纷也在所难免。因此,国际企业需要通过合适的途径来解决贸易争端和纠纷,以减少其带来的影响。

解决国际贸易纠纷的主要途径有以下几种。

### (一)协商

协商是解决国际贸易纠纷的最基本和最好的方法。协商是指双方当事人进行磋商,彼此做出一定的让步,在双方认为可以接受的基础上解决纠纷。由于这种方法无须经过法律程序,因此不必支付相应的司法费用,而且通过协商解决问题,可避免双方陷入关系紧张的局面,有利于今后的合作和发展。

### (二)仲裁

仲裁是双方当事人在发生争端后达成书面协议,自愿将其争端交由双方认可的仲裁机构,按照一定的程序进行审理并做出裁决,从而消除争议的一种方式。由于仲裁对双方当事人来说审理时间短、审理费用低、灵活性强,因此大部分国际贸易纠纷是通过仲裁来解决的。

### (三)诉讼

诉讼是指经济争端发生后,当事人一方向有管辖权的一国法庭起诉,请求法院按法律规定做出判决,以解决争端。诉讼方式的最大特点是强制性。如果双方没有仲裁协议,一方当事人向法院起诉时,无须征得对方同意,法院做出的判决是具有强制约束力的,败诉方必须无条件履行。

采用诉讼方式有时会涉及司法管辖权的问题,即以哪一个国家的法律作为依据。因此,国际企业在签订合同时,最好把司法管辖权条款纳入其中,以避免出现在发生争端时再确定司法管辖权的困难。但即使有了司法管辖权条款,如果合同不是在该条款指定的国家内签订或履行的,有些法院也不予理睬,此时管辖权条款没有效力。但当合同中没有司法管辖权条款或司法管辖权条款没有效力时,人们有时以合同履行地点,有时以合同签订地点的法律为依据。如果按两种方法会得出不同的结果,法院按"最密切联系"原则解决争端,即哪国与合同关系密切,就适用哪国法律。

可见诉讼涉及的问题较多也较复杂,所以国际企业一般不愿通过诉讼来解决纠纷,它们只有在其他方法失败时,才会采用这最后的步骤。而且通过诉讼解决争端可能会冒下列风险:(1)诉讼时间长、费用高;(2)诉讼损害企业形象,影响公共关系;(3)在外国法院会遭受不公正待遇;(4)容易泄露商业秘密。

### 专栏 3-4　国际贸易中的仲裁和调解中心

#### 国际投资纠纷解决中心(ICSID)

ICSID 的总部设在华盛顿特区,对本国和他国国民之间的投资进行仲裁,比如大陆灾害保险公司(Continental Casualty Company)与阿根廷,或者 EDF(服务)公司与罗马尼亚。仲裁费为 25000 美元,不可退还。ICSID 公约有 156 个签约国。

#### 世界知识产权组织(WIPO)仲裁和调解中心

中心设在日内瓦,为解决私人和主体之间的纠纷提供仲裁和调解服务,在解决涉及技术、知识产权、互联网和电子商务的争端方面有所专长。中心处理过的纠纷所涉金额从 2 万美元到几亿美元不等。

#### 伦敦国际仲裁院(LCIA)

LCIA 为国际商务中的合同纠纷提供仲裁和调解服务,所涉领域十分广泛,包括电信、保险、石油和天然气、建筑、货运、航空、制药、股东协议、IT、金融和银行。它是一个非营利组织,通过收取 1500 英镑的仲裁申请费及后续按小时收费来弥补成本。LCIA 由伦敦市政府、伦敦工商会和特许仲裁员协会(Chartered Institute of Arbitrators)管理。仲裁庭有多达 35 名仲裁员,他们来自世界主要贸易地区,其中英国国民最多不超过 6 名。

减少全球营销纠纷的根本方法是事先就充分重视国外的法律问题,许多企业的全球营销活动失败的原因是对法律问题的忽视,因此,如何减少全球营销活动中的法律问题是全球营销人员必须面临的问题。福兰克·布雷德里曾提出四大类方法,对于国际企业减少法律纠纷有一定的借鉴作用。如表 3-4 所示。

表 3-4　减少全球营销中法律问题的方法

|  | 具体方法 |
| --- | --- |
| 了解各国商业法规 | ①可能受不同法规环境所影响的商业活动<br>②渠道<br>③定价<br>④促销<br>⑤产品发展与导入<br>⑥产品责任 |
| 了解国际商业合同要素 | ①合同的形式使用不可受单方文化限制<br>②明确的计量单位<br>③避免不标准的国内合同<br>④引起争端时裁判的条款 |

续　表

| | 具体方法 |
| --- | --- |
| 为纠纷仲裁设立条款 | ①在寻求其他法律途径之前,仲裁者根据合同所列条款承诺来处理纠纷<br>②仲裁的理由(略) |
| 对于国际条约的认知 | ①世界各地均有致力于有关惯例、商标、检疫、计量单位和税务的标准化等方面的法规<br>②应注意国际条约在国外市场上对知识产权的保护 |

资料来源:Frank Bradeley,International Marketing Strategy,1991,P.157。

我们的"一带一路"

## ◆本章小结

　　一个国家的政治体制、政党体系、政府在经济中的作用,以及政府对经济的直接干预等因素直接影响企业能否进入该国市场、企业进入该国市场后可能面临的政治风险。因此,国际企业必须对东道国的政治和法律环境进行深入分析和全面评估。企业在进入一国市场之前,尤其要对该国政治和法律环境变化可能给企业带来的潜在政治风险进行评估,并采取相应的对策以避免或减少风险带来的损失和影响。企业在全球营销活动中还将面临三个层次的法律环境,即本国的法律环境、东道国的法律环境、国际法和国际惯例的影响。国际企业尤其要关注东道国的法律环境,由于不同国家有不同的法律体系,因此,企业不但要分析和研究对国际营销产生直接制约的法律因素,还应了解东道国的法律体系。

## ◆案例分析

　　中美贸易战第一枪,指向的是中兴的咽喉,还是中国技术的心脏?刚刚立下 flag 要在三年内重回中国主流手机市场的中兴,在半个月后迎来了公司历史上,也有可能是全球手机史上最惨淡的一幕。2018 年 4 月 16 日,美国商务部发布对中兴通讯的出口禁令,直到 2025 年 3 月 13 日,美国公司将被禁止向中兴通讯销售零部件、商品、软件和技术。17 日上午,英国国家网络安全中心(NCSC)也发出最新建议,警告电信行业不要使用中兴的设备和服务。

　　这意味着从现在开始的 7 年时间,中兴无法从美国企业处获得任何电子元器件,包括绝大多数手机企业无法摆脱的芯片、基带、FPGA 等。中兴的发展被完全阻断。在这背后,也是中美贸易战的折射。中兴事件证明贸易战已正式波及高科技行业,而在科技高速发展的当下,给缺乏核心技术的中国公司敲响了警钟。

　　但是,事物总有两面性,全球经济发展进程当中,没有一个国家能够独立生存,即便是美国也会"杀敌一千,自损八百"。在信息流动越来越快的现在,任何一方都无法忽视彼此。

**1.被抓住把柄的中兴——为什么是中兴?**

　　在智能手机发展的初期,中国市场远没有现在激烈。彼时被誉为"中华酷联"的四大厂商,在运营商的补贴下活得相当滋润。当小米、魅族等新兴手机厂商用互联网的方式搅动整个行业的时候,除华为以外的三大厂商在国内手机市场逐渐衰落,寻求其他道路生存,而中兴把目光投向了海外市场。资料显示,中兴手机的市场主要是在欧美,海外市场出货占比约七成,其中美国市场占比最高。

在如此依赖美国市场的情况下,中兴核心元器件被禁止供货后,公司基本宣告了美国市场的结束。更何况,除手机之外,中兴还是全球第四大通信设备制造商。据《金融时报》报道,NCSC 技术总监伊恩·莱维(Ian Levy)在发给网络运营商的信函中说:"在现有电信基础设施内使用中兴的设备和服务将对英国的国家安全构成风险,这无法得到有效且实际的缓解。"

事件的起因在于 2016 年,美国取得中兴内部机密文件,证明中兴未经授权向伊朗出口美国企业的软硬件,最终美国商务部对中兴实施出口限制措施。一年后,中兴与美国商务部工业与安全局(以下简称 BIS)达成协议,支付共 11.92 亿美元罚款,其中 3 亿美元罚款暂缓执行,在公司于 7 年暂缓期内履行与 BIS 达成协议的要求事项后可豁免支付。然而,中兴并未严格遵守和解协议中的条款:中兴解雇了 4 名直接负责的高管,但没有处理 35 名业务相关员工,并对美国政府调查人员提供虚假陈述。表面上,中兴遭遇了公司史上最猛烈的打击,背后的实际情况是,中美贸易战博弈已经上升到高科技行业。多位业内人士表示,中兴是中美贸易战阴影下的一个例子,"中兴只是被抓住了把柄,是美国打响的第一枪"。

**2. 贸易战升级**

2018 年 3 月 22 日,美国总统特朗普签署总统备忘录,依据"301 调查"结果,将对中国进口的商品大规模征收关税,并限制中国企业对美投资并购。特朗普声称,涉及征税的中国商品规模可达 600 亿美元。

根据图 3-1 所示,美国对中国征税领域中包含新一代信息技术,中兴无疑是这一类企业的代表。目前,中兴通讯 H 股、A 股已停牌,并发公告称,公司正在全面评估该事件对公司可能产生的影响,与各方面积极沟通及应对。

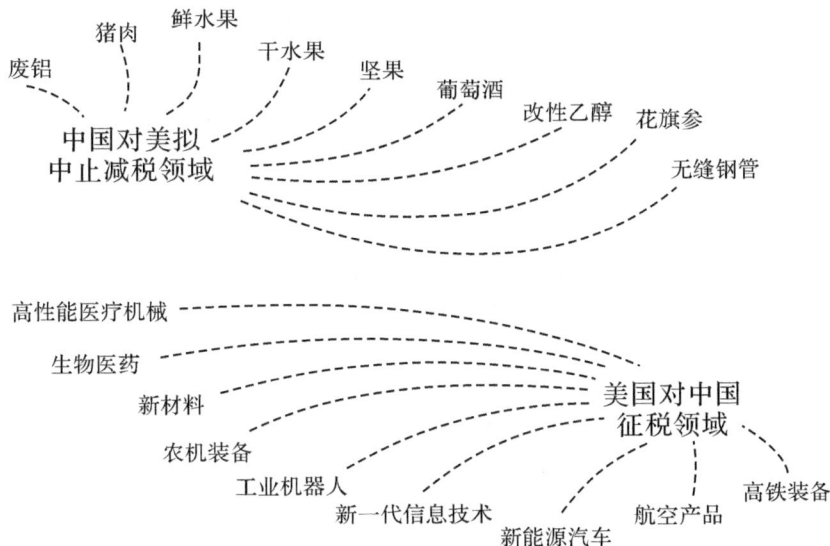

**图 3-1 中美贸易战涉及的领域**

(图片来源:https://www.sohu.com/a/228708230_363549)

针对美国商务部对中兴的禁令,中国商务部新闻发言人表示:中方注意到美国商务部宣布对中兴公司采取出口管制的措施。中方一贯要求中国企业在海外经营过程中,遵守东道国的法律政策,合法合规开展经营。中兴公司与数百家美国企业开展了广泛的贸易投资合作,为美国贡献了数以万计的就业岗位。希望美方依法依规,妥善处理,并为企业创造公正、公平、稳定的法律和政策环境。

事实上,在通信设备方面与中兴齐名的华为在美国同样十分坎坷。此前华为已经尝试将部分手机推向美国市场,原计划在 CES 2018 上正式宣布,联手 AT&T 进入美国市场,首发便是新旗舰 Mate 10 系列。但由于美国政府从中作梗,华为与 AT&T、百思买均停止合作,进军美国市场计划失败。就在北京时间 2018 年 4 月 18 日上午,美国采取措施,禁止移动运营商使用联邦补贴购买中国企业生产的任何电信设备。很明显,这项措施针对的是华为、中兴,目的是禁止美国运营商利用普遍服务补贴向对美国构成国家安全威胁的企业采购设备。贸易战升级背后,中国终于认识到核心技术的重要性。

### 3. 两败俱伤

中兴事件为中国科技企业敲响了警钟。除部分通信装备以及核心网络设备国产芯片能够占有一席之地外,对于计算机系统、通用电子系统、内存设备与显示及视频系统,国产芯片的占有率都低于 5% 甚至为 0。

在关键元器件方面,中国一直处于弱势。一位有着十余年经验的电子工程师说,虽然中国出现了很多高科技企业,但是作为电子控制系统核心的芯片,80% 以上都需要进口。创新需要极大的毅力和投入,长时间的积累看不到产出,在此过程中企业很难坚持,反而觉得购买芯片是更廉价的方案。一位芯片行业的专家说,从整体上看,中国在高科技领域是全面落后的,只在个别高科技的点上赶上了美国。

由此来看,中国在创新技术方面不能懈怠,摆脱了核心技术被美国霸占的困境,才能掌握真正的话语权。"国人不要因为一两个点的突出而沾沾自喜,忘记了路还很长。"该专家认为。

中兴被制裁的同时,美国企业也在承受巨大压力。在禁令发出之后,中兴主要的美国供应商股价出现大幅下跌。截至 4 月 16 日美国股市收盘,中兴采购量占自身出货量 25% 的 ACIA 暴跌 35.97%,Oclaro 下跌 15.18%,Lumentum 下跌 9.06%,芯片企业高通也受此波及,下跌 1.72%。据路透社预计,中兴有 25%—30% 的零部件来自美国供应商。作为美国市场出货排名第四的智能手机厂商,中兴手机在美国的市场份额超过 10%,仅次于苹果、三星和 LG。如果失去这一客户,高通等美国公司也不会好过。根据 Gartner 公布的数据,2017 年中兴智能手机全球出货量有 4300 万台,其中超过一半的手机都采用高通芯片。假如每块芯片的价格为 25 美元,高通的损失将超过 5 亿美元。

中美经济已经互相渗透太深,中国在短期内离不开美国的芯片等设备,美国同样也离不开中国的生产制造,没有谁能彻底摆脱另一方。如果继续这样下去,中美一定会两败俱伤,而科技行业也可能成为最大的受害者。

资料来源:搜狐网. https://www.sohu.com/a/228708230_363549。

◆深入思考

面对政策上的限制,企业在全球发展过程中应采取什么样的策略将风险降至最低?

◆延伸阅读

《印度市场的变化》

印度市场的变化

《政策风险与中国跨国企业海外市场进入模式选择》

政策风险与中国跨国企业海外市场进入模式选择

◆思考题

1.东道国的哪些政治因素会对全球营销活动产生制约和影响?

2.东道国政府对外来投资者行为的干预形式主要有哪些? 各有什么特点?

3.对政治风险进行评估需要考虑哪些内容?

4.全球营销者可采取哪些措施来防范政治风险的发生?

5.当政治风险发生时,企业可采取哪些对策来减少风险的影响?

6.全球营销活动面临的法律因素主要有哪些?

# 第四章 全球营销的社会文化环境

【学习目标】

☆了解研究全球营销社会文化环境的重要性；

☆把握文化适应及克服 SRC 的重要性；

☆掌握影响全球营销的社会文化因素；

☆了解和把握社会文化因素对商业习惯的影响。

【导入案例】

### H&M 因种族歧视广告惹了大麻烦！南非抗议者冲击 H&M 门店

2018 年 1 月 14 日，英国《卫报》称，在 H&M 发布的广告照片中，一名黑人男孩所穿外套上印着"丛林中最酷的猴子"几个字（图 4-1），被批种族歧视。13 日，南非左翼激进政党"经济自由斗士党"（EFF）在约翰内斯堡组织当地民众在 H&M 门店前进行抗议。一些抗议者进入门店后推倒货架和模特，用脚踩踏扔在地上的衣服，甚至有人偷走了店内的商品。EFF 领导人马勒马称，这些都是 H&M 发布种族歧视广告的报应，"我们不允许任何人因为我们的肤色歧视我们、排挤我们。所有理智的人都会认为，南非不应该再允许这家店继续经营下去"。

图 4-1 黑人男孩所穿外套

据美国有线电视新闻网（CNN）13 日报道，H&M 公司当天发表声明称，已经注意到南非门店发生的事情，自己的员工没有受伤，但不得不暂时关闭了在南非的所有门店。H&M 的网站资料显示，该公司在南非共有 17 家门店。H&M 还在官方网站上再次发表道歉声明："我们的立场很明确，我们错了，非常抱歉。"

尽管已经有多个国家的消费者呼吁联合抵制 H&M，但处于事件中心的男童的妈妈芒格则称，她并不觉得这是一种冒犯，呼吁人们不要再上纲上线。对于"经济自由斗士党"打砸门店的行为，芒格在社交媒体上说："种族隔离和歧视已经让有些人敏感至此，仅仅为'猴子'俩字就去打砸店铺。"

对此，德国联邦政府反歧视专员吕德斯在接受《世界报》采访时表示，人们对 H&M 的广告并非过度敏感，"这位母亲或许并没有感到被冒犯，但重要的是，数以百万计的人有这样的感觉"。报道称，争议照片出现后，9 日 H&M 在瑞典的股价下滑到 2009 年以来的最低水平。德国还有多家媒体对 H&M 提出批评。《明镜》周刊 14 日评论称，该广告是"殖民主义的后遗症"。德国新闻电视台 14 日则表示，H&M 的遭遇是"对所有大公司的警告"。报道称，许多公司喜欢出格的广告，甚至走在法律和道德的边缘，现在连 H&M 也犯了如此低级的错误，其辛辛苦苦塑造起来的全球品牌形象已跌入谷底。

资料来源：新浪新闻 http://news.sina.com.cn/w/2018-01-15/doc-ifyqqciz7110 564.shtml。

全球化创造了一个无边界的区域，这使我们能够跨越地理和经济上的原有边界。在这个无边界的世界，跨国公司数量的增长以及信息技术和观念的全球扩散都会对个体的文化产生影响。尽管全球化是一股促进思想在全球扩散的强大力量，大量的文化多样性仍然存在于地区之间、国家之间甚至一国内部。

星巴克、麦当劳和肯德基等公司改变了许多国家的饮食习惯。例如，肯德基在中国出售牛肉饭，但在印度不提供含猪肉或牛肉的食物，在日本和菲律宾等其他国家提供不同的产品。本章正是从文化和社会的角度，讨论全球化如何影响文化，全球化时代下，文化在何种程度上能保持多样性。

# 第一节　文化环境研究与跨文化适应

## 一、文化及其特点

### （一）文化的界定

文化的英文为 Culture，德文为 Kultur，它们都出自拉丁文 Culture，意为耕作、培养、教育、发展、尊重。目前对文化尚无一个明确的界定，但我们普遍认为文化是社会生活的总和，它包括诸如一般行为、信仰、价值观、语言和社会成员的生活方式等要素，它是某一区域内人们的价值观、性格或行为特征的表现。共有的文化观念使社会中的人们有了身份确认感和同他人交往的方法。例如，文化提供了许多标准和规则，规定什么时候吃饭、三餐吃什么合适，以及在各种聚会中怎样招待客人。

一个国家的文化被定义为"共享的意义体系"或者"能够将一个群体或民族的成员与另一个分开的思维的集合"。从广义的角度看，文化包括一个国家的所有价值体系，它定义了人类社群、个体、社会组织、经济和政治体系。

### （二）文化的特性

一般来说，文化主要有以下特性。

（1）实用性：为群体行为提供指导；

（2）社会现象：文化存在于群体的关系中间，但是又高于群体的相互关系；

（3）规范性：定义和规定了什么是可以接受的行为，什么不是；

（4）学习性：不像基因可以遗传，而是后天学习获得的；

（5）武断性：对不可接受的行为具有武断性，也许不同文化的群体难以相互理解；

（6）价值载体：群体的价值观以及对价值的期望；

（7）沟通工具：语言、非语言等；

（8）适应性/动态性：文化是不断变化的，以适应新的环境和知识；

（9）长期性：数千年的经验和知识积累而成；

（10）满足需求性：文化满足人们的需求，吸纳新的特性，抛弃无用的特性，然而文化核心的价值观是保持不变的。

## （三）文化的功能

文化的功能是建立行为模式，执行标准，以及人与人、人与环境之间关系的处理方式，这将减少不确定性、提高可预测性，从而促进社会成员的生存和发展。不同文化间的社会规范是不同的。当日本人为个人关系而谈判时，美国人也许为合同本身谈判。中国人趋向于接受环境而不是改变它，努力适应环境并与之和谐相处，而西方人则试图控制他们的环境。这种深深扎根于各自文化的行为对商业行为和营销体系有着巨大的影响。

## （四）霍夫斯泰德的五维度国家文化

霍夫斯泰德框架（Hofstede's framework）在全球营销研究中应用范围最广、被引用次数最多。他识别出文化内在的 5 个维度：个人主义（团体中的个人关系）、男性气质（性别作用）、权力距离（社会不公平性）、不确定性规避（不确定性的处理）和长期—短期导向，并对每个维度用由高到低的连续量表进行评分。表 4-1 概括了这 5 个维度。霍夫斯泰德的数据库中包含 116000 份调查问卷，1967—1973 年 IBM 全球 66 个国家分公司的管理者和工人填写了问卷，1980—1983 年重填过一次。

表 4-1　霍夫斯泰德维度的概述

| 文化导向 | 跨文化对照 |
| --- | --- |
| 自我和他人概念<br>个人主义相对于集体主义 | 个人与集体的关系。个人还是集体能发挥最大努力，取得最大成就？ |
| 与他人的互动还是为他人互动<br>男性气质相对于女性气质 | 社会上更喜欢自信和个人成就（男性气质），还是关心他人，担任培育角色并强调生活质量（女性气质）？ |
| 应对不确定性<br>不确定性规避 | 指一个社会受到不确定的事件和非常规的环境威胁时是否通过正式的渠道来避免和控制不确定性。回避程度高的文化比较重视权威、地位、资历、年龄等，并试图以提供较大的职业安全、建立更正式的规则、不容忍偏激观点和行为、相信绝对知识和专家评定等手段来避免这些情景。回避程度低的文化对于反常的行为和意见比较宽容，规章制度少，在哲学、宗教方面他们容许各种不同的主张同时存在。 |
| 人际互动中的公平性和不公平性<br>权力距离 | 层级性强，权力集中于顶层（权力距离高）；或者，权力更为平等地分配，感觉上下级作为人是平等的。 |
| 与真理无关的美德<br>长期导向相对于短期导向 | 与长期导向相关联的价值观是节俭、有毅力，与短期导向相关联的价值观包括尊重传统、履行社会义务和保全自己的"面子"。 |

资料来源：Adapted from：Usumier，J.（2009），Marketing Across Cultures，Harlow；Pearson Ehsn Limited，p. 64 and http：//www. geert_hofstede.com/.

为了弥补过分强调西方文化的不足,霍夫斯泰德在最初的 4 个维度之外增加了第 5 个维度,即长期导向和短期导向。他采用中国学者开发的问卷调查了 23 个亚洲国家的学生,从而发现了这一维度。与长期导向相关联的价值观是节俭和有效力,而与短期导向相关联的价值观是尊重传统、履行社会义务和保全自己的"面子"。"面子"意为通过公开承认某人的地位显示对他的尊敬。如果经理当着其他人的面训斥下属,后者就会觉得丢脸。在公开场合批评某人,或者指出某人的失误或者错误会让对方觉得羞愧或者低人一等。但同时,管理者也可能因为当着下属的面发火而有失身份。在社会关系中维护面子,在亚洲的重要性更高,因为面子会带来权力和影响力并且影响到声誉。丢面子会使人不再受到别人的尊重,并陷入窘迫的境地。不仅如此,如果一个人丢面子,整个团队也会丢面子,后果可能非常严重。

将霍夫斯泰德的维度置于一个二维图表上,就可以获得文化相似的国家群组。如表 4-2 所示,个人主义在发达国家和西方国家最明显,而集体主义内生于发展中国家。东欧和讲德语的国家的男性气质得分最高,不确定性规避在拉美国家和日本得分很高。权力距离高的国家包括拉美、亚洲和非洲国家。对于具有文化含义的产品和广告信息,营销战略需要与基于文化距离的国家群组相匹配。

**表 4-2　按照霍夫斯泰德模型比较东西方文化**

| 集体主义,女性气质 | 集体主义,男性气质 |
|---|---|
| 韩国、泰国、智利、哥斯达黎加、保加利亚、俄罗斯、葡萄牙、西班牙 | 中国、日本、墨西哥、委内瑞拉、埃及、约旦、叙利亚、希腊 |
| **个人主义,女性气质** | **个人主义,男性气质** |
| 法国、荷兰、斯堪的纳维亚国家 | 匈牙利、波兰、斯洛文尼亚、美国、英国、澳大利亚、德国、奥地利 |
| **权力距离小,不确定性规避弱** | **权力距离大,不确定性规避弱** |
| 美国、英国、澳大利亚、丹麦、瑞典、挪威 | 中国、印度 |
| **权力距离小,不确定性规避强** | **权力距离大,不确定性规避强** |
| 德国、奥地利、匈牙利、以色列 | 埃及、约旦、叙利亚、韩国、日本、拉丁美洲 |

资料来源:伊兰·阿隆、尤金·贾菲、多娜塔·维亚内利著:《全球营销》,郭晓凌、龚诗阳译,中国人民大学出版社 2015 年版,第 57 页.

## 二、社会文化与全球营销

### (一)全球营销的最大障碍是社会文化环境的差异

在不同文化的商业活动中,市场营销的最重要因素就是理解消费者观念、价值观和社会需求的差异。由于市场营销本身是基于满足客户需求的,而这个需求在很大程度上以文化为基础,因此,成功的市场营销是建立在理解所要开拓的市场文化规范的基础之上的,是一种跨文化营销。如果产品不被接受是因为产品的价值观或习惯没有充分满足人们的需求,又或者没有充分满足特定社会文化的价值观,企业就必须调整和重新制订生产程序。在此,我们必须了解是什么构成了文化之间的差异。文化差异是在人类各种关系中都存在的,它不只限于语言,还包括非语言沟通、宗教、时间、空间、颜色、数字、美学、风俗习惯、身份意识和食物偏好等,所有这些对全球营销者,尤其是不审慎者都是潜在的陷阱。

企业的全球营销活动可能是在一个完全陌生的国家进行的,所面临的可能是一个截然不同的文化环境。如果不了解这个国家的社会文化环境而贸然进入,企业可能会遭受挫折。

### 专栏 4-1　守时文化

巴西一家公司到美国去采购成套的设备,巴西谈判小组成员因为上街购物耽误了时间。当他们到达谈判地点时,比预定时间晚了 45 分钟。美方代表对此极为不满,花了好长时间来指责巴西代表不遵守时间,没有信用。谈判开始,美方代表对此还耿耿于怀,对此巴西代表也感到理亏,也无心与美方代表讨价还价,对其提出的要求未认真考虑,匆匆忙忙就签订了合同。等合同签订之后,巴西代表才发现自己吃了大亏。在不同的文化背景下表现出了不同的文化观念,北美人的时间观念极强,而东方和南美国家的时间观念不是那么强。这个巴西的案例就充分说明了要了解不同的国家文化。

资料来源:https://wenku.baidu.com/view/b1ea12882cc58bd63186bdd5.html.

#### (二)社会文化环境对全球营销的影响特点

(1)社会文化环境因素的影响具有广泛性。文化的影响是无所不在的,它会影响人们的价值观念、生活方式和消费习惯,进而对企业的全球营销活动提出相应的要求。

(2)社会文化环境因素的影响具有深刻性。千百年来,各国形成了特定的社会文化背景,它是根深蒂固的,一般不会轻易改变。因此,全球营销者只有充分了解目标国家的社会文化环境,努力适应该国的文化环境,才可能在全球营销活动中少受挫折。

(3)社会文化环境因素具有微妙性。全球营销学权威菲利浦·科特勒曾经将企业在全球营销中遇到的社会文化因素划归为两大类:一类是事实性因素,即原本就是如此;另一类是领悟性的,即只可意会不可言传。而且在全球营销活动中,企业遇到的社会文化因素大多是领悟性的,非常微妙,全球营销者常会感受到各国不同的文化习俗带来的困惑。

## 三、文化适应与全球营销

所谓文化适应是指企业的营销决策要适应文化的特点,即充分考虑目标国家的文化特点,使营销决策及其实施过程不会触犯当地的文化传统、生活习俗、宗教禁忌,而且能比竞争对手更好地满足当地消费者的需求,取得竞争优势。

在全球营销实践中做到文化适应必须克服"自我参照准则"的影响。"自我参照准则"(Self-Reference Criterion,SRC)是美国詹姆斯·A·李在 1966 年《海外经营中的文化分析》一文中首先提出的,指的是"无意识地参照自己的文化价值观"。具体来说,

SRC 是指全球营销人员一遇到经营中的具体状况,就不由自主地用自己的价值体系作为理解和处理这种状况的尺度和标准。例如:营销人员认为如果自己喜欢和使用某种产品,别人也会这样做;如果某种产品在一地销路好,则在另一地也会有相似的业绩。

可见,要取得全球营销的成功,企业必须了解目标国家的社会文化环境,并且入乡随俗,努力适应当地的社会文化环境的要求,而不能按照其原有的价值观念来思考和解决问题,即要避免按"自我参照准则"SRC 行事。

克服 SRC,则要做好以下几个步骤的工作:第一步,按照本国文化特点、习俗、规范来确定业务问题或目标;第二步,按照外国的文化特点、习俗、规范来确定业务问题或目标;第三步,将 SRC 在该问题中的影响孤立出来,研究 SRC 如何使问题变得复杂;第四步,在没有 SRC 的影响下,重新确定适当的业务目标。

例如,我国的自行车要顺利打入美国市场,就必须克服 SRC。具体来说:

第一,自行车是中国家庭的主要交通、运输工具,中国人购买自行车的主要着眼点是车身结实程度、喷漆、电镀工艺和外观。中国消费者要求自行车身用钢或其他材料制成,结实、耐用;挡泥板必不可少,因为雨天可防止泥浆带入车轮,影响车速;车后普遍有后座,便于带小孩或放置物品;一般没有变速挡,车重约 20 千克。

第二,在美国自行车主要用作健身器材,因为美国家庭的主要交通工具是汽车,因此他们买自行车主要是用于体育锻炼或娱乐消遣,所以要求自行车车身轻巧、灵便,要有多挡变速并配上美观的零部件。自行车的车身一般用铝合金制成,全车重量在 10—15 千克。自行车不设车后座和挡泥板。

第三,将第一与第二点比较后,可以发现中美两国对自行车的需求有着本质的不同,将中国的自行车原封不动地搬到美国去,不会有销路。

第四,中国自行车要在美国市场上立足,必须进行重新设计,使自行车符合美国人的需求特点,小巧、轻便、有变速、无后座和挡泥板等,才可能打开美国市场的销路。

总之,在全球营销活动中要做到文化适应,必须做到:

(1)对可以做的事和禁忌的事要有文化敏感性,对出现的各种问题要善于从文化的角度寻求答案;

(2)认知、理解、接受和尊重他人的文化和文化差异;

(3)保持文化中立,并承认文化差别也许是好事;

(4)不要试图将一个文化的概念移植到另一个文化中;

(5)避免以自我为参照标准。

全球营销
文化环境

## 四、文化变迁和文化渗透对全球营销的影响

### (一)文化的可变性

一国的文化并不是一成不变的,而是发展变化的。随着一国经济的发展,对外交流的增进,一国的文化可能发生变化,表现为传统文化色彩的淡化和外来文化的渗透。例如,在中国过洋节越来越成为年轻人的时尚,而对于中国传统节日却越来越淡漠。

### (二)文化的渐变性

由于文化具有深刻性,是根深蒂固的,因此文化环境并不如政治环境那样容易发生突变,而是渐渐发生变化,这就是文化环境变化的渐进性。

文化的渐变性使得受一国文化影响的需求不会在短期内发生根本性的变化。例如:就饮食文化而言,欧洲人不可能在一夜之间全改为用筷子吃饭;中国人也不会一下子只吃汉堡、炸鸡,不吃米饭、馒头。因此,全球营销者不能奢望用自己的产品改变当地文化,而只能先适应当地文化,在此基础上来引导消费。

文化的变迁要求全球企业适时地改变营销决策,使之适应文化的新特点。

### (三)各国间的文化渗透对全球营销的影响

一国的文化不仅是可变的,而且随着经济、科技的发展,文化之间相互渗透,互相交融,这也是文化变化的另一个特征,东方文化西化,西方文化东化正在成为文化发展的一种趋势。

**专栏 4-2　人类的共性:文化多样性的解析**

人类学家布朗 E.唐纳德睿智地提出:人性相通。我们同属一个物种,因此有很多共同点。以下就是人类共同享有的几个特点:

使用隐喻;

拥有地位和角色系统;

有种族优越感;

关注成功和失败;

抵触外人;

模仿外来影响;

以面部表情表达情绪;

回报恩情。

资料来源:[美]菲利普 R.凯特奥拉等著,赵银德等译:《国际市场营销学》(原书第 15 版),机械工业出版社 2012 版,第 67 页。

# 第二节　影响全球营销的社会文化因素

社会文化环境是指一个社会的民族特征、风俗习惯、语言、意识、道德观、价值观、教育水平、社会结构、家庭制度的总和。不同全球营销环境的差别,主要体现为不同国家文化背景的差异性,可以说社会文化环境是全球营销实践中最富有挑战意义的环境要素。

## 一、语言文字

语言文字是人类沟通交流的方式,是文化因素中最重要的因素,它反映了一种文化的实质,渗透到文化的各个层面。在全球营销活动中需要沟通的每个环节,都存在语言沟通障碍。企业进行跨国营销,必然要与东道国的政府、中间商、大众传媒、顾客等各方面进行沟通,如不熟悉东道国语言或不能正确使用它,就会产生沟通障碍,难以实现营销目标。如在广告、产品目录、产品说明书、品牌等方面的翻译中,经常会发现由于语言障碍而带来的麻烦。其中一个经典的例子是美国通用汽车公司曾将其"NOVA 型雪佛兰"汽车销往讲西班牙语的拉美国家,结果很少有人问津,原来"NOVA"在英语中意为"神枪手",在西班牙语中却成了"跑不动"的意思。

世界上现存的语言有 3000 多种,其中汉语、英语、德语、法语、西班牙语等被普遍运用。不同的语言对同一件事物的表达方式完全不同。

同一种语言在不同的文化背景下的含义不同,例如"table the report"这一词组,在英国意味着"将某事列入议程",而在美国则意味着"将某事搁置起来",是完全相反的两个意思。

同一国家也有多种语言。比较典型的国家是新加坡,新加坡有四种官方语言,即英语、汉语、泰米尔语、马来语等;在加拿大,有英语和法语两种语言,因此出口到加拿大的产品,必须同时用这两种语言标注。

此外,还有非语言因素影响沟通,非语言行为包括表情、眼神、手势、身体移动、姿势、衣着、空间距离、接触等,它们在不同文化中的作用是不同的。

### 专栏 4-3　白象牌电池的滞销

上海白象天鹅电池有限公司生产的白象牌(white elephant)电池在美国长期滞销是什么原因呢? 当时该公司将汉语品牌的"白象"直接翻译成了英文的"白象"——"white elephant",然后将其打入美国市场,但很遗憾,这种电池居然无人问津。原来"white elephant"在英语里是一个固定词组,意思为"大而无用的东西,华而不实的东西",这样具有贬义的品牌当然没有消费者愿意购买。而在中国、印度等东方国家,"白象"是吉祥、富贵的象征。对同一个概念,不同的国度却有着完全不同的理解,这就是文化差异带来营销失败的典型案例。

资料来源:https://www.ymjrkj.cn/pr/14198.htm。

## 二、教育水平

衡量一国教育水平的指标通常有识字率或文盲率。不同年龄阶段的消费者受教育程度不同,不同国家的教育水平间的差距也很大。在一些发达国家,国民的受教育条件较好,大部分国民受过良好的教育;而在一些不发达国家,有许多人没有受教育的条件,文盲率较高。

**1. 教育水平往往影响需求行为**

教育水平高低往往与经济发展水平一致,同时也与消费结构、购买行为存在着密切关系。受教育程度往往影响需求水平、需求结构、购买决策特点,可以作为市场细分的标准之一。一般来说,受教育程度高的消费者,往往因从事良好职业而具有较高的购买力,他们对于新产品的鉴别能力和接受能力较强,购买时理性程度较高,对产品的质量和品牌比较挑剔,而且有的还有个性化要求;受教育程度底的消费者,对产品需求低,对新产品认识和接受比较困难,在接受广告信息方面,偏向于对图案颜色、声响产生兴趣。

**2.教育水平影响营销调研的效率**

一般来说,某国的识字率较低,则企业在该国的营销调研效率就无法提高。这是因为:首先,该国的统计工作往往较差,可供利用的二手资料少,企业在搜集市场信息方面的成本增加、工作量加大;其次,企业难以在当地找到合适的调研机构和调研人员;最后,由于当地的识字率普遍较低,企业无法通过问卷调查获取所需的信息,并且与被调查者沟通的难度增大,影响调研的进度。

**3.教育水平对营销组合决策的影响**

首先,企业在设计产品时,必须使产品的复杂程度和技术性能等符合国外顾客的受教育程度,对于受教育程度低的顾客,产品包装说明应力求通俗易懂。瑞士雀巢婴儿食品有限公司曾在非洲市场上推出婴儿奶粉,当地妇女的文化程度低,无法读懂包装说明,致使产品不能正确使用,造成使用效果受影响,为此,雀巢公司花费了大量的人力、物力才挽回了影响。其次,在产品分销过程中,企业还必须与不同教育程度的分销商打交道,由于受教育程度不同,在营销理念、营销方式运用等方面可能产生较大分歧,会影响销售效果。最后,不同国家的教育水平还会影响促销方式的选择及促销效果。例如,在教育水平比较低的国家,广告往往不如营业推广那样具有直观效果,即使是采用广告宣传的方式,由于一些国家的识字率低,报纸和杂志广告也往往难以奏效,而口碑宣传则可能会产生良好的效果。可口可乐在全球许多国家收到良好效果的广告宣传攻势并没有在拉美国家取得相应的反应,究其主要原因是拉美一些国家的教育水平较低,无法理解广告的诉求,最终,可口可乐公司不得不将大量的饮料运往当地,让当地居民现场品尝,使他们直观地感受可口可乐的魅力,达到了很好的促销效果。

**4.教育水平对人员当地化的影响**

当企业准备实施人员当地化战略时,企业在教育水平较高的国家往往较易寻找到合适的营销人员,但在教育水平较低的国家,人员当地化则无法实现,因为在当地根本找不到合适的人员。

## 三、宗教信仰

宗教是文化的一个重要方面,它影响、甚至支配着人们认识事物的方式、行为准则和价值观念,是人们思想和日常生活的一部分。世界上有许多不同的宗教派别,其中最典型的是三大宗教:佛教、基督教和伊斯兰教。每一派宗教都有教规、教义,有特定的流行地区。宗教属于文化中深层的东西,对于人的信仰、价值观和生活方式的形成有深刻影响,从而对企业的全球营销决策产生深远的影响。

**1.宗教禁忌制约着人们的消费选择**

不同的宗教教规往往影响教徒的需求和购买行为。如:伊斯兰教忌食猪肉制品,其他动物制品也必须按照伊斯兰教方式屠宰才能食用;印度教视牛为圣明,其教徒不仅不吃牛肉,而且连与牛相关的产品也慎用。宗教禁忌影响着某些企业的产品销售,但也可能给另一些企业带来市场机会。例如,穆斯林和犹太人禁饮烈性酒,这反而帮助可口可乐成为阿拉伯国家的畅销饮品。

**2. 宗教节日往往影响消费需求**

有时宗教节日是最好的消费品销售旺季,如圣诞节在欧美国家也意味着是购物节,许多厂商借此机会竞相促销;但有时却形成消费低谷,如阴历九月是伊斯兰教的斋月,一切皆清静无为,伊斯兰教徒终日在祈祷,不做生意,也很少购买东西,甚至连门都不出。

**3. 宗教组织往往在经济事务中起着相当大的作用**

宗教组织是不可忽视的消费力量,其本身是重要的团体购买者,有时宗教组织往往掌握着政治、经济大权,同时也对其教徒的购买决策起着指导作用。

**4. 宗教矛盾往往是产生不安定的重要因素,易引发政治冲突**

例如,北爱尔兰的天主教与新教徒之间的激烈对抗一直以来影响着该地区的安定。

**专栏 4-4　中国清真食品产业在机遇与挑战中拓展全球市场**

相关数显示,全球清真食品和穆斯林用品的年贸易额逾 2 万亿美元,目前仅清真食品年贸易额就达 1500 亿美元。近年来中国清真食品出口逐年增长,实现了提质增量,出口类别从过去主要以牛羊肉等初级产品为主,发展为以科技附加值较高的中间产品、食品添加剂等为主,产品主要销往马来西亚、中东等伊斯兰国家和地区。作为双汇集团唯一生产清真食品的公司,漯河双汇万中禽业加工有限公司正在加快开拓海外市场。根据公司市场部门调研,中东伊斯兰国家超过 80% 的清真食品依靠进口。

## 四、社会组织

社会组织是指人与人相互联系的方式,它确定了人们的社会角色与关系形态,一般可分为亲属关系和社会群体两大类。

亲属关系中最基本的单位是家庭,家庭又有核心家庭和扩展家庭之分。核心家庭是指父母与一两个未婚子女组成的家庭,而扩展家庭则是指包容更多的直系乃至旁系亲属的家庭。研究家庭形式是因为许多产品是以家庭为单位来购买的,如洗衣机、电冰箱、淋浴器、电话等,有些扩展家庭,其成员人均收入虽低,但其成员多,集合购买力强,因此也可能购买汽车等较为昂贵的消费品。研究家庭结构,还应了解购买决策人,在核心家庭中,丈夫、妻子抑或是孩子往往对不同的产品购买拥有不同的影响力。

社会群体主要是指家庭以外的社会组织形式,包括年龄群体、性别群体和共同利益群体。年轻人与年长者由于在价值观念、生活方式等方面的显著差异而分属于不同的子市场;男性与女性在生理、心理上的差异也决定了对许多产品的不同需求,此外妇女的社会地位也影响着其对购买的决策作用。至于共同利益群体,如消费者协会、行业协会、劳工组织、政党等在现代社会的消费潮流中也常常扮演着举足轻重的角色。

## 五、价值观念

不同国家、民族和宗教信仰的人,在价值观上有明显的差异。美国人喜欢标新立异,爱冒险,因此对新产品、新事物愿意去尝试,对不同国家的产品也抱着开放的态度;而东方民族相对保守持重,日本许多年长者甚至认为购买外国货就是不爱国。

时间观念是价值观念的重要组成部分,也是主要的文化特征之一。时间观念会影响消费者对产品的需求,在认为"时间即金钱"的国家,省时、省力的产品较受欢迎,像快餐食品、速溶饮料等产品往往好销;而在另一些时间观念不强的国家,这些产品可能不受欢迎。时间观念还会影响人们的商业习惯,例如:日本人认为不能准时是不能接受的,对德国人来说,准时是仅次于信奉上帝的事;而在非洲和拉丁美洲的一些国家,迟到30分钟并不奇怪。不同文化在时间概念、时间观念上是不同的,一般来说发达国家往往较某些发展中国家更具有时间意识。

不同的文化背景对新产品的态度是不同的。在一些国家,人们认为新产品总比老产品有优势,人们比较容易接受新产品或外来产品;而在另一些国家,人们则对新产品和外来产品持一种排斥的态度,因为他们认为新产品和外来产品是未知的,要接受它们风险很大。对新产品的态度也反映了人们对待风险的态度。美国人通常比较容易接受变化,并乐于承担风险。而在一些传统色彩很浓的国家,人们一般不愿意改变长期以来形成的生产和消费习惯,也不愿意去冒险,这样新产品进入会遇到较大的障碍。

此外,不同文化下的财富观念、义利观等也有着很大差别。

## 六、风俗习惯

一个社会、一个民族传统的风俗习惯对其消费嗜好、消费方式起着决定性作用。欧美人喜食奶酪,其品种可达上千种,但拿来在中国销售,许多中国人会对其绝大多数品种不甚习惯。凡此种种,皆是风俗习惯使然。

### 1. 饮食习惯

受不同的文化影响,各国有不同的饮食习惯。例如,泰国人的主食是大米,喜食辣味,辣椒是餐桌上不可或缺的东西。

### 2. 节日习惯

不同国家有不同的节日和节日的庆典方式。例如,中国有春节、清明节、端午节、中秋节等传统节日。泰国华人较多,民间也有春节、清明节、端午节、中秋节等节日。日本同我国一样,有许多节日,例如一月有救火节、二月有雪节、五月有插秧节等。日本小朋友不仅过"六一"国际儿童节,而且女孩三月三日要过女孩节,那一天,凡有女孩的家庭大都购备成套人形娃娃陈列在家中;五月五日,男孩要过男孩节,凡有男孩的家庭在家里悬挂用纸或布做的"鲤帜",他们认为鲤鱼有很强的生命力,是成功者的象征。美国则有感恩节、圣诞节、元旦等节日。

### 3. 交往礼仪

不同国家有不同的交往礼仪。例如,泰国是一个礼仪之邦,被誉为"微笑的国度"。

泰国人性情温和,待人热情,有礼貌,泰国人见面时通常双手合十于胸前,互致问候,合十后可不再握手。随着社会的发展,在外交和一些正式场合,泰国人也按国际习惯握手致意,但常人不能与僧侣握手。日本人见面行鞠躬礼,问候礼躬身15°,欢迎礼躬身30°,告别礼躬身45°。不少国家还有一些礼仪禁忌,例如:头被泰国人认为是最神圣的部位,忌讳被别人触摸;忌用左手传递东西、接拿物品;就座时忌跷二郎腿;谈话时,忌用手指指对方;到寺庙拜佛或参观时,须衣冠整洁,脱鞋。

总之,风俗习惯对消费需求的影响是多方面的,企业开展全球营销活动必须"入乡随俗"。

## 七、审美意识

对美的追求是人类的天性,所以审美意识是影响消费者购买行为的重要因素。审美意识往往决定了一国消费者对图案、颜色、花卉、动物、食品等的好恶。值得注意的是,这里的审美并不是从纯粹的美学角度出发的,而是一种文化现象,它会影响人们对产品的色彩、品牌、包装、宣传等的偏好,从而制约着人们对产品的选择。一种色彩和图案在一国的文化中被视为吉祥,但可能在另一国却被看作凶兆。例如,中国人有赏菊之好,意大利人却认为菊花是不祥之兆。因此,在不同国家销售产品、设计品种及其图案、选择促销工具等都要充分考虑该国特殊的审美禁忌,只有这样,全球营销企业才可能立于不败之地。如表4-3所示。

表 4-3　部分国家的审美喜好和禁忌

| 国家地区 | 色彩禁忌 | | 图案禁忌 | | | |
| --- | --- | --- | --- | --- | --- | --- |
| | | | 植物(花卉) | | 动物 | |
| | 喜 | 忌 | 喜 | 忌 | 喜 | 忌 |
| 中国 | 红色 | 白色、黑色 | | | 仙鹤 | 豺狼虎豹 |
| 美国 | | 红色 | | | | 蝙蝠 |
| 日本 | 柔和鲜艳的颜色 | 绿色 | 松、竹、梅 | 荷花 | | 狐狸 |
| 英国 | | 黑色 | | 百合花菊花 | | 大象、山羊、孔雀 |
| 法国 | 鲜艳色彩 | 墨绿色 | | 黑桃 | | 仙鹤 |
| 埃及 | | 黄色、蓝色 | | | | 熊猫 |
| 阿拉伯 | 绿色 | 蓝色 | | | | |
| 巴西 | 红色 | 紫色、黄色、棕色 | 兰花 | | | |

**专栏 4-5　胖子、蘑菇云:小米广告激怒日本网友上热搜**

2020年5月,红米NOTE9在日本发布的广告画风很具有日本特色。为了突出其快充功能,镜头中的男子吃下了一块电池状的寿司,身体开始迅速膨胀,越来越大,像气球一样开始飘了起来,最终冲破屋顶,在空中爆炸,此时的画面中,出现了一朵蘑菇云和快充的英文单词。最后,出现了一个骄傲的大拇指,对着太阳。

5日晚,日本某数码媒体主编「SIM太郎」在自己的Twitter上发表推文,质疑小米该官方视频是不是在隐喻原子弹爆炸。日本是世界上唯一遭受过原子弹袭击的国家(而且是两次),关于原子弹以及它带来的伤痛,也是日本国民的共同记忆。因此,这个隐喻原子弹爆炸的视频迅速引发了日本网友的关注。「SIM太郎」说,(小米)这个品牌在日本的知名度还不高,但目前Twitter上的推文已经有将近40000条,在Twitter的日本热榜上已经排名第20位。小米公司市场部副总经理臧智渊6日下午回复并转发了小米日本的声明,表示非常抱歉,并深表歉意。

在小米日本的道歉推文下,绝大部分日本网友表示接受道歉,也肯定了小米日本直面问题的态度,只是希望小米公司官方账号也能有所表示。而且一些日本网友也站在客观的角度上,肯定了小米乃至中国智能手机的品质:其实自从2019年末正式进入日本市场以来,小米公司除了努力推广自家产品,在面对全球新冠肺炎疫情时,也以各种方式向日本施以援手。作为全球捐赠计划的一部分,小米公益基金会克服了采购、物流、关务等重重困难,终于和上海睿远公益基金会共同为东京捐赠了超过10万只口罩。捐赠物资上贴的诗句"春至消冰雪,严寒一扫空",也用心地引自日本《古今和歌集》。

产品开发的细节考虑和本地商业运营的过程中,文化因素成为企业务必了解,处理时也务必慎之又慎的一个重要考量,因为产品和业务全球化的一大关键,便是让公司的产品和商业运营具有文化贴近性,符合当地用户的文化习俗和使用习惯。具体而言,企业出海时可能遇到的和文化相关的方面包括但不限于以下几类。

产品名在不同语言中的含义差异:一个看起来很正常的产品名字,放到某些特定语境下,可能就会造成严重的误解。

颜色的使用:不同的文化对同一种颜色的解读可能会截然相反。

敏感历史:很多国家和地区都有过承受伤痛的历史,在这些地方运营业务时,要特别留意避免碰触这些历史禁区——小米此次广告事件便是一例。

宗教、习俗和禁忌:在宗教氛围浓重的国家和地区开展业务时,一定要提前了解相关宗教的禁忌和需要注意的习俗,否则一旦发生违背教义或习俗的事件,便有可能引发整个社会的反感与抵制。

性别、种族相关话题:无论在哪里开展业务,都必须慎重处理和性别、种族相关的话题,尤其要特别注意特定词汇的使用。不过话说回来,无论是在本国还是他国做生意、做产品,尊重文化这件事都不应该忽视。提升产品和服务的文化品质,无疑也是让产品内外合一、赢得用户尊重的重要一环。

资料来源:少数派,https://sspai.com/post/60362。

全球营销中的商业习惯　　　　　　小米手机在日本的宣传广告

# 第三节　社会文化环境与商业习惯

## 一、研究各国商业习惯的必要性

各国的商业习惯是各国商人在长期的全球经济活动中所形成的习惯性做法。在全球营销实践中，了解和适应外国的商业习惯是重要的环节。如果全球营销人员对外国商业习惯一无所知，自以为外国的商业习惯与本国一样，盲目采用本国经商中习惯做法去从事全球营销活动，那么必然会遭受失败。

俗话说"入乡随俗"，在全球商务活动中，营销人员必须事先了解外国的商业习惯，并主动地适应外国的商业习惯，这样做可以有以下几方面好处。

### 1. 有利于避免冒犯

一个国家的商业习惯是与该国的风俗习惯密切相关的，在全球营销活动中，如果不了解东道国的风俗习惯，可能会产生冒犯行为。例如，一家生意兴隆的国际广告代理公司在泰国曼谷开设了一个办事处。有人警告经理说，这个办事处一定不会兴旺。对此，这家公司不以为然，因为该公司在远东的所有分支机构都取得了成功。但事实上，一年过去了，办事处生意全无。原来，马路对面有一尊佛像正好位于比这个办事处低一段台阶的地方，而在泰国，佛像是神圣不可侵犯的，绝不能把自己置于佛像之上。这位办事处经理了解了泰国的习俗后，便把办事处迁到没有佛像的地方，从此以后，生意便蒸蒸日上。其实，在泰国还有一些敏感的禁忌，例如：门槛是不可踩踏的，因为泰国人认为仁慈的神灵栖居其中；窗户在晚上是不可打开的，否则会引入邪恶的神灵；不可触摸别人的头部，即使是最亲密的朋友，这会有终止友谊的危险，因为泰国人把头部看得十分神圣。如果全球营销人员不了解和遵从泰国的这些风俗，则有可能冒犯当地公众，难以取得营销成功。

### 2. 有利于减少误会

不了解外国的商业习惯，有时会产生误会。例如，在保加利亚和土耳其等国，点头表示"不"，而摇头却表示"是"，如果按照中国及大多数国家的方式去理解，就可能造成误会。

### 3. 有利于增进感情

增进感情，建立友谊往往是开展商务活动的重要内容。一般来说，增进感情的做法主要有送礼、宴请、拜访等。但在不同国家，这些做法是截然不同的。

就送礼而言，不同国家对要不要送礼、送什么礼、送多少、何时送的看法和做法都不一样。在不少国家，送点小礼物有助于增进感情，促进交往，但在阿拉伯国家，商人初次交往时赠送礼物会被当作贿赂。中国人认为礼多人不怪，礼物送得多总是好事，但在许多国家，礼多人也怪，礼物太昂贵，反而会把人吓坏。一般来说，国外所送的基本上是一些小礼品，而且不同国家有所差别。例如：在赠送礼品方面，日本人非常注重阶层和等级，因此不要给他们赠送太昂贵的礼品，以避免他们为此而产生你的身份比他们高的误解;不要送太随便的礼品,如 T 恤衫、运动帽和廉价的圆珠笔等;日本人喜欢金饰礼品,但必须是 24K 金的;日本人喜欢龟和鸭,认为是长寿的标志;切忌用白色或黑色包装,这两种颜色在日本是不吉利的;与美国人相反,日本人不喜欢在人家面前打开礼品,即使打开看后,也不会像美国人那样表现出强烈的反应。

就宴请而言,中国商人喜欢在餐桌上增进交流,达成交易。但宴请的安排在不同国家有很大差异,无论是宴请的位置安排、菜式、进餐程序等各国都有差别,因此在宴请客人时尤其要注意,否则不但不能增进感情,反而可能适得其反。

就拜访而言,各国的商业习惯也不同。例如,在日本,一般商务往来中,商人之间较少登门拜访,但在印度尼西亚,商人之间建立亲密感情的途径之一是登门拜访。在印度尼西亚,即使是并不十分富有的商人,也会尽可能将其客厅布置得豪华阔气,以便招待客人,而且无论客人何时登门拜访,均持欢迎态度。在拜访时还要注意交谈话题禁忌,如政治问题、宗教问题、私人问题等内容应避免。

可见,只有了解和适应不同国家的商业习惯,才有可能达到增进感情的目的。

**4.有利于取得谈判成功**

不同国家的商务谈判习惯不同,在谈判风格、谈判程序等方面差别较大。例如:日本商人与美国商人的谈判风格迥然不同,美国商人习惯于开门见山、立即拍板;日本商人则会拐弯抹角、拖延时间。

各国商业习惯的差异

## 二、社会文化与商业习惯

一个国家的商业习惯是与该国的社会文化环境密切相关的。一般来说,一个国家的商业习惯是其文化传统影响的结果,不同国家的文化传统又可带来不同的商业习惯。

社会文化对商业习惯的影响主要体现在以下几个方面:

**1.商人的价值观念**

不同的社会文化环境,可以形成不同的价值观念。曾经有一个很通俗的例子,说的是有一家国际大酒店着火,犹太人抢出的是钱箱,日本女人拉出的是丈夫,中国人背出的是老母亲。虽然有些夸张,但也从某种意义上说明了不同文化环境下人们的价值观念的差别。如表 4-4 所示,由于不同的社会文化背景,日本和美国商人的价值观念差异较大。美国人在商务往来中注重效率,决策快而执行慢;日本人则注重效益,决策慢而执行快。此外,有些国家的商人注重利润,而在受罗马教思维方式支配和僧侣统治思想影响的地方,却认为利润是罪恶的。

表 4-4　日本与美国的社会文化背景比较

| 日本(东方文化) | 美国(西方文化) |
| --- | --- |
| 集体主义 | 个人主义 |
| 相互依赖性 | 独立性 |
| 协作、调和 | 竞争、对抗 |
| 参与决策 | 集体决策 |

续 表

| 日本(东方文化) | 美国(西方文化) |
| --- | --- |
| 决策慢、执行快 | 决策快、执行慢 |
| 间接 | 直接 |
| 长期目标 | 短期目标 |
| 讲究效益 | 讲究效率 |
| 拘谨、正统 | 无拘束、随和 |
| 严肃 | 风趣 |
| 注重通才 | 注重专才 |
| 注重声誉 | 注重能力 |

**2. 商人的性格**

不同国家的社会文化背景还会影响商人的性格。例如,美国商人直爽,日本商人含蓄,英国商人傲慢,德国商人正统,等等。在北欧三国中,流传着这么一句话:"挪威人先思考;接着瑞典人加以制造;最后,丹麦人负责销售。"可见,不同的社会文化会形成商人不同的性格特征。

**3. 商人的谈判风格**

不同的文化背景下,各国的商务礼仪也是不同的。例如,不同国家的见面礼不同,有些国家习惯于握手礼,有些国家习惯于鞠躬,有些国家则习惯于吻礼。有些国家的商务谈判是单枪匹马、单刀直入,而有些国家是大队人马、成群结队出发。

曾有专家将美式和日式的谈判风格用图 4-2 表示。

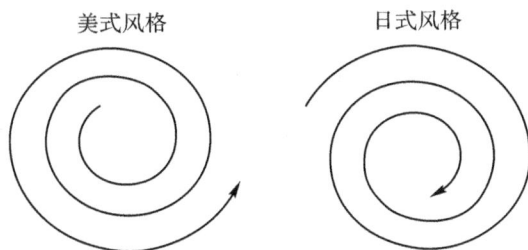

美式风格　　　　　　　日式风格

图 4-2　美式和日式谈判风格比较

图 4-2 中,代表美国和多数西北欧国家的美式谈判风格是从中心向外延伸的,说明这些国家的商人首先注重的是产品等核心的要素,而后考虑其他人际方面等因素;而代表日本和部分拉丁国家的日式谈判风格是从外慢慢向中心靠拢的,说明这些国家的商人首先关注的是人际关系等外围因素,然后慢慢过渡到产品等核心问题。

走进日本(上集)　　　　　　走进日本(下集)

### 三、各国商业习惯简介

全球营销学家菲利浦·科特勒曾对世界上不同国家或地区的不同文化传统产生的不同商业习惯做出如下概括,如表 4-5 所示。

表 4-5　不同国家和地区的商业习惯概括

| 国家或地区 | 商业习惯 |
| --- | --- |
| 东方国家 | 讲明观点而不争强好胜 |
| 意大利 | 争强好胜,严肃认真 |
| 英国 | 喜欢用诱人的"软办法推销" |
| 德国 | 喜欢用"硬办法推销" |
| 墨西哥 | 注重货物的价格 |
| 委内瑞拉 | 注重货物的重量 |

**专栏 4-6　和俄罗斯商人做生意的禁忌**

俄罗斯人有许多由传统习惯形成的忌讳,要特别予以注意。

(1)见面握手时,忌形成十字交叉形。

(2)俄罗斯有"左主凶,右主吉"的传统说法,因此,切忌伸左手给对方,无论是握手还是递还物品。

(3)遇老者或妇女或上级时不应主动伸手,要等待对方。脸要保持微笑,若脸冷若冰霜,没有表情,则会被对方视为冷淡的表现。

(4)称呼女性时,切莫用"太太"一词,这将引起对方的不快。有职衔的称职衔,或给对方介绍的机会,伺机行事。

(5)忌用手指指指点点,不论在任何场合都是如此,俄罗斯人认为这是对人的莫大污辱。在人面前,不能将手握成拳头;大拇指在食指和中指间伸出,俄语中称此手势为"古基什",是蔑视嘲笑的粗鲁行为。而美国人常用的手势——大拇指和食指接触呈"O"形,其他三指伸直(表示"OK"),在俄罗斯则是非礼的表示。

(6)交往中切忌用肩膀相互碰撞,这种行为一般只发生在挚交朋友之间,否则,身体碰撞是极为失礼的行为。

(7)避免交谈中使用"你应该"一词,俄罗斯人向来尊重个人意见,反感别人发号施令于己。

(8)不能说"你发福了"之类的话。朋友久别重逢,寒暄问候时,切不可谈论胖瘦。俄罗斯人觉得这是在形容其臃肿、丑陋。

(9)打招呼忌问:"你去哪儿?"这不是客套的问候,对俄罗斯人来说,这是在打听别人的隐私。

(10)让烟不能给单支,要递上整盒。点烟时忌讳划一根火柴或用打火机给三个人同时点火,不能将别人的烟拿来对吸。

（11）男女同在社交场合，临别时，男人要为妇女穿大衣、拉开门，要让妇女先行，不能自己开门拂袖而去。

（12）送礼不得送两样物品——刀和手绢。在俄罗斯，刀意味着交情断绝或彼此将发生打架、争执；手绢则象征着离别。

（13）不要在喝酒时劝酒或蓄意灌酒。俄罗斯人十分贪杯，酒鬼遭人蔑视，故意引别人喝醉，则令人憎恨、厌恶。

（14）不得在桥上或桥下告别，这样的告别意味着永远地离去。

（15）不能用脚踢狗或其他动物。外出遇到拦路狗时，要说话将它赶走。俄罗斯的狗听得懂指令，而踢它则是犯忌的。

资料来源：http://www.360doc.com/content/15/0307/00/20959761_453211661.shtml。

## ◆本章小结

全球市场营销实质上是一种跨文化营销。在全球营销活动中文化的影响是无所不在、根深蒂固的，因此企业必须重视对东道国文化环境的研究。影响企业开展全球营销活动的文化环境因素主要有一国的语言文字、教育水平、宗教信仰、社会组织、价值观念、风俗习惯和审美意识等，企业必须对这些具体因素加以分析，以更好地适应东道国社会文化环境的要求。一个国家的社会文化环境因素不仅会影响该国国民的消费需求，还会影响该国的商业习惯，因此，企业还必须了解和把握不同社会文化背景下的商人性格和商业习惯。

## ◆案例分析

### 我国木质家具企业如何加快拓展海外市场
#### ——以顾家家居拓展海外市场的成功经验为例

我国是世界木质家具生产和出口大国，并日益成为世界家具的制造中心。据国家统计局的数据显示：2011年我国规模以上的家具企业共计4125家，出口总额达388.82亿美元，家具出口至全球220个国家（地区），美国和欧盟的市场份额分别达到31.06％和22.07％；2012年我国家具及其零件出口金额488.24亿美元，出口规模不断壮大，占据了世界家具出口额第一的位置。顾家家居成立于1996年，是浙江省民营家具企业，专业从事客厅及卧室家具产品的研究、开发、生产与销售，为全球家庭提供健康、舒适、环保的客厅及卧室家居产品。公司目前拥有员工7000余人，生产基地总面积达到了27万平方米，成为全球软体家居制造领域最成功的企业之一，并在中国荷兰、法国、保加利亚、越南等多个国家开设近2000家品牌专卖店，产品已覆盖全球186个国家，在巴黎、米兰、阿姆斯特丹、鹿特丹等多个欧洲城市开设了品牌体验中心。公司拥有完整的手工工艺标准，集中了大批手工技艺精湛的技师，未来5年其销售目标将超越200亿元。在国内家具出口严峻的形势下，顾家家具仍能逆势增长，保持强劲的发展势头，有其可借鉴的成功经验。

## 一、我国木质家具拓展海外市场的现状及原因分析

### (一)研发设计人才缺乏,产品同质化现象严重

我国家具生产多以代工生产为主,不少企业为了追逐利润,重制造、轻设计,导致产品同质化严重。业内人士表示,一个家具产品在研发设计阶段,需要投入大量的人力和物力,但我国一些中小规模的家具企业,无法承受巨额的研发费用,抄袭或者"山寨"就成为最直接、最快速、最经济的一种方式。目前,国内家具设计师数量非常有限,在广东省这样的家具大省,有近 1 万家家具企业,但科班出身的设计师却不足 1000 人,平均每 10 家家具企业只能"共享"1 名专业设计师。设计师的短缺造成了大部分企业一味"跟风"仿制,国内家具行业互相抄袭的"风气"盛行,"出国看展,买版抄版"成为很多企业的生意经。2012 年 3 月在深圳家具展上,北京皇家现代家具现场投诉江苏森岩家具展出的"巴厘艺术"系列。据了解,其被抄袭的产品包括床头柜、衣柜、餐桌椅、衣架、沙发、茶几、南瓜椅、书柜、书桌等产品,相似度超过90%。类似行业内的这种纠纷屡屡出现,严重阻碍了我国家具业的发展。

### (二)出口市场结构失衡,价格竞争导致市场乱象

目前我国家具出口市场过于集中,美国、欧盟成为我国木制家具主要的出口市场,单一的市场加剧了国内企业间的竞争。有些企业为了争抢市场,不惜以低价甚至亏本出口,扰乱了出口市场秩序,引起国际上的反倾销和贸易保护主义抬头。同时原材料紧缺直接推高了原木价格,主要木材出口国如俄罗斯、圭亚那、缅甸、印度尼西亚等相继发布了木材出口的限令,导致进口木材成本增加,加上运输费用上涨等因素,使得家具生产企业利润空间受到严重挤压,行业盈利水平普遍偏低,使得价格竞争愈演愈烈。一些缺少生产设备,资金不足的企业以"前店后厂"的方式抢滩市场,造成"抢单""恶意攻击""相互压价"等不良竞争现象。缺乏完整的行业标准,客户要什么就生产什么,生产工艺关键点控制不到位,廉价劣质材料和非环保的材料大量采用引发了"价格战",需求过程充满了不规范的服务和不合格的产品交付,对整个行业的经营品质、顾客信誉造成了极大的负面影响。

### (三)贴牌生产为主,缺乏品牌拓展意识

由于家具业进入门槛低,家具企业遍地开花,目前我国大小家具品牌有数万个,但能在国际上立足的品牌凤毛麟角。大量的外国企业不仅有先进的设计水平,而且拥有成熟的技术,而我国家具产品出口以贴牌方式为主,很多产品的设计图纸都由外商提供,导致企业处于价值链的底端,同质化现象严重,抵抗风险的能力很弱。目前国内家居设计抄袭成分多,创新、原创的人少之又少,设计师大多是"模仿者多于创新者",产品缺乏商业价值和实用价值,直接导致中国原创设计在国际上没声音、不受尊重。米兰家具展堪称全球家具行业的"奥林匹克",一直以来都备受瞩目,但历来鲜有中国企业和中国设计师登上舞台。很多国际企业为了避免我国企业的抄袭和模仿,想尽办法阻拦。在 2011 年米兰家具展上,芬迪家具公然告示拒绝中国人入内参观。国外企业通过OEM 方式在中国本土创建工厂,它们把原料、配件运到中国,然后加工成产品再返销美国,享受着低廉的劳动力。同质的实木餐桌椅中国出口价为 30 美元,而在欧美国家可以卖到 400 美元。仅 2010 年湛江外商投资家具企业就达 1 亿多美元,约占当地全年

家具出口总额的 70%。同时,我国企业缺乏品牌建设,商品产量大,但产品档次低、缺少附加值,与发达国家相比有很大差距,直接影响了我国家具企业在全球市场的发展。

(四)贸易壁垒林立,反倾销活动日益频繁

尽管我国已经成为家具出口大国,但在出口贸易发展中依然面临挑战,特别是发达国家纷纷出台技术贸易措施和反倾销措施,使我国家具出口遭遇阻碍。在全球贸易活动中,进口国以保护自然资源、生态环境和人类健康为由,采取了一系列限制进口的措施。比如美国制定和实施了众多涉及家具等消费品的技术法规和标准,如《消费品安全法案》《有毒物质控制法案》《全尺寸婴儿床法规》《联邦含铅限用法案》《复合木制品甲醛标准法案》《雷斯法案修正案》等。2011 年 7 月起美国实施的《复合木质品甲醛标准法案》标准极其严苛,如硬木胶合板(胶合板)甲醛排放限量标准从 2011 年 7 月的 0.2ppm 降低为 0.08ppm,2012 年 7 月又规定不得超过 0.05ppm,"绿色贸易"壁垒严重影响我国木制家具出口。美国《雷斯法案》规定,凡出口到美国的木质家具等林产品,必须标明木材的种类、来源及使用植物种类的拉丁名、数量、尺寸和价值。欧盟出台的《原产国标签法》则要求进口到欧盟市场的木制品必须获得FSC 身份证,追踪其木材的采伐源头,对原材料的环保性能做了严格要求,该政策已于 2013 年 3 月生效。2007—2011 年,我国家具、木制品被召回数量达到 2124.5 万件,产品因质量安全问题被国外通报召回,使企业受到经济损失,损害了企业的品牌形象,同时对家具业及"中国制造"造成负面影响,导致国外的法规和立法更严苛。

## 二、顾家家居产品拓展海外市场的成功经验值得借鉴

(一)注重产品创新设计,缔造家具金牌品质

顾家家居一直在设计上不断探索和创新,除国内的设计研发中心之外,另设有 14 个海外设计院,展现出"国际化、全球化"的设计理念。研发中心拥有大量来自意大利、德国、法国、日本等地的国际知名设计师,每天至少产生 50 个创意,每年均有数百个新款沙发在全球同步发布,致力于为全球家庭提供舒适、安全、环保、人性化的客厅家具以及专业客厅布置解决方案。比如对软床的设计,顾家家居就有自己的设计理念,以舒适和优质睡眠为基点,把健康的生活理念融入设计之中,集时尚、实用和创新为一体。2013 年 6 月顾家家居推出了"月半湾"高端系列沙发,它打破了传统设计的定式思维,让沙发不再局限于单一的功能,不仅拥有时尚抢眼的外形,在设计上更突破了以往产品固有的设计规格,以细致大胆的弧线形的大转角设计突破了空间的束缚,将躺、坐、靠三种形态一一呈现在一条弧线上,完美塑造了品质家庭生活的卓越价值感,满足了高端消费者社交、娱乐、生活的全面需求,毫无悬念地斩获软体家具系列金奖。

(二)搭上"奥运"元素,联手国际沙发品牌

为扩大企业品牌的国际知名度,顾家家居凭借先进的工艺标准和国际化的设计理念,以及产品质量、品牌信誉等要素,成功入选"国家体育总局训练局合作伙伴",成为运动员公寓、运动员训练场地及训练局理疗康复机构专用产品,帮助运动员备战伦敦奥运会,充分利用"奥运"元素提升品牌知名度。为扩大品牌影响力,2012 年其在央视投放广告,投资达 8600 万元,并已经启动品牌代言计划,一直以"顾家好男人"气质示人的张

学友成为顾家的品牌代言人。以"幸福的依靠"为产品理念的顾家家居,不遗余力推出新产品,与美国功能沙发顶级品牌 LA-Z-BOY 强强联手,推出联合品牌"顾家家居·LA-Z-BOY"。LA-Z-BOY 于 1927 年在美国诞生,是功能沙发的领头羊。它历经百年,完美融合最新科技与百年经验,成为千家万户口中"舒适"的代名词,在诸多热销美剧和电影中 LA-Z-BOY 都成了谈论的话题。

(三)坚持品牌战略,重视自有品牌发展

顾家家居坚持品牌战略,2008 年花 100 万美金聘请世界著名咨询公司罗兰做战略规划,坚持打造自有品牌。目前,公司旗下拥有"时尚休闲沙发""LA-Z-BOY 功能沙发""KUKAHOME 全皮沙发""布艺沙发""睡眠中心"五大产品系列,形成了满足不同消费群体需求的产品矩阵,年均有 200 多个专利产品走向世界,将含有知识产权的中国造产品推向市场。商务部在 2013 年初就预测家具出口形势严峻,但同年 9 月份在上海举行的主要针对全球市场的中国国际家具展上,顾家家居展厅人潮涌动,海外客户集聚,订单完成率远超预期,甚至连一向最为冷清的欧洲订单也实现了大幅增长。外贸业务的增长得益于公司一直坚持的品牌战略,重视创新和研发能力。从 2008 年开始,ODM(原始设计制造)成为顾家家居的主要业务,平均每件产品的利润比以前增加三成以上。从 2014 年初到 9 月份,顾家家居营收逆势实现了 40% 左右的增长,到目前为止仍是订单追着工厂跑。现在,顾家家具已经几乎没有代工生产业务,已拥有 700 多项产品和技术专利,并在海外开出了 28 家专卖店,销售自己品牌的产品。

(四)搭建"云办公室",实现企业高效运转

"提升产品品质,夯实质量管理"一直是顾家家居的管理核心。顾家家居通过创办"顾家大学"对员工进行管理知识、产品知识的培训,力求在教学中寻找到优化工作流程和企业制度的方法。其次,顾家家居启用办公型即时通信 imo 平台来打造企业统一的沟通、管理链条,让顾家家居的企业价值链实现系统联动。据悉,顾家家居用 imo 搭建了一个"云办公室",通过 imo 与行政层级一致的组织结构树,把企业的管理部门、研发设计、生产包装、仓储物流、采购销售等价值链中沟通的薄弱环节,按照实际情况连成一体。在这个办公室里,顾家家居的每一个员工都能通过文字消息、语音视频、文件传输等方式,和其他同事进行顺畅的即时沟通,消除了部门、地域间的界限,提升了整个企业的沟通、联动效率。而企业的管理部门则可以通过这个办公室,直接掌握各个环节的实际情况,进行有力的整体管控。比如:顾家家居的设计部门利用 imo 的电子白板进行设计方案的讨论,使得产品设计更加优化;市场部门利用 imo 的电子投票对市场的营销方案进行内部的评选,选出最能吸引用户的促销方案;行政部门利用 imo 的电子公告,下发企业的行政命令、生产规章制度等,确保员工能第一时间、百分百地接收到信息。在 imo 的助力下,顾家家居的各个环节都进行着高效的运转,为企业产品质量的提升打下了基石。

## 三、我国木质家具企业加快拓展海外市场的路径

(一)加大研发力度,提升产品设计创新能力

家具是室内陈设品,具有艺术欣赏价值。对于家具企业来讲,设计水平能提高产品

的技术含量及附加值,提升企业的整体竞争能力。我国家具企业应及时了解全球化的家具设计理念,以我国传统文化为载体,融入全球家具设计的精华,充分发挥设计创新能力,从模仿中走出来。在第十八届中国国际家具配件及原辅材料(大连)展览会上,领航古船家具就吸引了中外客户的眼球,其选材均为具有百年以上的古船木,历经海水浸泡其防水性、防蛀性、防火性都首屈一指,在设计上更是完整地保留了古船木的原始洞孔和纹理,自然之中透出一股残缺之美,具有较高的艺术性。北京天坛股份有限公司和深圳家具设计研究院联合研发设计的"简风逸品"实木系列产品,既根植于北方淳厚的文化积淀,又融合了南方家具的精巧;外形既大气又不蠢笨,既方正又不失圆润;加入了"数码、太极、立体雕塑"等造型理念,在家具立柱上的内凹曲线上借鉴了广州塔"小蛮腰"的外形,形成静中有动、刚中有柔的效果;其独创的"汽车拉手"式设计,更是把现代工业与传统木作结合在了一起,用产品创新吸引了众多的客户。

(二)注重自主品牌建设,打造家具产品核心竞争力

我国家具企业应努力提高自有品牌产品的质量,研发高附加值产品,增加产品的科技含量,提升家具出口核心竞争力。近年来,中国家具企业构建自主品牌的意识逐渐增强,在这方面以广东和浙江最为突出,目前已命名的有广东的中山大涌"中国红木家具生产专业镇"、乐从"中国家具商贸之都"、东莞大岭山"中国家具出口第一镇"、浙江安吉"中国椅业之乡"、山东宁津"中国桌椅之乡"。如四川掌上明珠家具集团打造品牌竞争力,积极推行"绿色设计"理念,将产品设计得具有可拆卸性和可回收性,实现绿色家具无废物出产和可再生轮回利用,从而使家具产业形成"绿色核心竞争力",提高了企业在全球市场的竞争力。再如广东的华源轩家具公司,获得联合国"全球人居环境绿色品牌奖"企业,坚持以"绿色""低碳"为品牌形象,以"打造绿色家具第一品牌"为企业使命,以"给家绿色的爱"为愿景,在环保方面下足了功夫。公司顺利通过英国国家质量检测中心的 ISO9001 国际认证和中国质量检验联盟 CQC 环保产品品质验证,还与搜狐网、绿色人居协会等共同起草了家居行业绿色白皮书,在业界树立了自己的品牌形象。

(三)制定高质量的国家标准,建立技术壁垒预警机制

在现今全球市场中,贸易壁垒已转向技术标准、技术法规、合格评定程序等技术性指标,要想掌握对外贸易的主动权,就需要掌握标准方向的主导权。各企业应结合实际情况,紧跟国际发展步伐,加快产品在质量安全、环保等方面标准的制定和修订。其次,我国检验检疫部门应当及时跟进了解《原产国标签法》《复合木制品甲醛标准法案》《雷斯法案》修正案的实施动态,密切关注其他国家可能采取的跟进措施,与企业加强联动,通过网站邮件、短信等方式及时提醒企业了解并主动应对国外贸易技术壁垒,降低企业风险。加大对企业原料、生产工艺、成品质量等关键节点的监管力度,对其涉及安全、卫生、健康、环保要求的原辅料中可能出现的有毒有害物质实行严格检测,从源头把好质量关,以期减少企业未来的运营风险。2012 年 5 月,我国家具标准化技术委员会参加了在意大利米兰召开的 ISO/TC136 年会,并参与了家具力学性能标准以及家具漆膜理化性能评定标准等国际标准的制定、修订工作,这对提升我国在国际家具标准化组织中的话语权和地位有促进作用。

（四）开拓全球新兴市场，减少对欧美市场的依赖

我国家具企业应积极开拓多元化的海外市场，加大对非洲、中东等国家的出口比重，规避欧美反倾销贸易壁垒。目前我国一些家具产品凭借新颖的设计和良好的质量，赢得了中东、东欧、南美等市场的青睐。中东地区的家具主要依靠进口，阿拉伯联合酋长国是中东最大的家具中心，顾客消费能力强，购买家具的标准是高档、豪华、舒适。中国家具商在进入中东时，除了体现价格优势外，品牌的塑造也很重要，要多与国际的代理商、销售商联系、接触，参加一些展销会以及合作会议是进入不同地区市场的一个窗口，而每年的中东迪拜家具展览会是吸引众多欧洲买家、中东家具经销商以及美洲、非洲的家具商会聚的良好机会，我国企业应把握拓展全球市场的商机。如我国的皇朝家私，积极参加国外家具展会以拓宽营销渠道，针对特定的市场开发特定的产品，该企业开拓了如非洲、东欧等地新兴市场，在非洲和印度等新兴市场寻找强大的经销商，通过与经销商进行合作来共同开发市场。

资料来源：李凤蓉：《我国木质家具企业如何加快拓展海外市场——以"顾家"家居拓展海外市场的成功经验为例》，《对外经贸实务》2014 年第 3 期。

◆ 深入思考

1.顾家家居在打破全球市场偏见过程中采用了哪些策略提升品牌形象？其中"奥运文化"发挥了怎样的作用？

2.顾家家居在提升企业办公效率的过程中采用了那些策略？如何处理员工之间的协调合作？

◆ 延伸阅读

《牛仔裤如何进入马来西亚穆斯林女性市场》

**牛仔裤如何进入马来西亚穆斯林女性市场**

◆ 思考题

1.企业在全球营销活动中研究社会文化环境有何意义？

2.企业在全球营销活动中如何克服 SRC？

3.文化的变迁对全球营销会有何影响？

4.教育水平对全球营销将产生哪些影响？

5.宗教信仰对全球营销有哪些影响？

6.研究各国的商业习惯有何意义？

7.社会文化环境对商业习惯的影响主要表现在哪些方面？

第五章　全球市场分析

【学习目标】

☆掌握全球市场的分类；

☆了解全球市场的基本特征和发展趋势；

☆熟悉主要国家和地区市场的特点；

☆了解全球消费者行为及其基本研究内容。

【导入案例】

2020 年 8 月 6 日,特朗普签署总统令,宣布在 45 天之后禁止任何受美国法律监管的人或组织,和 TikTok、字节跳动之间进行任何交易。8 月 5 日,TikTok 正式宣布,将在爱尔兰首都都柏林建立耗资达 4.2 亿欧元的数据中心。英国太阳报透露,根据一项由英国官员核可的协议,字节跳动将把 TikTok 总部迁至伦敦。

2018 年 7 月,TikTok 因"传播消极、不雅内容"遭到印尼有关部门的封禁,TikTok 相关负责人立即对平台内容进行整改,并在印尼成立运营公司,专门整治审核内容。2019 年 4 月,TikTok 再次因为内容问题,遭到印度有关部门的封禁。2020 年 6 月 29 日,印度通信和信息技术部宣布,出于"安全"考虑,封禁包括 TikTok 在内的 59 款中国互联网企业开发的 App。实际上,印度已经是 TikTok 最大的海外用户市场。TikTok 在印度的下载量超过 6 亿次,月活跃用户超过 1.2 亿。据 The Information 预估,2019 年 TikTok 在全球的收入达到 2 亿至 3 亿美元,而 2020 年 TikTok 仅在美国市场定下的收入目标,就已经达到了 5 亿美元。尽管 TikTok 目前在美国市场的用户量远远少于印度,但考虑到商业价值和发展空间,TikTok 在美国市场上的前景无疑更值得看好。然而严峻的是,一旦 TikTok 美国业务挫败,甚至接下来会在其他国家和市场遭遇同样的危机,其中澳大利亚就有不少声音提到将要"禁用"TikTok。

随着印度、美国对于 TikTok 的抵触,TiKTok 或许已经将重心放在欧洲市场。此前,英、法、德等国家均表示,不准备禁止 TikTok 在当地的运营,甚至英国还对 TikTok 大开"绿灯",表示欢迎 TikTok 在英国设立总部。沈萌指出,TikTok 全球总部设在哪里其实并不重要,重要的是公司的数据政策是否透明。"如果 TikTok 总部迁至英国,数据仍然在中国国内控制运营,那还是无法得到一些国家的理解。"

通过招募人才和暗中布局,TikTok 大有将英国伦敦打造为其辐射整个欧洲市场的

"前沿阵地"。2020年8月5日,TikTok正式宣布,将在爱尔兰首都都柏林建立耗资达4.2亿欧元的数据中心,预计将在2022年初正式运营。在此之后,欧洲范围内的用户数据将存储在这一数据中心内。种种动作表明,欧洲已成为TikTok继北美和印度之后下一个重点海外市场。艾媒咨询CEO张毅对此表示,TikTok将重心转向欧洲市场也有助于缓解当前的封禁压力,但要做大欧洲市场,需要符合不同国家的文化和法律制度,其难度和成本方面要比美国市场更高,这一点也是TikTok需要重点关注的。

2020年8月3日当天,微软发出声明称,公司将准备继续推动购买TikTok美国业务的谈判。字节跳动也在8月3日由CEO张一鸣发出公司内部全员信。信中提到,字节跳动不认同CFIUS(美国外资投资委员会)有关"认定字节跳动必须出售TikTok美国业务"的决定,"同时不放弃探索任何可能性"。

无论TikTok在美业务最终"花落谁家",对于母公司字节跳动而言,其全球化战略蓝图已然受挫。比起上市本身,如何在欧洲市场"站稳脚跟",避免重蹈印度、美国市场的覆辙,或许是眼下摆在TikTok和字节跳动面前最为重要的课题。TikTok海外"大冒险",字节跳动"天花板"已现?

资料来源:《TikTok海外大冒险,字节跳动"天花板"已现》,http://finance.sina.com.cn/rou/2020-08-31/doe-iivhuipp1695989.shtml。

# 第一节　全球市场概述

## 一、全球市场的内涵及分类

市场是交易实现的场所和环境。从狭义上说,市场是指从事商品和劳务交换的场所或领域;从广义上说,市场就是一系列交换关系的总和。全球市场是世界各国或地区之间进行商品和劳务交换的场所,是在世界范围内通过国际分工和国际经济活动联系起来的各国(地区)市场以及各国(地区)之间市场的总和。

全球市场是在各国国内市场的基础上形成的,但它并不是各国国内市场的简单累加,两者既密不可分,又相互区别。全球市场的内涵,是指国际商品经济关系的总和,包括商品交换背后的生产者之间的关系。全球市场的外延,是指它的地理范围,其地理范围要比一国的市场范围大,前者包括世界各国之间的商品交换,后者只包括一国疆域之内的商品交换。

全球市场可以按不同的标准进行分类。以地理区域为标准,既可以按洲别或地区划分为西欧市场、北美市场、拉美市场、非洲市场、东亚市场等,也可以按国别划分为美国市场、日本市场、德国市场、中国市场等。按经济集团划分,可以分为欧盟市场、东盟市场、阿拉伯共同市场等。按交易对象划分,可以分为全球商品市场、全球金融市场、全球劳务市场、全球技术市场等。按照消费者划分,则可以将性别、年龄、收入和职业等因素作为划分的依据,如老年人市场、亚裔市场等。

## 二、当代全球市场的基本特征及发展趋势

### (一)市场规模迅速增长

#### 1. 参与主体规模增长

第二次世界大战以前,全球市场的构成比较单一,主要以发达资本主义国家为主导,一些殖民地和半殖民地国家和地区虽然也涉足全球市场,参与国际营销,但多受宗主国的控制和安排。第二次世界大战后,随着非殖民化运动的兴起,旧的殖民体系瓦解了,殖民地半殖民地国家纷纷独立,出于经济发展的考虑,它们积极参与国际分工,100多个亚非拉发展中国家以独立主权国家的身份进入全球市场。这也使得全球市场参与主体规模获得了迅速的增长。

#### 2. 国际贸易总量快速增长

从国际贸易总量看,1950 年世界出口贸易总值为 1136.5 亿美元,1960 年增长到 2625 亿美元,1970 年达到 6423 亿美元。国际统计年鉴的数据显示:1980 年和 1990 年,世界出口贸易总值已分别达到 20340 亿美元和 34490 亿美元;2000 年、2003 年和 2004 年分别突破 6 万亿美元、7 万亿美元和 9 万亿美元,分别达到 64466 亿美元、75462 亿美元和 91235 亿美元。与此同时,随着第三产业的迅速发展、经济全球化的加深和国际产业结构的调整,世界服务贸易也经历了快速的发展。世界服务贸易额从 1967 年的 700 亿—900 亿美元剧增至 1980 年的 24147 亿美元。20 世纪 70 年代期间,世界服务贸易出口与货物贸易出口均保持快速增长且增速大体持平,年均增长 17.8%。进入 20 世纪 80 年代,世界服务贸易出口平均增速开始高于货物贸易,80 年代后期年均增幅更是高于 10%。

据拉美社 2018 年 7 月 30 日报道,世贸组织在其最新发布的《世界贸易统计报告》中强调,世界商品贸易量较 2017 增长 4.7%。报道称,这是世界商品贸易量增长率自 2011 年以来首次超过 3%。与 2016 年的 1.8% 相比,出现显著增长。以美元计,世界商品贸易额增长 11%。此外,世界商业服务出口增长 8%。报告称,除其他原因外,这一经济活动还特别受到美国投资支出增加以及日本消费增长的促进。报告还称,世界商品贸易量的增长也受到各个地区进口需求增长的推动,尤其是亚洲的需求增长率达到 8%。报告称,中国和欧盟的增长率保持稳定,为全球需求奠定了坚实的基础。贡献最大的是新兴和发展中经济体,其 2017 年贸易增长率从 2016 年的 1.9% 上升到 7.2%。从未来发展趋势角度看,各国在经济上的相互依赖的增长、运输费用的下降、世界消费格局的越来越标准化等都会促使全球市场的规模持续增长。

### (二)区域经济一体化趋势增强

基于适应国际竞争,保护本地区或本国市场的需要,20 世纪 80 年代以来,全球市场上出现了一种新的趋势,就是区域经济一体化。尤其是进入 20 世纪 90 年代后,区域经济一体化的发展更为迅速。全球 100 多个不同形式的区域集团组织中,有 60% 以上

是在 20 世纪 90 年代后建立的,并且这些集团组织的规模越来越大,作用也越来越重要。例如:2001 年 9 月,布什政府重新启动了与南美共同市场双边贸易协议的谈判,以期在 2005 年前达成更大范围的美洲自由贸易区;东盟自由贸易区计划也正在逐步实施,东盟国家间的平均关税已从 1993 年的 12.67% 降至 2001 年的 3.85%;2004 年 5 月 1 日,欧盟进行了历史上规模最大的第五次扩张,马耳他、塞浦路斯、波兰、匈牙利、捷克、斯洛伐克、斯洛文尼亚、爱沙尼亚、拉脱维亚、立陶宛 10 国加入欧盟,使欧盟市场的规模进一步扩大;等等。无论发达国家还是发展中国家都将贸易政策重点从多边主义转向以双边互惠或区域集团为主,并且在今后相当一段时间内都将如此。

### (三)全球市场竞争日益激烈

全球市场的丰厚利润,资本主义世界范围内的生产过剩,使得全球市场成为各国角逐驰骋的场所。20 世纪 90 年代以来的全球市场竞争有以下特点:其一,竞争的规模、范围加大。这首先体现在竞争的主体已发生改变。许多国家的政府现已不同程度地介入国际竞争中,它们制定出有利于本国公司海外竞争的法令、政策。如美国政府、日本政府等,它们利用强大的国家机器,对外贸企业予以积极扶植,加强其在全球市场上的竞争能力,并成为这些企业政治与经济上的坚强后盾。此外,竞争的规模、范围加大还体现在跨国公司的大量出现并卷入竞争。其二,竞争的形式多样化。与以价格与产品竞争为主的传统竞争不同,现在全球市场的竞争呈现出一些新的特点,管理技术水平成为竞争的主要内容。在跨国公司的竞争中,决定竞争优势地位的核心因素是管理技术水平,而不再是传统的生产要素——土地、劳动力、货币等资源。在当今的全球市场上,虽然价格竞争依然存在,但决定竞争胜负的因素远非此一项,综合运用各项营销策略成了竞争成败的关键。同时,一些非价格的竞争,如改善服务,提高产品质量,改变支付方式、促销方式等各种竞争手段纷纷出现,使全球市场愈加风云变幻,险象环生。

### (四)跨国公司影响力日趋增大

20 世纪 90 年代以来,伴随信息技术革命、管理理念变革和发展中国家的自由化政策,国际产品和服务提供逐步由产业间分工转向产业内分工,并最终演变为不断深化的全球价值链分工。全球化成为世界经济的主旋律,融入全球化进程成为各国经济发展的题中之意。根据世界银行的世界发展指数(WDI),2018 年所有经济体平均贸易依存度(进出口贸易总额与国内生产总值之比)较 1990 年增长 28.7%,达到 94.8%,其中有 37.8% 的经济体增幅超过 50%,20.1% 的经济体超过 80%,13.3% 的经济体达到 100%。跨国公司,特别是大型跨国公司,是推动全球价值链分工的主体。全球贸易的 80% 通过跨国公司予以实现,其中跨国公司开展的内部交易占比 33.2%,引导的非股权经营模式占比 12.6%,参与的一般市场交易占比 33.2%。跨国公司的贡献主要来自大型跨国公司。《2014 年世界投资报告》对全球 1.36 亿家企业股权关系的深度分析发现,全球所有跨国公司中,总数仅占 2% 的大型跨国公司(海外分支机构超过 20 家)占全球跨国公司总附加值的份额高达 80%。

**全球市场**

专栏 5-1　中国—东盟自由贸易区建设进程回顾

1991 年 7 月,中国时任外长钱其琛出席第 24 届东盟外长会议开幕式,是中国与东盟首次接触。

1992 年 1 月,第四次东盟首脑会议正式提出建立东盟自由贸易区。

1999 年 4—5 月,中国与美国、欧盟先后达成加入世贸组织(WTO)的协议。

2000 年 10 月,中国时任国务院总理朱镕基在新加坡举行的中国与东盟领导人会议上,提出在 WTO 承诺基础上,建设更加互惠的中国—东盟自由贸易区倡议。

2001 年 11 月,中国与东盟各国签署了《南海各方行为宣言》,在当年"10＋1"领导人会议上,中国拿出更为充实的议案,终于与东盟达成了自贸区共识。"10＋1"宣布 10 年内建成自由贸易区的目标。

2002 年 11 月 4 日,《中国与东盟全面经济合作框架协议》签署,自贸区建设正式启动。

2003 年温家宝接任中国国务院总理。10 月 7 日,温家宝出席第七次东盟与中日韩"10＋3"领导人会议,签署《东南亚友好合作条约》,中国成为首个加入该条约的非东盟国家。

2004 年 1 月 1 日,中国—东盟自由贸易区早期收获计划实施,下调农产品的关税。到 2006 年,约 600 项农产品的关税降为零。

2004 年底,《货物贸易协议》和《争端解决机制协议》签署,标志自贸区建设进入实质性执行阶段。

2005 年 7 月 20 日,《货物贸易协议》降税计划开始实施,7000 种产品降低关税。

2009 年 8 月 15 日,《中国—东盟自由贸易区投资协议》签署,标志主要谈判结束。

2010 年 1 月 1 日,拥有 19 亿人口、GDP 接近 6 万亿美元、世界最大的自由贸易区——中国—东盟自由贸易区正式建立。

2010 年 1 月 7 日,在广西南宁举行的中国—东盟自由贸易区建成庆祝仪式上,中国—东盟自由贸易区 18 个合作项目正式签约,签约金额 48.96 亿美元。

2015 年对新东盟成员国全部产品(部分敏感产品除外)零关税。

2018 年对东盟自贸区和中国—东盟自贸区所有成员国零关税。

资料来源:《跨国公司主宰全球经济》,《经济日报》,2002 年 10 月 10 日。

# 第二节　主要国家和地区市场特点分析

## 一、美国市场的特点

美国是世界上市场经济最发达的国家,也是世界上相对开放的巨大市场。其市场主要特点如下。

### (一)市场容量大,需求多样化

美国市场容量世界最大,美国也是世界上最大的消费市场,每年的商品贸易进口总额超过 11000 亿美元。首先是因为美国人消费能力强,美国人均年收入超过 3 万美元。其次是美国人消费意识强,美国人不但较少储蓄,而且超前消费,许多人都拥有信用卡,甚至有好几张。再其次是美国人对消费品的更新速度快,很多日用品使用时间都不超过一年,他们往往不是旧的坏了而买新的,而是因为"喜新厌旧",遇到新鲜时髦,或节假日商品打折都会激发他们的购买意愿。最后是因为美国劳动力成本高,政府规定每小时工资高于 5 美元,有的地区与行业每小时工资高于 10 美元,因此,美国劳动密集型的消费品生产多已转移到其他国家和地区。所以,美国国内市场上所需要的日用消费品主要靠进口,而且进口需求量相当大。如市场上的服装、鞋类、箱包、礼品、小家电,以及家具、卧具、灯具、文具、工具、玩具、厨具、餐具等,很多都是进口的。而且这一趋势还在上升,不太可能转变。美国经济的景气指标可能会影响高档商品的销售,但不会减少大众百姓对其他国家制造的价廉实用的日用消费品的购买。

美国人虽然收入高,但贫富差距悬殊、两极分化严重,高中低收入阶层构成了不同层次的消费群体和不同层面的特定市场,而且规模都相当可观。在美国,2018 年人均收入为 3.6 万美元,人均可支配收入为中国的 8.4 倍。高(及最高)收入阶层约占 15.3%,中等收入家庭约占 53%,低收入阶层占 31.7%,由于收入的限制,不同的阶层对消费品的购买力是不同的。因此,在美国市场上,无论是高档产品、中档产品还是低档产品都有很广阔的销路。另外,美国是一个移民国家,各个种族、民族在相互影响的同时也很大程度上还保留着自己传统的消费习惯,因此各种民族的消费品也可在美国找到市场。上述情况使高档品和低档品,新消费品和传统民族消费品共同形成了美国消费市场的多样化。

### (二)市场竞争激烈

美国市场容量巨大,自然成了没有硝烟的战场:美国自己已经拥有了很多强大的企业,而来自国外的企业也不甘落后,他们各自凭着自己独有的竞争优势一起抢滩美国这个大市场。在这里,"优胜劣汰"表现得淋漓尽致。由于美国市场的自由化程度高,因此各种大中小企业形成的强烈竞争涉及了绝大多数的市场领域。

### (三)市场法规健全、行业协会左右市场

美国的市场经济比较成熟,政府对企业的经营范围与经营方式很少加以限制,但对各行各业产品进出口,以及批发、零售均有极为详尽的法规与执照要求,而且执法十分严厉,尤其在商标、环保、安全、税务、劳工方面。因此,在美国从事商务不但必须学习了解,依法办事,而且最好请专业人士来处理,千万不可自以为是,套用在企业母国的商业习惯。企业在美从事贸易要聘请律师作为法律顾问,也要有会计师帮助处理公司税务,以免误触法规。

此外,美国各行各业都有协会,美国的行业协会作用相当大,可以左右政府决策与

市场。他们为保护本行业利益,游说政府制定有利的政策,为行业发展举办各类研讨会,为开拓市场组织展览,出版杂志,向会员提供市场资讯。美国一些行业性法规也往往都是这些协会提出与起草的,比如很多产品的反倾销法案。因此,国际企业与产品要进入美国,不但要研究对应的行业协会,还应该加入这些行业协会,参加美国行业协会很容易,交纳会费就能享受相应权益。美国行业协会对会员的服务意识很强。对一些企业而言,成为行业协会会员表示是这个圈子内的人,比较容易被客户认可,尤其是一些历史比较悠久的著名协会。

### (四)消费者对产品质量要求高,讲品牌,尤其重视产品安全

美国市场对产品质量的含义已扩展为广义的,并不局限于一般的产品用途、技术指标与规格,他们认为这些是产品进入市场本来就应该符合的。他们还将产品的包装质量、产品使用说明质量,尤其是售后服务质量也纳入质量含义之中。此外,按美国市场的惯例,美国大多数零售商都接受顾客退货,只要有发票,即使包装已拆开、商品已被使用,也可退换,而且不用做什么说明。因为退货的损失并不是由零售商承担的,所以进口批发商更要对产品质量严格把关。当然,这样做可以保证假冒伪劣产品进不了这种大商场,商场的信誉也自然可以提高。

美国消费者对产品品牌的认可度极深,因为品牌很全面地包含了他们对质量概念的理解,而且也比较准确地表示了自己的消费层次,所以他们较多购买有品牌的产品,也愿意付更多的钱。但是,有品牌的产品并非一定高价,美国产品的品牌往往针对不同的消费群体,一般由品牌就可知道其价位,如 Macys(梅西)属于中档,Wal-Mart(沃尔玛)则是较为便宜与大众化的。

美国市场竞争十分激烈,经销商还要对其商品承担责任险,商家稍不注意就会吃巨额赔偿官司。所以,美国对产品的质量要求都非常严格,各种产品的标签、包装、说明都要符合美国市场要求,以分清责任。其中最为突出的是安全标准,如电子产品要符合UL标准,打火机要防止儿童开启以免发生火灾,玩具零件不能脱落而被儿童误吞,对各类食品进口的安全要求就更严格了,也不允许一些商品随意标明有医药功能。

### (五)美国市场销售季节性强

美国消费品市场对各种商品的需求均有较强的季节性,通常分春季(1—5月)、夏季(7—9月)和节日季(11—12月)。每个季节都有商品换季的销售高潮,如从感恩节(11月底)开始便是美国人冬季节日购物的季节,特别是圣诞节,是美国商品全年销售旺季,通常要占全年销售额的三分之一。美国进口商进口订货均是根据其国内销售季节来组织的,因此,如错过销售季节,这些商品就难以销售,意味着其这一年度退出美国市场,甚至被竞争对手长时间排除在市场之外。

此外,美国有许多节日,如情人节、母亲节就是商家销售礼品的良机。美国作为移民大国,各个民族都有自己不同的传统节日,这些传统节日也就形成了为数众多的消费市场,商家往往都想方设法利用这些传统节日来促销。

## 二、西欧市场的特点

这里所指的西欧并非地理意义上的西欧,而是广义的西欧即欧洲西部,俄罗斯和东欧国家以外的欧洲部分,包括西欧、中欧和南欧大大小小 25 个国家和地区,即欧盟的德国、法国、意大利、英国、丹麦、荷兰、比利时、卢森堡、爱尔兰、希腊、西班牙、葡萄牙、奥地利、芬兰、冰岛、挪威、瑞士和瑞典等国家。西欧地区约有 3.8 亿人口,土地面积约 370 万平方公里。从地理上看,西欧是欧亚大陆西部伸向大西洋的大型半岛,西、北、南三面分别面对北冰洋、地中海、黑海和大西洋。漫长曲折的海岸线上有许多海湾、海峡、半岛和岛屿。沿岸有众多闻名世界的重要港口,如伦敦、利物浦、马赛、敦刻尔克、鹿特丹、汉堡、哥本哈根、斯德哥尔摩等,这些海港把西欧市场同世界各大洲市场紧密相连。自古以来就十分发达的水上航运,为西欧的经济发展提供了有利条件。

### (一)市场规模大

西欧是世界上经济最发达的地区之一。第二次世界大战后,西欧国家走上经济区域集团化的发展道路,国民经济迅速发展,人民生活水平有较大的提高。实际个人消费(AIC)是衡量家庭物质福利水平的指标。2017 年欧盟成员国中,10 个成员国的人均AIC 高于欧盟平均水平。欧盟的最高水平是卢森堡,高于欧盟平均水平 30%。德国和奥地利在 20% 以上,其次是英国、芬兰、比利时、丹麦、荷兰、法国和瑞典。爱尔兰的人均 AIC 水平低于意大利,远远低于它的人均 GDP 和 PPP 水平。非欧盟国家里,挪威、瑞士和冰岛 AIC 指数均高于欧盟平均水平。欧盟国家里,保加利亚人均消费水平低于欧盟平均水平 60%。非欧盟国家里,塞尔维亚、波黑、马其顿、阿尔巴尼亚人均消费水平均低于欧盟平均水平 50%。具体情况如表 5-1 所示。

表 5-1　2017 年西欧实际个人消费(AIC)和人均 GDP,EU＝100(前十名)

| 排名 | 国家 | 实际个人消费 | 人均 GDP |
|---|---|---|---|
| | 欧洲 | 100 | 100 |
| | 欧元区 | 105 | 106 |
| 1 | 卢森堡 | 130 | 253 |
| 2 | 德国 | 122 | 123 |
| 3 | 澳地利 | 118 | 128 |
| 4 | 英国 | 114 | 105 |
| 5 | 芬兰 | 113 | 109 |
| 6 | 西班牙 | 112 | 117 |
| 7 | 丹麦 | 112 | 125 |
| 8 | 荷兰 | 110 | 128 |
| 9 | 法国 | 108 | 104 |
| 10 | 瑞典 | 109 | 121 |

数据来源:欧盟统计局

### （二）一体化程度高

自 1993 年欧盟成立以来，其就朝建立经济一体化市场的方向前进，并不断地完善和发展。1995 年 1 月 1 日，奥地利、瑞典和芬兰 3 国正式加入欧盟，欧盟由 12 国扩展为 15 国；1999 年 1 月 1 日，欧盟的统一货币欧元诞生了，欧盟的第一批成员国正式流通发行欧元，至此，欧盟市场内部已实现了商品、服务、劳动力、技术和资本的自由流动；2004 年 5 月 1 日，欧盟又进行了历史上规模最大的第五次扩张，欧盟市场的规模进一步扩大。

另外，欧盟各国作为一个统一的整体自 1968 年起就对区外实行统一关税。目前，欧盟根据出口国与欧盟的不同关系采取不同的税率，由高到低分别为自主税率、协定税率、特惠税率和普惠税率 4 种。另外，欧盟自 1979 年起开始实行统一的进口数量限制和配额管理制度。

### （三）市场自由贸易程度高

西欧国家实行自由贸易政策，凡在当地注册登记的贸易公司，哪怕只有一间小店铺的零售贸易公司，都可以直接经营进出口业务。直接进口的渠道有零售商店、大型零售公司的采购中心、工业企业的贸易公司，间接进口的渠道有传统进口商、传统批发商、独立的专业商店成立的共同采购中心和独立的中间商。西欧是世界上国际贸易最发达的地区，进口平均占各国国民生产总值的 1/4 以上，其中在比利时、卢森堡高达 60% 以上，在荷兰、爱尔兰接近一半。

### （四）商品分销网络发达、集中，零售商业发展快

西欧的商品分销网络十分发达，批发零售业星罗棋布，分销网络日益集中，主要体现在综合商品商店数目减少了一半；超级市场在各类商品的销售中比例大幅度增加，占零售额的 30% 以上；商品分销业加快并购，形成了大的销售集团公司。

在西欧各国市场中，专门出售高档货的主要是大百货公司、专业商店；而主要经营中档商品的则是大众商店、超级市场和邮售公司，它们是商业零售的主要渠道，其中超级市场和邮售公司的业务发展最快。在商业零售渠道中，超级市场、大百货公司、专业商店和邮售公司有一个共同的特点，即仓库小、存货少。一般仅有可供卖几天的货物，所以要求供货单位能持续、稳定供货，同时商品质量比较稳定，包装美观，能吸引顾客。尤其是邮售公司的顾客凭样本订货，所以要求商品的规格、质量与样本必须完全一致，否则将影响邮售公司的信誉。

### （五）政府对市场商品监督管理严格

西欧多数国家对市场上各类商品的名称、质量、包装上的文字说明有严格的规定，并且通过各种立法予以规范。例如，罐头食品、服装及日用消费品的包装说明必须使用当地文字，一般应包括如下内容：商品名称、原产地和生产企业（或进口公司）的名称、地址、商标、数量、成分、生产日期、保存时间与条件、截止消费日期、使用说明、商品性能

等。近几年来,由于西欧经济萧条,失业人数增加,企业倒闭越来越多,贸易保护倾向日益发展,各国政府相继采取各种措施,加强了对进口商品的监督管理。

## 三、日本市场的特点

### (一)市场规模大,消费水平高

日本是仅次于美国的第二大经济强国,同时也是次于美国和德国的第三大进口市场,其经济占世界经济的 10% 左右。第二次世界大战以后,日本经济得到很快发展,仅在 1955—1989 年间,日本的国民生产总值就增加了 8.4 倍,年平均增长率为 6.8%。近年来,虽然日本经济处于低迷不振状态,但其经济大国的地位却未因此而动摇。日本有 1 亿多人口,人均收入高,2019 年人均 GDP 达到 40246.88 美元,居世界第 24 位。据日本有关机构调查,目前日本有 90% 的家庭认为自己属于"中等阶层",而以中产阶级家庭为主的国家的市场购买力是最旺盛的。此外,日本市场存在着老龄化的倾向,整个社会消费态度的变化和闲暇时间的增多,使消费倾向不断提高。

### (二)市场垄断色彩浓厚

由于历史原因,左右日本经济的是一些实力雄厚的巨型企业集团。第一次世界大战后,三井、三菱、住友、安田四大财阀形成巨大的市场势力,是日本经济的轴心。第二次世界大战前及战争期间,又出现了一批新财阀,如二鲇川、浅野、古河、大仓、中岛、野村等,到第二次世界大战结束时,其控制了日本企业总资本的 35.2%、金融资本的53%、重工业的 49%。1955 年后,垄断资本重新组合,逐渐形成三井、三菱、住友、芙蓉、三和、第一劝业六大企业集团。到 1992 年,这六大集团所属直系企业数量只占全国法人企业总数的 0.008%,但其资产总额和营业总额分别占 13.29% 和 14.68%。如果加上它们的子公司及相关公司,则其资产总额和营业总额分别占 26.95% 和 25.20%。它们不仅拥有银行、保险公司、综合商社,而且涉足矿产、化工、建筑、运输、机械、电子、钢铁、造纸、纤维、食品、服务等广泛的行业,形成有着强大竞争优势和排他性的"企业系列",使外国企业几乎很难与其展开竞争。

### (三)市场开放程度加大

为了维护本国的利益,长期以来,日本对国外市场强调"出口导向"和"第一主义"的政策,对国内市场则严加保护,使贸易逆差不断扩大。但是,随着美日贸易、欧盟与日本贸易间的摩擦越来越严重,早已引起欧美各国的普遍不满,强烈要求日本开放其国内市场。近年来,日本政府已采取了一系列开放市场的政策,如大规模降低关税,改善政府检查标准和认证制度,简化进口手续,以及紧急进口等,显示了日本市场走向开放的势头。但是日本所谓的开放市场措施主要以美欧国家为对象,以发展中国家为对象的相当少。

### (四)对商品质量要求高

随着日本国民生活水平的提高及广大居民文化教育水平的提高,日本消费者对商品质量要求十分苛刻。目前许多商品,特别是耐用消费品在日本已经处于饱和状态,市场需求向多样化、个性化、时髦化发展。人们不仅追求商品的使用价值,而且追求商品的文化价值。日本消费者选择商品时不仅追求品质优良、款式新颖,而且要求产品外观达到完美,若产品稍有疵点和污迹,尽管并不影响使用,也无法进入市场。

### (五)市场竞争激烈

日本市场竞争与其他西方国家市场相比显得尤为激烈。这有两个原因:第一,日本产业发展长期实行"配套主义",门类齐全,且质量较高;第二,日本与美国,以及西欧等国家长期存在巨额贸易顺差。所以,美国、西欧及亚洲新兴发展中国家都十分注意扩大对日出口,从而加剧了日本市场上的竞争。

### (六)市场分销渠道复杂

与美国典型的开放独立和利润趋向化的分销渠道相比,日本的分销渠道被认为是长期、复杂的关系趋向化网状系统,有许多贸易伙伴是批发商、经纪人、生产商、进口商、零售商密切联系的中间负责人。在这种分销渠道中,一般包括四层或超过四层的批发商。批发渠道的相对长度一般由工业类型、渠道内部成员的金融连接、零售规模、生产规模等因素来决定。日本这种错综复杂的分销渠道,深深地根植于日本文化所建立在商业习惯基础上的社会地位之中。

尽管批发商在功能性角色中期的作用很小,但是他们通过纵向合并、金融联系、互惠处理等方法长期控制着日本的分销渠道。例如,在 1998 年时,日本的批发商总销售量相差 3.1 倍,而美国的批发商销售量基本上是一样的。据 Ito 和 Maluyama 报道,有41.9% 的日本批发商购买来自其他批发商的商品,而美国只有 24.8% 批发商购买来自其他批发商的物品,批发商之间的频繁贸易意味着更有力的直接分销机会。事实上,日本的零售商购买的商品中有 92% 来自批发商,而在美国零售商所购买的商品中只有23% 来源于批发商。在日本经商的 64% 的美国公司在某种程度上,是通过日本批发商将他们的商品分销到日本销售者手中的。

多层次的批发渠道将批发商和分散于日本各个地区的零售商连接在一起,通过谈判可以使商品很快实现生产—零售—消费的过程。密切的联系促使多层次批发渠道中的各个成员了解有关产品的信息、竞争以及市场机遇,这将帮助日本零售商提供更多的流水线化的客户服务。

从企业店铺数来说,日本零售企业的店铺数量从 1974 年开始逐年增长,1982 年达到顶峰时的 172 万多家,这与当时日本平稳增长的经济发展状况是一致的。但达到顶峰后,日本零售业进入激烈竞争期,店铺数量呈现逐年减少的趋势,2016 年仅比峰值一半略多,减少了 42%。与此形成鲜明对比的是店铺面积的变化,从 1974 年的 6740 万平方米到 2007 年的 14966 万平方米,保持持续扩大的态势,33 年间增长了 1.2 倍之多。2007 年后受世界金融危机的影响,店铺面积虽然有所减少,但其后又出现小幅度的回增。由此可以认为,在流通经济政策、经济形势等的影响下,日本零售产业内部竞争加剧,导致零售店铺减少,进而使得零售企业向规模化、大型化发展。就零售业从业人数来说,从 1974 年开始逐年增长,1999 年达到顶峰,此后开始小幅度减少,说明日本零售店铺在向规模化、大型化转变,即零售店铺的数量虽然从 1982 年开始逐年减少,但从业人员的数量却逐年缓慢递增,这是由零售店铺的规模逐年扩大所造成的。据统计,2015 年日本零售企业前十强占零售业销售总额的比重达到 16.5%,较 2010 年的 14.2%增长 2.3 个百分点,较 2000 年的 11.8%增长了 4.7 个百分点,市场集中度进一步提高。在 2018 年 1 月 22 日,日本特许经营协会发布 2017 年国内便利店发展状况数据,截至 2017 年 12 月底,日本拥有 55322 家便利店,同比增长 3.2%,其中 8 家主要连锁便利店品牌所有店铺销售额为 10.6975 万亿日元(约合人民币 6189 亿元),比上年增加 1.8%。在日本,便利店已经超过超市成为日常用品销售比例最大的零售模式,两者占比约为 54%和 46%。

张骞的 VLOG　　　玄奘的 VLOG　　　郑和的 VLOG　　　日本零售业发展新趋势
　　　　　　　　　　　　　　　　　　　　　　　　　　　　　　和对我国零售业的启示

## 四、东南亚市场的特点

东南亚一共有 11 个国家,已经有 10 个国家是东盟的成员,于 2002 年才获得独立的东帝汶现在是东盟的观察员。东南亚各国都是发展中国家,经济技术水平同西方发达国家相比还有一定差距。但是,最近 20 年来,东南亚各国经济发展较快,昔日贫穷落后的面貌有了很大变化,人民生活水平有了显著提高,进口能力不断增强。因此,东南亚市场已成为很有吸引力的市场,其市场的主要特点如下。

### (一)市场容量较大

东南亚国家陆地总面积约 451 万平方公里,人口总数约 6.25 亿(2014 年),人口特点是稠密,多华人聚居。人口多分布在平原和河口三角洲地区。东南亚各国都是多民族的国家,全区有 90 多个民族。人种以黄色人种为主。东南亚也是世界上外籍华人和华侨最集中的地区之一。东南亚地区的 11 个国家,其中绝大多数都属于发展中国家,所以经济实力并不是很强,但也有一个发达国家存在,那就是新加坡。

作为东南亚面积最大的国家,印度尼西亚的 GDP 总量远超东南亚其他国家,其 2018 年的 GDP 总量超过了 1 万亿美元,也是东南亚地区 GDP 总量唯一破万亿的国家。而作为发达国家的新加坡,其 GDP 总量在东南亚国家中排第四位,当然,这主要还是因为新加坡国土面积太小,甚至比我国香港都还要小一些,极大地限制了它的发展。如图 5-1 所示。

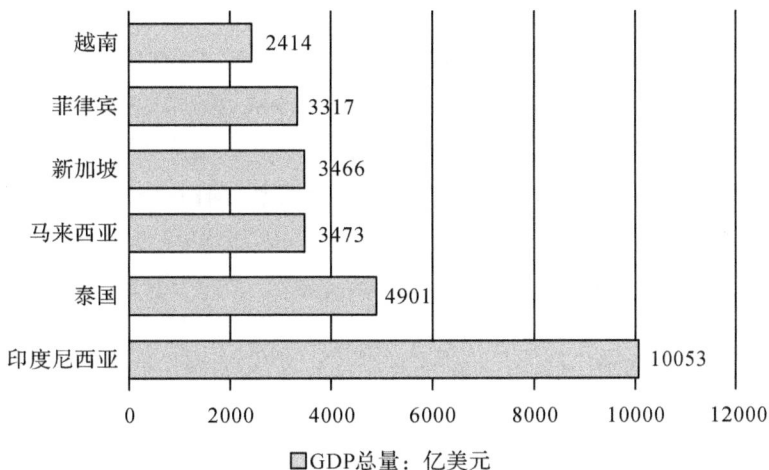

**图 5-1　2018 年东南亚国家的 GDP 情况**

资料来源:中国产业信息 http://www.chyxx.com/industry/201908/767963.html

在人均 GDP 上,新加坡位列第一,第二、第三分别是文莱和马来西亚。如图 5-2 所示。

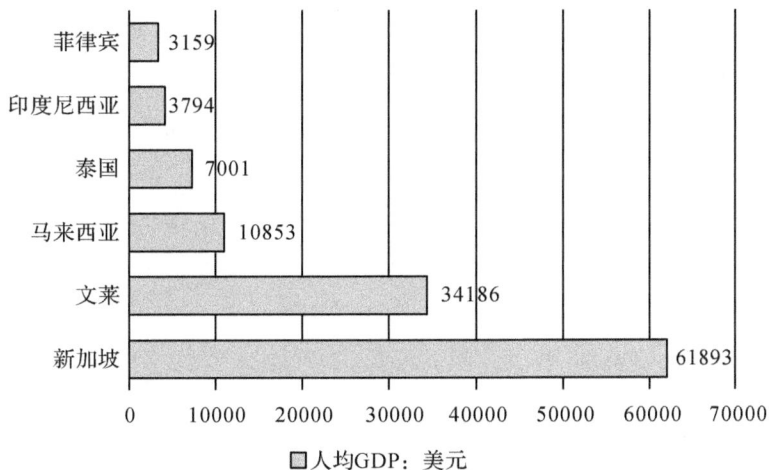

**图 5-2　东南亚各国的人均 GDP 情况**

资料来源:中国产业信息 http://www.chyxx.com/industry/201908/767963.html

对外贸易在东南亚各国经济中具有十分重要的地位,尤以新加坡的进口容量最大,多种农产品及原材料、燃料、零部件以及机械设备等大多来自国外。马来西亚、印度尼西亚和泰国的进口每年也在百亿美元以上,进口商品多种多样,几乎无所不包。印度尼西亚、马来西亚和文莱都是石油生产和出口国,而其他国家则需进口石油。食品是东南亚国家的主要进口项目之一,除泰国外,其余 9 国的食品进口均占总进口的 7% 以上,机械和运输设备等制成品的进口数额最大,各类化工产品在东盟也有较广的销路。

**(二)经济发展后劲充足**

在 1998 年金融危机爆发前,东南亚主要国家的经济发展一直呈良好的上升趋势,但是,金融危机使东南亚国家这种经济发展的上升态势中断了 10 年,人民生活水平受到不同程度的影响,有些国家甚至出现大幅度的下降。近年来,东南亚各国经济已经开始走向复苏,复苏比较快的有新加坡、马来西亚、菲律宾,泰国的势头也不错,越南和印度尼西亚的发展势头非常好,尤其是越南,最近几年一直保持 8% 左右的经济增长率。目前,东南亚国家的外国投资、国内私人投资、对外贸易、国内生产总值和人均国内生产总值等重要的经济指标均明显超过了金融危机前一年即 1996 年的水平。经过十几年的努力,东南亚国家已经从金融危机中走出来,正在步入一个新的发展阶段,即更加重视质的提高而不是量的扩张的阶段。

随着经济的复苏,各国消费者的购买力也在上升,尤其是在马来西亚、泰国、新加坡等国,人们的购买力已经差不多恢复到甚至超过金融危机前的水平。

由于过去几十年的经济高速发展,东南亚国家尤其是马来西亚、泰国、印度尼西亚和菲律宾等国,造就了一大批中高收入阶层,这些人的购买力相当强且有较强的购买欲望,是企业家们必须密切关注的一个社会群体。

### (三)消费需求多样化

在东南亚,收入分配是非常不平均的,贫富悬殊相当大,以印度尼西亚为例,20% 的最高收入者占有几乎一半的国民收入,而最低收入的 20% 的人口只占国民收入的 6% 左右。不同收入阶层的消费者受当前经济状况影响的程度存在较大差异,因而他们对消费品的需求和购买非常不同。另外,东南亚国家的人文环境表现得相当多样化,具体表现为民族、宗教、文化和语言以及生活方式的多元化。不同的人文环境有不同的消费习惯和需求,有特殊的喜好和禁忌。例如,伊斯兰教禁止吃猪肉及其制品,佛教徒不吃牛肉和狗肉,天主教徒反对堕胎,等等。在泰国,90% 的人都信仰佛教,生产各种佛像和宗教用品,并成为一个重要的产业。

### (四)市场管制相对较松

东南亚市场是一个进口管制较松、外汇支付能力较强的市场,如新加坡只对少数商品征收进口税,其他国家开放程度虽然比不上新加坡,但商品进口也较自由。按各国规定,大多数商品可以自由进口,国家只通过关税手段进行调节,少数商品需要申请特别许可证,只有个别商品出于安全或卫生的理由禁止进口。在外汇管制方面,东盟国家也比较松,它们都拥有自己的可兑换货币,新加坡自 1978 年 6 月已取消外汇管制,在其余国家获取外汇也较容易。

## 五、中东市场的特点

中东一般指亚、欧、非三洲连接的地区,该地区石油资源丰富,其石油存储量占世界总储量的 70%。中东市场的主要特征如下。

### (一)市场购买力强

中东地区盛产石油,国家比较富裕,有着较强的市场购买力。如沙特阿拉伯素以

"石油王国"著称,已探明石油储量达 2575 亿桶,占全球总储量的四分之一,居世界首位。沙特 GDP 实现 7824.83 亿美元(2018 年),人均 GDP 达 23219 美元,属中上等收入国家。国内实行高福利制度,教育和医疗免费。

### (二)对进口依赖大

由于长期以来受到殖民主义及宗主国的影响和控制,中东地区经济发展单一畸形,大多数国家依赖于石油这一种初级产品,经济建设、产业结构调整所需要的生产资料和人们生活所需要的粮食、工业品以及除石油以外的其他原料基本上都要依赖进口。值得注意的是,中东市场不仅是世界上最大的绵羊肉进口市场和重要的粮食进口市场,也是世界上最大的国际承包工程及劳务输入市场。总的来说,中东市场是世界上进口工业品、资本货物门类品种最多的市场之一,不管是外来的货物还是本地的货物,只要符合需要,人们都会争相购买。

### (三)市场关税低,进口限制少

中东地区由于外汇充裕、需求旺盛,各国在进口方面都采取自由贸易政策,进口商品基本上无限制,关税税率也很低。

### (四)市场竞争激烈

中东经济的发展和市场的扩大,已引起欧美等发达国家与地区,以及新兴工业化国家与地区的重视,各国企业正在越来越多地进入该地区,故市场竞争也日益加剧。

### (五)宗教亚文化色彩浓厚

中东地区是犹太教、基督教、伊斯兰教三大世界性宗教的发源地。在宗教信仰方面,除塞浦路斯信仰东正教、以色列信仰犹太教、黎巴嫩信仰天主教外,其他国家均以伊斯兰教为国教,这一特征对该地区的市场需求及市场规模均有重要的影响。伊斯兰教对该地区来说,不仅是一种宗教信仰和社会意识形态,更是一种文化基础和政治因素,对有关国家的社会、经济、生活以及思想、文化、艺术、法律等都有深刻的影响。因此,国际企业在中东市场进行营销活动时,要特别慎重考虑宗教文化因素,这往往会成为企业成功的关键。

## 六、非洲市场的特点

### (一)市场潜力大,资源丰富

非洲有 59 个国家和地区,人口约 12 亿(2016 年),仅次于亚洲,居世界第二位。非洲人口以年均 2.3% 的速度增长,远高于亚洲的 1%,其中撒哈拉以南的非洲人口增长率又高于北非。贫困人口众多,到 2050 年预计将达 20 亿。

非洲的年进出口额超过 1140 亿美元(2018 年),其中对中国的出口额达到 298.2 亿美元(2018 年),对中国的进口额达 842.0 亿美元(2018 年)。20 世纪 90 年代以来,非洲国家政局整体上趋于稳定,各国都加快经济改革步伐,致力于发展地区经济合作,在环境投资和经济发展方面有所改善。2014年非洲国家经济的国内生产总值（GDP）平均增长3.9%,高于全球平均的3.3%和2013年非洲大陆平均增长纪录3.7%。2015年非洲的GDP增长率为3.7%,但是非洲2016年GDP增长率却只有1.7%。非洲东部地区的GDP平均增长率达到了7.1%,成为非洲大陆经济增长的最佳区域。其主要经济体,如埃塞俄比亚、卢旺达、坦桑尼亚的GDP的增长率分别是10.3%、6.1%和7.1%。

非洲西部地区的平均增长率为6%,因为石油价格的下降和埃博拉危机,该地区的经济增长能有如此的表现值得称赞。尼日利亚,非洲最大的经济体,GDP的增长率为6.3%。

中部非洲地区的平均增长率为5.6%,该地区长期以来被安全和政治上的不稳定问题困扰。加蓬增长5.1%是由于非石油部门的扩张,而刚果民主共和国（刚果金）的GDP增长8.9%,这是由采矿业和农业部门生产力的提高以及更大的基础设施的投资驱动。

北部非洲的平均增长率为1.7%,2013年为1.6%,因为它继续从政治动荡的阿拉伯之春中恢复。阿尔及利亚GDP增长4%,摩洛哥增长2.7%,埃及增长2.2%。

南部非洲平均增长2.7%,相比2013年的3.6%有所下降。南非由于结构性瓶颈,增长1.5%,这与紧张的劳资关系、投资者和客户之间缺乏信任都有很大关系。莫桑比克由于矿产的投资,GDP增长7.6%。赞比亚和马拉维因为石油和天然气勘探,GDP分别增长5.7%。[①]

非洲拥有丰富的资源,有"世界原料库"之称,它不仅拥有发展工业所必需的50多种最主要的基本矿物和金属,而且有着丰富多样的林业、农业和渔业资源。巨大的市场潜力和丰富的资源使非洲成为许多国家未来或正在努力开发的目标。

### (二)市场竞争激烈

非洲市场并不是一块处女地,而是竞争十分激烈的地方。非洲以其丰富的资源和巨大的市场潜力在世界上占有特殊的地位。由于历史原因,非洲一直是欧洲的传统市场,截至1995年底,撒哈拉沙漠以南非洲市场有40%被欧盟占领,欧盟在该地区的投资占其对外总投资的32%。美国因长期忽视和冷落非洲,在与欧盟争夺非洲市场的竞争中处于下风,其对撒哈拉以南非洲市场的占有率只有7.7%。近来美国已开始调整对非洲的政策,将这块长期被冷落的大陆纳入其全球战略体系,从而加大了对非洲的投资,并把南非列入今后大力开拓的十大新兴市场之一。

### (三)经济落后,人均收入低

非洲经济从总体上看还是比较落后的,在全球48个最贫穷的国家中,有33个在非洲。非洲经济不发达,人均收入低,农业人口比重高,工业基础薄弱,国家整体购买力有限。2017年,非洲54个国家GDP总量为2.2万亿美元,占世界GDP的比重仅为

---

① 以上数据均来自2014年非洲各国经济增长报告,通往非洲网。

2.7%,可以用微不足道来形容。就算把非洲当作一个独立经济体,GDP 也仅仅排名世界第八,不及只有 6500 万人口的法国创造的 GDP。人均 GDP 方面,2017 年非洲人均 GDP 为 1809 美元,仅为世界人均水平 10700 美元的 17%,非洲经济的整体落后状态可见一斑。无论是 GDP 总量还是人均 GDP,非洲都是世界经济发展水平最低的大洲。

从 GDP 总量来看,尼日利亚 2017 年 GDP 达到了 3762 亿美元,位居非洲第一。但由于尼日利亚的人口数量高达 1.88 亿,因此人均 GDP 只有 1994 美元,在非洲国家当中处于中游位置。南非和埃及 GDP 分别以 3492 亿美元和 2370 亿美元排在非洲第二、三位,这两个国家的经济发展相对比较稳定,在非洲大陆具备一定的影响力,其中南非还是与中国、印度、巴西、俄罗斯齐名的"金砖国家"之一。

因此,非洲市场比较适合销售劳动密集型产品。同时,由于缺乏生产技术和先进生产设备,这一市场也非常广大。扩大与非洲的贸易应注意开展互利互惠的经贸合作,尤其要注意与经济技术合作结合进行,利用对外承包、合资经营、合作生产等途径,带动机械设备、建筑材料等物资的出口。

专栏 5-2　2017 年非洲各国人均 GDP 排名

| 排名 | 国家 | 人口(万人) | GDP(亿美元) | 人均 GDP(美元) |
|---|---|---|---|---|
| | 全非洲 | 121637.3 | 22008.61 | 1809 |
| 1 | 塞舌尔 | 9.4 | 14.82 | 15685 |
| 2 | 赤道几内亚 | 84.3 | 107.25 | 12727 |
| 3 | 毛里求斯 | 126.9 | 124.28 | 9794 |
| 4 | 加蓬 | 190.7 | 152.06 | 7972 |
| 5 | 博茨瓦纳 | 218.0 | 171.68 | 7877 |
| 6 | 南非 | 5652.1 | 3492.99 | 6180 |
| 7 | 纳米比亚 | 234.4 | 126.87 | 5413 |
| 8 | 利比亚 | 644.8 | 313.31 | 4859 |
| 9 | 安哥拉 | 2817.8 | 1242.09 | 4408 |
| 10 | 阿尔及利亚 | 4153.9 | 1782.87 | 4292 |
| 11 | 斯威士兰 | 114.7 | 44.91 | 3915 |
| 12 | 突尼斯 | 1152.0 | 402.75 | 3496 |
| 13 | 佛得角 | 53.8 | 17.41 | 3238 |
| 14 | 摩洛哥 | 3485.4 | 1098.24 | 3151 |
| 15 | 埃及 | 9479.1 | 2370.73 | 2501 |
| 16 | 尼日利亚 | 18870.8 | 3762.84 | 1994 |
| 17 | 吉布提 | 102.0 | 20.29 | 1989 |
| 18 | 刚果(布) | 434.8 | 85.13 | 1958 |

| 排名 | 国家 | 人口（万人） | GDP（亿美元） | 人均 GDP（美元） |
|------|------|------------|-------------|----------------|
| 19 | 圣多美和普林西比 | 21.2 | 3.79 | 1785 |
| 20 | 肯尼亚 | 4671.6 | 795.11 | 1702 |
| 21 | 加纳 | 2828.1 | 470.32 | 1663 |
| 22 | 科特迪瓦 | 2496.0 | 403.60 | 1617 |
| 23 | 赞比亚 | 1723.2 | 255.04 | 1480 |
| 24 | 苏丹 | 4078.4 | 582.39 | 1428 |
| 25 | 莱索特 | 194.2 | 27.68 | 1425 |
| 26 | 喀麦隆 | 2427.3 | 340.06 | 1401 |
| 27 | 毛里塔尼亚 | 388.2 | 51.16 | 1318 |
| 28 | 津巴布韦 | 1487.3 | 174.91 | 1176 |
| 29 | 塞内加尔 | 1586.0 | 164.63 | 1038 |
| 30 | 坦桑尼亚 | 5002.4 | 517.25 | 1034 |
| 31 | 厄立特里亚 | 593.2 | 58.13 | 980 |
| 32 | 埃塞俄比亚 | 9263.9 | 808.74 | 873 |
| 33 | 贝宁 | 1113.0 | 92.38 | 830 |
| 34 | 马里 | 1888.8 | 153.18 | 811 |
| 35 | 乍得 | 1218.8 | 98.72 | 810 |
| 36 | 几内亚比绍 | 170.0 | 13.50 | 794 |
| 37 | 科摩罗 | 82.7 | 6.52 | 788 |
| 38 | 卢旺达 | 1183.5 | 91.37 | 772 |
| 39 | 几内亚 | 1297.9 | 97.21 | 749 |
| 40 | 利比里亚 | 450.6 | 32.85 | 729 |
| 41 | 乌干达 | 3769.5 | 263.49 | 699 |
| 42 | 布基纳法索 | 1892.9 | 125.69 | 664 |
| 43 | 多哥 | 780.2 | 47.67 | 611 |
| 44 | 索马里 | 1430.6 | 73.82 | 516 |
| 45 | 塞拉利昂 | 741.5 | 36.41 | 491 |
| 46 | 冈比亚 | 210.2 | 10.09 | 480 |
| 47 | 刚果（金） | 8669.7 | 414.41 | 478 |
| 48 | 马达加斯加 | 2558.7 | 114.63 | 448 |
| 49 | 尼日尔 | 1875.7 | 82.53 | 440 |
| 50 | 莫桑比克 | 2955.9 | 126.81 | 429 |

续 表

| 排名 | 国家 | 人口(万人) | GDP(亿美元) | 人均 GDP(美元) |
|---|---|---|---|---|
| 51 | 中非 | 498.2 | 19.28 | 387 |
| 52 | 马拉维 | 1915.4 | 62.06 | 324 |
| 53 | 布隆迪 | 1088.5 | 33.96 | 312 |
| 54 | 南苏丹 | 1258.8 | 28.70 | 228 |

# 第三节 全球消费者行为分析

## 一、全球消费者行为的内涵

### (一)全球消费者行为的概念

全球消费者行为(Global Consumer Behavior)是指各个国家的消费者在获取、消费及处置来自不同国家、不同品牌的产品或服务时所表现出来的特有的态度和行为模式。简单地讲,全球消费者行为这一概念反映的是"不同国家和地区的消费者为什么购买、如何购买以及如何消费某种产品"的内容。

由于国与国之间在经济、社会、文化等方面存在着明显的差异,因而导致各国消费者在获取、消费和处置商品等方面的活动上存在着或多或少的差别。

获取(Obtaining),指导致购买或得到产品的活动,包括搜集产品特征以及其他相关信息、评价产品或品牌和购买等行为。不同国家的消费者在获取同一类型产品时往往会选择不同的方式或渠道。例如,欧美地区的消费者在选择手机时非常注重产品的内在质量,而东亚地区的消费者则更关注产品的外观。

消费(Consuming),指消费者如何、何时何地、在何种环境下使用产品。相关问题包括:消费者决定是在家里还是在办公室里使用产品? 他们是根据说明书使用还是按照自己的意图使用,或者他们找到了独特的使用方法?

处置(Disposing),指消费者如何处置产品与包装。目前,发达国家越来越重视产品的可再生性或可回收性,这将大大影响该地区消费者处置产品包装或产品剩余物的方式,而一些发展中国家的消费者则意识不到这一点。目前在互联网上出现了许多经营二手商品的网上商店,这为消费者处理产品提供了一条重要渠道,甚至一位越南的消费者可以通过此种渠道从大洋彼岸的美国淘到一块自己喜欢的旧劳力士手表。

### (二)全球消费者行为的主要特征

目前,全球消费者主要有以下两大特征:

#### 1. 全球消费者行为的跨文化特征

不同的学科对跨文化的定义有所不同,本文消费者行为的跨文化含义有两个层次。一是对于全球消费者购买行为的分析是一种比较分析。全球营销者都有自己的文化价值观、信仰及风俗习惯等,因此,在面对不同国别的文化时,都会不自觉地把当地的文化与自己的文化进行比较分析。不仅如此,在多个国家从事全球营销的企业,还需要对各个不同的东道国之间的文化进行比较分析,从而发现企业可以利用的市场机会。跨文化的另一层意思是消费者购买行为有跨越自己文化的趋势,也就是存在文化融合的趋势。全球消费者受经济全球化和信息技术发展的影响,开始不断接受来自不同国家、地区的文化的消费时尚,同时也比较容易接受来自不同文化的产品和服务。例如:可口可乐、汉堡包等作为美国文化象征的食品已经融入了中国消费者市场,并且深得消费者的青睐;而代表中国特色的陶瓷制品也成为许多外国人爱不释手的珍品。

但值得注意的是,文化融合并不是一种文化的无差异性,也就是说全球消费者在坚持自己的文化与外来文化相结合的同时,仍以一种差异化的文化特征展示自己的消费品位,而不是一味地接受外来文化或固守自己的文化。例如,信奉伊斯兰教的教徒就无法接受用猪肉作为他们的食物。企业在设计全球营销策略时,要充分考虑全球消费者的跨文化特征,以消费者需求为导向,有区别和有选择地对待全球消费者的购买决策。

因此,企业必须深入调查、了解并力图掌握各国消费者的不同生活方式及其特点,从而制订合适的市场营销方案和策略。另外,企业也可以尝试通过影响生活方式的方法来达到吸引目标消费者的目的。

**2. 全球消费者购买行为的差异性特征**

由于国际企业所面对的是众多不同国家的消费者,在各国的文化背景、经济模式、政治制度、宗教信仰、生活习惯、种族等因素的影响下,全球消费者的购买行为表现出很大的差异性。全球消费者在购买和消费同种商品时会对品种、规格、型号、外观、质量、颜色、服务、价格等提出许多不同的要求。例如,西方发达国家的消费者不仅要求产品的品种齐全、品质高,而且还要求外观新颖别致,符合个性化需求。但是在一些发展中国家或不发达地区的消费者则注重产品的实用性和价格实惠,所需要的也基本上是食物、衣服、住房和其他与生存有关的商品,商品的挑选性不强,质量要求也不高。

## 二、全球消费者决策与行为的差异

一般而言,与需求和动机类型相比,影响消费者的决策与行为模式的因素更为复杂和多样化,因此,全球消费者在决策与行为方面比需求与动机方面存在着更为明显的差异性。以下以亚洲和西方消费者的决策与行为模式为代表,阐述全球消费者决策与行为的差异。

### (一)决策方式的差异

亚洲和西方消费者在决策方式上的差异,往往体现在购买决策过程、产品名称选择、消费品选择以及对待权威的态度等方面,如表 5-3 所示。

表 5-3　亚洲和西方消费者的消费决策方式差异

| 消费决策方式 | 亚洲消费者 | 西方消费者 |
|---|---|---|
| 购买决策过程 | 社会的自我引导问题识别过程 | 私人的自我引导问题识别过程 |
| 产品名称选择标准 | 对产品名称非常关注,产品的名称是不是"幸运的名字",常常是消费者对品牌态度的重要指示器 | 对于产品名称的要求则体现为短小、有特色、好记、直接陈述产品功能 |
| 消费品选择标准 | 强调实用,较少发生冲动性购买行为 | 往往与情感相联系,较多发生冲动购买行为 |
| 对待权威的态度 | 较多体现容忍等级、尊重权威的态度,名人广告的作用往往更为突出 | 对权威易提出质疑和挑战 |

### (二)行为模式的差异

受东西方文化模式差异等因素的影响,亚洲和西方消费者在消费行为模式方面的差异也较为显著,如表 5-4 所示。

表 5-4　亚洲和西方消费者的消费行为模式差异

| 消费行为模式 | 亚洲消费者 | 西方消费者 |
|---|---|---|
| 认识风格 | 从综合的、具体的、情景导向的角度对事物做出判断和评价 | 从线性的、抽象的、分析的角度分析事物 |
| 形象偏好 | 非常关注公司形象 | 强调品牌形象 |
| 品牌忠诚 | 花较多的时间来了解某一品牌,品牌忠诚态度的形成时间较长,但一旦形成后这种忠诚态度的持续时间很长 | 形成品牌忠诚的时间相对较短,持续的时间也较短 |
| 社会风险敏感性 | 对社会风险的敏感性较强烈 | 倾向规避货币和功能性风险,而非社会风险 |
| 购后行为 | 抱怨、退货或更换产品被认为是冒犯的行为,会使销售人员丢面子,因而较少表达不满情绪,多表现出忍让的态度,而卖方对买方的责任因此持续产品的一生 | 关注自身的利益,出现问题后会向商店或生产厂家立即表达不满并寻求赔偿,习惯表达不满 |
| 与他人的态度 | 习惯依据年龄和性别来评价他人,社会阶层主要是家庭及亲戚的反映 | 社会阶层主要是收入的反映 |
| 与群体的关系 | 遵循集体主义原则,非常在意他人对自己的选择的看法,因此群体一致性往往会导致消费者在决策和行为上采取妥协态度 | 遵循个体主义原则,虽然也会考虑参照群体的意见,但主要还是依据自身的感知做出选择 |

### 三、全球消费者行为研究的基本内容

#### (一)全球消费者行为研究的基本框架

全球消费者行为研究需要解决三个问题：一是揭示和描述目标国消费者行为的表现，即通过科学有效的方法发现和证实该国消费者存在哪些独特的行为。二是揭示该国消费者行为的规律，即说明导致该国消费者发生某种消费行为的主要原因。三是预测和引导全球消费者行为，跨国公司营销活动任务不仅是满足消费者的现实需要，更重要的是发现他们的潜在需求，并将其转化为现实需求，在这个过程中，公司必须能够引导消费者需求。

#### (二)全球消费者行为研究的具体内容

##### 1.全球消费者的心理过程研究与行为研究

该项研究是对全球市场的消费者消费过程中的内在心理活动过程、特点和规律的发掘，研究内容主要包括消费者的意识、感觉和知觉，消费者的记忆、想象和思维，消费者的情绪、情感和意志对消费决策等行为的影响，消费者的认知和行为学习，消费者的态度和行为，消费者的购买需要和动机，等等。

##### 2.全球消费者行为的影响因素分析

全球消费者的消费行为不仅受到消费者内在的心理活动的影响，而且还受到诸多外在因素的影响。例如，本国宏观经济形势等经济因素，消费者的家庭类型与结构、相关社会群体、时尚、社会舆论等社会因素，消费者的年龄、性别、宗教信仰、民族、种族、地理环境、社会阶层等社会文化因素，等等。特定的销售环境也会对消费者的购买心理及购买行为产生影响，例如，同一家零售商在不同国度开设分店，往往需要在招牌设计、门面设计、橱窗设计、商店内部氛围甚至商店内部的拥挤程度等方面做出适当的调整，以符合当地的经济、文化、社会方面的独特性。

影响消费者行为的主要因素

##### 3.全球消费者购买过程分析

消费者行为不仅包括发生在购买过程中的行为，而且也包括购前过程，如产品信息收集和产品的选择比较，还包括购后消费者对产品的体验、评价、处理以及消费者是否满意，能否形成良性的购买循环。因此，一般意义上完整的消费者购买过程，它应当由问题确认、信息搜索、决策方案评价、购买决策和购后行为五部分组成。但是由于文化差异的影响，不同国家的消费者在购买过程中对各种问题的重视程度、决策的模式、问题处理的具体程序等方面存在着客观的差异。因此，不同国家的消费者在购买过程的不同阶段会明显表现出不同的行为特点，并不是每个国家的消费者都会严格按照上述五个阶段完成自己的购买活动。在这种情况下就需要企业营销人员在全球消费者研究过程中，对于复杂程度不同的各国消费行为分别加以分析。

**4.企业全球营销活动与全球消费者行为之间的关系分析**

全球营销人员研究消费者行为的最终目的是为企业制订营销决策提供科学的依据,从而更好地运用全球营销组合因素去影响和引导全球消费者的行为,以扩大企业的全球市场份额,提高企业经营绩效。因此,全球消费者研究的重要内容之一就是研究企业全球营销活动对全球消费者行为的影响,这种分析往往是从产品因素、价格因素、渠道因素和促销因素四个角度来分析营销活动与消费者行为之间的关系。

**专栏 5-3  2019 全球十大消费趋势:消费者行为颠覆全球商业**

市场调研公司 Euromonitor 近日发布了 2019 年全球十大消费趋势报告,报告总结了未来一年新兴的消费趋势,探讨了消费者变化的价值观和消费取向的洞察将如何改变全球商业。

报告中提出的十大趋势:

(1)拒绝衰老,追求"无龄感":全球长寿率的增长,使得社会老龄化加剧。赢得老龄人口的品牌忠实度和信任感的关键在于提供普适的产品和服务,让老年消费者在心理上不会感受到与年轻人有差别。

(2)返璞归真:现在的消费者排斥产品繁复的属性,期待真正差异化的产品与体验,以表达他们的个性,具有更高品质的、独特的产品才能得到他们的青睐。

(3)有责任意识的消费:消费者开始寻找具有积极影响的购买行为,他们希望能够缓解消费对世界产生的不良影响。这种具有责任感、同情心的消费方式强调对他人、动物与环境的尊重。随着消费者对产品来源的日益关注,企业也需要承担新的责任。

(4)网络让我们"在一起":在过去的十年中,科技已从提高交流的便利性发展到提供多维度的互动和共同体验,这种发展将持续改变我们与朋友、同事甚至陌生人的交往方式,未来品牌需要满足消费者对网络社交的需求,提供更多基于人工智能、虚拟技术和大数据分析预测的产品与服务。

(5)人人都是专家,更相信"种草"而非广告:"人人成为专家"显示了零售商与顾客之间关系的转变,未来网络销售将成为消费的主战场。在营销活动中,需要强调消费者作为消费主导者的重要地位,个性化、定制化的产品和服务更能得到消费者的青睐。

(6)摆脱社交网络,享受"错过的喜悦":现在的人们更希望能拥有个人的空间,已有部分行业开始适应这一趋势。例如,不提供 Wi-Fi 密码的咖啡馆,鼓励消费者面对面的交流,而非沉迷于手机和网络。

(7)自己掌控购物,强调个性化:当所有的信息都唾手可得,消费者希望能够基于个人需求来自己掌控购物活动,自给自足的购物方式,让消费者感到更自由。未来品牌可以以大数据为依托,针对每一个个体提供定制化的服务。

(8)再见! 塑料:在过去一年中,对无塑料社会的推进势头正盛,未来塑料包装的可回收替代品会得到较大的发展。百事可乐、可口可乐都推出了植物基 PET 瓶,达能、雀巢与 Origin Materials 公司合作创建了生产 100% 生物基 PET 瓶的 NaturALL Bottle Alliance。

（9）"现在就要！"：在这个快节奏的时代，人们的时间非常宝贵，未来企业利用科技可大大提高销售效率，用户数据为企业提供了产品和服务指南，人工智能与网络能够为消费者节省时间和金钱。

（10）选择独居：独居的人群需要自己承担房租、水电费等，消费时更关注便利性和经济可承担性。企业往往会忽视这部分人群的诉求，但独居并不是某一代人或某一文化的小众产物，全世界都在逐渐消除对单身的偏见，并强调自己独立的生活方式。品牌想要赢得独居人群的认可，还有很长的路要走。

资料来源：FBIF食品饮料创新，https://www.sohu.com/a/305529462_275750。

## ◆本章小结

全球市场是企业进行全球营销的出发点和归宿。全球市场的内涵，是指全球商品经济关系的总和，包括商品交换背后的生产者之间的关系。全球市场可以根据地理区域、国别、经济集团、交易对象和消费者等标准划分为各种不同的类型。

随着经济全球化进程的加快和信息技术的不断发展，全球市场呈现出市场规模迅速增长、市场结构调整和产业转移明显加快、区域经济一体化趋势加强、全球市场竞争日益激烈、跨国公司影响力日趋扩大等特点。

由于社会历史条件、经济发展状况及人文地理的巨大差异，美国、西欧、日本、中东、非洲和东南亚等主要国家和地区的市场分别存在各自所独有的市场特点。国际企业在进入各个不同的市场时，应根据其特点制订针对性强的营销策略。

全球消费者购买行为存在着跨文化性和差异性两大特征。全球消费者决策与行为往往更加复杂和多样化，因而存在较大的差异性。全球消费者行为的基本研究内容包括全球消费者的心理过程研究与行为研究、影响因素分析、购买过程分析、企业全球营销活动与全球消费者行为之间的关系分析等方面。

## ◆案例分析

**300名洋主播24小时"全球联播"，速卖通携全球200国零距离参战天猫"双11"**

北京时间11月11日16：00（美西时间11日00：00），速卖通将携手全球200多国的"剁手党"零距离参战天猫"双11"。作为中国最大零售电商平台，速卖通的用户覆盖全球所有时区。为避免全球任一角落的"剁手党"错过，速卖通依旧延续往年48小时的活动，确保每个时区都加入"双11"零点狂欢的大军中。此外，这场大促还将贯穿整个11月，一直延续到海外传统购物狂欢季"黑五"结束。

2020是特殊的一年，如果说17年前的"非典"让中国电商崛起，那么2020年的新冠肺炎疫情则唤醒了海外线上消费市场。疫情下，速卖通不仅成为海外消费者"抗疫"首选的跨境电商平台，更为他们开启了"宅经济"时代的全新生活方式。今年，报名"双11"活动的速卖通商家数涨幅超过30%，商品数涨幅超过60%。海外商家数相比去年增加3倍以上，Oral B、Braun、Lego、Olay等国际大牌将首次亮相速卖通参加"双11"。"天猫'双11'已成为全球最大的购物狂欢节。速卖通致力于实现真正的全球电子商务的愿景,将继续通过技术创新、深刻的消费者洞察和物流基础设施建设,为全球数亿用户提供中国式的网购体验,帮助中小商家和消费者克服疫情带来的挑战。"速卖通总经理王明强表示。

直播成为今年"双11"速卖通的重头戏。今年"双11",速卖通将携手西班牙、法国、俄罗斯等地超过300位达人主播,举行1万场直播,这一数字是去年的4倍。过去一年,社交策略助推速卖通用户增长超过50%。速卖通平台上的主播数量翻了7倍,直播总场次翻了两番,由直播带来的成交占速卖通总GMV的份额增长了10倍。目前速卖通直播生态已囊括百余家MCN机构、上千位主播和数万名网红。"双11"期间,全平台将产生超过一万条短视频,360°真实展示全球最值得"种草"的好物。

跨越言语障碍,配备实时翻译功能的24小时全球直播将是今年"双11"速卖通的最大亮点之一。为降低商家向海外直播的门槛,今年"双11"速卖通首次全面上线直播间实时翻译功能。商家只需用中文一键开播,就会被自动翻译成英、西、俄三种语言,覆盖英、西、俄三语区域的逾10亿消费者。此外,今年"双11",速卖通首次提供站内社交场景,有宇宙第一博主之称的"意大利卡戴珊"琪亚拉·法拉格尼(Chiara Ferragni)一家将带领全球消费者边玩边买,拉人越多,奖品越大。速卖通还准备了百万美金补贴,将在全球抽选出"双11""锦鲤"大奖。奖品以纪念特殊且难忘的2020年为主题,包括iPhone12、私人定制星星命名权、11辆汽车、双人邮轮,还有1年免费外卖、1年免费Pizza、1年免费看电影等"宅家"必备大礼包。

### 300架包机 15条航线 10国海关 24小时加班

今年"双11",速卖通的日均包裹数预计达到平日的10倍。为了保障物流配送,速卖通对物流体系做了全面升级,形成从轻小件到超重超大件的全品类、全链路跨境物流解决方案,确保"双11"期间物流不熔断、不降速。针对轻小件商品,速卖通智能合单系统让送货速度提升2倍。针对超大超重商品,速卖通在佛山落地全球首个大件商品零售出口集货仓,填补了30千克以上大件商品零售出口的物流空白,不管是电动摩托、床、沙发等超重超大件,还是浴缸、马桶、瓷砖等易碎品,海外买家都可一键下单。海外仓的商品将确保在欧洲重点城市3日达、其他地区7日达的体验。针对跨境包裹,速卖通将启用300架包机,配备从中国飞往俄罗斯、欧洲、南美等国家和地区的15条航线,保障国内优选仓商品"跨境10日达"。为应对"双11"来自速卖通的跨境包裹高峰,全球近30国的海关专门制订了保障方案,其中巴西、沙特阿拉伯、阿联酋、土耳其、法国、比利时、西班牙、俄罗斯等10国海关12个口岸开启了"24小时加班周末无休"模式,全力办理清关手续。

资料来源:https://www.amz123.com/thread-594126.htm。

◆深入思考

通过案例,应如何理解全球市场? 企业在进军全球市场的过程中需要注意哪些问题?

◆ 延伸阅读

《海外营销"翻车"，小米国际化受挫》

**海外营销"翻车"，小米国际化受挫**

◆ 思考题

1. 简述当代全球市场的基本特征及发展趋势。
2. 美国、西欧和日本等国别市场各有哪些主要特点？
3. 中东、非洲和东南亚等地区市场有哪些特点？
4. 全球消费者行为的两大基本特点是什么？
5. 全球消费者行为研究的具体内容有哪些？

# 第六章 全球营销调研

【学习目标】

☆理解全球营销调研的概念和内容；

☆掌握全球营销调研的程序；

☆熟悉全球营销调研的方法；

☆了解全球营销调研的未来发展。

【导入案例】

### 在海外迅速发展的抖音

2亿用户，千万日活跃用户，人均每天浏览半小时，最火网红的粉丝数2370万。——印度人民就是这么爱 TikTok。

无可否认抖音已经成为当今中国的一大文化输出，其海外版 App"TikTok"已经占据了年轻人的娱乐生活，每天有无数美国、日本孩子在 TikTok 上浪费几个钟头，就为了成为下一个爆款网红。

但是，你知道最痴迷 TikTok 的国家是哪一个吗？

答案可能出乎你的预料——印度。

知名商业杂志 Business Insider 在本月统计了 TikTok 中粉丝量最多的26位网红，其中多达11位来自印度。排名最高的 Mr. Faisu 在 TikTok 上拥有2370万粉丝，其余的10位印度网红的粉丝数也都在1000万以上。

当然你可能会说，这些印度网红之所以有那么多粉丝，一定是因为印度庞大的人口基数。这点的确没错，但即便抛开人口原因，TikTok 在印度如此受欢迎，很大程度上要归功于它准确切中了印度二、三线城市网民的娱乐需求。而如果你有兴趣在网上看看印度 TikTok 网红们拍摄的小视频，你会了解一个宝莱坞和网络段子之外的更真实的印度。

抖音在印度的走红，很重要的一个原因是其对当地用户使用习惯的把握，目前 TikTok 在德里和孟买都设有办事处，不断了解和学习印度人各种不同的习惯、习俗。

例如，许多外国人以为印度只有英语和印度语两种语言。事实上，在印度熟练掌握英语的基本是受过高等教育的人，这些人在 TikTok 上只占10%左右。更多的印度用户其实并不会英语，他们使用的是本地语言——包括印第语、泰米尔语、泰卢固语、孟加拉语、古吉拉特语等多达 20 种语言。在印度版 TikTok 中,你会看到使用各种印度本地语言的网红。

根据 2019 年数据,TikTok 在印度的下载量已经超过了 2 亿,日活跃用户(DAU)超过 1000 万,这些人每天会至少花 31 分钟在 TikTok 上。热门歌曲对嘴型、创意短片、秀绝活、情景短剧……作为抖音的海外版,这些玩法更是正中能歌善舞的印度人民下怀。TikTok 正在超越推特、脸书,成为最受印度人欢迎的社交 App 之一,大有和 In-stagram 分庭抗礼的势头。而其他如 Vigo、Vmate、Like 等同类短视频产品,被 TikTok 远远甩在了身后。

资料来源:搜狐网 https://www.sohu.com/a/336445542_788514

在过去的 20 年中,技术改变了人们的生活。如今,技术公司已经跻身全球十大品牌榜。互联网能够让人们进行电子商务,没有时间、地域限制地购买或销售产品和服务。尽管全球化对公司来说是非常有利的,但其却不得不面对向不同受众群体营销产品所带来的复杂性。对于公司来说,这意味着必须掌握不同目标受众的更多信息,以便服务于每个个体。但是冒险进入陌生市场时,为了顺利经营,管理者将面临额外的负担。全球市场的复杂性、巨大的国别差异,以及外国市场知识的匮乏更加凸显出全球营销调研的重要性。

# 第一节　全球环境中的营销调研

## 一、全球营销调研的定义

全球营销调研指从事全球市场营销的企业利用科学的方法,有目的地、系统地收集、记录、整理和分析有关全球市场的各种信息资料,研究全球市场实际情况,为正确地预见全球市场发展趋势、制订全球市场营销战略和营销组合决策提供依据。

全球营销调研在全球市场营销的不同阶段发挥着重要的作用。无论是最初的市场进入决策、产品定位或市场营销组合决策,还是随后的市场扩张决策,全球营销调研都是避免错失全球市场良机、防止代价高昂的战略错误所必需的。全球营销调研日益为工商企业界所重视,其将调研结果作为企业制订全球市场营销战略以及实施营销方案的重要决策依据。

## 二、调研在全球营销策略形成中的作用

营销战略决策基于市场潜力、顾客诉求、行业与市场趋势、当前与将来的竞争行为、预期销量、细分市场规模与诉求,以及顾客、产品与区域的销售和利润绩效等方面的信息。在工业产品的营销过程中,可以确定以下各级市场定义:顾客级(微观市场)、细分级(宏观市场)、国别级,以及全球级(作为细分或国别市场集合的全球市场)。

目标顾客与市场的选择是全球行业营销者的基本策略之一。目标顾客与细分市场

的选择,便于供应商在现有与将来的营销组合之间恰当地分配资源。感知到的市场重要性与风险,以及从内部获得的市场知识,能够影响市场层面的战略决策。在不同国家经营所面临的市场机遇与风险,能够影响到国别层面的市场决策。全球策略是在公司层面制订的,需要决定如何将公司资源在不同国家的产品市场与目标细分之间进行总体配置。在顾客层面,应该对各个运营市场的现有与潜在顾客进行评估。在战略业务单位层面,针对每个目标顾客的营销决策过程将涉及:

(1)需求分析(顾客的诉求);

(2)竞争产品分析(差异化分析);

(3)制订目标(微观市场份额、销量与利润);

(4)定义策略;

(5)计划(营销方案);

(6)执行;

(7)控制与评估。

以前,营销调研的基本作用是发现事实,但是随着营销调研被越来越多地用于提供定性与分析性信息,它的功能将体现于解决问题,这就需要营销调研进行战略转变。因此,市场调研者必须成为可行性营销信息的来源,能够对营销经理的信息需求做出快速反应,并且向管理者建议可采取的行动,发挥营销顾问的职能。为了达到营销调研的这种战略转变,必须实现两个先决条件:第一,必须将市场信息作为公司重要的营销资源,并根据营销经理的需求加以管理;第二,为了满足营销者的信息需求,市场调研部门必须具有创新性,并且以顾客为导向。要想取得成功,必须在最开始就解决经理与营销调研者的沟通问题。

**专栏 6-1　中国市场调研行业现状**

近几年,专业的市场调研公司像雨后春笋般涌现,粗略统计全国共有市场调研公司800 余家,仅在北京就有 300 家左右,上海 180 多家,广州 130 多家。

从国际性公司和本土公司的标准划分和比较来看:国际性调研公司 20 世纪 80 年代后期进入中国,对中国的市场调研行业的整体发展起到了非常巨大的推动作用,不仅仅培育了市场,使中国企业认识到科学决策与经验决策的差距,同时,通过规范的研究管理体系和方法培训,使中国本土调查公司迅速成长,代表企业是 AC. Nelson,Gallop,这些公司的优势在于具有规范管理体系和数据积累,团队能力强。但是,在对于中国的理解上尚有欠缺,同时项目周期比较长,客户服务意识比较差,项目费用比较高。国内市场调研公司真正意义上的起步是在 20 世纪 90 年代初期,例如国内早期成名的零点、新华信、央视国际和央视调查公司等,这些公司比较早地进入市场调研行业,具有比较完整的流程,专业分工比较细致,数据积累比较多,人员和团队能力比较强。进入 21 世纪之后,大批新兴市场调研公司开始涌现,例如科思瑞智、阳光凯迪市顾问、博纳时。

按照执业主体的不同,中国市场调研机构可分为民营机构、政府机关主办机构、合资机构、学术研究及新闻单位创办机构等。其中,民营机构数量约 700 家,占全国执业机构总数的 80%，政府机关主办机构占 14%，学术研究和新闻单位创办机构占 5%，合资机构占 1%。但是从营业额构成看：数量最少的合资机构（含中方为国有、民办的合资部分）占 50%，位居第一；政府机关主办机构占 28%；民营机构占 20%；学术、新闻单位创办机构仅占 2%。

资料来源：百度文库《中国市场调研行业现状》，https://wenku. baidu. com/view/b038a4ce581b6bd97e19ea9f. html。

### 三、全球营销调研的分类

根据全球营销调研研究目的的不同以及调研对象的不同特征，全球营销调研可以分为四种类型。

1. 探测性调研。探测性调研就是用试探的方法了解市场行情。当企业对所调研的问题或范围不甚明确，为了对问题进行鉴别和确定调查的内容，就要运用探测性的调查方法。如企业进入某国市场之前，寻找该国市场存在哪些市场机会；又如某东道国市场的文化环境与母国的文化环境存在巨大差异，寻求适应东道国文化环境的思路与办法。探测性调研属于非正式调研，或称调研的初级阶段，其方法多数是运用二手数据资料或经验总结，对其结果的分析一般可做出是否需要采取进一步的调研的判断。

2. 描述性调研。描述性调研就是对所需要解决的问题做如实的反映和具体的回答，如本企业的销售增长率、市场占有率、竞争对手的实力等。描述性调研是各种类型营销调研中最基本、工作量最大的一种调研，它比探测性调研更周密、更深入，不仅占有资料，而且要对资料进行整理和分析。描述性调研多采用实地调查法。

3. 因果性调研。因果性调研的主要任务是帮助企业找出营销问题的原因和结果。一般来说，企业的经营目标，如销售额、市场占有率、利润率是因变数，而企业可控制因素则为自变数。因果性调研是在描述性调研的基础上进行的。它可以有定性调研和定量调研之分。在全球营销调研的诸多方法中，实验法是因果关系调研的重要工具。

4. 预测性调研。预测性调研就是以估计未来需要为目的的调研，其特点是在收集、整理大量资料的基础上，运用科学的预测方法，对未来一段时间内全球营销的需求量、供应量等的变化趋势做出估计，其目的在于通过企业销售情况预测，及时提出各种应变措施，切实把握市场机会，制订有效的营销计划，以免造成机会损失与实际损失。

### （三）全球营销调研与国内营销调研的联系

1. 共同点。全球营销调研与国内营销调研的相同点表现在：两者的程序是一样的。无论是全球营销调研还是国内营销调研，都要首先明确调研问题，制订调研计划（方案），然后执行调研计划（方案），最后撰写调研报告。

2. 区别。全球营销调研与国内营销调研的差异性主要表现在以下几个方面。

（1）国际决策比国内决策更需要充分、及时和精确的信息。这是因为，全球营销环境比国内营销环境更复杂，全球营销在政治、法律、经济、文化等方面存在着巨大差异，全球营销决策者熟悉了解全球环境要比国内营销决策者熟悉了解国内环境更困难，要想做出科学决策,需要更加充分、精确的信息。

(2)全球营销决策所需的信息不同于国内营销所需的信息。例如,全球营销首先要选择进入国外市场的方式。为此,企业需要了解目标市场国的外汇和外资政策,了解目标市场国的劳动力、原材料、管理经验等资源条件,了解目标市场国的竞争状况以及渠道模式等营销环境,上述调研内容在国内营销调研中一般不是必需的。

(3)全球营销调研比国内营销调研更复杂、更困难。显然,全球营销调研涉及的范围更大、涉及的环境更复杂。例如:有些信息在国内很容易得到,在国外则很难得到或根本得不到;有些调研方法在国内有效,在国外则可能无效或受到很大制约。

### 专栏 6-2　错在哪里——重大的业务失误

当大公司进行跨国营销活动时,如果未能评估对当地受众的影响,往往会落入陷阱。下面展示几个全球营销失误的例子。

2011 年,彪马(Puma)——一家德国运动服饰公司,决定在阿联酋推出其品牌旗下的一款新鞋,在这款鞋上使用了该国国旗的颜色。尽管意图是好的,但其没有意识到,将国旗的颜色穿在脚上,这是对当地人的一种冒犯,这种行为被看作"践踏国旗"。如果对当地文化多一点了解,彪马就不会在阿联酋铸此大错。

不了解词语在当地的含义,也会在营销中造成麻烦。有时,一些公司往往将其宣传语或信息直接翻译成当地语言,却并未过多注意它在当地的意义。一个出了名的例子就是美国的啤酒品牌库斯(Coors)。公司将其宣传语"释放它吧"(Turn it Loose)按字面翻译为西班牙语。这句宣传语在美国没什么不妥,可翻译成西班牙语的意思却是"腹泻带来的痛苦"(Suffer from Diarrhea),因此这场营销活动一败涂地。

百事的宣传语——"百事新一代,带给你活力"(Come Alive with Pepsi Generation),在中国也犯下一个人尽皆知的全球营销错误。这个可乐巨头未能发觉它翻译成中文的意思是"百事把你的祖先从坟墓里挖出来"(Pepsi Brings Your Ancestors Back from the Grave),这导致其营销努力功亏一篑。

资料来源:库马尔著:《全球营销调研 V》,格致出版社 2019 年版,第 31 页。

# 第二节　全球营销调研过程

## 一、全球营销调研的内容

全球营销调研的内容包括了与全球营销有关的一切直接和间接的信息,无论是反映企业整体外部环境或者企业内部各类管理的信息,还是反映全球市场发展变化规律、直接影响企业全球营销决策的信息。全球营销调研所涉及的内容非常广泛,在实际调研中应针对不同产品、不同市场以及不同经营管理过程来设计不同的调研内容。

一般来说,全球营销调研的内容主要有全球市场宏观营销环境调研、全球目标市场消费者调研、全球营销组合调研。

### (一)全球市场宏观营销环境调研

全球市场宏观环境错综复杂,各种环境都有可能对跨国公司经营活动产生影响,而且对跨国公司而言,这些宏观环境因素都基本属于不可控的因素。因此,应该充分认识和适应各种市场环境,并且利用有利的目标国市场环境来为企业服务。全球市场宏观营销环境调研主要包括政治环境调研、经济环境调研、法律环境调研、社会文化环境调研、自然地理环境调研和技术环境调研等。

**1. 全球政治环境调研**

以下三个方面是全球政治环境调研的重点:

(1)本国的贸易法规。调研人员必须查明企业所在国的对外贸易法规中对产品的出口是否有限制,包括外汇管制条例和税收规则、出口许可证和其他单证要求等。关键要弄清本企业产品的出口是否受到限制,这些产品是否值得努力出口以及可向哪些国家出口。

(2)目标市场国的政治稳定性。需查明现政府的结构、执政党的体系、政府现行政策的稳定性和连续性、政府行政效率等,并要进行评价。

(3)进入市场的政策限制。包括进口的关税额及税率、进口配额及其分配状况、对外汇的管制状况、各种国内税对进口产品的影响,以及其他如卫生与安全规则的影响和政府对价格、促销、分销等方面的管制等。

**2. 全球经济环境调研**

全球经济环境调研主要是指调研跨国公司的目标市场所在国的一般经济指标、经济政策、产业及行业状况、贸易、交通等。

(1)一般经济指标。包括国民生产总值、国内生产净值、国民收入、国民收入与国民可支配收入的比例、物价指数、工资指数、消费指数、汇率、国际收支、进出口统计及海外投资统计等。

(2)经济政策。包括国家经济开发与发展计划的具体政策内容及对跨国公司进入该国市场的相关政策限制,如对原材料、机器及备用件的进口限制,对企业雇用劳动力的限制,对价格、促销、分销等的限制。

(3)产业及行业状况。包括工业生产指数、制造业、能源及其他生产行业状况、制造业的生产特征、各产业就业人口、生产结构、产业规格、各产业外国资本投资现状等。

(4)贸易。包括不同地区的贸易结构、与本企业有关的各国贸易关系、外汇银行的信用度、贸易收支、进出口配额、按不同情况分类的进出口量等。

(5)交通。调研目标市场目前主要使用的交通工具状况,因为交通和物流是息息相关的。交通的优劣主要取决于距离、安全性、费用、速度等因素。

**专栏 6-3　拉丁美洲的经济影响**

拉丁美洲有两种经济:受与美国的关系影响的、与美国以外的其他国家有业务往来的。

中美洲和墨西哥将随着已经建立的经济关系而继续向美国倾斜。这些国家是拉美经济体的第一类，有一半的出口额是出口到美国的。这些国家有很多接受了美国的经济援助。就墨西哥来说，其大部分出口到美国，与美国的关系根深蒂固。

拉丁美洲第二类经济体包括巴西、阿根廷、智利和秘鲁。除了出口美国和其他拉美国家之外，这些国家还大量出口到欧盟和亚洲，是向中国出口的主要国家。

资料来源：库马尔著：《全球营销调研 V》，格致出版社 2019 年版，第 470 页。

"秃"如其来的生意

### 3. 全球法律环境调研

全球法律环境调研是指调研目标市场所在国的贸易法规，包括产品的出口配额、种类、关税设置、税率和课税法、非关税壁垒、特别关税、外汇管制条例和税收规则、出口许可证和其他单证要求、进出口商的资格审查和登记制度、国际商事仲裁制度、通商条例、贸易协定等。

### 4. 全球社会文化环境调研

全球社会文化环境调研主要包括民族分布、语言、宗教信仰以及由此决定的风俗习惯、思维方式和审美观等内容。社会文化环境在很大程度上决定着人们的价值观念和购买行为。例如，销往中东地区的各种用品中不能含有酒精，这是因为该地区绝大多数的居民笃信伊斯兰教，严禁饮酒；又如，有些地区消费者喜欢标有"进口"或"合资"字样的商品，而另一些地区消费者却可能相反。这种情况一方面与民族感情有关，另一方面也与各国各民族的意识开放或保守有关，这些都要通过市场调研去掌握。

### 专栏 6-4　华为在泰国经营的文化矛盾管理问题

文化矛盾是指各异的文化之间相互排挤、相互作对的一个发展过程。跨国企业文化冲突的出现是因为不同国家的文化观念不同，如因为文化背景不同而产生的员工矛盾等。因为跨国企业中的不同人群均有自己的思想和行为，遇到问题会按自己的思想和行为去判断、分析、处理。文化矛盾会使企业策略效率降低。

华为用自己的实力树立了中国品牌并将其带入全球市场。然而，和其他跨国经营的企业一样，在其他国家的华为分公司中，同样存在文化矛盾。

例如，语言与沟通方面的冲突。泰国分公司某工程部主管（泰国本地员工）曾申请 60 天的假期，中方管理高层认为他的理由不合理予以驳回，随即该职员递交了辞职报告。事实上，该主管非常优秀，工作能力强，曾为公司做出卓越的贡献，很得高层赏识。他的申请假期理由是"出家"，体验为期两个月的约束生活。从华为（中方）管理层考虑，他们认为 60 天的假期较长且变数多，经诸多考虑驳回他的申请。其中原因在于，高管不清楚泰国的民间习俗。泰国人民全都重视佛教，其中有一习俗，即男子有 99% 会出家修行一段时间，体验僧侣生活。一般说来，需要 90 天左右，最长没有限制，最短不短于 3 天。当地的文化认为，如果一个男人没有经历过僧侣生活，则不认为其已经成人，会遭到亲戚朋友的耻笑，而且，体验僧侣生活、修身养性是为爱自己的人积福。

这类文化矛盾还有很多,华为采用很多措施以有效解决这类问题,如跨文化培训。华为对去泰国的外派人员进行专门的跨文化培训,让员工充分了解认识泰国的文化和礼仪、学习实用泰语。对泰国的本土员工的培训内容主要有对中国文化和礼仪的认识、汉语、公司文化和规章条例等内容。

资料来源:张美花,《华为技术有限公司在泰国经营的跨文化管理问题研究》,武汉大学硕士论文,部分内容进行了修改。

### 5. 全球自然地理环境调研

全球市场自然地理环境调研包括对地理条件和自然资源条件的调研。地理位置会直接影响到产品的物流成本,水土、气候是产品是否适应市场及是否有销路的重要因素。例如,一般的汽车轮胎在终年积雪的地区会增加不安全性,雨衣在位于赤道的干旱地区根本没有买主。农林矿产资源等自然资源的优劣与产品的销路有密切的关系,正是因为缺少某种资源才形成了从国外购买该产品的动机,这也就是国际贸易的基础。此外,自然资源的多与少还会对一个国家的工业发展形势产生影响,从而又影响到这一国家或地区的最终购买力。

### 6. 全球技术环境调研

全球技术环境调研主要是调查目标市场所在国的生产技术水平和科技创新能力,具体包括技术发展动态、技术转移和技术商品化的速度,专利及其保护情况,科技力量及研究和开发状况。同时,企业还需要密切关注科技水平在全球范围内的发展和转移情况。

### 专栏 6-5  欧盟的电子信息来源

目前,有很多网络资源可供欧洲市场参考。以下是一些有关贸易信息的来源,以及政策等相关信息。

欧洲文献中心(EDC):EDC 成立于 1976 年,储藏欧盟所有官方出版物,可以访问 http://www. eui. eu/Research/Library/ResearchGuides/EuropeanInformation/EuropeanDocumentationCentreatEUI. aspx。

欧盟在线:有关欧盟大部分活动的信息可以从下列网址检索 http://www. eui. eu/Research/Library/ResearchGuides/EuropeanInformation/EuropeanUnionOnlin. aspx。

欧盟统计局:包含有关欧盟的所有统计资料,可以检索 http://epp. eurostat. ec. europa. eu/portalpageportal/rurostat/home。

Europa. eu:是有关欧盟生活各个方面宝贵信息的来源,可以检索 http://europa. eu/index_en. htm。

EBU:是一个为盲人提供信息的机构。在这里可以找到视障人士的很多信息,可以访问 http://www. euroblind. org/resources/guildlines/nr/88。

资料来源:库马尔著:《全球营销调研 V》,格致出版社 2019 年版,第 459 页。

**(二)全球目标市场消费者调研**

跨国公司除了要调研全球目标市场的宏观外部环境之外,对于目标市场的消费者本身也要进行仔细的调查。可以说消费者的数量、结构、偏好、收入、教育背景等一系列要素都会直接影响市场规模和市场需求结构。

**1. 消费者人口构成**

在调查消费者人口构成时,主要调查的指标有人口总数、人口分布、人口密度、人口增长率、人口年龄结构、人口性别分布、人口职业结构、人口受教育程度等。

**2. 消费者购买力水平**

主要了解消费者人均可支配收入,以及不同收入群体的收入支出构成及比例等。这样企业就可以了解自己产品的目标客户的收入是否与该产品价格相匹配。

**3. 消费者购买行为**

各国消费者的消费行为差异很大,所体现的购买行为也大相径庭。调研消费者购买行为主要调研消费者购买了什么、购买动机和理由、购买决策者和使用者、购买频率和购买方法、购买者知晓商品的途径、购买场所以及购后意见等。

此外,对于目标市场的组织和机构购买行为,跨国公司也要予以高度重视,这部分需求量和金额要比一般个人消费大很多。

**专栏 6-6  韩国人口统计方面的变化**

可口可乐:一次市场调研失败的教训

1960 年以前,韩国人口结构呈金字塔形,出生率高,寿命短。1970 年以后,随着韩国出生率的降低,金字塔底部开始缩小。韩国人口结构接近金钟形,未满 15 岁的青少年人数在减少,15—64 岁的中青年人数在不断增加,65 岁以上的老年人口也同时在增加。韩国社会已经步入老龄化。

2013 年,韩国人口平均预期寿命为 81.9 岁,其中男性为 78.5 岁,女性为 85.1 岁。与 1973 年(男性 59.6 岁,女性 67 岁)相比,男性和女性的平均预期寿命增加了 22.3 岁和 18.1 岁。1980 年,韩国未满 15 岁的低龄人口比例为 34.0%,1990 年下降到 25.6%,2003 年为 20.3%。15 岁以下低龄人口数量持续下降。1980 年,韩国 16—64 岁人口比例为 62.2%,1990 年上升到 69.3%,2003 年为 71.4%,16—64 岁人口数量持续上升。1980—2003 年,韩国 65 岁以上的老龄人口占总人口的比例从 5.1% 上升到 8.3%,老龄化趋势明显。

受到儒家文化的影响,韩国与中国一样有重男轻女的现象,但是选择出生婴儿性别的情况并不多见,因此男女性别比例失调现象没有中国那么突出。1949 年,韩国的性别比例为 102.1,男性人数略大于女性人数。1955 年,男女比例到达平衡为 100.1。此后,韩国男女性别比例一直维持在 101.8(1980 年)、101.3(1990 年)、101.4(2003 年)的水平上(林从刚,2008)。

据统计,韩国人口将由 5200 万小幅增长到 2028 年的 5223 万,此后不断减少,2067 年减至 3900 万。朝鲜人口峰值出现于 2038 年,2067 年减至 2600 万。今年韩朝总人

口为 7700 万,2032 年出现峰值,2038 年减至 6500 万。2015—2020 年,朝鲜居民人均预期寿命为 72 岁,较韩国低 10.5 岁。

资料来源:百度百科。

### (三)全球营销组合调研

跨国公司在选定了目标市场之后,要进一步确定正确的营销组合策略,这样才能使企业准确找到切入点,从而迅速打开市场,实现本企业的发展目标。而制订有效的营销组合策略的关键就在于市场营销调研所提供的信息和依据。调研内容主要包括以下几个方面。

#### 1. 全球营销产品调研

产品信息调研内容主要包括:全球市场和每个细分市场产品的总供求量、供求结构、供求特点及其变化趋势,消费者对产品的各种信息反馈资料,全球市场产品生命周期和产品发展趋势,全球市场上该产品的替代品和互补品情况,全球市场产品的相关需求情况,等等。

#### 2. 全球营销价格调研

价格信息调研主要涉及:全球市场上同类产品不同企业的定价目标和定价方法,全球市场及各细分市场上的价格总水平,全球市场上产品的价格弹性或消费者对产品价格的敏感度,全球市场上替代品和互补品价格走向,不同细分市场上消费者在价格上的反应,产品不同生命周期竞争者的价格策略,全球市场上中间商对价格的调整幅度,全球市场定价的法律法规和惯例,等等。

#### 3. 全球营销分销渠道调研

全球市场分销渠道信息调研主要包括:全球市场产品销售渠道及中间商的种类以及各国的市场惯例,全球市场直接销售、间接销售的种类和特点,全球市场上各类中间商的背景资料,全球市场分销渠道和中间商的发展趋势等。

#### 4. 全球营销促销调研

全球市场促销信息调研主要包括:全球市场上促销的各种具体形式、种类及可利用程度;全球市场促销成本、优势、障碍及利弊分析;全球营销推广的方式、特点和要求,以及中间商、消费者对此的反应;全球市场上广告方式以及各种促销方式的效果;全球市场促销的法律法规及惯例;等等。

### 专栏 6-7  OAT 测试

OAT,英文"广告脚本测试(OFF AIR TEST)"的单词缩写,是为了保证新广告投放的有效性而进行的投放前测试。OAT 是国际公司和市场研究公司长期研究积累形成的广告效果测定方法。通过 OAT 测试评价拟投放广告的制作质量和估计它可能对实际市场的影响力,从而对广告效应有所了解。根据研究项目需要,测试机构以配额的形式约请符合条件的目标消费者在指定时间到指定地点观看广告,然后征求他们对广告的意见,并对收集回来的数据进行处理,最后为客户提供有效的数据资料。OAT 主要测试三个核心指标：TPM（购买潜力测试值），REACTION（消费者反应），RECALL（消费者记忆度）。通过测试，了解目标消费者对广告的评价，对广告的记忆程度，对广告概念的理解和评价，以及广告对他们选择品牌有哪些影响。目的在于深入了解目标消费者对该广告的理解和评价，来分析新广告是否可以投放，以及在可以投放的前提下，研究该广告还有哪些方面有待改进。

**5. 全球营销竞争调研**

全球营销竞争调研主要包括：全球市场上主要竞争者的识别，竞争者的背景材料，全球市场上各竞争者的产量、销售和市场占有率情况，全球市场上竞争者之间在成本、价格、利润、质量、品种、规格、型号、服务等方面的比较，全球市场上竞争者之间在关税、贸易运输条件、分销渠道等方面的不同条件和不同策略，全球市场的竞争结构和竞争强度，等等。

**专栏 6-8　巴西的直销**

巴西的直销行业正在迅速增长。过去的十年中，巴西直销行业的销售额年均增长率为 13％，2011 年营业收入为 150 亿美元。巴西消费者每月收到 9.3 份直邮邮件，74％的消费者喜欢收到直邮邮件。

由于其可靠的邮政服务、庞大的消费群和不断增长的经济，巴西通过直销协会（AMEMD）推出了经过人口统计学和心理分析的数据库，包括 2000 万个独特的自愿加入的用户。巴西直销协会是一个致力于联合服务提供商和使用直销策略的公司的全国性的直销组织。因此，对于有兴趣进入巴西的公司来说，直销是一个可行的选择。

资料来源：库马尔著：《全球营销调研 V》，格致出版社 2019 年版，第 488 页。

## 二、全球营销调研的程序

全球市场的复杂性，决定了全球市场信息的多样性和复杂性。科学的调研程序有利于帮助企业营销人员达到目标。一般来讲，调研分 5 个步骤：确定调研问题与目标、制订调研计划、收集信息资料、资料整理与分析、提交调研报告。

### （一）确定调研问题与目标

决定调研的方向是全球营销调研过程中最基本也是最重要的步骤，同时也是最困难的步骤之一。营销人员往往对身边所出现的种种经营问题熟视无睹，很难将其转化为调研问题及具体的调研目标；或者找不出发生问题的原因，错误地提出问题，错误地选择了调研目标。在全球营销中，异国的陌生环境使该问题变得难度更大。营销人员往往会忽略异国文化对调研问题及目标的影响，或者不自觉地用本国的思维方式来确定问题及调研目标，犯方向性错误。例如，如果导致销售额下降的真正原因是目标顾客偏好发生变化，而调研人员认为是销售渠道不畅或者广告策略失当等，都会使调研工作事倍功半，并可能给企业带来损失。

在该过程中，常犯的另一类错误是把调研问题的范围规定得过窄，无法包括影响市场营销活动的全部因素。国外市场的营销环境不同于本国,因此需要收集涉及面尽可能广泛的信息,所确定的问题及营销调研目标要有足够的宽度,要能概括各种答案的可能性。

### (二)制订调研计划

在第一步确立了问题及目标之后,接下来就需要制订完善的调研计划,以提高调研的效率和针对性。

(1)确定所需收集的信息。根据企业的调研目标,确定所需信息。如果企业需要调研目标市场新产品的需求情况,就需要调查目标市场消费者的收入水平、消费习惯、购买行为等。

(2)确定信息来源。确定信息主要是通过实地考察等方式获得的原始资料,还是通过各种渠道获得的二手资料。

(3)选择调研方法。如果收集一手资料,则可以通过问卷调查法、访谈法等。

### (三)收集信息资料

当确定了信息来源之后,接下来的步骤便是从两个信息源收集有关信息。这一步是调研活动花费时间和精力最多的阶段,也是能否获得所需数据资料、完成调研目标的关键。为了保证调研活动的顺利进行,企业往往需要对调研人员进行严格的监督和管理,以保证资料质量。

### (四)资料整理与分析

收集得到的信息是分散的,所以必须对其进行整理、分类汇编和分析,使之满足市场营销的需要。一般常用的方法是统计,如频率分析、回归分析、时间序列分析和相关分析等,使信息系统化。

### (五)提交调研报告

营销调研报告是对调查结果的解释和说明,不应是简单的数字罗列和堆砌。调研人员应通过汇总表和图表的形式提供简明扼要的结论,对市场的发展状况做出合乎逻辑的推断,以供决策人员参考。在很多情况下,对同一调研资料可能做出不同的解释与推断,因此调研人员应共同讨论或会同管理人员一道探讨可能的最恰当的解释与推断。调研报告一般分为前言、报告主体和附录三部分。

相关情况如图 6-1 所示。

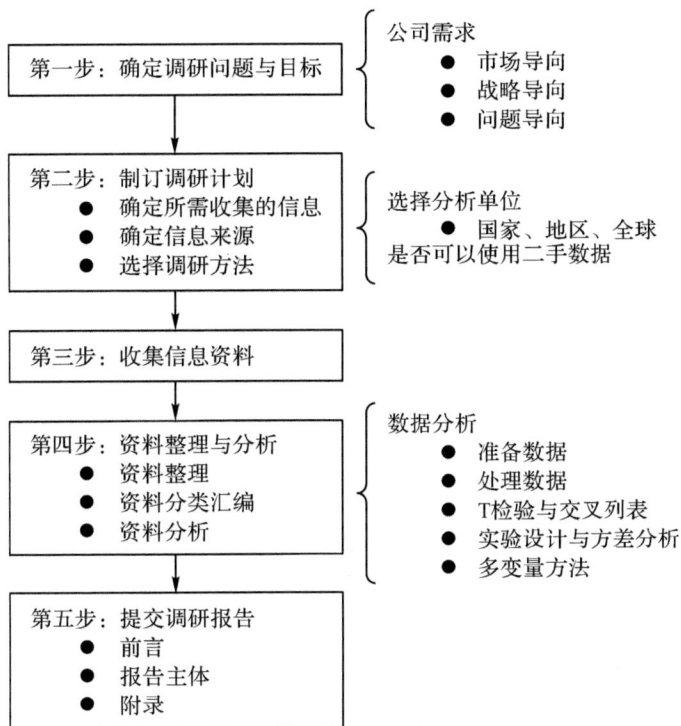

**图 6-1　全球市场调研程序**

## 三、全球营销调研的方法

全球营销活动调研的方法大致有以下 5 类。

### （一）访问法

访问法即直接向被调查人提出问题，并以所得到的回答作为调查结果。通常需要预先准备调查内容，最好能设计一套精确的调查表格。这是最常见和最广泛采用的方法。它包括以下 5 种形式。

（1）面谈访问。以访问的方式派调查员直接向被调查者提出问题。无论是工业品市场还是消费品市场，面谈是获得的信息最可靠的方法。在有深度要求和准确度要求的调研活动中，面谈访问是必不可少的。但这种访问一般费用大、时间长，容易受到调查员情绪和看法的影响，使资料带有偏见。它适用于调查对象范围小、问题相对集中，或者调查的问题较复杂、需做深入探讨，以及临时性调查任务，没有事先拟订问卷等情况。

（2）电话调查。由调查人员根据事先确定的原则抽取样本，通过电话向被调查者询问。这种方法费用较低、完成速度快，并可听取用户询问或提出调查提纲以外的问题，取得额外的信息。由于国外电话普及率高，有完整的电话簿可查阅利用，对调查非常有利。其不足之处是电话调查只限于简单问题，照片和图表无法利用。

（3）邮寄调查。这种方法是将拟好的调查表格邮寄给用户，由他们填写寄回。此方法较面谈费用低、时间快,但主要缺点是回收率低、时间长,调查问题仅限于简单明了的。

(4)计算机访问。国外有些调研公司在购物中心建立交互式计算机终端。愿意被采访的人阅读显示屏上的问题,输入他的回答。这种访问信息收集的随意性较大。

(5)投影法。这是一种间接探测调查人态度的方法。有许多人不愿在被访问时袒露自己真正的态度和动机,投影法的目的在于使被调查人非自觉地表露其个性和思想。例如,用一些语句、漫画等启发调查人,让他们自由发挥,在不知不觉中流露真正的动机。投影法是一种心理测试法,它需要具备一定心理知识,且成本较高。

**(二)观察法**

观察法指调研者通过直接观察和记录被调查者的言行来收集资料的方法,即调查人直接到调查现场,耳闻目睹顾客对市场的反应或公开言行,或者利用照相机、录音机、监视器等现代化手段间接地进行观察以收集资料。观察法可根据不同的调查目的,采取多种形式。

(1)现场观察形式。调查者参加各种展销会、展览会、订货会,观察记录商品销售情况,同类产品的发展情况,各种商品的性能、式样、价格、包装,等等。中国许多企业都是利用这种方法在"广交会"上进行调查的。

(2)顾客动作观察形式。在设计新商品时,应当研究如何陈列能吸引顾客。调查人员可以观察类似的商品,或用录像摄下顾客在接触类似商品时的活动,作为设计新店的参考。

(3)店铺观察形式。调查人员亲自到零售店或参加展销会、陈列会等,观察并记录商品的销售情况。如调查人员调查消费者的实际购买行为或询问商品的品种、商标、包装等,了解消费者需求,也可统计购买人次,观察客流量和客流规律。这种方法更适合于有条件自办店铺的企业。

观察法通过实际观察,直接了解顾客的反应,调查结果更接近实际。这种方法须长期坚持,结合统计资料进行。缺点是只看表面现象,观察不到内在因素,不易分析原因。因此,这种方法需要调研人员具有较高的技术业务水平,例如,具有理解不同国家文化差异,并能排除受本国参照标准影响的能力。为了弥补观察法的不足,可在观察的同时结合运用访问法。

**(三)实验法**

实验法是从影响调查对象的若干因素中,选出一个或几个作为实验因素,在其他因素不发生变化的条件下,了解实验因素变化对调研对象的影响。该实验限于小规模活动。实验法在市场调研中的主要形式如下。

(1)新产品销售实验。在试销中听取意见,改进设计,提高质量,定型生产经营。

(2)产品展销会实验。调查人员可通过分析展出产品的销售情况并实地观察顾客的反应,来预测新产品的发展情况,预测产品的销售量。

实验法所得资料来源于实践。这种方法科学,收集的原始资料可靠,但在选择社会经济因素类似的实验市场时存在难度,且实验时间较长,成本较高。

### (四)统计分析法

这种方法是利用企业内外的现有资料,利用统计原理,分析市场及销售变化情况,以使销售效果分派到最有利的途径上去。该方法所采用的主要形式如下。

(1)趋势分析。将过去的资料累积起来,进行分析对比,加以合理延伸,以推测未来的发展方向。如某企业几年内的销售量都递增 5％ 左右,就可以推测出近两年的增加额和增长速度。这种方法只能分析一个变量,如销售量与时间的关系。

(2)相关因素分析。即分析统计资料中各变量彼此是否有关,以及相关程度的大小。也就是以一个变量分析另一个变量的发展情况。如人口的增长率与销售变量的关系,价格与供求的关系等。

(3)市场占有率分析。统计分析法简便易行,可以经常运用,以弥补其他调研法的不足。但这种方法依据史料,现实发生变化的因素没有包括在内,调研中应予以注意。

### (五)互联网调研

互联网调研是利用互联网高科技手段进行的市场调研,主要通过电子信箱向被访人发送和收回问卷,或者设立一个下载了问卷的调查网页,请被访人点击该网页并完成问卷,以及通过网站收集所需的二手资料等。由于互联网调研的便捷性、低费用、无时空地域限制等特点,互联网调研成为全球调研中最广泛的主流调查方法之一。

互联网在全球营销调研中的作用如下。

(1)网上调查与购买者小组访问。这些调查可包括对参与者的鼓励,而且比费用高的邮寄或电话调查更具直接性与针对性。

(2)网上焦点小组调查。

(3)跟踪网络访问者。服务器可通过网址自动跟踪访问者漫游,并记录漫游的时间。

(4)广告效果评估。服务器跟踪其与其他网址的联系,从而对它们的效果做出评价。

(5)建立顾客识别系统。许多公司正在安装登记程序,使他们时刻跟踪访问顾客及观察顾客的购买行为,从而建立一个虚拟的有代表性的用户对象组。

(6)电子邮件营销名单。企业通过互联网让将来愿意为营销直接做出努力的顾客在电子邮件营销名单上签名。

(7)嵌入研究。网络提供新技术使顾客的传统经济角色自动化。如通过互联网寻求产品和服务的信息,产品服务的比较选优,与服务提供者互相作用,维护顾客与品牌关系。有些企业甚至提供给顾客在线设计产品的机会,把市场调研应用于新产品开发。

随着互联网的不断发展,更多种类的研究将变得可行。但也要注意互联网调研存在的局限性,由于互联网上的主题是网民,调查对象的范围不大,样本的代表性不高。当然,随着各国网络的普及,互联网作为调研的工具将变得更准确和有效。

常见的市场调查

# 第三节 全球市场的营销调研方法

企业可以通过两种途径组织开展全球市场调研活动：依靠自己的调研部门（人员）或借助专业调研公司。无论选用何种途径，针对全球市场调研的特殊性，高效的沟通协调和管理都是成功开展全球市场调研的保证。

## 一、多国调研的组织与协调

对多元化的全球市场进行调研，企业总部必须对多国（多个子市场）调查进行组织与协调，以实现全球经营最优化的根本目的。依据不同的方式和控制程度，企业对多国调查的组织与协调可分为集权式、分权式和分工式三种类型。

### （一）集权式

集权式的组织方式将控制权绝大部分归属总部。总部几乎囊括诸如确定调查主题、划定调查范围、设计调查方案等所有具体事项。当地的分支机构只负责依照总部计划执行现场调查任务。所有收集到的信息都汇总到总部统一进行分析、处理，得出调查结果后再由总部向下传达。

### （二）分权式

分权式的组织方式给予各地分支机构计划权和操作权，从计划到执行，从确定整体的调查方向到具体的调查工具和数据分析方法，各分支机构都可自主选择。总部只制订调查活动的整体目标和最终接收、评价调查报告。

### （三）分工式

分工式的组织方式利用一个中介把总部与各地的分支机构联系在一起。该中介可以是企业的地区性总部或企业以外的调查机构。总部只进行问题的界定，由中介拟订详细计划，各地分支机构执行。收集的信息交由中介检查、处理、分析后，将结果报告总部。

这三种全球市场调查的组织方式各有特点。集权式控制程度最高，保证了所有子市场之间的可比性，当调查活动关系到企业的大政方针时尤显重要。但由于总部的"独裁"与全球市场的复杂性相冲突，难免出现问题，如由于不熟悉当地市场状况和文化特点，总部拟订的调查形式也许不合适，影响调查结果的科学性。分权式与集权式截然相反，特别适用于各地市场差异很大的情况。但由于没有统一安排，可能造成不必要的重复调查，或调查结果缺少可比性而使企业内部沟通困难。分工式则较中庸，是一个适应性较强、有助于企业发挥潜能和内外资源整合的方式。因为中介的调查计划兼顾统一性和多样性，对企业整体战略和地方利益都有所反映，既确保企业整体调查目标实现，又尊重各地市场差异。通过中介，企业总部与各地市场上下沟通、商榷的机会增加，避免总部"独裁"，又能增强各地信息的可比性和基础信息的共享性，减少重复调查。

## 二、利用全球市场调查代理

对许多中小企业而言,全球市场调查难度大、成本高、限制多,仅仅依靠自身的调查力量难以胜任。即使是大公司,也难免遇到对当地市场不了解、调查规模太大或需要特殊调查技术的难题,不可能拥有专门技术和力量对其所有的目标或潜在目标市场进行国际性调查。因此,正确评估企业自身的财力、人力和技术等方面的约束条件,合理利用外部资源,将调查工作外包给市场所在国或国际知名的专业调查代理公司是明智之举。

通常,企业自设的调查部门规模不大,相比之下专业性的调查机构规模要大得多。目前,国际上专业性的市场营销调查行业发展十分迅猛,尤其是一些发达国家,如美国、日本、英国等国的市场营销调查行业日趋成熟和完善,并向全球化发展。它们往往拥有数千甚至上万名员工,在全球设立分支机构,通过精细的分工与高效的合作,建立广泛的业务服务网,能承担全国甚至全球性的大规模市场调查任务。

# 第四节　全球营销调研的未来方向

## 一、大数据

如今,大数据为营销公司提供了很多机会。大数据帮助企业从数据中寻求市场情报,并利用这种信息获得业务优势。对客户及其偏好的了解,让公司能够更好地提供产品或服务,做出明智的业务决策。

例如云计算。云计算颠覆了企业使用计算能力的方式,它让公司能够专注于自己的核心业务,更快地对市场环境做出反应。云计算被广泛地应用于存储、计算和检索。云计算赋予客户公司及其用户远程访问数据,并能够随时跟上当前动态的商务环境的能力。云计算的另一个关键用途是系统带来的适应性和定制功能。这样顾客在点击式界面上,可以获得根据他们的要求和偏好所需要的信息。

## 二、数据收集的来源

由于企业和顾客的每一个商业活动都被监控和研究,互联网上有 1 千兆亿字节的数据,这相当于 1 亿个国家图书馆所包含的信息。这些数据越来越多地影响企业的决策活动,而且也影响到客户如何在世界各地进行互动,以及企业如何使用社交媒体工具来管理客户关系。

很明显,在这个新数字时代,社交媒体的扩张和普及不仅提高了消费者参与程度,减少了 B2C、B2B、C2C 之间的沟通差距,还使企业获取数据的形式愈加丰富。这些社交互动对商业运作非常重要,因为对正式的营销沟通方式的使用日趋减少,新媒体正受到更多的关注。

## 三、研究分析和研究技术

公司处理的数据中有 85% 是非结构化、非数字化的。新的研究正是用来处理所生成的各种数据的。

文本分析已经存在一段时间了,不过社交媒体的游戏规则已经完全改变了。对话更加非正式化,研究人员和技术专家正在开发更好、更复杂的算法,去测量所有可用的非结构化数据。

例如,社会媒体通过分析那些主要从博客、网站、社交网络获取的信息来进行决策。大多数的数据是非数字形式的,对其进行分析日渐受到关注。网上讨论的背后是带有情绪的内容,因此情绪分析也是重要的研究课题。情绪分析过程涉及文化分析、语言学、表情符号等相关资料的挖掘。对于企业来说,情绪分析可以立即让他们了解社交媒体上有关其产品或服务的质量,找出消费者的态度是积极的还是消极的。

虽然上述的趋势描述并不详尽,但仍然指出了未来需要关注的方向。

## ◆ 本章小结

本章探讨了全球营销的调研问题。

首先,介绍了全球营销调研的定义。

其次,介绍了全球营销调研的过程。根据全球市场调查研究的不同目的以及调研对象的不同特点,全球营销调研可以分为四种类型:探测性调研、描述性调研、因果性调研、预测性调研。全球营销调研的内容较为广泛,主要包括全球市场宏观营销环境、全球目标市场消费者、全球营销组合因素等方面的调研。全球营销调研的程序一般包括明确调研问题与目标、制订调研计划、收集信息资料、资料整理与分析、提交调研报告等5个步骤。在进行全球营销调研时要注意调研的方法。调研的方法主要包括访问法、观察法、实验法、统计分析法、互联网调研等具体做法,其目的是完成对全球市场信息资料的收集、整理和分析。

再次,介绍了全球市场的营销调研方法,包括多国调研的组织与协调,以及利用全球市场调研公司来进行调研。

最后,介绍了全球营销调研的未来发展方向,包括大数据、数据收集的来源、主要的研究分析和研究技术。

## ◆ 案例分析

### 麻辣烫风靡韩国后,"老范家"如何抢滩"世界最爱吃泡面的国家"?

胜仗不是打出来的,进入市场已经是战争的结束。

"我们在战前做了什么,这才是战争的真正核心。"

2019年,相比于以往韩流、日流在中国的风靡,中国风在日韩的异军突起让人惊喜。

在韩国,中国麻辣烫正大受欢迎,韩国人引以为傲的"炸鸡＋啤酒"组合,风向转成了"麻辣烫＋中国啤酒"组合。中国风之迅疾也体现在数据上,韩国电商平台的数据:中国香辛调料"麻辣粉"和麻辣烫食材2019年的销售额比2018年增加了96倍!麻辣香锅制作材料的销售额也比去年增加了41倍!

如今在韩国，不替粉丝试吃个麻辣烫，都算不上网红。而韩国网红们最近喜欢惊呼的是："我发现了真正有麻辣烫味道的方便面！"即：中国企业今麦郎在韩国推出的四川担担面口味的老范家速食面馆面（以下简称"面馆面"）。

而在日本，传来的捷报则是中国珍珠奶茶大行其道。甚至，2018 年日本发布的流行语调查中，"珍珠奶茶"和"奶盖茶"两个词成了 2018 年日本中学生流行语中的第一名。而中国方便面在日本也开始受到好评。

根据最新消息，进入韩国市场不久的中国"面馆面"，现在已经达到日销 4800 桶的成绩，在韩国方便面市场撕开了一道裂缝。要知道，韩国是世界上最爱吃方便面的国家，并且韩国本土方便面品牌一直是其主导。根据世界方便面协会的数据：2018 年韩国人均吃了 74.6 包方便面，相当于每人每周吃 1—2 袋，韩国人均方便面消费量全球第一，为中国的 2 倍。因此，对方便面产品来讲，韩国是个战略级市场。

在这个战略级市场能够打造出爆品，"面馆面"在主攻产品上的选择是直接原因，而能够在韩国市场开创"非油炸蒸煮面"新品类，则是根本原因。

主攻产品选择方面，《中外管理》注意到："面馆面"在韩国市场的抢滩登陆中，目前只推了一款"麻酱担担面口味"的方便面，难怪韩国网红说"发现了一款麻辣烫味道的方便面"！用担担面口味单兵突破，与最近一两年越来越多麻辣烫餐厅出现在韩国街头的品类崛起趋势密切契合。

之所以说开创"非油炸蒸煮面"新品类使"面馆面"成为韩国爆品，是因为"面馆面"从商业规划之初便挑战着传统的"日韩油炸方便面"——这是一场跳出当前竞争维度的、品类与品类之间的战争。

对于减肥和健康需求巨大的年轻人来说，非油炸，且能保持良好的口感意义重大。虽然韩国方便面市场规模达到 2 万亿韩元，但 95% 是油炸方便面，更健康的非油炸方便面市场空间巨大。

老范家素食"面馆面"的产品创新,则是利用了中国老祖宗蒸馒头、煮面条等烹饪手法,通过"非油炸蒸煮技术",实现了3分钟复水食用,且使用了即使高速公路服务区八九十摄氏度的水温,依然可以泡开的技术。

"面馆面"于2017年4月11日在今麦郎中央研究所研制成功,2018年8月21日在方便面的发源地日本正式推出。日本知名拉面评论家山本刚志是"面馆面"的头号粉丝,其评价说:"日本方便面呈现弹力和韧性,但中国的这款'面馆面'新品的最大特征是面体本身不仅呈现出好的弹力和韧性,更有着柔滑的口感。"

对于今麦郎的营销战略,《中外管理》曾对范现国董事长做过深入采访。印象最深的是范现国表示:胜仗不是打出来的,而是先胜而后求战,出发即到达,进入市场已经是战争的结束。"我们在战前做了什么,我认为这才是战争的真正核心。"

资料来源:《中外管理杂志》,2019-08-22。

◆深入思考

"面馆面"在登陆韩国市场的"战前",都做了什么? 值得其他中国企业借鉴的经营思路是什么?

日本逛街惊现中国COCO奶茶

◆延伸阅读

《"出众"还是"成众"——联众钢管的海外市场开发之旅》

"出众"还是"成众"——联众钢管的海外市场开发之旅

◆思考题

1.试说明全球营销调研作用与类型。

2.全球营销调研的主要内容有哪些?

3.全球营销调研一般包括哪几个步骤?

4.全球营销调研方法有哪些?

# 第七章 全球市场细分与目标市场战略决策

【学习目标】

☆了解全球市场细分的思路,把握全球市场宏观细分的方法;

☆把握全球目标市场决策的内容;

☆掌握全球市场定位决策。

【导入案例】

## 比亚迪用纯电动大巴敲开美国大门

目光沿着 7 公里长、横跨东西的"比亚迪路"望去,道路两边是绿色的太阳能路灯,地面通行的是新能源汽车……这是在深圳东部的坪山基地,比亚迪打造的"绿色王国"。在遥远的美国西海岸,南加州小城兰开斯特市郊,有一条同样被命名为"比亚迪路"的大道,体现了兰开斯特对这家中国企业为当地发展所做巨大贡献的认可。

从 1995 年在深圳注册创业,到 2010 年在洛杉矶成立北美总部;从 2003 年迈入汽车制造的第一步,到 2013 年在美国建立电动大巴工厂和电池工厂。这两条相隔万里的"比亚迪路",讲述着一个用技术创新和绿色发展构建的美丽"中国梦"。

从 2010 年开始,进军美国的比亚迪逐步拓展可再生能源产品的销售。

美国是一个活在车轮上的国家,要在这个"强敌林立"的汽车市场里分一杯羹,难度可想而知。"电动车作为当时的新技术,想得到市场认可,要经过漫长等待。"比亚迪美国分公司总裁李柯回忆。与此同时,国外长期以来对"中国制造"的偏见,也让比亚迪在美国的拓展之路异常艰辛。"要同时面对市场培育、经营压力、身份偏见这'三座大山',比亚迪在美国的打拼不是从零开始,而是从负数开始。"李柯感慨。

对此,比亚迪的选择是错位竞争——聚焦电动车业务,将公交公司、学校、企业机构等集团客户视为自己的第一目标。比亚迪总裁王传福认为,本地品牌以及欧、日、韩系车早已将市场瓜分完毕,传统燃油车要想进入困难重重。为此,比亚迪决定选择将纯电动大巴作为打开美国市场的敲门砖。

2013 年 3 月,比亚迪中标美国长滩运输署的 10 台电动巴士订单。然而,这笔本应让公司上下感到振奋的大单,带来的却是一场危机。同年 10 月,因有美国企业恶意状告比亚迪违反该国劳动法,洛杉矶劳工局随即对其位于加州的工厂和办公大楼进行了查处。媒体对该事件的大篇幅报道,瞬间将比亚迪置于舆论旋涡之中。2014 年 3 月,美国联邦运输管理局(FTA)警告长滩运输署,如果继续履行与比亚迪的巴士合同,将失去 FTA 的资金来源。长滩运输署董事会迫于重重压力,不得不宣布取消比亚迪订单。

挫折面前,比亚迪的应对是"用实力说话"。该公司在与长滩运输署终止合约的声明中强调:"如重启招标,比亚迪将凭借技术实力再次中标。"为了确立技术品质优势,比亚迪开始挑战被 FTA 称为"魔鬼测试"的 Altoona 测试。2014 年 6 月 9 日,比亚迪 K9 成为史上第一台完成该测试的 12 米纯电动大巴。这也为比亚迪获取美国订单扫除了法律障碍。

2014 年 9 月,长滩运输署重启电动巴士招标,比亚迪再一次如约而至,并在竞标环节中以压倒性优势胜出,获得 60 台纯电动大巴订单,创下美国最大纯电动大巴订单纪录。"长滩反击战"的胜出,让比亚迪在美国的发展进入快速上升期。尽管每台售价高达 80 万美元,但比亚迪的电动大巴却有些被"疯抢"的势头,比亚迪电动大巴的车辙印,已经遍布美国 30 多个州。

目前,比亚迪拥有 1.2 万以上项专利,其中新能源车的电池、电机和电控技术都是全球领先。就在比亚迪电动大巴源源不断开进美国各州的同时,其自主研发的电动卡车和储能产品,也逐渐在美国站稳了脚跟。2016 年 7 月,比亚迪携手洛杉矶港口,利用储能系统+纯电动重型卡车,打造全球首个"绿色港区"。

资料来源:新浪新闻 http://finance. sina. com. cn/chanjing/gsnews/2017-06-02/doc-ify-fuzym7624623. shtml

比亚迪纯电动环卫车驶入硅谷中心地区

我们要说的是,你必须了解并选择那些你想要服务的客户。不要只是跟随别人。通过细分市场认真确定目标市场,然后将你自己在该市场中定位为与众不同的、优越的。如果你不是优越的那一个,就不要进入该目标市场。

——菲利普·科特勒

在今天的营销策略与实践中,市场细分、选择目标市场和定位是最基本的概念。事实上,营销专家菲利普·科特勒在其著作《营销管理》(Marketing Management)中将市场细分、选择目标市场和定位列为营销最重要的三个概念。简单地讲,STP 使营销人员得以确定其产品或服务可以传递给特定类型顾客的价值(市场细分),了解如何接触到这些客户(选择目标市场),并以吸引人的方式将所说的价值告诉他们(市场定位)。

全球市场的竞争更激烈,价格压力更大,更需要文化适应,但营销人员所面临的挑战远不止这些,制订正确的 STP 战略对营销活动的成功至关重要。一方面,市场细分可以使营销人员简化决策过程,对跨国、跨文化子市场使用一套相同的指导原则。这种从产品开发到营销沟通的营销标准化可以让公司节约运营成本。另一方面,市场细分可在全球识别出与标准特征参数不同、需要全新营销方法的目标市场人群。

全球消费者和营销渠道的持续碎片化给营销人员带来许多新的挑战。使用新技术,消费者可以与营销人员沟通自己的兴趣和偏好,并且可以聚集在一起(特别是在线)分享彼此的兴趣和偏好,他们在本质上创建了无尽的细分市场。这些人群要求从他们试图接近的品牌那里获得相关的定制沟通。否则,品牌沟通很容易被忽视。因此,营销人员应该正确地识别目标市场,并有效地与他们沟通。

# 第一节　全球市场细分

## 一、全球市场细分的基本思路

世界上有近 200 个国家和地区,其人口、经济、自然、政治、法律等环境千差万别,市场消费需求也是千奇百怪、千变万化的,企业不可能同时满足所有国家的不同消费者的需求,也不可能满足同一国家不同消费者的需求。因此,必须将市场进行细分,从而满足特定国家的特定消费者的特定需求。

由于全球市场环境的复杂性,企业在全球市场上开展营销活动时,继续沿用市场营销学的一般原理和方法已无法解决全球市场上的实际问题。因此,需要根据全球市场的实际情况,调整有关操作思路。根据国际企业的营销经验,对全球市场的细分可遵循以下思路。

### (一)将全球视为一个整体市场

从严格意义上讲,这是一种无差异性目标市场营销的思路,它是指企业在全球营销活动中,将全球市场看作一个整体,采取一种目标市场策略满足全球市场中相同或相近的消费需求。这种思路认为随着交通、通信的发展以及文化的相互渗透,全球消费趋同化的趋势日益明显,因此可以将全球市场视为一个整体的、统一的市场,并采取标准化的策略来满足市场需求。这种思路的代表是"全球营销"理论和标准化策略。

### (二)将每一个国家作为一个子市场

这种思路是按照国别进行市场细分,将每一个国家看作是一个子市场。这种思路认为不同的国家由于环境的差异,在消费需求上与别国总是存在诸多差别的。因此,将一个国家作为一个细分市场,是必须的,也是可行的。

### (三)将需求相同的一个交叉市场视为一个子市场

这种市场细分思路是将处于不同国家的具有相同或相近需求的消费者划归为一个市场,这种市场细分的思路较符合市场一体化的发展趋势,在实践中也有例证。如众多国际企业在将其产品打入全球市场时,考虑不同国家的相同消费者的需求,采取相同的营销策略。但这种市场细分的方法操作起来难度较大,由于消费需求相近的消费者是分散在不同国家的,所以在市场调研、产品分销、市场促销等方面成本较高,影响营销效果。

### (四)将需求相近的一组国家视为一个子市场

世界上总有一些国家由于地理环境、经济发展水平、社会文化环境等相近,从而在总体的市场需求方面存在共性,国际企业不妨将这些国家看作一个子市场,采取相同的营销策略来满足该市场的需求。如阿拉伯国家市场、东南亚市场等。

但以上的市场细分思路都是较为粗略的,它只考虑一国市场的总体需求,而没有考虑到即使是在一个国家内,不同消费者由于其自身条件的差异,对同一产品的需求也会存在某些差别。因此,较为完整的市场细分方法,是先对整体市场按国家进行细分,将市场总体需求相近的国家划归为一个子市场,然后将该子市场按消费者的个体差异,再进行细分。前者称为全球市场宏观细分,后者则是全球市场微观细分。

## 二、全球市场宏观细分

### (一)全球市场宏观细分的含义

全球市场宏观细分是指企业根据影响各国市场需求的宏观因素,将全球市场细分为若干个宏观环境相近,进而市场总体需求相类似的子市场的过程。这一方法使用地理、人口和社会经济变量组成国家细分市场群,这些变量包括地理位置、人均国民生产总值、人口规模或者家庭规模等。例如,某公司可能决定只在人口规模1亿以上、人均收入1万美元以上的国家销售其产品。

理解全球市场宏观细分时应注意以下两点:一是全球市场细分的依据是影响各国市场总体需求的宏观环境因素;二是进行宏观细分后的各子市场之间在总体需求上存在较大差异,而各子市场内部则由于宏观环境相近而总体需求相类似。

这种方法能使公司集中运营,并节约生产、销售、物流和其他相关费用。但这种基于国家的市场细分不考虑每个国家内部以及国家集群市场之间的消费者差异,也没有意识到存在一些超越特定地理区域边界的细分市场。

### (二)全球市场宏观细分的方法

全球市场宏观细分的方法主要有以下几种。

#### 1. 按地理因素细分全球市场

地理因素是全球市场细分最常用的变量。按照地理因素,我们可以把世界市场粗略地划分为亚洲市场、欧洲市场、非洲市场、拉丁美洲市场和大洋洲市场。若再划分得细些,则亚洲市场又可细分为东亚市场、西亚市场、南亚市场等,欧洲市场则又可细分为西欧市场、北欧市场、东欧市场等。按照地理因素细分全球市场,既切实有效,又简便可行。

具体来说,这种细分方法具有以下优点:(1)地理上接近的市场便于营销管理,便于企业集中采用相应的营销策略,如进行产品的储运和分销,以及产品的推广等;(2)处于同一地理区域的各国具有相同的或相似的自然条件、文化背景,地缘特点使这些国家的消费习惯较为接近,可以当作一个市场来开发;(3)随着区域化经济的发展,形成了许多经济区域,进入一个国家的市场就等于进入了一个区域的市场。

地理因素属于同一个子市场的国家,虽然地理位置相近,但经济、政治或文化环境可能存在较大差异。如北美的加拿大、美国、墨西哥这三个国家虽然地理位置接近,但经济发展水平有较大差距,尤其是墨西哥的经济水平与美国不可同日而语;再如东南亚的新加坡、马来西亚、泰国、印度尼西亚、菲律宾、越南等国虽同属热带国家,自然条件较为接近,但各国在政治、经济、文化等方面均有较大差异。

**2. 按经济因素进行细分**

按经济因素细分全球市场,主要是根据经济发展指标将各国进行归类,如国民生产总值、人均国民收入、经济增长率、基础设施发展水平等。其中最常见的方法是采用经济学家罗斯托的"经济发展阶段理论",将世界各国分为五类:第一类为传统社会阶段,第二类为起飞前夕阶段,第三类为起飞阶段,第四类为趋于成熟阶段,第五类为大众高消费阶段。美国芝加哥大学以诺顿·津斯伯格教授为首的研究小组,则选择与经济增长密切相关的 43 个变量,对 95 个国家进行分析比较,将其划分为最高度开发国家、已开发国家、半开发国家、低度开发国家和极低度开发国家五大类。

按经济因素细分全球市场的优点:同一个子市场的国家在经济发展水平或经济环境上比较接近,有助于按市场规模和质量来挑选目标市场及制订不同的营销策略。如联合利华曾经根据不同国家的经济发展特点,开展有针对性的营销活动,它们在最低收入国家提供肥皂,在次低收入的国家推出手洗洗衣粉,在较高收入的国家推出机洗洗衣粉,在高收入国家则推出纤维软化剂。

但处于经济发展同一阶段的各国可能分布在世界各地,则可供选择的目标市场可能较为分散,不便于提高营销效率和加强全球营销管理。

**3. 按文化因素进行细分**

文化对全球营销的影响是全面的,文化的各项因素均可作为细分全球市场的变量。如语言、宗教、价值观念都可导致消费需求的变化,因此,它们都可用以划分全球市场。如按语言的不同,可把世界各国划分为英语国家、汉语国家、法语国家、阿拉伯语国家等,并在产品的说明、市场促销等方面按不同国家的语言采取相应的营销策略;再如,可按宗教将信仰相同的国家划归为一个子市场。

按照文化因素细分市场有利于文化性较强的产品和服务的营销。但相对于按地理因素细分市场而言,由于市场分散,不便于管理;相对于按经济因素细分市场而言,则可能产生同一细分市场中不同国家的经济差距较大,如共同信仰基督教的国家经济发展水平可能有较大差距。而且由于文化因素是软性因素,故不同子市场容量较难测定。

**4. 按组合因素进行细分**

按组合因素细分全球市场是考虑影响全球市场消费需求行为的多维因素综合起来细分市场,如将地理、政治、经济、文化等因素结合起来细分全球市场。但这里的组合法特指 1980 年由里兹克拉提出的组合法细分全球市场,这种方法从国家潜量、竞争力和风险 3 个方面分析世界各国,将其分为 18 类,如图 7-1 所示。

| 风险 | | 竞　争　力 | | | 国家潜量 |
| --- | --- | --- | --- | --- | --- |
| | | 强 | 中 | 弱 | |
| 高 | | | | 大 | |
| | | | | 中 | |
| | | | | 小 | |
| 低 | | | | 大 | |
| | | | | 中 | |
| | | | | 小 | |

图 7-1　　全球市场组合细分法

图 7-1 中的国家潜量是指企业的产品或服务在一国市场上的销售潜量。而竞争力则包括内部和外部两部分因素:内部因素是指企业在该国市场上所占的份额、企业的资源条件以及适应该国市场的优势和能力,外部因素是指该行业中来自国内外的竞争结构及竞争对手的竞争力。风险是指企业在该国市场可能面临的政治风险、财务风险和业务风险,以及风险可能对企业经营结果产生的影响力。

与其他的宏观细分方法相比较,组合法具有以下优点:(1)该方法使用三个维度衡量各国市场,更全面地反映了各国市场环境;(2)每个维度都与营销活动有关,且它们都是由若干因素组成,更能全面地表示各国的市场潜量;(3)把风险单独作为一个维度,更突出评估风险的重要性,因为许多国家虽然很有市场潜力,但风险也较大,就不是最理想的目标市场;(4)使用该方法将各国市场划分为 18 个子市场,各个子市场各有特点,便于企业进行分析评价,从中选出最有利的目标市场。但运用组合法细分全球市场要求掌握大量的信息,事先的工作量大,不便于操作。

**(三)全球市场宏观细分应注意的问题**

(1)市场细分没有绝对的标准。引起各国市场需求差异的因素是多元的,也是多变的,因此,进行市场细分的依据也不是单一不变的。

(2)市场并不是越细越好。因为将市场划分得过细,无法保证足够的市场容量,即使企业采取相应的营销策略占领了该市场,也是得不偿失的。

(3)有效的市场细分必须进行商业分析。企业开展营销活动的目的是取得商业利润,因此,在进行市场细分时必须考虑到每个子市场的回报率。

每个细分市场必须:

①是可衡量的;

②足够不同,确实需要不同的营销组合;

③可以通过营销和分销渠道到达;

④规模大,足以盈利;

⑤足够稳定,可以作为目标市场并且市场反应可以衡量。

只有符合上述各项标准的细分市场，才可以帮助营销人员设计恰当的营销活动来满足顾客的真正需求，通过有效的沟通渠道到达顾客，并且衡量营销对销售的财务影响。

### 三、全球市场微观细分

全球市场的微观细分是指在全球市场宏观细分的基础上，企业再按照影响消费需求和购买行为差异性的个体的因素，将市场划小的过程。

**全球市场细分**

使用个体消费者作为市场细分的基础将许多变量引入分析，增加了复杂性。也可以包括某些地理与人口统计变量，但最有价值的是更复杂的心理和行为细分，使用这些方法可以得到更精细的市场，因此能够更为精准地选择目标市场定位战略。

#### (一)消费者市场的细分变量

从理论上讲，凡是能引起消费需求和购买行为差异的因素都是细分消费者市场的变量，但概括起来，消费者市场细分的变量主要如下。

(1)人口因素：消费者的年龄、性别、职业、家庭规模、种族、宗教信仰等。

(2)地理因素：消费者所在的地区，如城市、农村，北方、南方，沿海、内地等。

(3)经济因素：主要是指消费者的经济收入的高低。

(4)心理因素：主要是指消费者的个性、生活方式等。

(5)行为因素：主要是指消费者的购买行为，如使用情况、追求的利益、品牌忠诚度等。

#### (二)企业市场的细分变量

比较消费市场和企业市场的细分过程，可以发现几个明显的差异，最显著的一个差异是市场规模。消费市场的营销人员经常要应对包含成千上万甚至数百万个体的大市场，但一个公司面临的企业市场很少超过数百家公司，只有极少数大公司声称自己有几千个商业客户。

另一个差异是实际购买过程。与个人消费者购买决策和最终行动所涉及的步骤相比，企业采购，从动机到选择和执行，显然更加复杂，涉及更多的人、因素和系统。

企业市场的细分变量往往包含 5 个方面。

(1)地理位置：企业用户所处的地理位置。

(2)用户性质：企业用户是属于生产企业、中间商还是政府部门等。

(3)用户规模：企业用户规模的大、中、小。

(4)用户要求：即用户追求的利益，如方便型、质量型和经济型等。

(5)购买方式：企业用户的购买频率、支付方式等。

#### 专栏 7-1 欧洲消费者心态

达美高广告公司(D'Arcy Massius Benton & Bowles, DMBB)的一支研究队伍专注于欧洲消费者心态研究，并完成了一项涉及 15 个国家的研究报告——《欧洲消费者：营销神话还是文化必然》。研究人员发现了 4 种生活方式的人群：

成功的理想主义者。占人口的 5%—20%,这个子市场的组成人员是那些在事业和物质利益方面均有成就的人,但仍然致力于抽象的或是社会责任的理想。

富有的物质享乐主义者。这些社会地位意识较强的"后起之秀"(其中很多是商务专业人员),以炫耀性消费来向他人显示他们的成功。

安逸的从属者。占一国人口的 25%—50%,与适应性人群和传统性人群一样,这类人群思想保守,对熟悉的东西最感安适。从属者对房屋、家庭、朋友和社区的舒适感到满意。

不满的幸存者。没有权力,也不富裕,这个子市场对升迁几乎不抱希望,或者倾向于不满,或者逆来顺受。这个子市场集中在高犯罪率的内城居民区。尽管不满的人们社会地位较低,但他们的态度却会对社会其他成员产生影响。

# 第二节　全球目标市场战略

全球市场微观细分

## 一、全球目标市场选择的有关理论

所谓全球目标市场是指企业在全球市场的宏观细分和微观细分基础上选择要进入的市场部分。全球目标市场选择有其理由依据,与全球目标市场相关的理论主要有以下几种。

### 1. 比较成本和相对优势理论

在比较成本和相对优势理论指导下,企业选择目标市场往往是为了在生产成本、分销成本等方面赢得优势。如许多跨国公司选择中国作为目标市场,除了中国巨大的市场容量和市场潜力外,很重要的一点是看中了中国的成本优势,尤其是劳动力成本低的特点。

### 2. 产品生命周期理论

国际产品生命周期理论认为,产品的成本结构在其生命周期的不同阶段会有规律地发生变化。在新产品阶段,产品的研制开发成功在竞争中至关重要,但这一阶段往往需要大量的科技人才和反应灵敏的供应厂商,以及其他相关行业的支持,因此,新产品的试制阶段往往是在发达国家进行的。而当产品进入成熟期,技术广泛普及,成为"夕阳技术",不发达国家也能生产该产品,初级劳动力成本低的优势开始显现。所以,对于大多数发展中国家而言,在全球营销的初级阶段,应挑选世界上市场成熟的产品为出口市场,因其市场、渠道等均已形成,不需要太多的营销开发,也不需要太多的专门售后服务,而这两项正是发展中国家的短处。若以新产品打入发达国家,则由于该产品的质量待稳定、渠道待开发,其进入市场困难重重。

### 3. 国家大小论

一个国家的贸易倾向与国家的大小直接有关,一般来说,一个国家越小,对进出口的依赖程度越大。这是因为:首先,国家小,资源少,自给能力差,需要进口的商品多;其次,国家小,与邻国距离也近,相对来说外贸运费低,贸易可能性高。因此,在小的国家,很多产业"天然欠缺",因而需要依赖进口,对进口的限制相对比较宽松。向小国出口,不存在对所在国产生失业冲击的问题,进入该国市场的政治阻力相对较小。因此,在选择出口市场时,向小国出口的阻力一般小于向大国出口。同样的道理,向本国没有该产品的"非生产国"出口,要比向有该产品生产的"生产国"出口要容易。但是,由于小国的市场规模有限,所以一般不宜采取投资方式进入。

**4. 国情相近论**

按照比较优势理论,国际贸易应主要发生在国情相殊的国家之间,如人口众多的劳动力密集型国家向资金密集的发达国家出口劳动密集型产品,而后者则向前者出口资本密集型产品。但事实并非如此,20 世纪以来,世界贸易的实际发展趋势是,国际贸易在很多行业是发生在国情相近的国家之间,一个国家常常同时进口和出口同一类商品。究其原因,主要是比较优势理论仅仅是从产品的成本也就是"供"的方面来解释贸易,并没有考虑到产品的"求",也就是消费需求方面的因素对国际贸易的影响。对很多产品来说,各国的消费偏好往往是比成本更主要的决定因素。因此,决定世界贸易流向的并不仅仅是成本差异,而且是消费者对商品花色品种的追求。从消费需求这方面来看,收入相近、文化相近、资源环境相近的国家更容易有相近的消费需求。正如中药等中国传统产品,虽然在发达国家没有市场,但在与中国人文环境相近的东南亚国家很受欢迎。

**5. 国情相异论**

根据亚当·斯密的"绝对优势论",国与国之间之所以贸易,是因为一国有某些其他国家所不具有的绝对优势,如适合养殖种植某种动植物的气候条件、生成某些特殊矿产的地理环境、由于历史原因形成的特殊技能等。根据这一理论,如果企业的产品是建立在某种稀有的、罕见的自然或历史资源的绝对优势之上的,则最可能在与本国截然不同的国家找到市场。近年来,斯里兰卡的腰果、美国的开心果等在我国市场走红就是很好的例子。值得注意的是,这一原则同样适用于"心理"差异,在本国国内已经衰落甚至消失了的产品,却可以在国外发现市场。例如,在中国风行一时的"美国加州牛肉面"的分店只有一家开在美国加州洛杉矶,其余都在中国。事实上,美国有没有加州牛肉面店无关紧要,关键是它符合中国人心目中的美国形象。

**专栏 7-2　天生国际化企业**

1994 年 Oviatt & McDougall 在理论界第一次明确定义了一种快速进行国际化发展的新型企业,即"从企业成立就通过利用多个国家的资源,向多个国家销售产品并积极寻求明显竞争优势的企业组织"。Knight & Cavusgil 则称之为"天生国际化企业"(Born Globals),并指出这类企业为"小型的,通常是技术导向的,从成立之初就进行国际经营的企业"。之后,Knight 将"天生国际化企业"具体界定为"一个从成立之初就从全球市场的销售中寻求相当部分收入的企业"。

"天生国际化"作为企业全球化经营中的一种现象,它的产生当然离不开经济全球化的大背景和生产、运输、通信领域的技术进步等外围因素。但是,起核心作用的内围因素还是"特殊的企业组织知识""全球'利基'市场"和"企业家精神"三要素。

**1.特殊的企业组织知识**

"天生国际化"企业的特质在于其特殊的组织知识,这种特殊性主要表现为"由核心成员个人知识的快速转化而来""专业性鲜明"以及"与生俱来的国际视野"三方面。而正是由于上述的企业组织知识的特殊性,"天生国际化"企业在成立之初或成立之后不久便制订、实施了国际化经营战略,从而促成了"天生国际化"的诞生,而且"天生国际化"企业的竞争优势正是建立在上述特殊的组织知识的基础上。

**2.存在全球"利基"市场的市场条件**

"天生国际化"企业在成立之初或成立后不久,就实施国际化战略,这与"天生国际化"企业在短时间内实现自身优势与国际相关市场的对接有关。"天生国际化"企业的市场往往是一些剩下的缝隙市场,即所谓的"利基"市场。

**3.企业家精神的作用至关重要性**

从"天生国际化"企业的组建到其国际化战略的形成再到实际满足全球"利基"市场的需求,每一个环节都离不开企业家的创造性劳动。第一,企业家精神促成了天生国际化企业的组成;第二,企业家精神促成了"天生国际化"企业国际化战略的快速形成;第三,企业家精神实现了"天生国际化"企业竞争。

资料来源:百度百科

## 二、全球目标市场选择的步骤

### (一)进行有效的市场细分(见第一节)

### (二)估计和测算各细分市场的容量和潜量

#### 1.评估现有市场容量的方法

对一国市场现有容量的测算,一般可通过以下方法进行:

市场规模=生产量+进口量-出口量

#### 2.预测未来市场潜量的方法

预测一国未来市场潜量的简易方法有以下几种。

(1)回归分析法。这是指通过各种经济因素之间的关系建立回归方程,并从中推算出某种产品的需求变化。国际商务的实证研究表明,很多耐用消费品的需求量往往与人均收入有关,研究人员通过估测,建立了相关的回归模型,可以据此估测产品的需求量。例如,研究人员对 37 个国家的小汽车拥有量与收入关系的分析,建立回归方程 $Y = -21.071 + 0.101X$,说明人均收入每增加 100 美元,每千人汽车拥有量会增加 10 辆。

(2)市场缺口分析法。估算市场需求时,重要的是潜在市场或供不应求的那一部分"市场缺口"。多数分析表明,占领尚未被满足的市场比从已经被占领了市场的企业手中夺取市场份额相对容易。因此,最理想的目标国家市场并不是市场绝对容量最大的市场,而是"市场缺口"最大的国家市场。

（3）动态分析法。评估一个目标国家市场的容量和潜力，还可以通过对该国市场某产品生产和进出口的历史数据和增长速度的把握，来推断出该市场的规模和今后的发展潜力。

（4）需求要素分析法。在评估目标市场的规模时，还可以通过对影响需求的各项要素进行分析，从而确定市场容量和发展潜量。例如，影响小汽车需求的要素主要有收入水平、交通设施、汽油价格等，采用上述"需求要素"对小汽车的销售量进行多元回归分析，就可测算该目标国家市场的容量。

**3. 市场评估与进入选择**

一般来说，企业对于现有市场容量较小，未来发展潜力又较小的候选市场应尽早放弃，因为占领该市场是得不偿失的；对于现有市场容量较大，但缺乏发展潜力的市场，宜采取出口等灵活性较强、较易退出的进入方式；对于现有市场容量不大，但未来发展潜力较大的市场可采取投资当地生产等方式；对于现有市场容量和未来发展潜量都较大的候选市场，企业的选择余地较大，是最为理想的目标市场。

**（三）评价各细分市场的风险**

企业在选择目标市场时还必须评估各子市场的政治风险、经济风险和文化风险等。

政治风险往往是指各个细分市场政局的稳定性、政策的连续性等对企业全球营销活动造成影响的不利因素。如：对于政治风险高的候选市场，企业一般不宜将其作为目标市场，即使作为目标市场，也不宜采用直接投资等灵活性较差的方式进入该目标市场；企业应选择政治风险出现的可能性较小的市场作为目标市场，并采取有利的方式进入该目标市场。

除了政治风险以外，经济风险也是评价各细分市场的重要指标。经济风险往往是由于汇率等经济环境的变化而带来的风险。在这方面有许多国际知名跨国公司的经验教训值得借鉴。

而对文化风险的评估也是必要的。有时尽管文化因素的影响是柔性的，但文化的障碍是难以逾越的，因此，企业在选择目标市场时还必须考虑能否适应当地的文化。

**（四）分析各细分市场的竞争状况**

对各细分市场的竞争态势与竞争结构，以及竞争者情况的分析研究也是目标市场选择过程中必须要做的工作。在全球营销活动中，市场竞争的构成更为复杂。某一产品的市场上可能既有来自企业母国的竞争者，也有来自东道国的竞争者，还有来自第三国的竞争者。

**（五）衡量企业自身的经营能力**

企业对目标市场的选择往往还与企业自身的经营能力有关，如果候选市场的市场容量和潜力都较大，但由于企业并不具备进入该市场的条件，这个市场对企业而言也是毫无意义的。

总之，全球目标市场的选择是一个非常复杂的过程，有些专家总结出了全球目标市场选择的步骤,如图 7-2 所示。

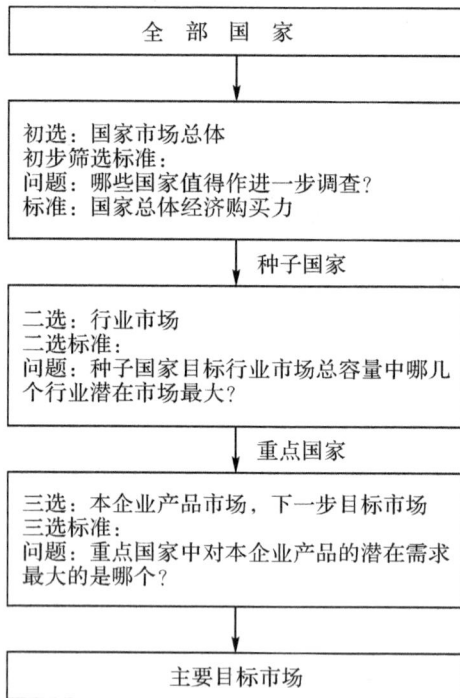

```
┌─────────────────────────────────┐
│         全 部 国 家              │
└─────────────────────────────────┘
              │
              ▼
┌─────────────────────────────────┐
│ 初选：国家市场总体               │
│ 初步筛选标准：                   │
│ 问题：哪些国家值得作进一步调查？ │
│ 标准：国家总体经济购买力         │
└─────────────────────────────────┘
              │ 种子国家
              ▼
┌─────────────────────────────────┐
│ 二选：行业市场                   │
│ 二选标准：                       │
│ 问题：种子国家目标行业市场总容量中哪几 │
│ 个行业潜在市场最大？             │
└─────────────────────────────────┘
              │ 重点国家
              ▼
┌─────────────────────────────────┐
│ 三选：本企业产品市场，下一步目标市场 │
│ 三选标准：                       │
│ 问题：重点国家中对本企业产品的潜在需求 │
│ 最大的是哪个？                   │
└─────────────────────────────────┘
              │
              ▼
┌─────────────────────────────────┐
│         主要目标市场             │
└─────────────────────────────────┘
```

**图 7-2　全球目标市场选择的步骤**

## 三、全球目标市场决策及其应考虑的因素

### (一)三种全球目标市场战略

与国内市场营销一样,企业在全球市场上可供选择的目标市场战略也是无差异性、差异性和集中性等三种目标市场战略,但由于企业是在世界市场范围内选择并运用这三种战略,因此操作手法更为复杂和困难。

**1. 无差异性目标市场战略**

无差异性目标市场战略是指企业将全球市场视为一个整体,把市场营销的重点放在需求的共同点上,通过标准化的营销策略,尽可能多地吸引顾客。这种营销战略的优点在于通过大批量的生产和标准化的营销活动,企业可以降低生产和营销成本,实现规模经济效益。如早期的可口可乐曾以标准的瓶装和统一的广告宣传在世界软饮料市场上独领风骚,美国的其他一些大公司也都采用此战略,如麦当劳等。但是,无差异性目标市场营销的缺点是忽视了不同国家和地区的不同消费者之间的需求差异,往往难以满足所有消费者的需求。因此,目前许多跨国公司越来越趋向于采用差异性目标市场营销战略。

**2. 差异性目标市场战略**

差异性目标市场营销战略是指企业通过市场细分,选择两个或两个以上的子市场

作为目标市场,针对每个子市场的特点,分别设计不同的营销组合方案。例如国际著名的宝洁公司在世界各国的市场上推出不同的产品,有洗发、护发用品,护肤美容用品,个人护理用品,口腔护理用品,食品和饮料,等等,以满足不同消费者的不同需要。宝洁公司在中国市场上推出的洗发、护发产品就包括海飞丝、飘柔、潘婷、沙宣、润妍等品牌。差异性目标市场营销的优点:一是可以满足不同消费者的不同需要;二是通过增加产品,可以增加企业的销售额,提高产品竞争力;三是通过增加产品,分散经营风险。但是采用差异性目标市场营销战略必将增加生产和营销成本。

**3. 集中性目标市场战略**

集中性目标市场营销战略是指企业通过市场细分,选择一个子市场作为企业的目标市场,对于该子市场采取有针对性的营销策略,以争取在该市场上取得较大的市场份额。在这里集中性目标市场战略有两层含义:一是指企业将营销精力集中在某一地区的市场上,以在该地区的市场上占有明显的竞争优势;二是指企业集中力量为某一消费群服务,满足其特定的需要,如德国大众汽车公司(Volkswagen)一向致力于小型汽车的发展。

集中性目标市场营销战略的优点是对目标市场的研究较为深入,营销策略具有针对性,营销效果好。但是企业的市场过于集中,当市场形势发生突变时,往往会造成很大的政治风险。例如,杭州某轻纺织品公司原来的市场主要集中于东南亚地区,1995年东南亚金融危机爆发,企业的产品出口受到严重影响,从而一蹶不振。

### 专栏 7-3 中式雪糕钟薛高,又一个打透细分市场的新品牌

2018年"双11"66元/支的"天价"雪糕爆红,这款产品就出自雪糕品牌钟薛高。这个2018年3月份才刚刚成立的年轻品牌,成立4个月即登上小红书食品类笔记数量第一名,同年"双11"首秀即实现天猫冰品类目销售总额排名NO.1,创下天猫"双11"冰激凌类目和中国互联网冰激凌的最高销售纪录。这个如此年轻的品牌究竟如何摇身一变成为网红?

**一、行业技术加持消费潜力,填补中国雪糕市场空白**

目前,我国冰激凌市场上品牌众多,市场竞争激烈。大家耳熟能详的既有以哈根达斯、DQ为代表的高端连锁门店品牌,雀巢、八喜等外资品牌,蒙牛、伊利等国产品牌,也有主要定位中低端市场的区域性老牌冰激凌企业德氏、天冰,等等。冰激凌市场已经由原先寡头垄断的平静市场,转变成了多方争霸的红海市场。并且,在我国冰激凌市场中占据优势的还是国外品牌。与此同时,消费者对于健康的需求也与日俱增,好吃又健康的雪糕逐渐成为市场的主要消费趋势。在这样的形势下,钟薛高发现了其中蕴藏的机会,一款主打高端、健康的国产雪糕品牌就这样应运而生了——钟薛高名字取自中式雪糕的谐音,回字形瓦片形象代表中国的青瓦白墙。

利基市场

## 二、瞄准年轻中产阶级群体,打造仓储式消费品牌

随着最后一批"90后"满20岁,"80后""90后"人群实实在在地开始成为职场主力军和国内新兴消费的中坚力量。面对休闲零食的选择,价格也往往不再是他们考虑的首要因素,口感、包装、热量和健康,甚至社交属性都被纳入了考量。在购买方式上,他们则更习惯网购。因此,从定价开始,钟薛高就没有选择通过价格战打开市场、占领渠道,而是为不同SKU制订了可以和一些国际品牌媲美的20元上下的价格,同时在原料的选择、供应链的建立和服务的标准上倾注了更多的精力;也将销售的主要阵地放在了线上,并把线下的主题快闪店定位为制造话题、为线上引流的入口。

从冰激凌的消费方式来看,"季节性"和"随机性"是它的两个标签。随着冰激凌的季节属性慢慢淡化,钟薛高希望培养中国人家庭仓储式的消费习惯,像西方储存坚果、零食、鸡蛋、牛奶一样消费和储备冰激凌,改变以在线下零售渠道"随买随吃"为主的消费方式。同时,其希望打造品牌,而不是大单品。钟薛高虽是人们口中的"网红品牌",却没有试图依赖哪一款或几款产品的火爆,因为在流行趋势变化极为快速、消费者不断需要新鲜刺激的当下,网红产品的生命周期大大缩水。

## 三、极致的产品和服务提高产品价值

钟薛高在产品的品质感知和价值感知上下了很大的功夫。除了在外形上和常见的冰激凌有所区别,借鉴了中国元素中的瓦片之外,钟薛高在原料方面主打低糖、低脂、零添加,为怕胖和担心食品安全的消费者提供了更好的消费体验。除了口感之外,小红书上钟薛高的笔记中提及最多的词可能就是"颜值"了。高颜值的产品设计无疑细心捕捉并且恰到好处地利用了"80后""90后"消费者追求新鲜刺激、喜欢尝试、乐于分享的特点。另一个被多次提及的可能就是钟薛高的服务。不管是线上的物流还是线下的快闪、专营店,都成了钟薛高产品价值的一部分。物流方面通过使用自家仓库,在高密度泡沫箱中放置足够干冰来确保雪糕完好。在线下快闪、专营店里,公司还要求店员亲手撕开包装递给消费者,并有权在发现产品有瑕疵或消费者不满意的情况下为其免费更换。

资料来源:https://mp.weixin.qq.com/s/t63RWvuvATsFOoxW8rWPAw

"我想卖好就能卖好"? 钟薛高火遍全网的秘密

### (二)全球目标市场战略决策应考虑的因素

企业在选择全球目标市场战略时应主要考虑以下因素。

**1.企业的资源条件**

如果企业的资源条件较好,则有可能选择差异性目标市场营销战略;而企业的资源

条件有限时,最好选择集中性目标市场营销战略。

**2. 产品的同质性**

如果企业经营的产品是同质性较高的产品,则宜选择无差异性目标市场战略。反之,如果企业经营的是同质性较低的产品,则宜选择差异性或集中性目标市场营销战略。一般来说,工业品比消费品的同质性高,耐用消费品比非耐用消费品的同质性高,因此,前者更适合选择无差异性目标市场战略,而后者却更趋向于差异性或集中性目标市场营销战略。

**3. 产品生命周期**

当产品处于生命周期前期,如投入期时,企业可采用无差异性目标市场营销战略,因为此时的市场需求差异性可能尚未显现;当然,企业也可选择集中进入某一市场,提供专业服务。但当产品进入成熟期时,企业只能选择差异性目标市场战略,以求得竞争优势;或选择某一尚有市场潜力的市场开展集中性目标市场营销。

**4. 市场的同质性**

如果市场上对某一类产品的需求较为接近,则市场的同质性较高,企业可采取无差异性目标市场营销战略;反之,企业应采取差异性或集中性目标市场战略。

**5. 竞争结构及对手的营销战略**

如果市场竞争激烈,且竞争对手具有明显的竞争优势,则企业宜采取集中性目标市场营销战略,以在局部市场上赢得优势;如果市场上不存在竞争者或竞争者较少时,企业宜选择无差异性目标市场战略;如果企业在竞争中具有优势,且企业的实力较强,则可采取差异性目标市场战略。

企业在选定目标市场后,还可以不断拓展其市场,争取更大的市场份额或取得更有利的竞争地位。

## 四、全球目标市场拓展

### (一)目标市场拓展的基本原则

根据国际企业市场扩展的经验,企业目标市场扩展的原则:先近后远、先易后难、先熟悉后陌生。

大部分国际企业的市场扩张的地理程序通常是本地市场→地区市场→全国市场→海外相邻市场→全球市场。美国企业的全球市场扩展路线:先是地理上较为接近、文化环境较相似的加拿大等邻国市场→经济发展水平较为接近、文化差异较小的欧洲市场→无论是在地理位置还是文化上差异都较大的亚洲市场。

### (二)目标市场拓展的方式

目标市场的拓展方式主要有渐进式和跳跃式两种,如图 7-3 所示。

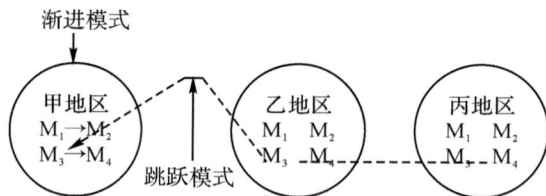

**图 7-3　目标市场拓展方式**

1.渐进模式。渐进模式也可称"滚雪球"方式,是指企业在现有市场的同一地理区域内,采取区域内发展的方式,穷尽了该区域内市场后再转移到一个新区域。例如图7-3中,企业在甲地区依次开拓 $M_1$—$M_2$—$M_3$—$M_4$,待甲地区的市场全部开发后再转战另一地区。日本企业最早进入国际市场采取的就是这种目标市场拓展方式。如:日本松下电器产业公司早在1961年就开始在泰国生产收音机,在 20 世纪 60 年代里打到海外的地域集中在泰国、菲律宾、印度尼西亚等东南亚地区以及巴西、墨西哥、秘鲁等中南美各国;在发展中国家积累一定的全球营销经验后,20 世纪 70 年代松下开始打入发达国家市场,逐渐在美国、欧洲等地生产彩电等电器,最后形成全球性经营管理体系。采取渐进模式开拓目标市场往往有这样的好处,同一地区内的市场通常具有一定的共性,适合区域内某一国家市场的产品,适合其邻国市场的可能性很大,而且由于地理位置相近,在分销和实体分配等方面也可积累经验,降低成本,提高效率。总之,这是一种较为稳妥的目标市场拓展方式。

2.跳跃模式。跳跃模式也可称"采蘑菇"方式,是指企业跨区域的目标市场开拓方式,如图 7-3 中,企业开拓市场的路径是甲地区 $M_2$—乙地区 $M_3$—丙地区 $M_4$。企业在选择和拓展目标市场时并不考虑目标市场之间的地理因素,而是按目标市场本身的优劣条件来决定。因此,企业的上一个目标市场是美国,下一个目标市场则可能是南非,再下一个可能是新西兰,总之,没有一定的地理上的规律性,而是追随着市场机会发展。这种目标市场的拓展方式虽然有些冒险,但更为积极主动。一般来说,某一产品在世界许多地区都可能有市场,但是企业的最佳市场一般不可能全部分布在同一地区内,而很可能分散在不同的地区。因此,企业在占领了一个地区内的最佳市场后,与其留在同一地区追求次佳市场,不如跳出地区的限制,去寻找新地区的最佳市场。跳跃模式具体可表现为按市场容量为序,先进入最大市场,然后依次进入次大市场;还可按照竞争需要,先占领对建立企业全球市场的最关键市场,然后再图其他。

以上两种目标市场的拓展方式各有利弊,相对来说,跳跃模式发展的机会更多,但风险更大。

**(三)目标市场拓展的方式选择应考虑的因素**

当然,企业具体选择何种目标市场拓展方式要根据市场特点、产品特点和企业自身的特点进行抉择。如海尔集团并不采取由近及远、先易后难的发展原则,而是反其道而行之,先难后易,先进入进口限制等较为严格的国家,在这些国家取得成功以后,再向其他市场进军。

# 第三节　全球市场定位战略

## 一、全球市场定位的含义

市场定位(Marketing positioning),也被称为产品定位或竞争性定位,指根据竞争者现有产品在细分市场上所处的地位和顾客对产品某些属性的重视程度,塑造出本企业产品与众不同的鲜明个性或形象并传递给目标顾客,使该产品在细分市场上占有强有力的竞争位置。

全球市场定位是指企业在全球市场细分的基础上,根据目标市场的需求和竞争特点,为其产品确立一个合适的利益点。

在全球市场上,企业可以确立一个全球统一的定位,以便于统一形象,也可以因地制宜,采取差异化定位,从而更好地适应东道国市场的文化背景和需求特点。

## 二、影响全球市场定位决策的因素

影响企业在全球市场上定位的因素有很多,主要包括以下几个方面。

### 1. 市场特点

即企业进入的目标市场的需求水平、需求结构、需求心理是否与企业的产品原有市场定位相似。如果与目标国家市场的需求特点相同,且具有相似的价值观,则国际企业原有的产品定位主题可以延续,如果差异较大,则需要做相应调整。例如,U. S. POLO ASSN 是一个在国际上具有广泛声誉的高端品牌,为了使品牌的高端属性和中国市场的特点结合起来,U. S. POLO ASSN 以"商务运动"的全新定位在中国内地强势登场,迎合商务人士渴望运动但又必须保持商务生活状态的双重需求,成功成为中国"商务运动"服饰市场的领先品牌。

### 2. 竞争特点

当企业面临的目标国家市场竞争不是特别激烈时,企业可采取与本国市场相同的定位;但当企业面临的目标国家市场竞争异常激烈时,企业可能要采取更具竞争力的定位战略。例如,哈根达斯是在美国普遍受欢迎的冰激凌品牌,进入中国市场时,考虑到中国市场的需求和竞争特点,定位为顶级冰激凌品牌,成为受"小资"追捧的奢侈品。

### 3. 产品特点

一般来说,满足普遍需求并且在全世界使用方式类似的产品更适合于统一性定位,如家用电器;但如果是满足个性需求且各地使用方法有显著差异的产品,则不适合采用统一性定位,如快消品。

### 4. 企业特点

企业特点包括企业的资源条件、发展目标等,如企业准备在全球市场上打造统一形象还是有差别化的形象。全球统一形象和差别化形象对于企业来说各有利弊。

### 三、全球市场定位战略决策的程序

企业制订全球定位战略的步骤包括以下几方面。

(1)识别一系列相关的竞争产品或品牌。即充分了解目标国家市场上目前的竞争者的产品或品牌定位情况。

(2)确立当前消费者对于产品或品牌以及竞争者的看法,了解目标国家市场上消费者对既有品牌的态度以及消费需求的满足状态,努力寻找市场空白点。

(3)开发可能的定位主题。即根据市场需求和竞争特点,结合企业和产品的特点开发可能的定位主题。

(4)选择最具吸引力的定位战略。通过以上分析,寻找适合的定位主题。

(5)制订营销组合战略。通过制订符合市场定位要求的营销组合战略,在产品开发设计、分销渠道建立、产品定价和促销等方面全方位传达定位的主题。

(6)监控定位战略的有效性。在定位战略的具体实施过程中还必须进行有效的监控,防止定位走样。

### 四、全球市场定位战略决策

#### (一)统一化定位战略

**1.统一化定位的含义**

统一定位战略是指企业在全球范围内构建同一个定位主题,传达相同的品牌内涵和主题诉求。例如,诺基亚向全球客户做出"科技以人为本"的承诺,是统一定位战略的表现。

**2.统一化定位的诉求确立**

为了吸引来自不同文化背景的全球消费者,统一主题的定位往往可以从以下几个方面入手:(1)具体产品的特征或属性,(2)产品利益(感性或理性的),(3)使用者类别,(4)用途,(5)生活方式,等等。例如:从具体的产品特征或利益出发,可以强调产品的功能,如洗衣机(清洁功能)、电视机(高清画面)等;而从使用者类别出发可以强调"为女性服务";从生活方式出发可以强调特定的价值观念,例如 LG 的"Life is good"。

**3.统一化定位战略的优缺点**

统一定位战略的优点是有利于在全球范围内建立统一的品牌和企业形象,减少促销成本,但是在全球范围内往往很难找到一个普遍适用的定位主题,使之放之四海而皆真。于是,一些跨国公司宁愿选择差异化定位。

#### (二)差异化定位

**1.差异化定位的含义**

差异化定位是指根据不同国家或地区的市场特点和文化背景进行不同定位主题的确立和传达。

**2.根据市场情况确立差异化定位诉求**

当各地市场的差异化程度较高或跨国公司准备以不同的定位去占领市场时,往往可采取差异化定位。例如,"陆虎"的欧洲市场形象是"货真价实",但进入北美市场的遭遇问题,北美认为克莱斯勒吉普车才是货真价实的四轮驱动代表。

另外一种情况是跨国公司常常将一个在国内市场的主流品牌作为高端品牌投放到海外市场。例如:福特"护卫者"在美国和欧洲是普通的主流客车,在印度市场定位为高级轿车;喜力、百威在美国是主流啤酒,在中国等市场走高端路线。在中国市场走高端路线的还有在欧美采取大众定位的许多品牌,如欧莱雅、哈根达斯、星巴克等。

**3.差异化定位的优缺点**

这种差异化定位可以有效地形成品牌区隔,同时有利于实现价值剩余。例如,在中国市场上,提升定位反而有利于吸引消费者,尤其是高端客户,既提高了收益又提升了品牌。但是差异化定位有时会使企业及品牌的形象模糊化,容易使消费者产生混乱。

**(三)属地化定位**

属地化定位实际上是差异化定位的一种,是一种完全本土化的定位,它是根据目标国家市场的特点量身定做的,具有本地消费文化的特色。例如,梅赛德斯在日本推出中等价位的 E 级车型时,其广告使用了日本的风景和形象,使用的广告语"梅赛德斯和一个美丽的国家"更加强调了本地感。

由于属地化定位主要是针对目标国家市场的特点而量身定做的,定位的针对性强而延伸性较差,成本也较高。只有当目标国家市场的吸引力足够大时,才可能采取这样的定位诉求和传达,否则风险较大。

◆ **本章小结**

企业的全球市场进入战略决策先是进行全球市场细分,全球市场细分涉及宏观细分和微观细分两个层次,在这里我们主要讨论宏观细分,它是指企业根据影响各国市场需求的宏观因素,将全球市场细分为若干个宏观环境相近、进而市场总体需求相类似的子市场的过程。经过宏观细分后,企业还应根据影响消费需求的个体因素将宏观细分后的子市场进行微观细分。

企业在市场细分的基础上需要选择合适的目标国家市场。企业应考虑各子市场的容量和潜量、市场竞争和风险等多种因素,然后进行科学决策。

企业的全球市场定位战略是指企业在全球市场细分的基础上根据目标市场的需求和竞争特点,为其产品确立一个合适的利益点。全球市场定位可以采取全球相同或相似主题诉求的统一化定位,也可以根据目标国家的市场特点采取差异化或属地化定位,这需要国际企业根据目标市场特点和企业及产品的特点慎重决策。

◆ **案例分析**

**英国品牌进入中国本土化市场的营销案例分析——以玛莎百货为例**

玛莎百货(Marks&Spencer,简称:M&S)是英国最大的跨国商业零售集团,亦是英国代表性企业之一,在英国零售商当中具有最强的盈利能力。如果以每平方英尺销售额计算,英国玛莎百货在伦敦的商店比世界上其他任何一家零售商店获得的利润都要多。英国玛莎百货出口货品数量也在英国零售商中居首。玛莎百货在英国本土开设了600家分店,遍布英国各个城市和地区,在全球40个国家和地区共开设了285家分店。英国玛莎百货所有的货品都是由公司与制造商自己设计,然后将设计好的产品交给制造商,制造商按照英国玛莎百货提供的规格严密地进行生产,确保产品具有高级而稳定的品质。英国玛莎百货有大量技术人员与制造商紧密合作,在选料、技术、品质控制、生产工艺等方面进行合作与监督。基于这种理念,英国玛莎百货在同行中,越过了批发商这一环节,大大降低了成本,同时,与制造商的密切合作,加上英国玛莎百货的市场调查与产品设计,最大限度地满足消费者的需求,实现了"为目标顾客提供其有能力购买的高品质商品"这一目标。这种服务实现了从传统的消极被动的服务到主动积极服务的转变,首先冲破了百货零售业的传统。创新的经营理念使其在百货连锁同行中独具特色,取得很大的成功。然而,在中国市场的发展道路上却屡屡受阻。2008年,玛莎百货在上海开设了中国内地的第一家分店。但是,自2008年进入中国内地市场以来持续亏损,玛莎百货对旗下所有466家国际商铺进行全面评估后,最终决定在2016年退出中国市场。其在年中财报中指出,玛莎百货在香港市场实现盈利,在中国内地的10家商铺却持续亏损,因此决定关闭位于中国内地的所有10家店铺,继露华浓、ASOS、Best-Buy等品牌退出中国市场后,成了又一个退出中国市场的品牌。

根据STP理论,即市场定位理论,图7-3与图7-4为英国玛莎百货与中国玛莎百货市场定位对比分析。可以从图中明显地看出英国市场定位为中高端,而中国市场定位为大众化,玛莎百货在进入中国市场前后,广告宣传极少。而在英国市场,每年的圣诞节创意广告成为英国当地消费者茶余饭后的讨论热点,可见在英国的市场定位清晰而有效,在中国的市场定位模糊而影响力很弱。

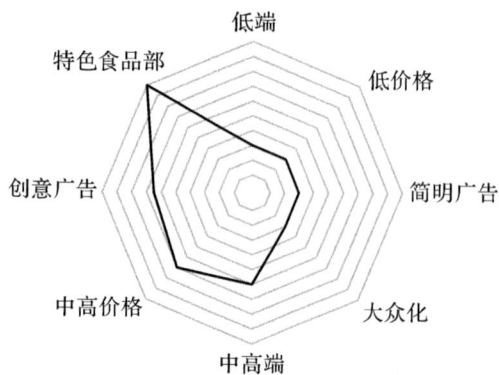

图7-3 英国玛莎百货市场定位

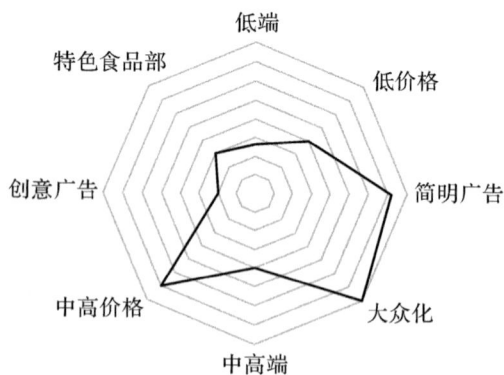

图7-4 中国玛莎百货市场定位

据统计,在英国的总营业额中,2016年玛莎英国食品收入是54亿英镑,服饰家居是39亿英镑。其中食品销售同比上涨3.6%,而服饰销售则是同比下跌2.2%。在同行英国百货品牌中,玛莎在食品方面做的研发十分超前,20世纪七八十年代就率先开始在店内提供类似鸡胸肉奶油卷和三明治的即食食品。相反,在中国市场,食品始终没有被作为重点业务在中国推行发展。

2015 年，由于在中国市场屡屡受阻，玛莎百货决定在北京世贸天阶开出一家升级后的精品门店，这一举动被理解为玛莎百货认识到了中国消费者与市场定位需求的表现，但由于前期市场定位失败等种种原因，这一举动并不能为玛莎百货挽回糟糕的局面。

在促销方面，其品牌认知度低，但又很少做宣传与营销。在上海、北京这样国际化的一线城市，玛莎百货的宣传难度相对小一些。这里有不少外国人，也有不少去过英国留学、旅游的人，他们一定很难忘记玛莎在英国的密集程度，大小门店超过 930 家，半小时车程内肯定能看到一家。然而在中国，却很少能看到玛莎主动宣传的广告，由于刚进入中国市场，宣传策略寥寥无几，他们的宣传手段只有常规的店内促销，以及最传统的邮件营销，最多也就是微博转发抽奖。只有在天猫旗舰店开业以及北京世贸天阶旗舰店开业时，他们才大幅度地增加了户外和地铁宣传广告，但收效甚微。

在渠道和产品方面，货品缺乏吸引力，经常缺码断货。很多中国消费者对玛莎的评价多为"老气""过时"等词语。基于尺码和标签都要保持全球统一的标准，所有产品很可能执行的也是这一标准。中国市场并没有被玛莎根据市场定位需求来区别对待。相对于其他快时尚消费品牌，例如 Zara 或者 H&M，他们的市场定位都会针对中国消费者对设计和时尚元素的偏好。除了玛莎货品对于中国消费者缺少吸引力之外，还有一点致命伤是缺码断货，尤其是相对更受欢迎的食品区，经常出现货架上空位或买不到产品的现象。

2011 年，由于这些问题，玛莎百货曾经承诺对供应链进行一些调整。例如：建立本地采购团队，以挑选更适合中国消费者的服装；新建的上海仓库将直接对接制造厂商，并将更好利用其位于深圳的全球配送中心；对于其强调时尚感的产品线 Limited Collection 从设计到销售的全流程也会更快。但直到退出中国市场之前，这些涉及供应链的问题，也没有被完全解决：从海外运输过来的服装会因为通关时间过长而导致缺货问题，电商渠道也会出现送错货的情况。受影响最大的是保质期短的食品，由于通关时间长，送到店内就临近保质期，只能低价处理，因此其也面临价格与断货等问题同时出现的情况。

在定价方面，受到 2008 年的金融危机影响，玛莎集团 2008—2009 财年，利润降幅超过 1/3；英国市场上的销售额下滑了 1.1%，完全依赖于全球市场 23.9% 的增长，才做到 0.8% 的总体增幅。玛莎 2009 年当时的市场计划是未来 5 年内，国际业务收入的比例提升至 15%—20%，对中国市场的业绩寄予厚望。2013 年 9 月，玛莎在天猫旗舰店开设了一个进口食品及葡萄酒业务的旗舰店；同年 12 月，京东旗舰店也开设了食品部旗舰店，比其他欧美市场的竞争对手快了一两年。但是其价格定位举棋不定，导致产品销售受到了很大的影响。

资料来源：赵雨尧、宋婧：《英国品牌进入中国本土化市场的营销案例分析——以玛莎百货为例》，《时尚设计与工程》2018 年版第 4 期。

◆深入思考

结合案例思考：如何在母国之外的市场进行差异化定位？其中不同的市场环境如

何影响企业市场定位和目标市场选择？

◆ 延伸阅读

《天生国际化企业的中国解释》

**天生国际化企业的中国解释**

◆ 思考题

1. 什么是全球市场宏观细分？全球市场宏观细分的变量主要有哪些？
2. 全球目标市场选择的理论主要有哪些？
3. 全球目标市场选择需经过哪些步骤？
4. 全球目标市场策略主要有哪些？决策应考虑哪些因素？
5. 全球市场战略程序包括哪几个阶段？
6. 全球市场统一性定位和地方性定位策略各有何利弊？

第八章 全球市场进入战略决策

【学习目标】

☆了解和把握全球市场的进入方式及特点；

☆理解全球市场进入方式决策的原则；

☆掌握全球市场进入方式决策应考虑的因素。

【导入案例】

### 特斯拉的直营模式

如今的特斯拉已然成了"创新、革命"的代名词。有人说特斯拉不仅仅是一辆车，它还是一位开拓者。的确，特斯拉是一家特立独行的汽车创业公司，它敢于颠覆传统汽车的营销模式，用互联网思维启发了全世界。

然而，"颠覆"是需要承担风险的，特斯拉为何要放弃能快速打开渠道的高效分销模式，而另辟蹊径坚持颇具风险的直营模式？特斯拉 CEO 埃隆·马斯克曾这样回应："特斯拉做网络直营是要确保所有的客户从开始到最后都有全链条的最佳体验。投资人希望在中国卖贵一点，很多汽车厂商都这么干，但我认为不能欺骗消费者。"

传统汽车营销渠道都是通过 4S 店或经销商。不少消费者在 4S 店或经销商那购车时，都担心过销售人员不诚实、价格不够实在、售后服务烦琐不便等。而特斯拉采用的是体验店与网络直销两种渠道，通过为消费者提供"看得见、摸得着"的服务体验，直接避免了上述问题。踏入体验店时，销售人员更多的是在提供体验服务，而非一味地进行产品推销。在互联网时代，特斯拉更是网络直营的代表——网上预约、网上下单购车，连售后服务也是通过互联网来解决。特斯拉目前已经完美实现了车联网技术，当车主遇到难题可直接通过无线联网或者去实体服务中心进行解决，这不仅是技术上的颠覆，更是营销模式的创新。

特斯拉曾发布官方声明表示，"采用直销模式是为了最大限度地保证客户可以享受到优秀的产品和服务"。不得不说，这种创新的营销模式，最先受益的就是消费者：节省了渠道成本，价格更透明、实惠，从试驾、订车、交付到售后的一体化服务获得了更多便利。

资料来源：特斯拉官方网站.https://www.tesla.cn/blog/。

国际企业在进行目标市场选择后需要进行全球市场进入战略决策,这是关于企业以何种方式进入目标国家市场的决策,它关系到企业长远的、全局性的发展,是企业发展的方向性决策。

全球市场进入方式也称作全球市场进入模式决策,它常被理解为一种制度安排,是指将产品、技术、人力、管理经验、资本和其他资源转移到其他国家的方式。

一个企业进入本国以外的市场,有很多可供选择的方式,一是出口进入,二是合约进入,三是投资进入,如图 8-1 所示。

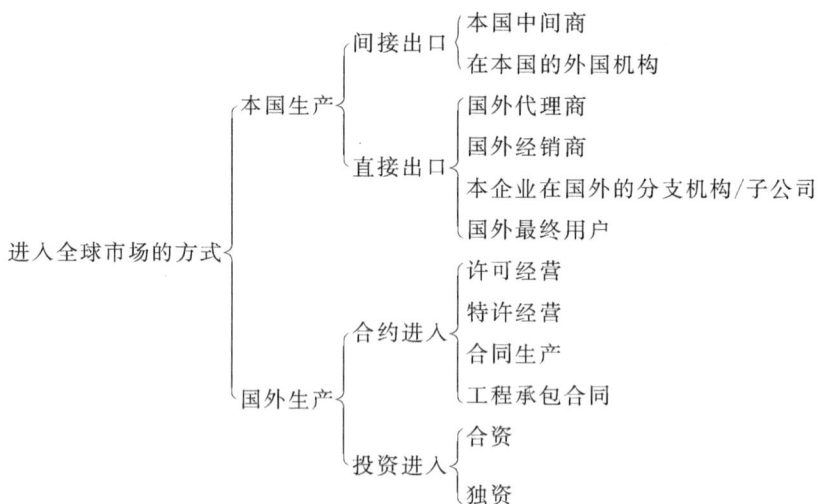

图 8-1　全球市场进入方式

# 第一节　出口进入方式

## 一、出口方式概述

出口是企业进入全球市场的最基本方式,它与其他两种进入全球市场的方式的根本区别:(1)通过出口方式输出的是有形产品;(2)产品是在目标国家境外制造,然后再运输到该国市场销售的。

出口方式又包括间接出口和直接出口两种具体形式。

## 二、间接出口

### (一)间接出口的含义和特点

间接出口是指企业并不直接从事出口业务,而是将产品通过本国中间商或外国公司在本国外设立的分支机构输往国外市场。此时,企业与全球市场并没有实质性的接触,在本国市场上就已完成商品交易活动,它与国内市场营销的唯一区别是企业的产品最终到达了国外市场,满足国外消费者和用户的需求。

直接出口对企业经营的要求较高,例如,我国商务部规定技术密集型的机电产品生产企业年出口供货额必须达到 50 万美元,其他行业的生产性企业年出口供货额达到 100 万美元才可以申请直接出口权。因此,目前我国大多数中小型企业的产品是通过间接出口销往国外市场的。

### (二)间接出口的优缺点

在间接出口的情况下,企业一般不需要对国外市场进行深入的调查研究,也不需要设立独立的全球营销部门,企业并不直接承受全球市场带来的风险,但是企业对国外市场也没有直接的控制权。

## 三、直接出口

### (一)直接出口的含义和特点

直接出口是指企业不通过国内中间商(机构),直接将产品销往国外客户。它是通过国外中间商或企业在国外设立的分支机构或子公司进行产品销售活动的。

### (二)直接出口的主要形式

#### 1.设立国内出口部

企业设立专门负责对外销售的出口部,通常由一名出口销售经理和几名职员组成。它有可能演变成为独立的出口部门,负责企业所有有关出口的业务,甚至还可能成为企业的销售子公司,单独计算盈利。

#### 2.国外经销商和代理商

国外经销商直接购买本企业产品,拥有产品所有权;而国外代理商是代表企业在全球市场推销企业产品,不占有产品,收取佣金。在企业不了解国外市场又想尽快进入全球市场时,可以把产品卖给国外经销商,或委托国外代理商代售。

#### 3.设立驻外办事处

设立办事处实质是企业跨国化的前奏。办事处可从事生产、销售、服务等一条龙服务。其优点一是可以更直接接触市场,信息反馈准确迅速;二是可以避免代理商的三心二意,而集中力量攻占某个市场。但其缺点是设立国外办事处需要投入大量资金。

#### 4.建立国外营销子公司

国外营销子公司的职能与驻外办事处相似,所不同的是,子公司是作为一个独立的当地公司建立的,而且在法律上、赋税上和财务上都有其独立性,这说明企业已更深入地介入了全球营销活动。这种直接出口方式有利于更好地了解市场、把握市场,也能很好地保护企业的商标、商誉及其他无形资产,并且能更好地提供售后服务,满足当地市场的需求,但风险较大。

### (三)直接出口的优缺点

与间接出口相比,直接出口具有以下优点:(1)对全球市场有更大的控制权,增加了企业对产品流向和价格的控制能力;(2)有利于企业积累更多的全球营销经验;(3)有利于直接接触全球市场,迅速获取市场信息,有效进行营销决策。

虽然直接出口比间接出口具有更大的市场控制权,但同时需要承担更大的经营风险。直接出口对企业的全球营销能力要求较高,风险也较间接出口大。

从总体上看,无论是间接出口还是直接出口,企业对外国市场的渗透是有限的。

# 第二节　合约进入方式

合约进入方式是指企业通过与目标国家的法人实体签订长期的非权益性合同,使企业的技术或人力从本国转移到外国。

与出口产品相比,合约进入方式主要输出技术、商标等无形产品;与直接投资相比,合约进入方式主要输出非资本性生产要素。合约进入方式的具体形式有以下几种,各有利弊。

## 一、许可证贸易

### 1. 许可证贸易的含义

许可证贸易是合约进入方式中最主要的方式。许可证贸易也称许可合同,它是指许可人(授权方,有时简称授方)通过许可合同,将专利、专有技术、商标及其他工业产权的使用权转让给被许可人(受方)的贸易。

### 2. 许可证贸易的优点

相对于产品出口和直接投资的方式,许可证贸易具有以下优势:

(1)是避开进口国限制。作为产品转换形式的最佳途径,当企业采用出口产品这一基本方式打入目标国家市场时,往往会受到进口国的种种限制,而输出技术等不受进口国限制的无形资产,则可以绕过出口壁垒,顺利进入目标国家市场。

(2)可避免和降低全球营销风险。由于只是许可人的技术而非资金进入了东道国市场,因此,在面临外汇管制、资产没收等政治风险时,企业不受影响。

(3)可节省高昂的运输费用,提高价格竞争力。有时,企业的母国与目标国家市场有较大的空间距离,产品出口的运输费用高,而将生产技术许可给当地企业,就会大大降低成本,从而提高产品在当地市场的竞争力。

(4)有利于特殊技术的转让。某些关系到东道国国计民生的产品,往往具有较高的政治敏感度,因此,企业无法采取投资和出口的方式将产品打入该国市场,而许可证贸易却能做到这一点。

(5)便于服务性企业进入全球市场。许可证贸易为不直接从事有形产品生产的企业进入全球市场提供了可能。

(6)使小型制造企业也能进入全球市场。由于小型制造企业缺乏资金,不可能通过对外直接投资的方式进入全球市场,但只要它们拥有对市场具有吸引力的技术,同样可采取许可证贸易的方式进入全球市场。

**3. 许可证贸易的不足之处**

(1)与直接投资目标国家市场从事生产经营活动相比,收益相对减少。因为许可人只是将工业产权的使用权转让给被许可人,收取一定的使用费,其收入终究有限,无法与直接投资相比。

(2)许可人必须具备一定的条件。并非任何企业或任何技术都能进行许可证贸易,只有当企业拥有专利或专有技术、驰名商标和良好商誉并对受方有吸引力时,许可证贸易才能实现。

(3)许可人对目标国家的市场运营难以控制。由于许可证贸易双方并非从属关系,而是买卖关系,因此,不管被许可人的市场经营情况如何,许可人也不能对其加以直接干预和控制,充其量只能把对方作为自己在国外的经销商。而当目标市场的经营情况不佳时,则可能对许可方及其产品的全球市场形象和声誉造成不良影响。

(4)许可人可能在全球市场上培养了自己的竞争对手。许可证贸易实际上是授方将一部分技术优势或独占权利转让给了受方,这就等于让出了一部分现实市场和潜在市场,这是授方的风险损失。而且一旦授方的技术为受方所掌握,则在许可合同终止后,仍存在很大的市场风险。因此,在签订许可合同之前,授方就要预见到这一风险的存在,并采取措施,以减少风险带来的损失。

(5)如果授方选择受方稍有不慎,则可能不仅无法实现市场目标,还会造成很大的市场风险。

## 二、特许经营

**1. 特许经营的含义**

特许经营是指通过签订特许合同,特许方将其工业产权(专利、专有技术、商号、商标等)的使用权连同经营管理的经验和方法一起转让给被特许方,被特许方按特许方的经营政策、经营风格从事经营活动。

特许经营是许可证贸易的一种特殊方式,其区别在于前者更强调对被许可方整个经营过程的控制。为了保证特许方的商誉,特许方一般要向被特许方提供一系列的支持,包括后勤支持(如提供设备、原材料、标签等)、管理支持(如培训、技术、采购等)、销售支持(包括促销活动的实施等)。

**2. 特许经营的优点**

特许经营的主要优点:(1)标准化的经营方式可以最大限度地扩大特许方商号或商标的影响力;(2)用较少的资本便可迅速拓展全球市场;(3)这种特殊的合作方式可化激烈的竞争关系为利益分享的伙伴关系;(4)与投资进入方式相比较,政治风险相对较小;(5)原来经营不善的同行企业乐于接受这种方式。

**3. 特许经营的缺点**

特许经营的不足之处:并非任何企业都能以这种方式进入全球市场,只有那些拥有著名商号、商标等特有优势的企业才能采用此方式;特许方的收益水平不如直接投资;

对被特许方经营的控制权不如投资；一些国家的政策法律会限制特许经营方式的运用。

**专栏 8-1　世界范围的特许经营活动**

表 8-1　一些企业在世界范围的特许经营情况　　　　　　　　　　　单位：家

| | 海外店面 | 国家 |
|---|---|---|
| 7-11 | 23652 | 18 |
| 麦当劳 | 22571 | 110 |
| 百胜 | 14057 | 100 |
| 赛百味 | 5962 | 85 |
| 达美乐比萨 | 3038 | 55 |

资料来源：Adapted from Richard Gibson, "Foreign Flavor," The Wall Street Journal (9,25,2006),p. R8

许可经营

### 三、合同生产

**1.合同生产的含义**

合同生产也称合同制造，它是指国际企业通过合同，委托国外市场当地制造商按本企业的要求代为生产某种产品，然后由本企业负责产品销售。

**2.合同生产的优点**

（1）当营销策略和服务水平比生产技术更为重要时，合同生产将是一种非常合适的方式；（2）合同生产的方式投资少、风险小，即使营销出现问题时，企业也可设法中止合同，损失不会太大；（3）市场和技术的控制权还在企业手中，当地生产加工企业对国际企业会有一定的依赖性。

**3.合同生产方式的不足之处**

（1）合同一旦终止，合作伙伴可能成为自己的竞争对手，因此，国际企业常常要对其最新技术有所保留；（2）当地厂家生产的产品质量可能达不到要求，从而使国际企业的商誉受损；（3）国际企业必须将一部分利润让给合作伙伴。

### 四、工程承包合同

承包国外的工程项目，也是企业进入国外市场的一种合同进入方式。工程承包合同实际上就是工程建设所需的非资本要素的转让合同，其中主要是劳动力、技术和管理等。

工程承包合同包括以下几种类型：（1）分项工程承包合同，即只承包国外总工程的部分项目；（2）"交钥匙"工程承包合同，即承包国外工程的全部项目，包括勘察、可行性研究、设计、施工、设备安装、试运行和试生产等,整个工程试运转和试生产合格后,再移交给国外工程业主,即所谓"交钥匙";(3)"半交钥匙"工程承包合同,即不负责试生产的"交钥匙"合同;(4)"产品到手"工程承包合同,即不仅负责"交钥匙"所包括的所有项目,而且负责工程投入使用后一定时期内的技术服务,如技术指导、设备维修、技术培训等,再移交给工程业主。

目前工程承包合同正在向 BOT(Build-Operate-Transfer,即建造—运营—转让)投资方式转变。BOT 与工程承包合同的区别是前者先进行投资建设,等工程项目完成并试运行后再转让给国外业主;而后者却是由国外业主投资、按国外业主的要求进行工程建设,完成工程后再交还给国外业主。

总之,合约进入方式的最大优点是:容易进入国外市场,投资少、风险小。但其不足之处是:收益有限,易树立竞争对手,易泄露商业秘密,对国外市场的控制力有限。

### 专栏 8-2　上海医药集团股份有限公司和俄罗斯 BIOCAD 的合作

2019 年 9 月 17 日,在两国总理的共同见证下,上海医药集团股份有限公司(以下简称"上海医药")董事长周军与俄罗斯 BIOCAD 的创始人及 CEO 德米特里·莫洛佐夫(Dmitry Morozov)于俄罗斯圣彼得堡签署协议,设立合资公司 SPH-BIOCAD(HK)Limited(以下简称"合资公司")。合资公司作为 BIOCAD 在大中华区的唯一平台,未来将持续引入前沿生物医药产品和生物技术。该项目已被列为重点项目,得到两国政府的高度重视。

双方首批合作的 6 个生物医药产品包括 3 个生物类似药和 3 个创新生物药。3 个生物类似药包括抗肿瘤药与类风湿性关节炎用药,皆已在俄罗斯上市销售,其中有 2 款还在俄罗斯以外多国获得批准上市。3 个创新生物药分别为一款针对银屑病和强直性脊柱炎的 IL-17 抗体产品、一款 PD-1 抗体产品和一款 GITR 抗体产品,其中第一款产品已于 2019 年在俄罗斯上市。除首批 6 款产品外,双方约定以合资公司作为大中华区的唯一平台,依托各自在产品研发、注册申请、精益生产及市场推广等领域的资源优势,就细胞治疗、疫苗等领域的更多研发创新项目启动全面战略合作,持续开发及拓展生物创新产品管线。

资料显示,BIOCAD 是一家俄罗斯领先的创新型生物医药技术公司,在研项目涵盖了临床前到临床后期、大分子药物和小分子药物以及细胞治疗产品。BIOCAD 目前已有 20 多个产品在俄罗斯以及全球 40 多个国家和地区销售,产品线包括 5 个生物类似药以及一系列即将上市的生物大分子新药,其生产的药物旨在治疗复杂难治性疾病,如癌症、艾滋病、肝炎、多发性硬化等。

上海医药表示,公司正努力通过自主研发、广泛开展国际合作和项目引进等举措实现公司重点布局抗肿瘤生物医药领域的发展规划,与 BIOCAD 合作正是上海医药深化该领域发展的关键一步。目前,国内生物医药研发公司实现实际商业运营能力的并不多,而 BIOCAD 的产品已在俄罗斯本土和海外上市,质量安全性得到验证。另一方面,BIOCAD 一直结合俄罗斯国情执行成本最小化策略,这在当下我国医保控费的大环境下有着积极作用。

上海医药表示,在未来3到5年,将加快由仿制药企向创新型药企转型的步伐,将研发投入比例由目前占工业收入7%提升至10%以上,力争作为中国领先药企的代表,进入全球制药40强。

资料来源:凤凰网财经新闻. https://finance.ifeng.com/c/7q4lgenvurb。

# 第三节  投资进入方式

## 一、投资进入方式概述

投资进入方式是企业进入全球市场的高级形式,投资进入又可分为间接投资和直接投资。

### (一)间接投资与直接投资

间接投资(Foreign Indirect Investment,简称FII)一般属于证券投资,投资者希望通过投资得到股息、红利等。

直接投资(Foreign Direct Investment,简称FDI)主要是指生产性投资,投资者希望得到生产经营的控制权。海外直接投资可使公司在关键市场就地进行生产、销售和竞争。

直接投资与间接投资的主要区别并不在于所获得的利益的多少,而在于投资目的是否是直接控制企业的生产和经营活动。一般认为直接投资进入方式的风险较间接投资大,但从2008年的全球金融危机来看,间接投资的风险也是非常大的。在这里我们主要讨论直接投资方式。

### (二)直接投资的优点

直接投资进入是指企业通过在目标国家直接从事生产和销售活动,从而达到进入该目标国家的方式。投资进入是企业进入全球市场的高级形式。

与出口和合同进入方式相比,直接投资进入全球市场方式具有以下优点。

(1)投资进入容易取得东道国的支持和鼓励。因为对于东道国来说,它能因此获得所需的资金、技术和先进的管理经验,带动同行业的发展,并可扩大出口,解决劳动力就业等问题。而其他进入方式,如进口产品则不可能带来这些好处,相反会制约东道国民族经济的发展。所以一些东道国,尤其是缺乏资金的国家,政府往往对投资进入持欢迎态度。

(2)投资进入有利于控制市场、产品和技术优势。因为投资进入是以自己控制产品生产和销售的方式向东道国转让技术、商标、管理经验和资金等,这就有利于企业对产品质量进行严格控制,对工业产权加以有效保护,对于东道国市场实行全面控制,从而发挥竞争优势。而企业采取许可证贸易的进入方式则难以对受方的产品产销进行严格控制,出口进入方式则缺乏当场生产的后勤上的优势。

（3）有效降低生产成本，提高产品的国际竞争力。在东道国产销产品，与出口进入方式相比，显然节省了运输费用、关税等费用，也不受东道国进口配额的限制和本国生产能力的影响，同时还可在东道国获得廉价的土地、劳动力、原材料，有效地降低生产成本。这样，企业可向东道国提供低成本、低价格的产品，从而提高对产品的供应能力和市场竞争能力。

（4）投资进入能形成许多市场优势。首先，在东道国生产的一般产品都比出口产品更能适应当地消费者的需求；其次，在当地生产能及时向中间商和顾客交货，并能提供更好的售后服务，在促销过程中与当地顾客的沟通障碍小，易于被接受；最后，可通过加强对东道国的资源投入来巩固市场，使其不会像出口、许可证贸易那样因容易失去市场而造成巨大损失。

（5）投资进入也会带动出口。投资进入往往可以带动设备、半成品、原材料等实物的出口，实际上达到了扩大出口的目的。

（6）投资进入有利于实现资源优化配置的目标。企业在多个国家进行投资生产，有利于合理配置资源，把各个东道国的资源优势集中于产品之中，实现全球利益最大化的目标。

**（三）直接投资的缺点**

当然，投资进入与其他进入方式相比，也有其不足之处。首先，由于大量的资源投入，其政治、金融、价格、经营等风险都要远远高于其他进入方式；其次，成功的投资进入决策所需的信息量远远超过出口和许可证贸易，这就需要企业增加市场调查研究等方面的精力和费用；最后，投资进入的启动成本高、回收投资的时间长，退出市场的困难大，这些都是明显的缺点。

## 二、合资与独资决策

投资进入方式有两种具体的形式：合资与独资。

**（一）合资进入方式**

合资进入是指企业通过建立合资企业的方式进入东道国市场，即企业在东道国与当地投资者或来自第三国的投资者建立共同投资、共同经营、共担风险和共负盈亏的企业，在当地开展生产经营活动。

**1. 合资进入的优点**

与独资进入相比，合资进入具有以下优点。

（1）容易进入国外市场。合资进入由于有当地人参与股权和经营管理，因此在当地所遭遇的心理障碍和政治障碍要比独资进入小，绝大多数引资国家都更欢迎合资进入，可见，合资比独资更容易被东道国所接受。

（2）风险小。合资进入由于还有当地资产的参与，可以避免东道国政府没收、征用外资的风险，而且还可分享东道国政府对当地合作伙伴的某些优惠政策，因此，合资进入的政治风险往往比独资进入小。

（3）合资进入可形成更大的整体优势。合资进入可以借助合作伙伴的力量，在当地原材料供应、人才资源的利用和销售网络的建立上，形成比独资进入更大的优势。另外，如果当地合作伙伴拥有名牌或较高的商誉，那么，合资进入还可以利用这种无形资产迅速占领和扩大当地市场。

（4）合资进入的产业选择性比独资进入强，产业领域发展的面比独资进入宽，因为大多数东道国对合资进入的产业限制要比独资进入相对宽松。

目前，许多国际企业采用合资方式进入目标国家市场。如外国企业进入中国市场，大多数采用合资方式，中国企业开拓海外市场也以这一方式为主。

**2. 合资进入的缺点**

合资进入方式也有其不足之处，其缺点主要表现如下。

（1）利润分割。合资进入不能像独资进入那样独享经营成果和独立地支配利润，因而在利润分配上与合作伙伴可能存在着矛盾和冲突，这种冲突如果处理不好，不但不能发挥整体优势，而且可能影响双方的积极性，不利于合资企业的发展。

（2）权力牵制。合资企业是国际企业与当地厂商共同经营的，因此，国际企业不能完全自主地运用企业的产权，不能完全控制在东道国的生产和销售，如果与合作伙伴之间在经营管理上存在较多的矛盾和冲突，就可能影响合资企业的经营管理效率。

（3）商业秘密保护。合资企业难以保护双方的技术秘密和商业秘密，由于存在"泄密"，拥有先进技术或营销经验的全球营销者的这些无形资产就可能无偿地流失到合作者手中，从而削弱自己的竞争优势，同时为自己树立一个未来的竞争对手。

（4）沟通困难。合资企业双方有不同的社会文化背景，因此，在商业习惯、管理风格等方面都存在一定的差异，这就可能使双方在经营管理过程中沟通困难，因而合资进入的管理成本一般要比独资进入更大。

（5）双方资产评估困难。合资进入在谈判过程中涉及对双方资产的评估，资产评估的准确性和合理性对合资谈判成功以及今后的运行至关重要，而进行资产的准确评估难度较大。因此，合资进入决策要比独资进入在增加对双方资产评估这一环节的前期工作量更大。

**（二）独资进入方式**

国外独资生产是企业进入全球市场的最高级阶段，它是指国际企业在国外独自进行投资并经营管理该企业。

**1. 独资进入的优点**

独资进入与合资进入相比，具有以下优点：

（1）独资进入可以保证全球营销者对独资企业经营管理的自主权，有效控制在东道国市场的生产和销售，内部的矛盾和冲突也较少。

（2）独资进入可以保护全球营销者的技术秘密和商业秘密不被泄露，从而保持企业在东道国市场的竞争力。

（3）独资进入可独享在东道国市场的经营成果，可以独立地获得和支配利润，从而避免合资进入的利益分配矛盾。

**2. 独资进入的缺点**

独资进入与合资进入相比,有以下不足之处:

(1)独资进入意味着由外国人单独控制东道国的一家企业,这在有些东道国可能会因为国民感情问题引起民族心理和政治心理上的反感,不允许外国企业独资进入。因此,独资进入在东道国可能遇到的心理障碍和政治障碍均比合资进入大。

(2)独资进入的政治风险要比合资进入大。在一些国家,可能会出现没收、征用和国有化等政治风险,而这些政治干预手段往往是针对外国独资企业的。

(3)独资进入无法获取当地合作者的支持,进入市场较困难。由于独资进入不能获得当地现存的原材料、人才和销售网络的支持,因此进入市场难度较大。

### 三、并购和创建模式

按照直接投资的启动方式划分,国外企业的建立可分为并购和创建两种方式。

#### (一)并购模式

**1. 并购模式含义**

并购模式是指企业通过兼并和购买现有的国外企业的部分和全部所有权的方式建立国外子公司或分公司,从而进入东道国市场的方式。

并购是一种世界性趋势。跨国公司面向 21 世纪发展战略的巨大转变是从新建投资转为并购投资,这种逐浪推高的并购狂潮在 2001 年达到高潮。

**2. 并购模式优点**

并购与创建相比具有以下优点:

(1)并购可以使国际企业迅速进入目标国家市场。在国外创建一家新企业往往需要较长的时间,这会影响国际企业占领当地市场的速度;而收购或兼并一家现成企业,如果其产品系列与企业相近,只需稍加调整就可迅速在目标国家投入生产和销售。

(2)并购可使国际企业以较少的投入进入目标国家市场。在国外创建一家生产企业,往往需要大量投资用于厂房的兴建、机器设备的购买、人才的招募、原材料供应和产品分销渠道的建立等,而并购一家现成企业的投入相对较少。

(3)并购可使国际企业迅速扩大产品类型和进入新的业务领域。若国际企业需要扩大业务范围或生产新的产品,可通过兼并或收购一个现存企业来达到目的,这比企业自己投资兴建更为简单易行。如日本松下公司通过收购美国音乐公司迅速地进入国际影视、音响领域,而这个领域是松下公司过去不是很熟悉的,如果自己创建则难度较大。

(4)兼并和收购可以充分利用被并购企业的资源条件,包括技术、人才、商誉及其他无形资产,从而迅速地在当地形成竞争力。而且在当地收购一家企业会减少当地竞争对手的数量,有助于缓解市场竞争压力。

(5)并购还可使国际企业以廉价购买特殊资产。因为被并购的企业往往为了迅速摆脱困境而不得不低价抛售,这对于国际企业来说是一个极佳的机会,可以少花钱多办事。

### 3.并购的缺点

与创建相比并购有以下缺点：

(1)对被兼并或收购企业的资产评估困难。一是因为东道国的会计制度可能与收购者所在的母国不同，这就可能影响评估的准确性和可比性；二是因为被收购企业的资产账目可能有不实之处，但在国外较难查证；三是因为被兼并或收购企业的技术、管理经验、营销网络、品牌价值等无形资产较难估价。因此，资产评估的风险较大，企业可能会因为评估不当而出现花高价收购廉价资产的问题。

(2)被收购企业的许多东西均已"定死"，如地理位置、生产规模，甚至思想观念都可能有定式，因此，兼并或收购一家现存企业，往往会受到该企业旧关系的束缚，影响企业的发展。

(3)与合资进入的情况相似，并购双方在经营管理上往往存在较多的矛盾或冲突，需要一个较长的磨合期。根据国际并购研究的有关资料表明，国际并购双方在文化背景、经营理念、管理风格等方面的差异会导致并购的初衷难以实现。

### 专栏 8-3　恒和集团收购美国黄金珠宝商 85％股权 进一步扩大美国业务

恒和集团宣布，于 2019 年 5 月 6 日，公司全资附属 CJ Holdings USA Inc 拟收购被收购公司 Novell Enterprises Inc 的 85％股权，代价为现金约 4003.5 万港元以及银行担保。

被收购公司于美国新泽西州注册成立。其主要于美国从事制造及买卖黄金及铂金结婚戒指。被收购公司并无拥有任何房地产。凭借超过 30 年的经验，被收购公司拥有知名品牌名称。其开创尖端技术，并于美国建立庞大珠宝零售商的强大分销网络。被收购公司的生产设施被 Manufacturing Jewelers and Suppliers of America（美国珠宝商与供应商协会）评为美国最具创意之珠宝制造商之一。

被收购公司拥有业内最庞大的设计及巧制结婚戒指系列，已建立良好声誉。品牌以高定制水平吸引众多消费者。被收购公司拥有稳固核心客户基础，加上多年成功历史，已经做好准备结合集团于珠宝业的优势地位，借助集团的网络及资源于美国进一步扩大业务。收购事项亦为集团持续扩张计划的重要策略。此外，收购事项为集团于美国市场进一步扩大市场占有率及巩固其地位之良机。

资料来源：金融界. https://baijiahao. baidu. com/s? id＝1632977736717570415　&wfr＝spider&for＝pc

美的集团 300 亿收购德国库卡公司

## (二)创建模式

创建是指国际企业通过在目标国家进行投资，从头开始创立一家新企业。

与兼并或收购一家现成的企业相比,创建一家新企业往往较为困难:一是进入市场慢,二是初始投入大,三是风险大。

但创建与并购相比也具有以下优点:一是一切重新启动,企业无旧关系的束缚;二是有利于积累国际营销经验。

**专栏 8-4　部分国际投资公司情况**

**表 8-2　投资持股**

| 投资公司(母国) | 投资(股份、金额、日期) |
|---|---|
| 通用汽车(美国) | 富士重工(日本,20%股份,14亿美元,1999年)<br>萨博(瑞典,50%股份,5亿美元,1990年;其余50%,2000年;2009年申请破产后被卖给了瑞典财团) |
| 大众(德国) | 斯柯达(捷克,31%股份,60亿美元,1991年;1994年增至50.5%;目前拥有70%的股份) |
| 福特(美国) | 马自达(日本,25%股份,1979年;1996年增至33.4%,4.08亿美元;2008年降低至13%) |

**表 8-3　投资建立新设施**

| 投资公司(母国) | 投资(地点) |
|---|---|
| 本田(日本) | 5.5亿美元汽车组装厂(印度尼西亚/美国,2006年) |
| 现代(韩国) | 11亿美元汽车组装与制造设施,生产索纳塔、圣达菲(美国佐治亚州,2005年) |
| 宝马(德国) | 4亿美元汽车组装厂(美国南卡罗来纳州,1995年) |

**表 8-4　以收购方式进入与拓展市场**

| 投资公司(母国) | 目标(国家、日期、金额) |
|---|---|
| 塔塔汽车公司(印度) | 捷豹路虎(英国,23亿美元,2008年) |
| 大众(德国) | 西亚特(西班牙,6亿美元,1990年完成收购) |

资料来源:沃伦·基根,马克·格林著,傅慧芬等译:《全球营销》,中国人民大学出版社2015年版,第269页。

# 第四节　进入方式决策

## 一、全球市场进入方式的评价

企业选择不同的方式进入国际市场,是因为不同的进入方式有着不同的内在特性,能适合企业对特定环境的需要。

在全球营销中,可采用以下八项指标来评价各类进入方式的优劣,并据此做出合适的选择:(1)贸易障碍大小,(2)营销规模大小,(3)启动成本高低,(4)运行成本高低,(5)

进入方式对人才的要求,(6)方式的可控性,(7)方式调整的灵活性,(8)进入方式的风险大小,等等。如表 8-5 所示。

表 8-5　全球市场进入方式的内在特性

| 评价指标 | 全球市场进入方式 | | | | | | | |
| --- | --- | --- | --- | --- | --- | --- | --- | --- |
| | 出口进入 | | | 合同进入 | | | 投资进入 | |
| | 间接出口 | 国外代理/经销 | 国外销售机构或子公司出口 | 许可经营 | 特许经营 | 合同生产 | 合资 | 独资 |
| 贸易障碍 | 大 | 较大 | 较大 | 较小 | 较小 | 较小 | 小 | 较小 |
| 营销规模 | 小 | 较小 | 较大 | 较大 | 较大 | 较大 | 大 | 大 |
| 启动成本 | 小 | 较小 | 较大 | 小 | 较小 | 较大 | 较大 | 大 |
| 运行成本 | 较大 | 较大 | 大 | 小 | 较小 | 较大 | 较小 | 小 |
| 人才要求 | 较低 | 较高 | 较高 | 较低 | 较高 | 较高 | 高 | 高 |
| 控制力 | 弱 | 弱 | 强 | 弱 | 较强 | 较强 | 强 | 强 |
| 灵活性 | 好 | 较好 | 较差 | 较差 | 较差 | 较差 | 差 | 差 |
| 风险 | 小 | 较小 | 较大 | 较大 | 较大 | 较大 | 大 | 大 |

从表 8-5 中可以看出,全球市场进入方式的各项特性的变化呈现某种规律性,从左到右:(1)进入方式的贸易障碍从大到小,这是因为合约进入和投资进入可以绕过关税和非关税等贸易壁垒进入国外市场,而相对来说,出口进入方式受贸易壁垒的影响较大。(2)进入方式可实现的营销规模由小变大,这是因为出口产品由于受配额等的影响,无法形成大规模出口,而通过合同进入或投资进入则可以扩大产品的生产和营销规模。(3)进入方式的启动成本(主要是指固定资产投资)由小变大,在这里,间接出口的投资较少,其中直接出口中通过国外中间商出口的投资增加,而通过国外子公司或分支机构出口的投资较大;合同进入方式主要是进行技术或商誉的转让,一般不需要增加固定资产投入,故启动成本较少;投资进入显然需要较多的固定资产投资,所以启动成本较大。(4)进入方式的运行成本由大变小,在这里,运行成本主要是指国际运输、保险、仓储、关税等,出口进入方式在这方面的成本显然是最高的。(5)进入方式对国际商务人才的要求由低变高,其中的特许生产较为特殊,因为特许生产是完全转让给国外厂商生产的,转让者不需要派遣国际商务管理人员。(6)国际企业对进入渠道的控制力由弱变强,中间的许可生产又是例外,一般来说,投资当地生产能更好地控制市场,而出口进入,尤其是间接出口和通过国外中间商出口,企业对国外市场的控制力就会大大减弱。(7)进入方式的灵活性由好变差,这是因为投资进入国外市场后,企业要退出该国市场较出口进入和合同进入更为困难。(8)进入方式给国际企业所带来的风险由小变大,一般来说,出口进入的风险最小,投资进入风险最大,尤其是投资当地进行独资生产,其风险是最大的。

### 二、全球市场进入方式决策的原则

(1)朴素原则。在这一原则指导下,企业在进入国际市场方式决策时,往往不管目标市场情况如何,会不自觉地选择同一种方式进入所有国家市场,例如采用出口方式进入所有国家市场。在这种"以不变应万变"指导思想下,决策过程简单,决策压力小。但它可能产生以下问题:一是它可能使企业错过机会以更有利的方式进入目标国家市场。比如某一目标国家市场的潜力很大,但企业只是以出口的方式进入该国市场,则有可能不会获得最佳效益。二是企业可能无法进入该国市场。比如某些目标国家的进口限制较多,企业只采取出口方式就可能无法进入该国市场。因此,如果企业以一个固定不变的模式去套用千差万别的市场,在许多市场难免会遭遇挫折。

(2)实用原则。在这一原则指导下企业只选择可进入的方式进入国外市场,即什么方式通行就用什么方式。因为进入国际市场的方式风险有高有低,企业应先挑选风险最低的方式进入目标国家市场。这种决策原则比较切实可行,但不够积极主动,企业虽然采取了可行的方式进入目标国家市场,但这种方式并不是最佳的,因此可能造成较大的机会成本。

(3)战略原则。在这一决策原则指导下,企业往往在综合考虑各方面因素的基础上,选择最佳方式进入目标国家市场。一般来说,企业需要考虑的各项因素如图 8-2 所示。

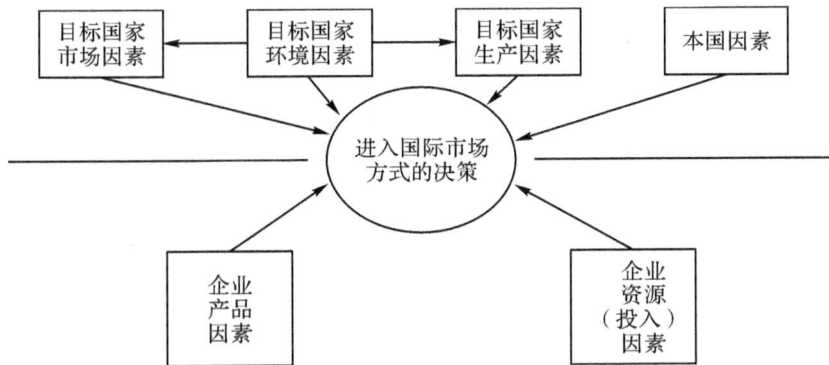

**图 8-2　进入方式决策应考虑的因素**

### 三、进入全球市场方式决策应考虑的因素

按照战略原则选择国际市场进入方式,则必须在进行进入方式决策时考虑以下因素,并采取相应的抉择。如表 8-6 所示。

表 8-6　企业进入国际市场方式决策应考虑的因素

| 影响因素 | 一般性选择 | | | |
| --- | --- | --- | --- | --- |
| | 间接出口/直接国外中间商出口 | 许可证贸易 | 直接国外子公司出口 | 投资当地生产 |
| 外部因素（国外） | | | | |
| 销售潜力小 | ✓ | ✓ | | |
| 销售潜力大 | | | ✓ | ✓ |
| 分散型竞争 | ✓ | | ✓ | |
| 垄断型竞争 | | | | ✓ |
| 市场基础结构好 | ✓ | | | |
| 市场基础结构差 | | | ✓ | |
| 生产成本低 | | | | ✓ |
| 生产成本高 | ✓ | | ✓ | |
| 限制进口政策 | | ✓ | | ✓ |
| 自由进口政策 | ✓ | | ✓ | |
| 限制投资政策 | ✓ | ✓ | | |
| 自由投资政策 | | | ✓ | ✓ |
| 地理位置近 | ✓ | | ✓ | |
| 地理位置远 | | ✓ | | ✓ |
| 经济动荡 | | | ✓ | |
| 经济稳定 | ✓ | ✓ | | |
| 外汇管制 | ✓ | ✓ | | |
| 外汇自由兑换 | | | | ✓ |
| 汇率上升 | ✓ | | ✓ | |
| 汇率下降 | | | | ✓ |
| 文化差异小 | | | ✓ | ✓ |
| 文化差异大 | ✓ | ✓ | | |
| 政治风险小 | | | ✓ | ✓ |
| 政治风险大 | ✓ | ✓ | | |
| 外部因素（国内） | | | | |
| 大市场 | | | | ✓ |
| 小市场 | ✓ | | ✓ | |
| 分散型竞争 | ✓ | | ✓ | |
| 垄断型竞争 | | | | ✓ |

| 影响因素 | 一般性选择 | | | |
| --- | --- | --- | --- | --- |
| | 间接出口/直接国外中间商出口 | 许可证贸易 | 直接国外子公司出口 | 投资当地生产 |
| 外部因素（国内） | | | | |
| 生产成本低 | √ | | √ | |
| 生产成本高 | | √ | | √ |
| 强力推动出口 | √ | | √ | |
| 限制海外投资 | √ | √ | | |
| 内部因素 | | | | |
| 高优势产品 | √ | | √ | |
| 一般性产品 | | | | √ |
| 服务密集型产品 | | | √ | √ |
| 服务型产品 | | √ | | √ |
| 技术密集型产品 | | √ | | |
| 产品适应性差 | √ | | | |
| 产品适应性好 | | √ | √ | √ |
| 资源有限 | √ | √ | | |
| 资源丰富 | | | √ | √ |
| 低投入 | √ | √ | | |
| 高投入 | | | √ | √ |

## 四、企业进入全球市场方式决策的方法

### 1. 三优势模式法

三优势模式，又称国际生产折中理论，是由联合国跨国公司研究中心的高级专家邓宁提出的一种理论。根据这种理论模式，国际企业或全球营销者在选择国际市场进入方式时，往往考虑是否拥有以下三种优势：(1)国际企业本身是否存在某种特有的优势，如特有的技术优势、管理优势、品牌与商誉优势、规模效益或生产效率方面的优势等，这些特有优势是企业的无形资产；(2)国际企业能否运用自身的特有优势来降低或节约内部交易成本，即是否具有内部化优势；(3)全球营销的目标国家（东道国）是否具有区位优势，如自然资源优势、劳动力优势、政策优惠、基础设施完善等方面的优势。

在上述三种优势均具备的条件下，企业可选择直接投资方式进入目标国家市场；当东道国市场不具备区位优势，但企业具有特有优势和内部化优势时，企业可选择出口方式进入该市场；在只具备特有优势的情况下，企业只能选择合同方式，通过转让企业无形资产以进入目标国家市场。如表 8-7 所示。

表 8-7　三大优势和进入方式选择

| 全球营销中的优势 | 国际市场进入方式 | | |
|---|---|---|---|
| | 投资进入 | 出口进入 | 合约进入 |
| 企业存在特有优势（无形资产） | √ | √ | √ |
| 企业存在内部化优势（自产） | √ | √ | × |
| 东道国存在区位优势（外产） | √ | × | × |

**2. 成本比较法**

成本比较法是一种进入方式决策的定量方法，这种方法将国外生产方式分为两种情况：一是对外合作，包括许可贸易和合同制造等；二是直接投资，包括合资和独资等。成本比较法通过比较三种方式的生产成本和特殊费用，选出总成本费用最小的进入方式。

假定：

$C_t$ 为企业国内生产某产品第 t 期的生产成本；

$C_t^*$ 为国外生产该产品的生产成本；

$m_t^*$ 为出口时的特殊费用（保险、运输、关税等）；

$A_t^*$ 为直接投资的特殊费用（收集东道国环境信息所需的费用）；

$D_t^*$ 为对外合作中的风险成本（由技术转让或丧失部分有利的竞争地位所造成的损失）；

企业可根据比较成本的高低来选择进入方式：

（1）如果 $C_t + m_t^* < C_t^* + A_t^*$，且 $C_t + m_t^* < D_t^* + C_t^*$，则选择出口；

（2）如果 $C_t^* + A_t^* < C_t + m_t^*$，且 $C_t^* + A_t^* < C_t^* + D_t^*$，则选择投资；

（3）如果 $C_t^* + D_t^* < C_t^* + A_t^*$，即 $D_t^* < A_t^*$，且 $C_t^* + D_t^* < C_t + m_t^*$，则选择合同进入。

**3. 净效益现值比较法**

与成本比较法相比，这种方式不仅考虑了各种进入方式的成本，而且考虑了其收入差异。企业先用计算资金时间价值的方法，求出各种进入方式的净现值（NPV），然后选择 NPV 最大的进入方式。

假设各种进入方式的收入均为 $R_t$，$t_0$ 为计算基期，其他均同上。三种方式的净现值分别如下：

$$NPV_1 = \sum_{t=t_0}^{t} \frac{R_t - C_t - m_t^*}{(1+i)^t} \quad （出口）；$$

$$NPV_2 = \sum_{t=t_0}^{t} \frac{R_t - C_t^* - A_t^*}{(1+i)^t} \quad （直接投资）；$$

$$NPV_3 = \sum_{t=t_0}^{t} \frac{R_t - C_t^* - D_t^*}{(1+i)^t} \quad (\text{合同进入});$$

$NPV_1 > Max(NPV_2, NPV_3)$，则选择出口；

$NPV_2 > Max(NPV_1, NPV_3)$，则选择直接投资；

$NPV_3 > Max(NPV_1, NPV_2)$，则选择合同进入。

### 五、进入方式的动态演进和发展趋势

从国内外企业的全球营销实践来看，企业的全球化过程主要为以下四个阶段，如图 8-3 所示。

第一阶段：企业的全球化水平较低，主要通过国内中间商间接出口商品。

第二阶段：企业开始在国内或国外自设机构或附属公司直接办理出口。此时，企业对全球市场的控制力加大，但风险也随之增大。

第三阶段：企业开展对外合作，通过与外国企业签订合同，进一步开拓全球市场。

第四阶段：企业直接投资，在国外开展生产经营活动，企业的全球化活动进入高级阶段。

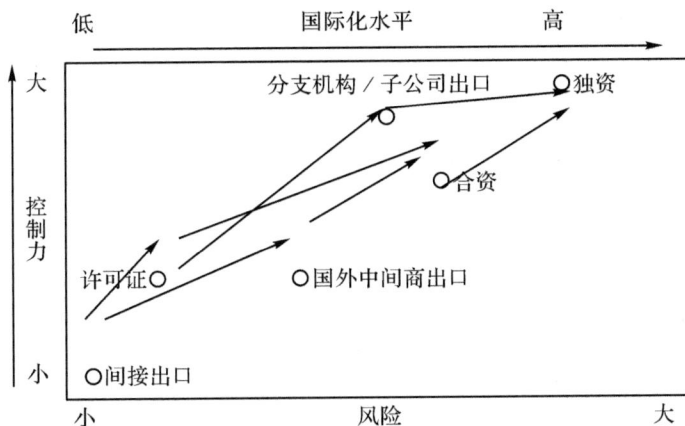

**图 8-3　全球市场进入方式的演变**

◆ **本章小结**

全球市场进入战略决策是关于国际企业应以何种方式进入目标市场的决策，它关系到企业长远的、全局性的发展，是企业发展的方向性决策。企业进入全球市场的方式主要有出口、合约和投资进入三种模式。出口产品是企业进入全球市场的最基本方式，它包括间接出口和直接出口两种具体形式，这两种产品出口形式各有利弊。合约进入方式是指企业通过与目标国家的法人实体签订长期的非权益性合同，使企业的技术或人力从本国转移到外国。合约进入包括许可证贸易、特许经营、合同生产等具体形式。合约进入输出的是无形产品，可绕过关税和非关

**全球战略**

**伙伴关系**

税壁垒,顺利进入国外市场,并且投资少、风险小,但收益有限,容易为自己树敌。直接投资当地生产是企业进入全球市场的高级阶段,它可以采取合资和独资两种所有制形式,这两种形式各有利弊。海外企业的启动根据方式不同,又可分为并购和创建两种方式,这两种方式同样各有利弊,因此,企业需要在综合考虑目标国家、本国及本企业各项因素的基础上进行慎重决策。

◆案例分析

### 吉利收购沃尔沃——穷小子与公主的故事

"沃尔沃不是有钱就可以买得到的,也不是没有钱就买不来的。钱不重要""我们早有盘算,都是一步一步的,我知道沃尔沃迟早要卖",从吉利控股集团董事长李书福的话中,我们可以看出,吉利"暗恋"沃尔沃是由来已久的。

2010 年,当吉利攀亲沃尔沃的消息传出后,业内外一片哗然。一个是瑞典贵族,一个是中国草根,肯定、否认、追问、再肯定、再否定……间或还有国内外的财团、汽车企业等"第三者"插足,甚至还有人曾将这起收购案称作"最八卦的并购"。如今,当美丽的传说即将变成事实时,人们不得不佩服李书福:他虽然说过一些大话,但他却用行动把大话变成了真话。这个在很多人看来遥不可及的梦想,现在正一步步地变成现实。

吉利集团董事长李书福决定以 18 亿美元收购沃尔沃轿车。这是中国汽车业迄今为止最大规模的海外汽车收购案,也是中国车企首次收购国际高端汽车品牌。

**1. 吉利控股集团简介**

浙江吉利控股集团有限公司是一家以汽车及汽车零部件生产经营为主要产业的大型民营企业集团,始建于 1986 年,经过 18 年的建设和发展,在汽车、摩托车、汽车发动机、变速箱、汽车零部件、高等教育、装潢材料制造、旅游和房地产等方面都取得了辉煌业绩,资产总额已经超过 50 亿元;特别是 1997 年进入汽车制造领域以来,其凭借灵活的经营机制和不断的观念创新,快速成长为中国经济型轿车的主力品牌,2003 年企业经营规模列全国 500 强第 331 位,列"浙江省百强企业"第 25 位,被评为"中国汽车工业50 年发展速度最快、成长最好"的企业之一,跻身中国国内汽车制造企业"3+6"主流格局。

**2. 沃尔沃简介**

沃尔沃,英文名为 Volvo,瑞典著名汽车品牌,又译为"富豪"。该品牌汽车是目前世界上最安全的汽车。沃尔沃汽车公司是北欧最大的汽车企业,也是瑞典最大的工业企业集团,世界 20 大汽车公司之一,创立于 1927 年,创始人是古斯塔夫·拉尔松和阿萨尔·加布里尔松。

1999 年 4 月 1 日,福特汽车公司正式收购沃尔沃轿车。如今 Volvo 轿车公司采用了全面的数字化设计,因此设计师和工程技术人员可以比大多数竞争对手更快更智能化地完成开发工作。今天,不仅可用计算机来设计一辆轿车,Volvo 的专家们还能做到在造出原型车之前就完成试驾和撞击试验。

### 3. 收购过程简介

2009 年 3 月,传出吉利要收购沃尔沃的消息,两个月后,吉利不少高层奔赴海外。其中一队人马到了沃尔沃在瑞典的总部哥德堡进行洽谈。

2009 年 6 月 17 日,吉利新闻发言人称收购沃尔沃"不靠谱"。当时吉利、北汽、长安、奇瑞等几家国内汽车企业身陷收购传闻。

2009 年 6 月 18 日,福特总部称吉利收购沃尔沃是炒作。福特表示仍在对沃尔沃未来进行评估,尚未与任何对象达成意向,并直言"这就是新闻炒作"。2009 年 6 月 28 日,权威人士透露,吉利洽购沃尔沃不是空穴来风。一位与李书福关系密切的权威高层人士告诉记者:"吉利洽购沃尔沃的事是肯定有的,但在最终结果出来之前,什么情况都有可能发生。"

2009 年 7 月 16 日,吉利报价 20 亿美元。知情人士透露,吉利集团报价 20 亿美元左右竞购福特汽车旗下沃尔沃部门。而沃尔沃出售的最终决定可能在今后几周内做出。

2009 年 8 月 4 日,报道称吉利或已与福特达成初步意向,被收购之后的沃尔沃或将落户广州东莞,首先国产的车型将是 XC90,双方将就并购后是否裁员、市场布局、技术转让等细节进行进一步洽谈。

2009 年 9 月 8 日,吉利汽车首度承认正参与竞购沃尔沃。吉利行政总裁和执行董事桂生悦对记者表示,吉利的母公司正在参与沃尔沃股权收购的部分工作。这也是吉利官方首次对收购传闻做出正面回应。

2009 年 10 月 28 日,福特宣布吉利集团成为沃尔沃的优先竞标方。吉利官网发表声明称,福特已选中吉利集团是沃尔沃的优先竞标方,预计不久将宣布相关进展。

2009 年 12 月 23 日,福特汽车宣布已与中国吉利汽车就出售沃尔沃达成一致。双方将在 2010 年第一季度签署协议,并将在 2010 年第二季度完成所有交易。

2010 年 3 月 28 日,浙江吉利控股集团有限公司和福特汽车公司签署了股权收购协议,吉利控股集团以 18 亿美元的价格收购沃尔沃轿车公司 100% 股权。除了股权收购,本协议还涉及沃尔沃轿车、吉利集团和福特汽车三方之间在知识产权、零部件供应和研发方面达成的重要条款。

### 4. 吉利并购沃尔沃会获得的收益

第一,从收购标的看,吉利将 100% 拥有沃尔沃轿车品牌,同时拥有沃尔沃轿车的 9 个系列产品、3 个最新平台的知识产权,接近 60 万辆产能、自动化程度较高的生产线,以及 2000 多个全球网络及相关的人才和重要的供应商体系。这包含了沃尔沃轿车的所有资产及知识产权。而据中介机构评估,沃尔沃轿车目前的净资产超过 15 亿美元。

第二,从财务数据上看,2009 年,吉利总营业收入为 42.89 亿元,而沃尔沃轿车的总收入约合人民币 1000 亿元。把总收入超过自己 20 倍的豪华车巨头沃尔沃轿车收入囊中,吉利的"蛇吞象"之举,有利于迅速做大自身的产销规模。

第三,从品牌价值上看,根据美国《福布斯》杂志公布的国际品牌榜显示,拥有百年历史、被誉为"最安全豪华轿车"的沃尔沃轿车,品牌价值高达 20 亿美元。将沃尔沃轿车收入囊中,利用其高端品牌形象提升自身的品牌形象,对于吉利而言是条捷径。

第四,从技术上看,虽然"嫁入"福特之后,沃尔沃轿车的部分产品平台和动力总成与福特共用,但是,沃尔沃轿车仍是一家具备"造血"和持续发展能力的公司,拥有4000名高素质研发人才队伍与业务体系,拥有可满足欧6和欧7排放法规的车型和发动机等低碳发展能力。特别是沃尔沃轿车在汽车主动、被动安全领域的众多领先技术,以及研发、生产豪华车型的体系能力,更是吉利所缺乏并且孜孜以求的。

第五,从实力上看,并购沃尔沃使吉利在世界范围内名声大噪。一方面,沃尔沃是世界公认的高档车,品质和安全性均有口皆碑,吉利的成功收购说明,中国的汽车企业已经有足够的实力走向世界,具备了与众多拥有悠久历史的老品牌竞争的实力。同时,在拥有了沃尔沃技术之后,吉利将更有优势提升自己的品牌价值,实现更加快速的发展。另一方面,政府在吉利收购过程当中所给予的支持也充分说明,政府对自主品牌发展所寄予的殷切希望,以及对吉利品牌本身的认可,从侧面证明了吉利的雄厚实力。

**5. 并购成功后要面临的问题及考验**

第一,欧洲工会的挑战。就收购本身来说,吉利现在不仅面临收购资金的问题,还有可能面临收购过程中的"程咬金"。尽管吉利已经作为首选竞购方,但是仍然无法避免遭遇欧洲的企业,诸如菲亚特等的竞争。

第二,人才和技术的流失。就是那些大的中国汽车企业,目前也不具备组织全球化生产的能力,也没有产销和金融合一的能力。国内汽车企业充其量也只是具备了部分研发能力和生产能力,不得不承认是模仿式制造理念,难怪有人说吉利的做法是"蛇吞象"。如何消化沃尔沃的人才和技术,这个是吉利'蛇吞象'最难吞掉的部分,对比国内其他行业,联想并购IBM、TCL并购汤姆逊,加上之前的波导并购萨基姆等诸多的海外并购案,无一例外都遇到了人才大量流失、核心技术无法消化等问题。

第三,高昂的品牌运营成本。因为吉利基本上只能按照沃尔沃目前的模式去运营,要进行改变调整很难,但如此一来,高昂的运营成本恐怕并不是吉利所能承受的,如何协调好沃尔沃现行的管理运营模式和吉利当下低成本的运营态势,显然也是需要大费周章地解决的问题。

第四,如何应对品牌、文化差异。海外收购中,跨国文化很难兼容。这就像西餐的刀叉和中国的筷子相遇,欧美的汉堡包遇到中国的馒头、豆腐。拥有90多年历史的沃尔沃有着一套适应本国的成熟企业文化和管理机制,合并之后,是吉利顺从沃尔沃,还是让沃尔沃就范中国文化?

在西方,企业文化差异在兼并之后往往成为发展的拦路石,再加上东西方文化差异,更给发展带来了众多不确定因素。事实还证明,一个中低端品牌收购一个高端品牌,还会面临两个品牌之间的协调问题。吉利的汽车文化与沃尔沃的汽车文化俨然不同:一个散发着"农村青年"气息,另一个则保留着欧洲豪华名车的高贵血统,83年的贵族气质和13年的草根特色相遇,能够产生一往情深的爱恋吗?

第五,如何让沃尔沃降低生产成本,扭亏为盈。相关资料显示,沃尔沃虽然被称作最安全的车,但近年来业绩并不理想,2007年全球销量只有42万多辆,2008年下降为

37万多辆。连年处于亏损之中。如何让沃尔沃扭亏为盈,对吉利来说也许是一件十分困难的事情。业内人士指出,沃尔沃的生产厂家主要在国外的高工资高福利的国家,当地的工会力量强大,一旦接手,如何在管理中熬过与海外工会等的磨合期是很让人头疼的。虽然吉利表示沃尔沃目前的工厂、研发中心、工会协议和经销商网络将得以保留,那么,吉利将怎样降低成本(高成本恰恰是沃尔沃陷入困境的根本原因)呢?

作为传统的北欧福利国家,工会的力量是相当强大的。尽管李书福看得相当开:工会是进步之源,是企业形成强大竞争力和强劲生命力的重要原因。但以低成本著称的中国制造业的劳工政策是相当宽松的,与北欧完善的劳工保护比较起来,无疑会极大地加大吉利收购沃尔沃之后的成本,其中隐藏着巨大的经营风险。

◆深入思考

结合案例及所学内容,请认真思考企业通过并购的方式进入全球市场的风险,以及应如何应对风险。

◆延伸阅读

《中国企业国际市场进入模式选择研究》

**中国企业国际市场进入模式选择研究**

◆思考题

1. 全球市场的出口进入方式主要有哪些? 各有何利弊?
2. 全球市场的合约进入方式主要有哪些? 各有何利弊?
3. 全球市场的投资进入方式主要有哪些? 各有何利弊?
4. 全球市场进入方式决策的原则主要有哪些?
5. 全球市场进入方式决策应考虑哪些因素?
6. 全球市场进入决策的具体方法有哪些?

# 第九章 全球市场产品决策

【学习目标】

☆把握全球市场的产品标准化和差异化决策;

☆了解全球市场新产品开发与扩散;

☆掌握全球市场产品的包装与品牌决策;

☆了解全球市场产品组合优化决策。

【导入案例】

### "宝骏530"在国外成了爆款!

这两年,国货的魅力已经从中国市场逐步散发到国际舞台,本土品牌逐渐成了外国人追捧的时尚潮流。国货的崛起不仅限于时尚和美食,汽车圈同样涌现出了越来越多的"国货之光"。比如在本土大受欢迎的宝骏530,在换了五菱、MG名爵和雪佛兰标之后,在印度尼西亚(下文简称"印尼")、印度和南美市场竟也成了爆款车型。

对于中国品牌来说,转向全球化始终是一个待解的难题,即便是在国内份额占比很高的自主车型,在国际市场上依旧没有太多存在感。总结起来,就是中国品牌缺少进军国际的全球车型。而上汽通用五菱正在改写这种局面。东南亚市场一直是日系车的天下,连很多欧美品牌都难以打开局面,但上汽通用五菱却看准了"这块难啃的骨头"。

2015年6月,位于印尼Bekasi GIIC工业园区的上汽通用五菱印尼汽车有限公司成立。2017年7月11日,上汽通用五菱印尼汽车有限公司在印尼芝加朗正式投入运营。上汽通用五菱进军了东南亚最大的潜在市场——印尼,且成绩卓越:两年内先后推出了4款车型,整体销量跻身印尼市场前十,还建立了覆盖印尼各大城市的94家销售服务网点。

上汽通用五菱打入印尼市场的第一款产品Confero S,就获得了由Mobilmotor颁发的2017年度小型MPV领域最佳汽车奖、最佳性价比汽车等奖项;而后在2018年推出的第二款产品Cortez,即宝骏730在印尼的五菱版本,一举拿下了最佳中型MPV汽车奖项;2018年还推出了首款轻型商用车Formo,打入印尼更多细分市场。

2019年2月,以宝骏530为原型车打造的上汽通用五菱Alamz在印尼上市之后,便连续两个月占据印尼中型SUV细分市场销量第一,直接撼动了当地CR-V的地位。成绩的背后当然是实力的体现,Alamz研发团队考虑当地的实际情况,推出了印尼市场上第一套能听懂印尼语的智能语音控制系统,连印尼副总统优素福·卡拉体验后都赞不绝口。

正是这种超前的市场洞察力和优异的产品力,让 Almaz 凭借 99% 以上的正面评价率成为印尼消费者在社交媒体上评价最高的产品之一,彻底打破了日系车在印尼汽车市场的垄断局面。

除了在印尼成为爆款,宝骏 530 这款全球车在印度和南美市场同样收获了粉丝无数。基于宝骏 530 共享平台打造的雪佛兰新一代 Captiva 也于 2019 年 4 月在南美上市,获得多国媒体及经销商的肯定,未来还将在泰国等地上市。而以宝骏 530 为原型车推出的 MG Hector 自 6 月在印度上市后,不到两个月订单就突破 25000 辆,因为实在太火爆所以供不应求,官方不得不暂停预订。Hector 成为 MG 品牌征战印度市场的第一款车就卖到脱销,凭借着和宝骏 530 同样不俗的产品实力和高保值率,作为印度第一款智能网联汽车,成了 Jeep 指南者的有力对手。

资料来源:微信公众号 AutoLab,2019-08-15。

# 第一节　全球市场产品设计决策

## 一、全球市场的产品整体概念

产品整体概念是全球产品设计决策的理论依据。企业在全球营销活动中向全球市场所提供的也是整体概念的产品,它同样包括核心产品、形体产品、附加产品三个部分。

但不同国家对产品整体的要求不同:一般来说,发展中国家较注重产品的核心部分,而发达国家较侧重产品的形体和附加部分。不过,随着技术和经济的发展,发展中国家也逐渐关注和重视产品的形体和附加部分。

不同性质的产品对产品整体的要求也不同:对于工业品来说,用户更注重产品的附加部分;而对于消费品来说,消费者则需更侧重产品的形体部分。当然,无论是工业品还是消费品,产品的核心部分始终是消费者和用户追求的根本利益。

## 二、全球市场产品的标准化设计

全球市场产品标准化设计策略也就是企业将同样的产品输往世界各国市场,这是一种产品延伸策略。企业的产品直接从国内市场延伸至国外市场。

产品整体概念

标准化设计策略的优点:

(1)有利于取得规模经济效益。由于企业输往各国市场的产品整体都是一样的,因此,产品的开发设计、生产成本、促销成本等会随销量的扩大而降低。

(2)有利于统一产品形象。由于企业输往各国市场的产品从产品的效用、外观到包装、品牌等都是相同的,有利于在全球市场上树立统一的产品形象。

(3)有利于节省营销成本。由于产品相同,企业在全球市场上所进行的产品促销、

分销等活动的费用便可得到节省。

(4)有利于延长产品的生命周期。当产品在一国市场处于衰退期时,企业可将产品打入该产品仍处于投入期的国家,以延长产品生命周期。例如,20世纪70年代末80年代初,日本企业将大量在日本已处于衰退期的黑白电视机打入中国市场,而此时,中国的黑白电视机尚处于投入期,在随后的几十年中,日本电视机在中国市场一直占据着重要的市场地位。

标准化策略的缺点是不能满足不同国家不同消费者的不同需求。例如,可口可乐曾在西班牙推销其2升装的可乐,却没有注意到西班牙的冰箱比其他国家的小,结果是冰箱放不进该种规格的可乐瓶。于是可口可乐公司不得不设计另外的瓶子,在瓶子的重新设计期,可乐的销量受到损失。

## 三、全球产品的差异化设计

全球产品的差异化设计策略实际上是一种产品本土化设计策略,是指企业按照市场当地的需求特点对产品进行更改的策略。

### (一)产品更改的原因

一般来说,产品更改的原因不外乎两种:一是被动性更改,即由于东道国市场的硬性规定而必须改变产品,若产品不做改变,则无法进入目标国家市场。例如,我国的民用电压是220伏,而日本的民用电压是110伏,因此,日本的家电产品若要进入我国市场必须进行更改,否则无法使用。二是主动性更改,是指企业为了更好地适应东道国市场需要主动改进产品,虽然产品不进行更改,也能进入目标国家市场,但是如对产品进行适应性更改,则更能符合目标国家市场的需要,有利于取得良好的营销效果。例如,荷兰的飞利浦电动剃须刀,在进入中国市场前,考虑到东方人的体形特征,特地缩小了产品的尺寸,以方便中国消费者使用。

### (二)产品更改的内容

产品整体的每个部分都可以做相应的更改,具体来说,主要有以下几个方面。

(1)核心产品的更改:主要是提高或降低产品的效用。

(2)形体产品的更改:主要是改变产品的款式、外形、品牌、包装等,这在产品更改策略中是最常见的。

(3)附加产品的更改:主要是改进产品的服务等内容。

### (三)产品更改与促销策略的结合

产品设计还可与产品促销策略相结合,形成以下组合策略,如表9-1所示。

表 9-1　产品设计与促销的组合策略

| | 使用条件相同 | 使用条件不同 | |
|---|---|---|---|
| 用途相同 | 产品延伸<br>促销延伸 | 产品更改<br>促销延伸 | 开发新产品 |
| 用途不同 | 产品延伸<br>促销特设 | 产品更改<br>促销特设 | |

(1)当产品在两国市场的使用条件和用途相同时,企业可采取完全延伸策略,即产品延伸、促销延伸。例如,我国许多轻纺产品等对新加坡、马来西亚等东南亚国家出口就可以采取此策略。

(2)当产品在两国市场的使用条件相同,但用途不同时,可采取产品延伸、促销特设策略。例如:中药在国外也可用于防病治病,但由于不同的文化环境,外国人对中药传统理论中的补气、益气、调理阴阳等用途无法理解,因此,在全球营销中必须在促销等方面加以调整。

(3)当产品在两国的用途相同,但使用条件不同时,可采取产品更改、促销延伸的策略。例如,在发达国家,洗碗机主要用于家庭,所以洗碗机的外形较小,便于家庭使用;但在发展中国家,洗碗机主要为餐馆、酒楼使用,只有容量大,才能满足一次清洗大量碗碟的要求。

(4)当产品的使用条件和用途在两个国家均不相同时,企业可采取产品更改、促销特设的双重更改策略。例如,自行车在经济发展水平不同的国家其使用条件和用途是不同的。在发展中国家,自行车主要被用作交通和运输工具,而且发展中国家的道路状况也不理想;在发达国家,自行车是一种运动和娱乐工具,而且发达国家的道路条件较好。因此,当发展中国家向发达国家出口自行车时,必须对自行车进行改变:拆除书包架、去掉挡泥板,使车身更轻、车型更美观,并增加多挡变速。在促销宣传时,也应更突出其运动带给人们的享受,而不是发展中国家的负重效果。

(5)由于不同国家和地区在经济、文化等方面的差异较大,有时仅仅对现有产品进行更改,无法满足国外市场的需求。为了更好地开拓国外市场,满足国外用户的需要,有时必须专门为国外市场设计新产品,并采用新的促销策略。例如,埃姆科尔国际公司(Emcol International)就曾专门为发展中国家设计一种"柏油路速修材料",使用这种新产品,只需将新材料倒在路面的坑洼处,用铁锹铺开即可通车,一般只需花 3 分钟就可修复一块路面。由于许多发展中国家的路面不平,加上维修技术落后,修复路面耗时久耗力大,而这种新产品正好适应了发展中国家的需要,再加上公司采用了有效的广告宣传策略,因此,这种新产品在发展中国家受到欢迎。

### 专栏 9-1　从《旅行青蛙》看手机游戏的本土化改造

《旅行青蛙》是由日本游戏公司 Hit-Point 研发的一款放置养成类手游,游戏的主角是一只可爱的小青蛙,玩家可以为其命名。在游戏过程中,

滴滴出行

旅行青蛙

玩家通过收集庭院内的三叶草作为代币在商城购买青蛙旅行所需的食物、幸运符、道具等。准备完毕后，青蛙将带着玩家准备的行李出门旅行，接下来的时间只要静静等待青蛙旅行归来即可。旅行途中玩家会收到来自青蛙邮寄回的明信片，回家后还会带回当地的土特产和纪念品。这款游戏于2017年11月底上线，在推出的两个月内，便以迅猛之势收获了我国广大青年的喜爱，游戏从发行到2018年4月底不足半年的时间内，全世界下载量达到3800万次，其中有80%来自中国。2018年5月，《旅行青蛙》的中国版《旅行青蛙·中国之旅》开启内测，全新的页面设计、游戏内容改良和运营方式带给中国玩家区别于日本版的游戏体验，而本土化后的《旅行青蛙》则让中国玩家感受到了更为深刻的参与感和代入感。

**1. 在场景元素选择上本土化**

在页面设计方面，本土化过后的《旅行青蛙》可以称得上尽显中国风味，待机场景中随处可见的"中国风"让玩家产生青蛙来到中国旅行的真实体会。再对比外部庭院可以看到，《旅行青蛙·中国之旅》在窗户的样式上选取了中式传统的"套方"，是一组由四个直角套在一个四方形的四角后形成的一组大小四方形重叠的图案，套方锦样式的棂花图案有四方形、十字、八角等图案所含有的吉祥寓意。同时在大门的设计上对传统中式大门的样式进行了简化，保留了日常生活中频繁使用的"门钹""下槛"和"门枕"等元素，相较于日本版简易木门而言，这样的设计更具本土化特征。而在房间的内部设计上更是将中国元素进行了多元化的堆叠，镜框上的"回纹样式棂花"表达了安全回归的祝愿，寓意福寿吉祥深远绵长，灶台上的蒸屉更具朴素农家风味，隔断用到的蜡梅图案屏风、床头的中国地图、书桌上的"山"形置笔架和一旁的画卷等，无一不体现着多样的中式风情。

**2. 在商城元素选择上本土化**

商城元素方面，游戏设计者在商品样式上也进行了本土化的改造。对比日本版《旅行青蛙》的出行食物，《旅行青蛙·中国之旅》在食物上选取了包子、豆腐这类便于携带的传统中国菜品；甜品方面，也与日本版的艾蒿油面包和胡葱炸面包相区别，中国版选取的是玩家更为熟悉的桂花蒸米糕和彩椒烙蛋饼。不光体现在食物选择上，出行道具方面也有本土化的体现，设计者在青蛙的吃穿用等方面不断进行中国化的表达，增加奇遇值的道具则从日本版的幸运铃变为更具中国风味的锦鲤玉佩，各类纸伞也为青蛙旅行的奇遇增加水墨意境，围巾则从日本版的迷彩花纹改为使用中国古典的云纹图和雪花图，多样化的出行道具为青蛙在旅行中寄回的明信片增添中国元素。

**3. 在伴手礼元素选择上本土化**

作为放置类养成游戏，《旅行青蛙》最突出的一大玩法在于收集各类特产和纪念品，青蛙每次旅行的目的地通过背包中放置的食物和道具决定，不同的内容组合搭配会让青蛙去往不同的地区并带回该地区对应的特产和纪念品。日本版的特产有来自青森县的南部煎饼、秋田县的切蒲英、群马县的温泉馒头和烤馒头、长野县的五平饼、爱知县的外郎糕等，青蛙就像一位热爱旅行又牵挂着你的朋友，每次出远门都会带回伴手礼，这样的收集形式让玩家可以从中获得一种旅行的真实感和满足感。到了中国版，旅行特产也随之进行了改变,来自北京的稻香村点心、洛阳的八大件、成都的米花糖、西藏的酥油茶和武汉的热干面等都在旅行特产之列,本土化的特产与玩家的日常生活更具贴近性,同时也能让玩家在收集特产的过程中亲身体会中国的地大物博。

**4.在明信片元素的选择上本土化**

明信片收集是《旅行青蛙》中最受玩家喜爱的玩法,收集明信片的过程不光可以增加游戏的趣味性和期待性,也能满足大部分养成类游戏玩家收集的爱好。中国版中,这部分的本土化也是做得最为成功的。明信片的场景选取了十分具代表性的中国景点,从西藏的布达拉宫到甘肃的月牙泉,从三亚的日月石到云南的大理古城,从台湾的静安吊桥到北京的故宫,从上海的外滩到成都的杜甫草堂……玩家跟随着青蛙的脚步丈量着中国的土地,畅游祖国河山。中国大江南北的名山大川、名胜古迹,都留下了小青蛙和动物小伙伴的身影,玩家在收集明信片的过程中也领略到了中国秀美的"大江大河"。

资料来源:蒋宁平、陈怡蕊:《〈旅行青蛙〉看手机游戏的本土化改造》,《传媒论坛》,2018年第22期。

## 四、全球产品设计决策应考虑的因素

既然产品的标准化设计与差异化设计各有利弊,企业应慎重地选择相应的策略,也可将其结合起来加以运用。

### (一)标准化设计和差异化设计的适用条件

表9-2 产品标准化设计和差异化设计的适用条件

| 标准化设计的适用条件 | 差异化设计的适用条件 |
| --- | --- |
| 1.适应的成本较高<br>2.主要用于工业化产品<br>3.不同国家市场有相同或相似的口味<br>4.主要在城镇环境中应用<br>5.在大体相似的国家进行营销活动<br>6.集中式管理<br>7.生产、研发、市场营销中采用规模经济<br>8.当竞争者也生产标准化产品时<br>9.消费者具有流动性<br>10.有积极的来源国效应存在 | 1.技术标准存在差异<br>2.主要用于消费产品或个人用品<br>3.消费者的需求是不同的<br>4.使用条件是变化的<br>5.人们的购买力不同,收入水平也有差异<br>6.使用者的技巧水平和技术熟练程度存在不同<br>7.存在较大的文化差异<br>8.当地环境诱发差异性(原材料的可用性、法规限制等存在差异)<br>9.竞争者采用此策略<br>10.各国人民的习俗不同 |

### (二)全球产品设计决策应考虑的因素

具体来说,企业在进行产品设计决策时应考虑以下因素。

**1.东道国的法律要求**

不同的国家有不同的法律规定,这些法规很有可能会限制产品的标准化。例如,不同国家有不同的计量法,因此,产品的包装计量在不同国家就需要进行不同改变。又如,美国政府规定了严格的防污染法,其他国家向美国出口汽车,必须装有防污染装置,并达到美国政府规定的汽车排放控制标准,否则汽车无法进入美国市场。

**2. 东道国的技术标准**

不同国家的产品技术标准也有所不同,如英联邦国家,由于车辆是靠左行驶的,因此,要求汽车的驾驶操纵系统安装在车的右方;而大多数国家的车辆是靠右行驶的,汽车的驾驶操纵系统在车的左方,因此,要向英联邦国家出口汽车,必须对车辆进行更改。又如,有些国家的民用电压是110伏,有些则是220伏,有些则高达300多伏,由于技术标准不同,产品不得不采取差异化设计策略。

**3. 产品的使用环境**

不同国家和地区,由于自然环境、经济水平、文化习惯等的差异,可能要求产品的差异化。例如,汽车轮胎的成分需要因不同国家的气候特点而异,在热带国家,轮胎应防高温熔化,而在高寒地区,则要求轮胎具有防滑功能。再如,在欧洲,家庭的厨房一般比美国小,且往往没有地下室,所以销往欧洲的厨房用具或厨房电器应设计得比销往美国的小,才能适应欧洲空间狭小的环境。

**4. 支撑系统**

支撑系统也称支持系统,是指一个国家中能为企业从事营销活动提供服务和支持的机构,它包括批发商、零售商、销售代理、仓储和运输机构、广告媒介、信贷机构等。这个支撑系统是否健全、运作效率和运行成本的高低,在很大程度上会影响出口企业采取的产品设计策略。有时,国外市场的支撑系统不完善,企业就不得不采取差异化策略。例如,在有的国家,由于零售商没有冷冻设施,企业就无法向该国出口冷冻食品。

**5. 市场需求的条件**

由于各国经济、文化等环境的差异,消费需要也不尽相同,这就要求产品的差异化设计。就经济环境而言,不同国家的人均收入水平差距很大,一个国家能接受的产品,另一个国家却无法接受。例如,我国的牛肉罐头产品,由于选用上好的牛肉精制而成,在欧美国家备受欢迎,但在非洲市场却少人问津。究其原因,是非洲的收入水平低,大多数居民买不起这么好的牛肉罐头。在非洲市场上畅销的是一些用碎牛肉加上淀粉混合制成的牛肉罐头产品,由于其价格低廉,很受欢迎。而从文化环境来看,不同的消费习惯和需求偏好,也会导致产品的差异化。例如,英国人喜欢加奶的咖啡,法国人喜欢黑咖啡,拉美人偏爱菊苣口味的,因此雀巢公司的咖啡在不同国家的市场上就要做适当的调整。

**6. 市场竞争状态**

如果在国外市场上没有竞争者,企业可采取标准化设计策略;如果市场上出现竞争者或竞争对手较多,那么企业只有采取差异化设计策略,才能赢得竞争优势。

**7. 产品的性质**

不同的产品,对设计的要求也有所不同。美国的一项研究表明:一般来说,工业品比消费品较宜采用标准化;而在消费品中,非耐用消费品比耐用消费品更需要采取差异化策略。这是因为非耐用消费品更受个人不同喜好的影响。但在非耐用消费品中也有例外,传统产品应该采用标准化,例如,外国人喜欢杭州的丝绸产品,这些产品没有必要印上西洋画,因为外国人可能更喜爱中国传统的大红大绿的图案。另外,某些旅游产品也可采取标准化,如柯达胶卷、可口可乐饮料等,因为旅游者在不同的国家都会选购这些他们所熟悉的产品。

### 8. 成本/利润关系

采用标准化设计策略,可降低成本,但由于销量减少,可能影响利润;而采用差异化策略,则需要追加成本,但可能增加销量,获得更多的利润。因此,全球产品设计决策,需要对这两种不同的策略的成本和利润进行对比分析,才能选择最佳的策略。在企业的决策过程中值得注意的是,应该考虑长期利润而非短期利润。对于产品差异化来说,获得短期利润可能性不大,甚至出现亏损,但从长期来看,有可能获得较大的收益。

### (三)"全球地方"化趋势

#### 1."全球地方化"的提出

由于全球化战略和策略面临的困难,近几年来,出现了一个新的概念,叫作"全球地方化"。"全球地方化"认识到:一方面,由于各种因素的限制,不可能完全的标准化;而另一方面,完全的差异化也无法做到。因此,就出现了将两者结合起来的做法。例如,麦当劳在全球提供标准化的菜单,但仍根据地方环境加以改变:它在巴西供应一种以浆果为主的饮料,在马来西亚、新加坡和泰国供应一种以水果为主的奶昔,在日本介绍一种中国炒米饭 Mchao,还在澳大利亚供应羊肉馅饼,在菲律宾供应麦当劳意大利式细面条,在中国香港供应椰子、芒果和热带薄荷奶昔。再比如,骆驼(Camel)是一家在标准化运作方面很著名的公司,但它在全球各地的具体运作是有差异的。在绝大多数国家,骆驼香烟作为一种土耳其混合香烟来促销;而在希腊,它则是按美国混合香烟促销的。骆驼公司的全球化活动是适应于不同的地理区域的。

#### 2."全球地方化"的实质

"全球地方化"实质上是一种"全球化思考,地方化行动",它表现为:某些产品的核心技术、主要零部件或子装配线是可以在世界范围内标准化的,而它的另外一些部分却要适应当地情况。例如,麦当劳在宁波城隍庙和杭州清河坊开设的连锁店,虽然仍供应"巨无霸"汉堡,但其外形设计则完全是中式的建筑。在古色古香的中式建筑中品尝西式快餐,这不能不说是"全球地方化"的突出表现。又如惠尔普(Whirlpool)公司的洗衣机的绝大部分是由标准化的部件组成的,但其他部分则是按照不同国家的需求习惯做了调整。例如,为了方便印度妇女洗莎丽服,惠尔普公司研制了一种西方式的自动洗衣机,它结构紧凑,大小只有美国型号的一半,能适应印度的房间大小,并且有特别设计的不会缠绕莎丽服的搅拌器。惠尔普公司还设计了一种世界洗衣机——一种小巧、可拆开的自动洗衣机,用于满足发展中国家如巴西、墨西哥和印度等国的需求。这种洗衣机虽然已是一种标准化产品,但必须根据当地需求的变化加以定制。由于世界各国的消费需求和偏好是不同的,惠尔普公司必须设立区域性的制造中心。另外,虽然在不同市场间,洗衣机的大小、形状可能会不同,例如:法国人要求洗衣机的投衣口在上端,而英国人希望投衣口在洗衣机的前面;德国人需要高速洗衣机,意大利人要求转速较慢的洗衣机。但它们所包含的大部分技术和生产过程是相似的。因此,"全球地方化"与"地方全球化"可以说是并存的。

# 第二节　全球市场新产品开发决策

随着科学技术的迅猛发展,消费需求的日益变化,产品生命周期不断缩短,全球市场上新产品层出不穷。因此,企业要开拓全球市场,不能仅依靠对现有产品进行更改,而必须不断地开发新产品,才有可能在全球市场上立于不败之地。

## 一、全球新产品开发的理论基础

产品生命周期理论是市场营销学的重要理论,也是全球市场新产品开发的理论基础。但在全球营销活动中,产品生命周期有更深的内涵,它是指导企业进行新产品开发和市场投向的重要理论。

### (一)产品市场生命周期及其启示

产品生命周期是指产品从投入市场到被市场淘汰退出市场的整个过程,它一般包括投入期、成长期、成熟期、衰退期等阶段。在全球市场上,产品往往也存在市场生命周期,但是不同国家的经济和技术发展水平的差异,使同一产品在同一时期处于市场生命周期的不同阶段,如图 9-1 所示。

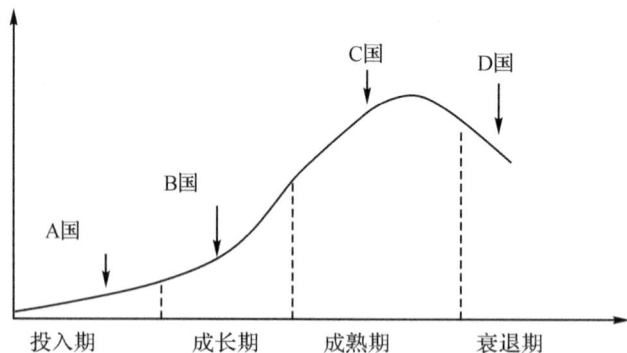

图 9-1　全球市场产品生命周期

如图 9-1 所示,在 D 国已处于衰退期的产品,在 C 国可能处于成熟期,而在 B 国则可能处于成长期,在 A 国有可能才刚刚投入市场。因此,企业在全球营销活动中可以通过将处于市场生命周期后期(成熟期或衰退期)的产品投放到该产品仍处于生命周期前期(投入期、成长期)的国家,以延长产品的生命周期,发挥产品的竞争优势。

### (二)国际贸易产品生命周期及其启示

在全球营销活动中,我们还将引入一个新的概念,即国际贸易产品生命周期理论,这一理论是美国经济学家维农提出的。他认为许多产品都会经历这样一个周期:高收入、高消费的国家开始是某一产品的出口者,接着丧失出口市场,最后成为该产品的进口者;其他发达国家则由进口者变为出口者;最后,不发达国家从进口者变为该产品的主要出口者。这一产品的进出口变化表现为三个阶段的生命周期,如图9-2所示。

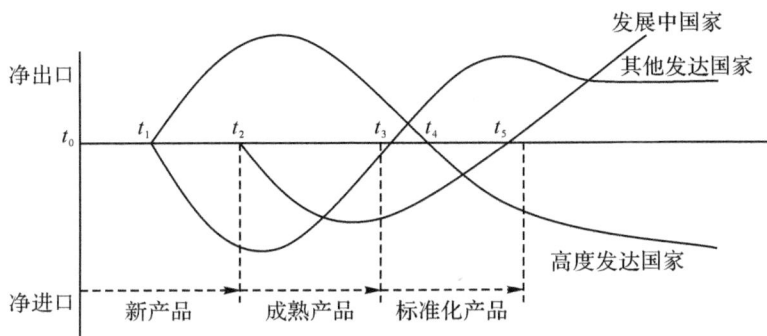

图 9-2　国际贸易产品生命周期曲线

从图 9-2 中可以看出,全球产品生命周期可分为以下三个阶段。

(1)新产品阶段($t_0$—$t_2$)。起初,产品在某一个高收入、高消费的发达国家(如美国)设计并生产,并在国内市场销售。随后,便向国外市场出口。由于此时该产品尚处于新产品阶段,这个国家是唯一的生产者。随着产品生产技术的扩散,其他发达国家(如德国、法国等)也开始生产同样的产品。

(2)成熟产品阶段($t_2$—$t_3$)。其他发达国家由于生产成本、运输成本较低等,有可能在美国以外的市场销售产品,并与美国进行竞争,使美国的出口市场缩小。

(3)标准化产品阶段($t_3$—$t_5$)。随着技术的进一步扩散,越来越多的国家,包括不发达国家,最终掌握了该产品的生产技术,并进行大规模的生产,由于它们的生产成本更低,从而有可能向美国出口,并与美国的同类产品直接竞争。

国际贸易产品生命周期理论的启示:技术先进的国家(如美国)在产品的开发过程中起产品发明革新的作用;然后,其他先进的国家(如日本、德国等),逐渐取代技术最先进国家的地位;最后,落后的国家掌握产品的生产技术,并成为产品的主要生产国,向最早生产该产品的国家大量出口。事实证明,许多产品如电视机等产品最早是由美国这样的发达国家首先生产并出口的,随着电视机生产技术的普及,美国生产电视机并不存在优势后,其便大量从劳动力成本较低的国家进口电视机。

产品生命周期能从整个产品类别或特定品牌等不同角度进行定义。在任何情况下,分析市场需求是识别产品和品牌所处生命周期的方法。如果产品或品牌在不同市场的需求存在广泛差异,这很可能意味着产品在低饱和市场上具有潜力。

随着交通、通信的发展,各国对产品生产技术的掌握速度越来越快,产品生命周期也越来越短。因此,企业必须把握新产品的开发趋势,不断开发出符合全球市场需要的新产品,才有可能在市场上立足。

## 二、全球新产品的含义

所谓新产品,并非单纯指新发明创造的产品,而是包括新发明产品、革新产品、改进新产品和仿制新产品等。一般来说,产品任何一个部分的改变都可能形成一个新产品。具体来说,新产品主要有以下几类。

滴滴与旅行青蛙的战略合作

(1)新发明产品。是指采用新技术、新材料制造而成的前所未有的新产品。如,第一台计算机的诞生。

(2)革新产品。指企业采用新技术、新材料、新元件等,对原有产品做较大革新而创造出来的新产品。例如,电子计算机从最早的电子管,到今天已发展到具有人工智能的第五代产品。

(3)改进新产品。这是指企业对原有产品在质量、性能、外观、包装、装潢等方面进行改进所形成的新产品。例如,计算机从最早的黑白显示器到彩色、纯平,乃至今天的液晶显示。

(4)仿制新产品。这是指市场上已经出现,但本企业第一次生产的产品。有不少企业不具备生产开发能力,于是就对全球市场上的产品样本进行研究,然后如法炮制,推向市场。

(5)再造新产品。所谓再造新产品是指企业将用旧了的产品进行翻新,让它获得新生,重新发挥其使用价值。

在上述五类新产品中,全新产品是最难研制的,但如果企业率先推出,则市场竞争对手较少,企业也可获得可观的收益。仿制新产品的研制相对较易,但市场竞争激烈。目前,从全球范围来看,全新产品的研究和开发越来越困难,因此,不少企业都将新产品的开发重点放在产品的改进或改良上。

## 三、全球新产品开发的过程

全球市场新产品的开发是一项风险很大的工作。为了保证新产品开发的顺利进行,减少开发失败的风险,新产品的开发必须遵循一定的程序,它与国内市场营销一样,也可分为以下 7 个阶段。

(1)产生构想。一切新产品的开发都源于构想,这些构想可以分别来自不同的途径:可以来自企业的内部,如科研人员的创意、员工的建议、企业市场调查的信息等;也可来自企业的外部,包括供应商的要求或建议、顾客的意见或要求、分销商的要求或建议或研究机构的创意等。

由于企业规模与企业国际化程度存在差别,企业在开发新产品时的构想来源途径也不同。一般来说,对于国际化程度较低、规模较小的企业,主要依靠企业内部的构想;而国际化程度较高的企业,则有可能通过多种途径得到有关构想。

(2)筛选构想。筛选构想主要是看构想是否符合企业的营销条件,如生产和技术、分销渠道及营销经验等;目标国家市场的需求特点包括目标市场的消费习惯、消费心理等,以及东道国的相关法规规定等。

（3）形成产品概念。产品概念指具有特定的产品功效、产品外形、品牌、包装、规格的具体产品。例如，宝洁公司在中国市场推出润妍洗发水时，在这个阶段主要确定产品的具体功效、包装、型号，并进行产品概念的测试，以不断改进产品，使之更符合顾客的需求。

（4）进行商业分析。商业分析主要是对市场的销售潜力，企业的生产制造能力、财务能力，以及新产品的盈利能力的分析。在对新产品进行商业分析时，必须考虑以下问题：

①该地区或国家的市场需求是否达到一定的规模？这种需求是否具有持久性？是否值得进入该市场？

②这种新产品导入后，对企业整体的销售额、成本和利润有多大影响？

③企业研究、开发、制造能力是否能够完成这一项目？

④如果企业必须建立新厂或添置新设备，需多久才能完成？如果利用原有的厂房和设备，对新产品的存活率有多大程度的影响？

⑤新产品是否能够配合原有的产品组合？是否能与原有产品共享现有的营销资源，如分销渠道、促销资源等？

⑥开发与销售新产品所需的资金来源有无问题？新产品的投资报酬率如何？与其他投资开发机会相比，机会成本有多大？

⑦全球市场营销环境将会有何变化？这些变化对新产品的未来销售、成本、利润等将产生什么影响？

（5）研制新产品。在新产品的研制阶段，主要考虑是否应根据东道国的政策法规、技术规范和需求特点，对新产品进行适应性更改。

（6）进行新产品试销。在产品正式进入目标市场之前，还必须进行市场试销，以利于企业制订有针对性的营销策略。

一般来说，企业在对新产品进行试销的过程中，应该注意选择具有代表性的地区和顾客群，同时，选择试销的地区不宜过大，否则将加大试销成本。另外，还应考虑到试销方式是否为东道国居民所接受。例如，在有些国家，免费试用不受欢迎，主要是当地居民认为接受免费赠品有失面子。

（7）正式投放市场。在经过试销以后，如果市场对该产品的反应良好，便可将产品正式投放市场。但是，在向市场投放过程中，应选择合适的时间、地点和合适的目标顾客，以取得有效的销售效果。

## 四、全球新产品的市场扩散

在全球市场上，一个新产品投放市场后，能否尽快被消费者接受，这是全球营销人员必须重视的问题。新产品的扩散速度和扩散程度是与新产品本身的因素及消费因素相关的。

### （一）影响新产品扩散的产品因素

#### 1. 新产品的相对优势

相对优势是指新产品与现有市场上的竞争产品相比，在效用、质量、款式、价格等方面的优越之处。新产品与老产品相比,相对优势越明显,其扩散的速度越快、程度越高。反之,新产品不具有优势或优势不明显,就会影响其扩散。

**2. 新产品的适应性**

适应性是指新产品适应东道国市场的政策法规、文化特点、消费习惯的程度。新产品适应性的好坏,将影响新产品的扩散。一般来说:不适应东道国政策法规的产品,是不可能在东道国市场上扩散的;不适应东道国文化特点的产品和不适应东道国消费习惯的新产品也难以在当地市场上扩散。例如,由于微波炉不适合中国人的烹饪习惯,因此,20 世纪 30 年代在美国发明的微波炉直到 20 世纪 90 年代才广泛进入中国家庭。

**3. 新产品的简易性**

简易性是指消费者认识和使用新产品的简易程度。新产品的简易程度是与其扩散程度呈正比的。一般来说,新产品越简单易用,则越容易扩散。例如,在许多发展中国家,虽然也供应发达国家的高级农机具,但这些国家的农户还是喜欢中国的农机产品,因为中国的产品虽然技术含量没有发达国家的高,但操作简单、维修简便。

**4. 新产品的可试用性**

可试用性是指在消费者不承担风险的前提下,产品接受试验的程度。如果新产品是小包装的,便于试用,则容易扩散;反之,大包装、不便于试用的新产品则难以扩散。

**5. 新产品的可传递性**

可传递性是指新产品的优势容易被觉察和传递的程度。新产品的相对优势或其性能特点越容易介绍、传递,则越容易扩散;反之,则不容易扩散。DOVE 巧克力在进入中国市场时,在电视广告中强调其特点是"滑得像丝一样"的"丝般感受",由于其介绍明确、具体,故而得以迅速在中国市场上扩散。

**专栏 9-2　为什么戴森能让消费者都变成了粉丝?**

提到戴森,你首先想到的是"黑科技"卷发棒,还是"第一次除完螨后感觉自己前几十年都睡在工地上"的真空吸尘器? 或是开始研制汽车、正在努力跻身科技公司行列和苹果齐名的那个高端制造品牌? 为什么戴森让消费者都变成了粉丝,让未曾拥有的人也拍手叫好?

戴森创始人詹姆斯·戴森在研制真空吸尘器前是一个工业设计师,对产品的要求极高。众所周知,戴森最强势的核心产品就真空吸尘器。虽然戴森近几年才成为一个网红品牌出现在大众视野中,但事实上 40 年前戴森就已经开始和三个子女在自家后院研制真空吸尘器了。戴森不满意当时风靡市场的 Hoover 牌吸尘器,他在自家后院研制了 5127 个失败模型后,第一款成功利用真空齿轮工作的无集尘袋吸尘器才成功问世。在抚养三个儿女的情况下,戴森和妻子甚至抵押上了全部的家当以成立独立公司,将其大批量投入生产。第一个接受戴森吸尘器设计理念的生产厂家是一个日本的机械制造商,1983 年的那款吸尘器通体呈鲑粉色,售价高达 2000 美金但颇受日本贵族圈层的喜爱。

2006年左右,戴森公司曾试图开拓亚洲市场,并首次尝试进入中国,在中国建立生产基地。但试水中国的结果并不理想。当时戴森真空吸尘器的定价为3000—4000元(当时普通的日本吸尘器售价在1000元以下),中国虽然正处在2001—2010年的黄金高速发展期,但是2001年中国城镇居民人均可支配收入仅为6860元,戴森发现产品价位与中国消费实力并不相符,选择暂时放弃中国市场。

2006—2012年,世界银行数据显示,中国人均GDP实现了翻倍,中国经济高速发展并逐渐平稳,人民生活水平得到了显著的提升,人均可支配收入大幅增加。

2012年,戴森决定重整旗鼓。人均GDP达到8000美元之后,人们的消费结构和消费心理会发生很大的变化,迫使消费品牌领域发生很多神奇的变化。日本大概在1978年达到人均GDP 8000美元,中国在2016年达到人均GDP 8000美元。2016—2018年,戴森品牌集中爆发。

与此同时,国内传统家电产业更新换代频率慢、研发投入相对国外高端品牌少,国内家电市场并没有跟随经济发展的脚步,孕育出匹配的高品质小家电产品,这就给售价、产品体验均与同类产品拉开明显差距的戴森品牌留下了巨大的市场缺口。

戴森也就是在此时引爆了中国市场——ZDC数据显示,2018年中国吸尘器市场品牌关注榜中,戴森以23.6%的占比位列第一。可以说戴森是"幸运的凡·高",坚持设计理念的决心终于受到了市场的热捧,也可以说是时代选择了戴森,越来越懂得欣赏更强产品功能、更好使用体验的市场为戴森的崛起提供了业务拓展的基础。

资料来源:91运营,http://www.91yunying.com/96339.html

戴森宣传广告(1)　　戴森宣传广告(2)

**(二)影响新产品扩散的消费因素**

与新产品扩散有关的消费因素主要有消费观念、消费习惯、需求强度等。

(1)消费观念。在这里,消费观念主要是指消费者对待新产品的态度。在一些国家,消费者思想较开放,创新精神强,则对新产品持欢迎的态度,新产品在这些国家和地区容易扩散;在另一些国家,消费者思想较保守,对新产品持拒绝的态度,则新产品就不易扩散。一般来说,西方人较东方人思想开放,乐意接受新产品。此外,在一个国家中,不同的群体对新产品的态度也是不同的,一般来说,年轻人往往比老年人更容易接受新产品。

(2)消费水平。一般来说,一个国家或地区的经济收入水平越高,消费能力越强,对新产品的接受速度越快;反之,消费能力弱,接受新产品的可能性相应就小。

(3)需求强度。消费者对新产品的需求强度越大,就越容易接受新产品;反之,则不易接受新产品。例如:在一些国家和地区,消费者尤其是女性消费者对美白的强烈要求会促使其购买美白新产品;但在以黑为美的国家或地区,美白新产品则没有市场。

### （三）加快新产品扩散的对策

在分析了上述两大影响新产品扩散的因素后,全球营销人员应积极利用有利于新产品扩散的因素,克服或减少不利于新产品扩散的因素。

对于产品本身而言,企业可采取以下对策:(1)赋予产品新的功能,以提高其相对优势;(2)通过改进产品的款式,以提高产品的适应性;(3)简化产品,以减少其复杂性;(4)通过赠送样品、提供小包装产品等方式,提高其可试用性;(5)通过广告策划和营业推广等手段,提高其可传递性。

对于消费者而言,当目标国家市场的消费者对新产品缺乏认识,拒绝新产品时,企业应加强广告宣传工作,向消费者传播新的消费理念,介绍新产品的特点,唤起其对新产品的需求;对于消费能力低的市场,企业应通过简化包装、减少不必要的功能等降低成本,从而使价格能为当地消费者所接受。

总之,全球营销人员可以运用各种营销策略,有效地加快和提高新产品的扩散速度和程度。

# 第三节　全球市场产品包装决策

包装对于产品创新非常关键。在 2014—2017 年全世界推出的所有创新型软饮料中,70.8%是配方创新,13.2%是包装方面的创新。包装代表某种形式的保护,同时也与营销和沟通达到的高度相关,是营销和沟通必不可少的工作。

## 一、全球产品包装及其作用

全球市场上,产品的包装与国内市场一样,主要包括三个层次,各个层次的作用及作用持续的时间也不同,如表 9-3 所示。

表 9-3　全球市场产品包装及其作用

| 包装的层次 | 包装的作用 | 包装物的使用价值丧失时间 | 包装决策应考虑的因素 |
| --- | --- | --- | --- |
| 内包装 | 满足需要<br>方便使用 | 产品消耗尽 | 消费者——方便 |
| 中层包装 | 美化产品<br>刺激购买 | 销售过程结束,消费过程开始 | 分销商——美观<br>节省空间（货架） |
| 外包装 | 方便储运<br>保护产品 | 储运过程结束,销售过程开始 | 储运商——牢固<br>节省空间 |

（1）以包装容器种类分类:箱、桶、袋、包、筐、捆、坛、罐、缸、瓶等。

（2）以包装材料分类:木制品、纸制品、金属制品、玻璃制品、陶瓷制品和塑料制品包装等。

（3）以包装货物种类分类:食品、医药、轻工产品、针棉织品、家用电器、机电产品和果菜类包装等。

(4)以安全为目的分类:一般货物包装和危险货物包装等。

在全球营销活动中,产品包装的作用比在国内营销中更突出,表现为产品包装的两个最基本的功能,即产品的保护功能和促销功能。这是因为:第一,全球产品的运输距离相对长、流转次数相对多,易造成产品的损害,因此,要求产品包装具有更强的保护作用;第二,产品包装是无声的推销员,在全球市场上,包装应有利于产品信息的传递,达到良好的促销作用。

## 二、全球产品包装决策应考虑的因素

### (一)全球产品包装决策应考虑的因素

如表9-3所示,全球市场的产品包装决策必须在考虑消费者的需求、分销商和储运商的要求等因素的基础上做出,除此以外,全球产品的包装决策还应考虑东道国政府的要求。一般来说,东道国政府要求产品包装必须符合相应的包装法规,能够保护消费者或用户的利益,并且有利于环境保护。目前,各国对于产品包装的要求越来越严格。例如,欧盟提出将在食品包装中体现出对食品健康及营养标准的要求,并且还要有明确的说明及公司的证明,以免食品企业误导消费者。美国的食品包装法规也要求食品加工企业必须在食品标签上清楚而准确地标明食品的成分,特别是易引起过敏反应的成分。

### (二)全球市场产品包装设计决策的具体要求

当今全球市场商品竞争的诸多因素中,商品质量、价格、包装设计是三个主要因素。国外一位研究市场销售的专家曾说:"通往市场的道路中,包装设计是最重要的一条。包装对整体形象的促进作用并不亚于广告。"全球市场对商品的包装总体要求是既要符合标准又要能招徕顾客。具体的要求有以下几方面:

(1)名称易记。包装上的产品名称要易懂、易念、易记。

(2)外形醒目。要使消费者从包装外表就能对产品的特征了如指掌。

(3)印刷简明。包装印刷要力求简明。那些在超级市场上出售的商品,是由顾客自己从货架上挑选的,因此它们的包装就要吸引人,让顾客从货架旁边走过时能留意到它们,想把它们从货架上拿下来看看。

(4)体现信誉。包装要充分体现产品的信誉,使消费者透过产品的包装增加对产品的信赖。

(5)颜色悦目。一般来说,欧洲人喜欢红色和黄色。在超级市场上销售的高档商品,多采用欧洲流行色,即淡雅或接近白色的色彩。

(6)有地区标志。包装应有产品地区标志或图案,使人容易识别。

(7)有环保意识。国际上现在普遍重视环境保护工作,为此国际上有许多关于包装材料的新的具体规定,总的趋势是用纸和玻璃取代塑料、塑胶等材料。如德国规定中国出口到德国的食品包装用瓦楞纸箱。

### 三、全球产品包装决策的发展趋势

(1)环保化。环保化也就是要求企业采用符合环保要求的绿色包装。绿色包装概念是 20 世纪 80 年代提出的。所谓绿色包装是指在生产和使用过程中对人体和环境无危害，而且能够循环再生利用或能自然降解的适度包装。因此，绿色包装是一种资源节约型且在环境和资源的基础上都可以长期支持的新型工业发展模式。

(2)方便化。即产品的包装要便于消费者的使用、携带、储运和处理。产品包装的方便化要求包装符合人性化需求，即方便使用和携带，例如欧美国家有专门为老年群体或病人设计的 Ergonmics 包装。同时，产品包装要能方便处理，如国外的自动降解包装，既可方便使用者处理，也可减轻环境压力。

(3)特色化。产品的包装还应具有特色，体现产品的品牌内涵和文化底蕴。例如，湖南湘泉集团有限公司生产的酒鬼酒，因其包装瓶形似捆口麻袋，非常具有特色，而迅速在市场上走俏。

#### 专栏 9-3　韩国 Gdew 奇缔化妆品包装设计

Gdew 奇缔，韩国肌肤细胞护理品牌，总部设在韩国珍岛，Gdew 的产地只有韩国。Gdew 通过提炼野生植物的野生植物矿物质，以及萃取多种纯净花草植物精华，成为植物护肤品中植物矿物质运用的领导者。

韩国善茗株式会社成立于 1980 年，是集研发、生产、销售、教育为一体的大型综合性企业，产业包括生物技术研发、化妆品生产、连锁经营机构等领域，总部设在美丽的韩国珍岛，在全球拥有多家分支机构。韩国专业肌肤细胞护理品牌，是无添加天然植物护理品，独有 21 种野生植物矿物成分，能全面护理肌肤细胞，提高肌肤机能、增强细胞活力、防御肌肤问题。Gdew 揉合植物护理科技，聚集天然植物的无限能量，把肌肤细胞护理演绎得淋漓尽致，帮助轻松实现肌肤健康美丽的梦想。Gdew 以天然、安全、有效、关爱环境的承诺，缔造植物护肤品新领域。其在 2012 年正式进军中国市场。

品牌要突出产品的独特性。产品同质化已经成为一个不争的事实，如何让你的产品脱颖而出，这就需要创新，品牌创新不只是狭义的技术创新，它包含了在品类上创新，在原材料上创新，在工艺上创新，在品牌概念上创新，在包装设计上创新，在价格上创新，等等，只有至少在某一方面有所创新，让你的产品保持独特性，才有可能脱颖而出。

品牌在进入中国市场时的产品包装选取墨绿、橙色两个主色，墨绿契合自然的主题，而橙色的包装非常有创意，市面上少有橙色的化妆品包装，故其可以在消费者心中留下强烈的记忆，有效地与其他产品区隔开来。橙色与其他颜色相比更能代表矿物质的特点，而 Gdew 主打的就是植物矿物护肤，橙色非常符合 Gdew 的定位。

资料来源：https://www.mroyal.cn/Case101.html。

# 第四节　全球市场产品品牌决策

## 一、品牌的含义和作用

### (一)品牌

根据美国营销协会(AMA)的界定,品牌是一个名称、符号、标志、图案或它们的组合,用于区别一个或一群卖主的产品。

品牌一般由品牌名称和品牌标志两部分组成。品牌名称是指品牌中可以用语言称呼的部分,例如索尼(SONY)、麦当劳等;品牌标志是指品牌中可识别,但无法用语言称呼的部分,如品牌中的符号、图案等。

### (二)商标

(1)商标是一个法律名词,是指经过政府有关部门登记、注册后受法律保护的品牌或品牌的一部分。品牌不等于商标,只有经过法律程序的登记、注册,品牌才可成为商标,受到法律保护。

(2)国际上商标使用权的确认原则。在国际上,由于不同国家的法律体系不同,对商标使用权的确认原则也不同,但主要有以下几种:

①注册优先原则。在成文法系国家,商标的所有权归商标的首先注册人,即谁先注册,谁就拥有商标的使用权。像中国、日本、法国等成文法系国家都采用此原则。

②使用优先原则。在习惯法系国家,商标的所有权归首先使用商标者,但商标权仅限于使用所达到的地区,且必须是实际使用而非象征性使用。在英国、美国、加拿大、澳大利亚等习惯法系国家,商标的所有权采用使用优先原则。

③混合原则。主要分两种情况:一种是注册优先与使用优先结合,即在采用注册优先的国家,规定商标注册者在一定期限内无正当理由不连续使用商标,商标使用权将被撤销;另一种情况是使用优先与注册优先相结合,表现为在使用优先的国家也办理商标注册,但这种注册在一定期限内只起一种声明作用,如有首先使用者在此期限内提交首先使用证明,则注册无效,若一旦超过期限,任何人都不能以首先使用者身份要求撤销注册。

由于我国营销人员对国际上商标使用权的确认原则不了解、不熟悉,因此我国的驰名商标在国外市场经常遭遇被抢先注册或抢先使用等情况,造成不必要的麻烦和损失。

(3)商标侵权。除了对商标使用权的法律规定外,各国对商标侵权及处理办法也有明确的规定。

商标侵权是指在同一种商品或类似商品上使用与某商标相同或相近的品牌名称或标志,对消费者构成欺骗或误导,对原商标所有者造成声誉损害和经济损失的行为。

商标侵权主要有以下三种方式:

①假冒商标。即非商标所有人将一个已有的商标(通常为名牌商标)贴在其产品上

并出售该产品。我们通常可在国内的大街小巷看到贴有阿迪达斯、耐克商标的低劣运动鞋,这是很显然的假冒商标侵权行为。

②仿冒商标。指非商标所有者模仿名牌商标,制造近似的品牌,贴在质量低劣的同类产品上并出售该产品,试图混淆消费者的视听,以达到鱼目混珠的目的。例如,美国的莱维斯公司的"Levi's"牌牛仔裤非常著名,有法国商人就使用"Lewis"作商标,而德国商人则用"Levy's"品牌,这几个商标名称发音十分相近,让消费者根本无法辨别,这不但使大量劣质牛仔裤打着"Levi's"的商标销往市场,而且使莱维斯公司的声誉受到严重影响。目前市场上也有不法商人仿冒推出不少"山寨"产品,实际上是一种仿冒商标侵权行为。

③恶意抢注。这是指一些并非商标的真正所有者,利用法律漏洞,抢先注册商标,取得商标的所有权,然后再高价出售给商标的真正主人。例如,我国南京某化妆品公司的"金芭蕾"牌护肤品一直在国内外市场上享有较好的声誉,后被澳大利亚一商人抢注,该公司为了夺回商标的所有权,只好忍痛出资 80 万美元买回原本就是自己的"金芭蕾"商标。像这样的例子,在全球营销实践中不胜枚举。

因此,我国企业在全球营销活动中一定要重视商标的注册和保护工作。首先,应尽快取得商标的合法所有权;其次,不能侵害他人的商标权;最后,也要防止他人侵害自身的商标权益。

### (三)域名

域名是企业的网上商标,但相对于一般商标而言,域名更具有排他性。例如,西湖可以成为啤酒、味精、电视等产品的商标,但是 www.westlake.com 这个域名却属于美国 Westlake Chemical 公司。

对于企业来说,在全球营销活动中应该做好以下工作。

(1)设计好合适的域名。做到易识、易记,符合企业的业务特点,尽可能与企业的商标或企业名称一致。

(2)注册域名,域名为企业在 Internet 上建立信息宣传中心奠定了基础。绝大多数企业在建立自己的网页时希望使用企业的公司名或商标名作为域名,但国际域名的资源十分有限,且不受商标法保护,谁先注册,谁就有权使用。因此,中国企业要尽快抢占以企业名、缩写或商标名命名的最佳域名。

### (四)品牌的作用

(1)品牌有利于消费者进行产品选择,缩短消费者的购买决策过程。品牌在消费者心目中是产品的标志,它代表着产品的品质和特色,同时它还是企业的象征,蕴含着企业的精神、经营特色和管理水准。因此,品牌能解除消费者的种种疑虑,缩短购买的决策过程。

(2)品牌有利于企业形象的宣传和产品的促销。搞好一种品牌的宣传,突出产品的某些功效、特征和保证,正好能满足消费者追求的利益,就会在消费者的心目中留下深刻的烙印,同时也有助于企业形象的树立。

(3)品牌是产品差异化的手段,有助于减少价格弹性,促进产品组合的扩展。品牌使某种产品与其他竞争产品的差异凸显出来,使购买者往往不是从价格方面与其他同类产品相比较。因此,国际名牌比一般品牌商品的价格弹性要小,企业享有较高的利润空间。

(4)品牌可以超越产品的生命周期,是一种无形资产。一般而言,产品都有一个生命周期,会经历从投放市场到被淘汰退出市场的整个过程,但是一个品牌一旦拥有广大的忠诚顾客,其市场地位就可以经久不变。即使其产品已历经改良和换代,而品牌却成为一种无形资产。

## 二、全球市场的品牌使用决策

在全球营销活动中,品牌的使用策略主要有以下四种。

**1. 采用统一品牌行销全球市场**

即企业的产品在全球市场上使用相同的品牌名称和标志,例如,可口可乐在全球市场上的品牌名称和标志相同。这种策略的优点:有利于统一产品形象,也有利于节省产品在全球市场的促销费用;采用统一的品牌也可使国际旅行者在不同国家的市场上,见到相同品牌的产品,增加亲切感,有利于扩大销售量。但这种策略也可能会因为品牌名称在不同的社会文化环境中有不同的含义,易产生不良的反应,而影响产品的形象和销路。例如,日本的松下(National)电器,就是由于其品牌名称在有些国家不能被接受,最后改为"Panasonic"。

品牌全球化的含义

全球统一品牌策略往往适用于以下条件:(1)产品本身具有全球通用性,一般来说,工业品比消费品的这一特性更为突出;(2)品牌名称本身并无确切的含义,在不同国家和地区也不会产生歧义,例如,柯达(KODAK)本身就没有明确的意义,因此采用全球统一品牌也无大碍;(3)产品品牌名称或标志已在全球大多数国家市场得到认同,加以调整或修改反而得不偿失。

**2. 采用完全不同的品牌行销不同市场**

当一个产品的品牌名称无法被译为当地语言,或企业的同一产品想在不同的国家采用不同的定位时,就可以采取此策略。这种策略的优点是品牌能适应当地市场的特点,品牌之间不会产生不良影响,尤其是投入不同国家市场的产品质量和档次有较大差异时,采用完全不同的品牌,不会影响或破坏产品的原有形象。但这种策略不利于企业在全球市场树立统一的产品形象,也不利于节省产品的营销成本,尤其是促销成本。

**3. 采用稍有差别的品牌行销不同市场**

一方面,由于各国的文化环境不同,要求企业对品牌名称和标志加以改变,以适应当地市场的需求;另一方面,企业在原有品牌的宣传等方面已有较大的投入,品牌也已有了一定的知名度,弃之可惜。于是企业就对原品牌稍做修改,采用稍有差别的品牌行销不同市场。这种策略考虑到第一种和第二种策略的优缺点,将两者的长处充分结合起来,以取得更佳的品牌使用效果。它既可以不使原有的品牌优势完全丧失,又不至于产生不良的影响。例如,雀巢(Nestle)公司曾在向欧洲市场投放新产品时采用过此策略。它们根据不同国家采用不同的品牌名称,将投放德国市场的速溶咖啡命名为"Nes-

cafe Gold",而将同样的产品以"Nescafe Gold Blend"投入英国市场。

**4. 采用分销商品牌行销当地市场**

当一个新产品投入另一个国家市场时,由于该国的消费者对该产品一无所知,要在短期内打开销路困难重重。此时,企业就可采取这种策略,借助当地一些有声望的分销商的品牌名称来打开当地市场。例如,许多国家的新产品在打入美国市场时,经常借用美国著名的西尔斯、沃尔玛、凯玛特等零售商的知名品牌,顺利地将产品打入了美国市场。当然,一旦企业积聚了一定的实力,往往还希望能拥有自己的品牌。

### 三、全球市场的品牌设计决策

品牌的设计是一门艺术,综观世界名牌,其成功的重要经验之一,就是进行了完善的品牌设计。从全球市场上成功品牌的经验来看,一个优秀的品牌,应具备以下条件。

**1. 合法性**

在全球市场上,一个好的名牌,首先必须是符合法律要求,受到法律保护的,这是品牌设计的最基本原则。如果只是将他人商标贴在自己的产品上,或者将名牌商标进行改头换面,这些都不是品牌设计,而且终将受到法律的制裁。

**2. 寓意性**

这是指品牌必须反映产品的特性,寓意产品的功效。例如,世界名车中的"奔驰""宝马""美洲豹"等品牌名称都寓意着汽车的性能。又如世界著名的宝洁公司,其产品品牌均具有丰富的内涵,比如"舒肤佳(Safegaurd)"香皂、"海飞丝(Head&Should)"洗发水等。

**3. 简易性**

好的品牌应该是易识别、易发音、易记忆的。如我国的"美加净(MAXAM)"品牌,因其字母的排列是对称的,所以容易记忆。类似的还有联合利华的"奥妙(OMO)"等。

**4. 延伸性**

好的品牌可以突破产品、地域、顾客群的限制进行拓展。一般来说,没有实质意义的品牌名称具有较好的延伸性,例如,国际著名品牌中的 KODAK、EXXON、SONY 等品牌名称本身没有明确的含义,相对有利于延伸,可用于不同产品;而含义越明确的品牌名称,越难扩展,例如,可口可乐(Coca-cola)是非常成功的软饮料品牌,但将它用于服装或鞋帽则恐怕不太合适。同时,品牌一旦与某个特定产品联系起来,成为某一类产品的代名词,则也难以延伸。例如,"施乐(Xerox)"已成为复印机的代名词,就不适合用于其他产品。此外,品牌的延伸性还涉及地域的拓展,在市场全球化的今天,优秀的品牌应突破地域的限制,适合于不同的市场,目前我国不少优秀的品牌,尤其是寓意深刻的老字号都面临着在全球市场品牌延伸的问题,例如,"同仁堂""全聚德""杏花村"等。令人欣喜的是,随着我国企业国际化进程的加快,越来越多的企业正在按照国际化的要求打造其企业形象和产品品牌,其中也不乏成功者。例如,1996 年,青岛电视机厂改组为海信集团,汉字品牌名称为"海信",同时,为了体现国际化策略,在它的基础上增加了一个谐音的英文品牌——HiSense,来源于 High Sense(高灵敏、高清晰),符合产品特点,又可引申为"卓越远见",体现企业的抱负。我国最大的彩管生产基地陕西彩虹集团导入 CI,并对品牌进行了国际化处理。新品牌名称是一个典型的英文品牌,来源于 Iris corporation(彩虹公司),Iris 是古希腊神话中专门传播美好消息的彩虹女神,含义高雅,与原汉字品牌相关联。这些企业不论从品牌的设计,还是产品质量等方面都在向世界名牌靠拢。

### 专栏 9-4　原产地效应(Country-of-origin effects)

所谓原产地效应即品牌原产地效应,是指由于进口商品原产地的不同而使消费者对它们产生了不同的评估,从而对进口商品形成的一种进入当地市场的无形壁垒。品牌原产地形象与品牌信念和品牌购买意向均呈正相关关系,但品牌原产地形象与品牌信念间的相关系数大于品牌原产地与品牌购买意向间的相关系数,如图 9-3 所示。

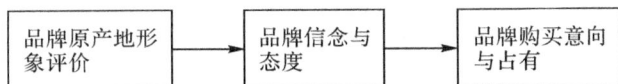

图 9-3　原产地效应模型

全球市场上营销的品牌带有原产地概念,即它来自哪个国家或地区,学术上把品牌所来自的国家或地区称作"原产地(COO—Country of Origin)",一般含义是"××制造(Made in)"。品牌原产地影响消费者对品牌的评价,进而影响购买倾向,这种现象被称为"原产地效应(COO Effect)"。

#### 市场全球化背景下的品牌原产地效应

由于品牌在全球的影响力不断增强,品牌对消费者品质评价和购买选择的影响力远大于产品制造地或设计地。因此,有研究主张用"品牌原产地 (COB—Country of Brand)"代替"产品原产地"。"品牌原产地"指品牌最初是在哪个国家生长和培育的,或称为生产厂商品牌的国籍。一般而言,品牌所属的公司总带有母国概念。尽管索尼后来把总部搬到美国,但消费者仍清楚它是日本品牌;IBM 品牌在全球营销,消费者仍认为它是家美国公司。当然,也有例外,如 ABB 公司,它由瑞典的阿瑟公司(Asea)和瑞士的布朗·包维利公司(Brown Bovefi)合并而成,但总部在苏黎士。又如联合利华,它由一家英国公司和荷兰公司合并而成,总部在布鲁塞尔。不过,从统一经济体角度,把ABB 和联合利华的原产地称为"欧洲"应没有歧义。

资料来源:MBA 智库,https://wiki.mbalib.com/wiki/。

跨国品牌联盟中国家典型性对
原产国效应的稀释作用

原产地效应带给我们的启发

# 第五节　全球市场产品组合决策

一个企业往往不仅仅生产一种产品,而是生产一系列产品。要使企业生产、经营的产品既能满足全球不同市场的需要,又符合企业的市场定位,而且能保证企业资源的最有效利用,必须做好产品组合决策。

## 一、产品组合及相关概念

### (一)产品组合的界定

产品组合(Product mix):产品组合是指一个企业所生产经营的全部产品的总和,它包括产品线和产品项目。

产品项目(Product item):指产品线中具有不同品种、规格、质量和价格的特定产品,它是不可分割的产品。

产品线(Product line):指产品组合中的某一产品大类,是一组密切相关的产品。

### (二)产品组合的相关概念

通常可用产品组合的宽度、长度、深度和关联性四个内容来说明一个企业的产品组合情况,如表9-4所示。

表 9-4　联合利华的产品组合[1]

| 时尚美容 | 家居护理 | 健康生活 | 美食烹调 |
|---|---|---|---|
| 夏士莲洗发水 | 奥妙洗衣产品 | 中华牙膏 | 和路雪冰淇淋 |
| 力士洗发水沐浴露 | 金纺衣物护理 | 洁诺牙膏 | 四季宝花生酱 |
| 清扬洗发水 | | | 立顿茶饮 |
| 多芬沐浴露 | | | 老蔡 |
| 凡士林护肤霜 | | | 家乐调味品 |
| 旁氏护肤霜 | | | |
| 舒耐止汗香体 | | | |
| | | | |
| | | | |

（左侧纵向标注：深度；下方横向标注：宽度）

产品组合的宽度:指一个企业所拥有的产品线的数量,一个企业拥有的产品线的条数,就表明其产品组合的宽度。

产品组合的长度:指一个企业所拥有的产品项目的总和,即各条产品线所包含的产

---

[1]　参见联合利华中国官方网站,www.unilever.com.cn。

品项目的总和。

产品组合的深度:指企业的每一条产品线中所包含的具体品种、规格、花色、款式等的数量。

产品组合的关联性:指企业的产品组合中各条产品线之间在最终用途、生产条件和销售渠道选择等方面的相关程度。

## 二、全球市场产品组合决策

企业在全球市场营销活动中,与单个产品的设计一样可采取产品组合决策的标准化策略和差异化策略。

### (一)产品组合的标准化策略

产品组合的标准化策略是指企业将本国的产品组合,包括所有的产品线或产品项目复制到其他国家的市场。

产品组合的标准化策略的优点是有利于发挥规模经济效应,产品的设计和开发成本较低。但其缺点是不能适应目标国家市场的要求。

### (二)产品组合的差异化策略

产品组合的差异化策略是指企业将本国的产品组合进行一定的筛选,选择合适的产品线或产品项目进入目标国家的市场。例如,宝洁公司在美国总部的产品组合很宽,有包括止汗除臭产品、婴儿护理产品、化妆品、家居清洁用品、宠物保健营养品、处方药、饮料和小点心等 20 余条产品线,但进入中国市场的产品线仅婴儿护理、头发护理、口腔护理、个人护理、家居清洁等产品线,而且有些产品线的产品项目很少。产品组合差异化包括产品线的差异化和产品项目的差异化两个方面。

产品组合差异化策略运用的表现为,企业往往会选择缩小产品组合的宽度、深度等做法,使产品组合更加符合目标国家市场的需要。

产品线的差异化策略运用通常表现为产品线向上或向下延伸,以适合当地市场的需要。产品线向下延伸是指企业原来生产高档产品,后来决定增加低档产品。企业采取这种决策的主要原因是企业发现其高档产品并不适合目标国家市场的需求水平,不得不将其产品大类向下延伸;或者是企业的高档产品在当地市场受到激烈竞争挤压,必须用侵入低档产品市场的方式来反击竞争者。产品线向上延伸是指企业原来生产一般产品,但在目标国家市场高档产品更畅销,销售增长较快,利润率较高,企业转而推出高端产品,以更好地提升形象和扩大销售。

### (三)全球市场产品组合决策应考虑的因素

企业在进行全球市场产品组合决策时应考虑以下因素。

(1)目标国家的经济发展水平。当目标国家的经济发展水平与本国相似时,企业可采取标准化产品组合,向目标国家推出相近的产品线和产品项目;反之则需要调整产品线或产品项目。

（2）目标国家的政策法规。当目标国家政府对产品没有相应的政策法规限制时,企业可采取标准化产品组合,向目标国家推出相近的产品线和产品项目;反之则必须调整产品线或产品项目。例如,宝洁公司的处方药进入中国市场的难度较大,所以宝洁在进入中国市场时并没有考虑引进这条产品线。

（3）目标国家的需求特点。当目标国家的需求水平、需求心理、需求结构等需求特点与本国相似时,企业可采取标准化产品组合,向目标国家推出相近的产品线和产品项目;反之则需要调整产品线或产品项目。

（4）目标国家的产品使用环境。当目标国家的产品使用环境与本国相同时,企业可采取标准化产品组合,向目标国家推出相近的产品线和产品项目;反之则需要调整产品线或产品项目。

（5）企业的因素。企业有没有条件进行产品组合的调整,也是产品组合决策必须考虑的因素,如果企业不具备相应的生产技术条件,不宜进行产品组合的大调整。此外,如果调整产品组合能实现的收益无法弥补实行差异化策略付出的成本时,也不宜采取差异化策略。

## ◆ 本章小结

全球市场的产品决策是全球营销组合决策的基础。全球市场产品决策主要包括产品设计决策、新产品开发决策、产品包装和品牌决策等内容。

在全球市场上,企业提供给消费者和用户的产品也应该是整体概念的产品,但是由于各国的环境有较大差异,因此全球市场产品设计涉及产品的标准化设计和差异化设计两种策略,企业应根据各国的政策法规、技术规范、市场需求和使用条件等因素来抉择。

在全球市场上,产品同样存在着生命周期,企业只有不断开发出符合全球市场需要的新产品,并将新产品迅速推向市场,为市场所接受,才能在市场上立于不败之地。

要使产品在市场上迅速扩散,产品除了需要具有良好的性能外,还必须有合适的包装和品牌。全球市场上的产品包装决策需要考虑许多因素,当前尤其要关注发达国家对绿色包装的要求。同时,良好的品牌设计和品牌运用,也是帮助产品扩大知名度、提高占有率的重要决策。

在全球市场上,企业可以将在本国市场或其他国家市场的整个产品组合复制到目标国家市场,采取标准化产品组合;也可以根据目标国家的市场特点,对原有产品组合进行调整,筛选合适的产品推向目标国家市场。

## ◆ 案例分析

### Coach 转型：重塑产品定位、强化品牌体验、重构渠道

近几年来面对市场消费习惯改变及新兴品牌挤压市场,Coach 开始进行品牌转化,从产品定位、营销和市场渠道三个方面将过去轻奢皮具品牌的 Coach 转型成为一个高端生活方式品牌。尽管现在转型还在进行中,在全球不同市场的销售也受到一些影响

和震荡，但 Coach 一直都希望做低代价的转型，达到最低的客户损耗。品牌定位的改变非常忌讳的做法是，在还没有吸引新顾客的时候，品牌就让老客户也觉得陌生了。

2014 年一直是 Coach 的寒冬，销售额连续两个季度下滑。但就在 1 月发布 2014/2015 财年第二季度业绩报告后当天，Coach 在纽约证交所以 38.94 美金收盘，上涨 6.8%，创造了继 2013 年 4 月以来最大幅度上涨。

2013 年以来，Coach 作为一个包含手提包、服装、配件的高端生活方式品牌，重新出现在大众眼前，尽管 Coach 在第二季度的全球市场上仍旧没有改变整体疲软的趋势，但顾客却开始接受改变之后的 Coach，品牌转化的效果初步显现。

2011 年，Coach 在美国奢侈手袋市场中占据 40% 的市场份额，也是美国高端手袋最大的品牌，那一年 Coach 的总收入中有 20% 来自海外的日本市场，那个阶段是 Coach 发展的高峰期。

然而 Coach 兼顾上下端的定位也很容易遭遇竞争者。随着更多品牌开始进入这个市场的中间地带，Ralph Lauren、Michael Kors 和 Kate Spade 等新兴品牌在 2013 年之后迅速成长，挤压了 Coach 的市场占有率。2013 年，Coach 一度面临巨大的考验，2014 年，Coach 的全球收入下跌了 5.3%。面对市场消费习惯的改变，Coach 也是从 2013 年开始进行品牌转化，从产品定位、营销和市场渠道三个方面，将过去轻奢皮具品牌的 Coach 转型成一个高端生活方式品牌。

### 重塑产品定位

2013 年下半年，中国的奢侈品消费开始从原来的高峰处回落，在 Coach 公布的截至 2013 年 9 月 28 日的 2014 财年第一财政季度报告中，销售额为 11.5 亿美元，同比增长 2%，而之前同季度增长率为 11%。

而回落趋势刚刚表现出来的时候，Coach 在 2013 年 7 月就针对市场快速做出调整，从西班牙皮具品牌 Loewe 挖来了设计师斯图亚特·维佛斯担任创意总监。作为奢侈品行业新崛起的一代设计师，斯图亚特·维佛斯先后服务于 Mulberry、Givenchy、Louis Vuitton、Calvin Klein 等品牌。这位新的创意总监也为 Coach 带来了新的气质。过去 Coach 的门店给人一种陈旧、保守的印象，而门店里也只有手袋和配件，它们更适合职业女性在正式场合中使用。

但现在的 Coach 已经有手袋、鞋履、成衣在内的广泛品类，甚至有许多漂白丹宁布铆钉夹克、皮制短裙、豹纹真皮棒球夹克等年轻化的服装元素。而在原来的包袋产品中也出现了具有金属光泽带铆钉的小牛皮包，这些都让 Coach 变得更年轻并充满活力。当然，现在中国消费者消费奢侈品的习惯也在发生改变。并不是所有人都不喜欢产品上的品牌标志，他们依然需要让别人知道自己使用的是品牌包，但是标志或吊牌的设计和品味就变得非常重要。在此之前，于 1941 年创建于纽约的 Coach 有很长久的历史传承，在过去的全球市场上，人们对于 Coach 的印象是一个专门生产包袋的轻奢品牌，主打细分化市场是过去 Coach 的优势。但在转型之后，Coach 则更倾向提升自己在多品类中的品牌和时尚度，将自己构建成一个具备传承性的生活方式品牌。

### 强化品牌体验

中国消费者对于奢侈品的消费心态和习惯正在改变,他们有很强的学习能力,以往许多人买一件奢侈品是为了让人家知道这个包是贵的,能够显示身份的,但现在的奢侈品消费,更多的是为了表达自己是什么样的人,展示个性和时尚度。在几年之前,日本的客人是最注重细节的客人,但现在 Coach 的店里,许多中国顾客在看商品的时候,会谈论这个包的皮革是什么材质,询问通过哪些程序制作完成、是不是方便打理等问题。

除此之外,中国市场也正在变得越来越多元化,在许多品牌仍然通过涨价来提升距离感和排他性的时候,Coach 的市场策略却走了一条完全不同的路。Coach 选择的方式更亲和、细腻,提升了品牌的向往度。

品牌传达方式的改变首先体现在门店上,在营收增长放缓甚至下降的时候,改造门店是一个高成本的冒险选择。翻修店面帮助 Coach 完成了由内而外的形象改造,刚刚翻修过的 Coach 店面与之前完全不同。以前的店面就像一个白色盒子,但现在则是变成了一个"家",在北京新光天地新开业的 Coach 门店里,有很多沙发等休闲设计,给人更多温馨的感觉。

店内的服务人员与顾客之间会有更多柔性的互动,谈论当下流行的时尚话题,现在最潮流的是什么,这些都是 Coach 在品牌转化的过程中,非常重视的提高品牌的向往度和热爱度的方式。"如果以前的感觉是让你很兴奋地就去买东西,现在进去反而让你很舒服。"

### 如何低代价转型?

Coach 的转型是基于对于市场变化的敏锐反应,尽管现在转型还在进行中,在全球不同市场的销售也受到一些影响和震荡,但 Coach 一直都希望做低代价的转型。Coach 所谓的低代价也就是在品牌转型期达到最低的客户损耗。品牌定位的改变非常忌讳的做法是,在还没有吸引新顾客的时候,品牌就让老客户也觉得陌生了。

因此,从 2013 年转型开始,Coach 最先考虑清楚的问题就是 Coach 已经有的用户群是怎样一群人,在寻找的新的目标客户究竟又是谁。

在 Coach 自己的数据统计中,Coach 现有的中国客户大多数是上班一族和商务人士。而对于新增用户,Coach 把他们分为两种,一种是对时尚度要求更高的人群,而另一种则是年轻人。Coach 一直在两者中间寻找一个平衡点,在设计和采购上都更注重功能与美观度兼备。Coach 有很多款拼皮的帆布包,受到很多中国客户的欢迎,而对于过去受欢迎的品类也并不会完全撤掉。Coach 在原来更适合上班族的产品基础上,增加了只能装下 iPad mini,以及更具时尚性、更适合逛街的款式。Yann Bozec 认为,"现在年轻人对于一个包的期望使用时间不再是三五年,而只是一两年"。因此 Coach 在广告和市场推广上都强调年轻、时尚,这是所有年龄的女性都希望并接受的解读。

因此,Coach 的市场推广活动也分了两个层次:一方面是普通奢侈品牌都会用到的营销方式,拍摄广告大片,在一线时装杂志上投放广告,这是非常明确的针对时尚人群的行为。而另一方面,Coach 推出了"梦想家"的宣传活动,针对核心用户征集用户自己的梦想,并协助实现。

与 2012 年之前 Coach 每年 40％以上的增速相比，Coach 现在的市场表现显然是在为过去的高速成长付出代价，但 Coach 也在抓住自己的市场机会。

## ◆ 深入思考

1. 依据案例内容说明什么是产品定位，产品定位与品牌定位之间的关系。

2. Coach 为了满足中国消费者需要，在产品上做了哪些改变？这些改变如何与其整体策略相适应？

## ◆ 延伸阅读

《大疆无人机占领国际市场的成功经验与启示》

**大疆无人机占领国际市场的成功经验与启示**

## ◆ 思考题

1. 全球市场产品的标准化与差异化设计各有何利弊？

2. 全球市场产品设计决策应考虑哪些因素？

3. 全球新产品开发主要经历了哪些阶段？

4. 影响全球市场新产品扩散的因素有哪些？

5. 全球产品包装决策应考虑哪些因素？全球市场包装的发展趋势有哪些？

6. 全球市场产品的品牌使用决策主要有哪些？各有何利弊？

7. 全球市场产品品牌的设计决策应遵循哪些原则？

8. 全球市场产品组合决策应考虑哪些因素？

# 第十章 全球营销渠道策略

【学习目标】

☆了解全球营销分销系统；

☆掌握选择全球营销渠道的原则与方法；

☆熟悉全球营销渠道管理策略；

☆了解国际实体分销的目标与管理。

【导入案例】

2011年，小米手机首次亮相，作为互联网手机，通过线上渠道在中国市场销售。2014年，小米手机就登顶中国市场份额，并开始了海外扩张。也就在当年7月，小米手机携手印度网上零售商Flipkart，通过线上闪电购销（即限时抢购）的方式入驻印度市场。同时，小米手机进入印度市场也是一个循序渐进的过程。随着销量的上升，小米也同亚马逊和印度电商Snapdeal签署协议，在其平台出售小米手机。线上销售策略降低了营销和分配成本，小米因而用低价位提供给顾客高性能的手机服务。在对市场的了解程度进一步加深之后，小米开设了官网直营，销售小米手机配件。小米印度分公司负责人马努·贾因（Manu Jain）称，由于网购模式，小米在进驻印度市场6个月之后就拥有遍布1000座城市的用户。到2015年其在印度市场份额为3％，2016年第三季度增长为6.4％，而到2017年第三季度其市场份额已经猛增到23.5％，与三星手机并列第一。

然而线下渠道对潜在顾客来说也是十分重要的，因为他们可以亲眼看到并感受到待售的手机。同时，也由于印度小城市和二、三级城镇的互联网基础设施尚不完善，线下商店也成为这些地区消费者的首选购物渠道。因此，线下市场意义也十分重大，小米也发力建设线下渠道。2015年，小米通过与印度移动运营商Bharti Airtel合作销售红米手机，尝试线下销售模式。之后，小米与印度的手机零售商The Mobile Store和分销商Redington建立合作，扩大其零售网络。2016年，小米与Just Buy Live和富士康旗下的InnoConn建立了合作关系，帮助其接触小城镇的消费者。2017年，小米在班加罗尔建立了首个小米之家，并且不断在印度扩张。总之，在一、二线城市，小米通过开设小米之家的方式，为印度消费者提供更优质的购物体验，直接向消费者销售产品；而在三、四线城市与小城镇，开设小米之家的成本过高，小米通过与分销商合作，借助其零售网络销售产品。

资料来源：石花：《手机企业在印度市场的营销渠道策略研究 ——以小米和三星为例》，部分内容进行了修改。https://tech.huanqiu.com/article/9CaKrnJGvtd.

全球营销分销渠道策略是全球市场营销组合策略中的重要组成部分。与国内市场分销相比，全球分销是跨越国界的营销活动，企业不仅要涉及国内分销渠道，更要考虑产品在国家之间的分销渠道，还要考虑产品销售国的国内分销渠道。由于各国的市场环境和市场体系千差万别，因此，全球营销分销渠道的管理远远比国内市场复杂得多。当企业采取不同的战略进入全球市场时，将面临不同的分销渠道决策。本章主要就全球分销系统、全球市场分销渠道决策、全球市场分销渠道管理和全球市场实体分销进行阐述。

# 第一节　全球分销系统

## 一、全球分销系统

### （一）全球分销系统的概念

全球营销分销渠道是指参与将一国生产厂商的商品转移到另一国市场，销售给东道国消费者或最终用户的所有机构和个人，包括在商品转移的过程中那些获得商品所有权或帮助所有权转移的机构和个人。

全球分销系统由营销中介机构以及企业和消费者或用户构成，并涵盖了国际商流和物流的整个过程及其影响因素。在全球分销系统中，一般具有三个基本因素：制造商、中间商和最终消费者。制造商和消费者分别居于分销系统的起点和终点。当企业采取不同的分销策略进入国际市场时，产品或服务从生产者向消费者的转移就会经过不同的营销中介机构，从而形成不同类型的全球分销结构。

全球分销系统包含以下三层含义：

第一，全球分销系统是由国际制造商与进出口经销商、代理商和营销辅助机构等企业或个人组成的一个系统，系统中的成员都被称为渠道成员；

第二，全球分销系统是一种产品的流通过程，包括产品的商流和物流，起点是该产品的国际制造商，终点是该产品的海外最终消费者，而处于中间环节的组织或个人都被称为"中间商"；

第三，全球分销系统成员相互依赖、相互制约，各自承担着相应的营销职能，起着便利交换、提高营销效率的作用。

### （二）全球分销系统的结构

与国内市场分销相比，全球分销是跨越国界的营销活动，企业不仅要涉及国内分销渠道，更要考虑产品在国家之间的渠道，还要考虑目标市场国的国内分销渠道。因此，全球分销系统的结构包括国际营销企业母国和目标市场国两大组成部分。如图 10-1 所示。

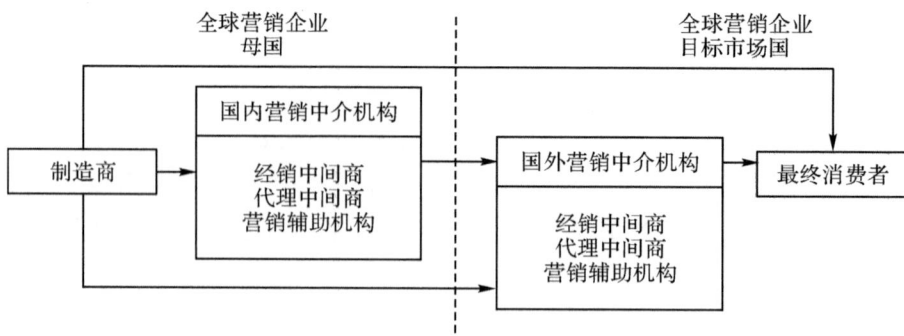

图 10-1　全球分销系统

从图 10-1 可以看出,由于全球分销系统存在着跨越国界的两大组成部分,全球营销企业进行分销活动时,其分销渠道模式的选择将更加复杂,而且依赖于企业已确定的全球市场进入战略。企业在选择具体的全球分销策略和设计全球分销渠道结构时,还必须充分地考虑企业自身的资源及其所在行业的特点、竞争者的渠道策略、目标市场特征、目标市场国家的法律环境以及消费者的生活方式和购买习惯等。此外,不论采取何种选择,全球营销企业都必须考虑渠道的效率和对渠道的控制。

### 专栏 10-1　文化对分销渠道的影响

文化的多元性使得分销方式更具有灵活性。如在美国,西尔斯罗巴克公司大部分商品都采用自己的品牌销售。而在墨西哥,西尔斯罗巴克为了满足当地文化的自豪感做了两项改变:其一,90％的商品从当地生产商处采购;其二,采用墨西哥制造的美国商标,满足以使用美国品牌为荣、生活达到小康水平的群体需要。

我们不走捷径,格力花六年时间自己搭建销售渠道

为适应当地环境,分销渠道有时可能需要做一定改变。雅芳采用上门推销或直销方式在美国取得了巨大成功,美国人珍惜在私宅或工作场所做购买决策的机会。然而,这种分销方式在有些国家却行不通。欧洲女性怀疑雅芳销售代表打来的电话是刺探隐私,销售代表也觉得这样很别扭;该公司在日本也遇到了同样的问题。为了解决这个问题,它不得不把每个销售人员派到其熟悉的群体中去,在这个环境中,销售员对顾客已经有所了解,更易于交流。

另一个例子是文化影响了一家在非洲的法国公司划分销售区域。该公司决定根据市场潜力划分销售区域(即当地的行政区),这种划分方式已经在西欧市场获得了成功。然而,这种区域划分没有考虑拥有许多部落的非洲国家的实际情况——每个部落都有一个人负责采购。这种区域划分与部落势力范围不相符,结果在承担销售责任方面造成了混乱。

## 二、国际中间商类型

全球分销渠道的中间商是指渠道的中间环节,包括所有参与分销活动的个人和组织。中间商在全球营销活动中承担着企业与最终消费者之间中介和桥梁的作用。

### (一)国内中间商

国内中间商是指与制造商居于同一国度内,以本国为基地面向境内企业提供全球营销服务的组织或个人。国内中间商与制造商同处于一个国家,社会文化背景相同,彼此容易沟通和信任。特别是企业规模较小或者进入国际市场的初期,企业国际市场营销的经验不足或者没有实力直接进入国际市场直接分销渠道时,通过本国中间商进入国际市场是一条费用低、风险小、操作简便的有效途径。选择通过国内中间商进入国际市场的缺点是远离目标市场,与目标顾客的联系接触是间接的,企业对市场的控制程度很低,或根本无法控制,不利于企业在市场建立起自己的声誉,并以此作为扩大市场的基础,不利于出口规模的扩大和长远的发展,以及中间商为尽快获得利润,不会花很大力气去挖掘市场潜力等。但截至目前,通过本国中间商进入国际市场仍然是一条主要的国际市场分销渠道。

根据国内中间商是否拥有商品所有权,可将它分为两类:出口商和出口代理商。凡对出口商品拥有所有权的,称为出口商;凡接受委托,以委托人身份买卖货物而非拥有商品所有权的,称为出口代理商。通过出口商和出口代理商外销产品同属间接出口形式。

#### 1. 出口商

出口商是指以自己的名义,在本国购买商品,再卖给国外买主的中间商。出口商在与卖主的商品交易过程中,已实现商品所有权的转移。出口商可分为以下主要类型。

(1)进出口公司。承担着进口、出口商品的双重任务。出口生产企业主要是利用进出口公司出口商品的职能。多数进出口公司拥有独立的生产企业,或者与某些生产厂商存在长期分销关系,通过取得国外商人的购货合同,安排生产,然后组织出口销售。进出口公司在国外一般都拥有庞大的分销、信息网络,具有丰富的国际营销知识、经验、良好的商誉、公共关系,还有完备的设施和其他物质条件。

(2)出口行。出口行是出口国专门从事出口贸易的批发商,其经营特点:从众多的生产厂商那里购买商品后运销国外,直接从事海外营销活动;可以经营不同企业生产的竞争性产品;根据盈利高低经营供应商的商品,一般不与供应商建立长期的合作关系;其分销网络可以是自设的机构或其他的中间商。

#### 2. 出口代理商

出口代理商指不获得产品所有权,只在合同规定的条件下代理本国委托人向国外市场销售商品并收取佣金的中间商。出口代理商的主要形式有以下五种。

(1)出口帮办。它是一种专门为出口生产企业外销产品提供经营服务的机构。这类机构可为多家出口生产企业提供服务,经营互补的、非竞争性的产品,并以委托人的名义开展业务活动,相当于委托人的分支机构,直接对委托人负责,与委托人的关系密切。出口帮办为出口生产企业提供的服务内容主要有联系国外客户,进行销售谈判,以及承担商品促销、信贷安排、货物装卸、市场调研、信息收集等全部或部分责任。

(2)厂商出口代理。它的服务内容与出口帮办相似,两者的区别:厂商出口代理的市场范围较小,一般只涉足一两个市场;它不充任出口生产企业的分支机构;它与出口生产企业只有短期的关系,合同期限一般为数月、一年或两年左右;它以自己的名义开展业务活动。为此,出口生产企业进入多个外国市场时,只与某一出口帮办打交道即可,但必须与几家厂商出口代理打交道。

(3)独家外销代理。根据合同被授权对外销售某一出口生产企业的所有产品,起着厂商出口部门的作用,专门负责对外商务谈判及产品在全球市场的分销、定价、促销等营销活动。

(4)本国经纪人。经纪人的业务活动具有代理性质,但与上述的代理商又有一定的区别:经纪人是为买主和卖主牵线搭桥的中介,不进行具体的促销活动;经纪人与服务对象不是长期稳定的、连续的关系;大多数经纪人经营的都是大宗商品,且专注于一种或几种商品;经纪人的佣金比较低。

(5)联合外销机构。它是多家参加联合的出口生产企业的代理人。美国出口贸易公司(Export Trading Company)、销售集团(Selling Groups)等均属这种性质的代理。这些出口代理机构的产品可以是竞争性产品,也可以是互补品、非竞争性产品。多家企业共同拥有一个外销机构,可以取得规模经济的效益,避免在国外市场上企业之间的恶性竞争,减少市场调研、产品出口、促销等方面的费用,还可以避免或减少贸易障碍。

### (二)国外中间商

利用国外中间商是国际分销网络中的基本做法。国外中间商与产品消费者处在同一个国家,熟悉市场环境和顾客的消费行为,可以更方便地解决语言、运输、财务和促销等方面的问题。利用国外中间商熟悉当地文化、了解当地市场、在顾客中享有声望的优势,可以有效地降低分销风险、提高分销效率。国外中间商主要有以下类型。

#### 1.进口经销商

进口经销商指从国外购进商品并向其所在国市场出售的中间商。其在经营时取得商品的所有权,实际占有商品,承担商品经营的风险。主要类型有进出口公司、国外经销商和兼营进口业务的批零企业。

(1)进出口公司。进口国的进出口公司与出口国的进出口公司是同一种类型的中间商,当它们从国外购进商品时,就成为进口商。

(2)国外经销商。国外经销商是指通过签订经销合约,在一定区域、一定时间内经销有关进口商品,拥有商品所有权的国外中间商。国外经销商依经销合约规定向出口厂商购买商品,以自己的名义出售商品,他们独立组织商品的销售,承担各种风险,以低进高出的办法赚取进销差价,追求经营利润。一般来讲,需要进行大量宣传广告和提供售后服务的商品适合由国外经销商销售。

**2. 进口代理商**

进口代理商与出口代理商是同一性质的中间商,只是所在国或委托人不同而已。进口代理商位于东道国,通常受东道国进口商委托寻找货源。它可以分为以下几个主要类型。

(1)独家代理商。独家代理商与委托人是委托代理关系,它没有商品所有权,不承担经营风险,其经营报酬是按一定比例所提取的佣金。另外,允许委托人在合同规定的区域内推销商品,但必须向独家代理商交付佣金。当进口国的独家代理商承担其所在国全国范围的销售责任时,则可称为"总代理"。

(2)一般代理商。一般代理商不享有独家经营权,不承担销售定额义务;委托人在某一地区可自己经营或交由几家代理商经营特定的商品。同时,它的主要业务活动是代表委托人招揽客户,成交合同多由委托人亲自与买主签订,或根据委托人所规定的各项条件由一般代理商同买主洽谈成交。这种方式对委托人有较大的好处,可控制自己的商品在进口国的销售,但一般代理商的经营积极性不高,容易出现"代而不理"的消极现象。

(3)国外经纪人。国外经纪人与本国经纪人是同一性质的中间商,只是所在国不同,为出口生产企业服务的内容也仅在于出口商品与进口商品这一差别。

**3. 兼营进口业务的批零企业**

某些批发商和零售商在主营批发和零售业务时也兼营进口业务,他们直接从国外市场进口商品,在其国内市场销售,是出口生产企业和出口中间商分销产品的重要力量。其包括下面两种类型。

(1)兼营进口批发商。即绕过进口中间商或出口中间商,从国外购进商品,然后批发销售给国内企业、零售商或其他批发商等的批发商。

(2)兼营进口零售商。即直接向国外购买商品然后零售给国内顾客的零售商。这类零售商主要有百货公司、超级市场、特级市场、邮购公司、连锁商店等。

**专栏 10-2 如何在迪拜市场做中国生意——代理和直营别搞乱**

迪拜有为数不少的专业产品批发市场,诸如汽配、服装、纺织品、鞋类箱包、手机配件、建材五金等,而建材五金批发市场无疑是众多市场中最为活跃的市场之一。不同于国内的专业市场,迪拜所有的市场都是自发形成的,在沿迪拜湾的一片狭小空间里,每条街面都可以成为连接亚非大陆的货物场,每个店面都可以成为中转交易平台。

在经营方式上,迪拜人喜欢代理制,在市场里转悠,随处都可以看到英国的涂料、意大利的锁具、德国的工具、日本的电机等,这些国际品牌都是由各自独立的经销商运作,有些品牌可能还不止一个经销商。

中国商人喜欢自销形式,以现货对现金。很多企业抛开中间商环节,直接来到迪拜设立门面或办事处。这种方式极大地刺激了整个市场的神经,厂商自销所具备的价格优势,直接影响了整个市场价格的稳定性。当然中国商人中运用代理制的也不乏其人,但这种代理仅为一般代理或者是形式上的代理,受代理条款约束程度很低,更多的仅为松散型合作方式。一旦产品为普通常规产品或技术含量较低产品,代理的生存空间就比较脆弱,任何自销形式都会对其造成正面冲击。

如何平衡这两者之间的关系,还要看企业的具体目标而定。国内曾有一家锁具工厂,在众多地区有一般代理,但价格一直被压得很低。参加迪拜展览后发现市场利润空间比想象中大,最后决定直接入驻设点。这样一来,原代理的部分客户放弃代理而主动向该工厂门面进货,门面与代理形成一种竞争关系,最后致使代理转向其他国内供应商。最后该工厂只得适时调整政策,在价格上区别对待,才挽回了一些主要的代理客户。

宁波一家灯具工厂为更好地利用代理的销售网络,尽管已经进驻迪拜,但主动避开正面冲突,以办事处方式经营,取得代理的信任并开始推广其产品,从而花费相对较少的时间将产品打入这个市场。

订单骤降!柠檬滞销7万吨!销售渠道如何破局?

### 三、全球分销渠道模式

分销渠道模式是指不同的特定构成和功能组合的分销渠道类型。在全球分销组织中,是否采用中间商、采用哪些中间商,不同的企业有不同的做法,因而众多企业之间的全球商品分销渠道有不同的构成,进而造成渠道功能的分配方式多种多样。有的渠道是生产厂商直接将商品销售给他国的最终用户,有的则是经过出口商、进口商等多个中间商的转手,把商品最后销售给他国消费者。一般来说,全球分销渠道的基本模式有以下10种,如图10-2所示。

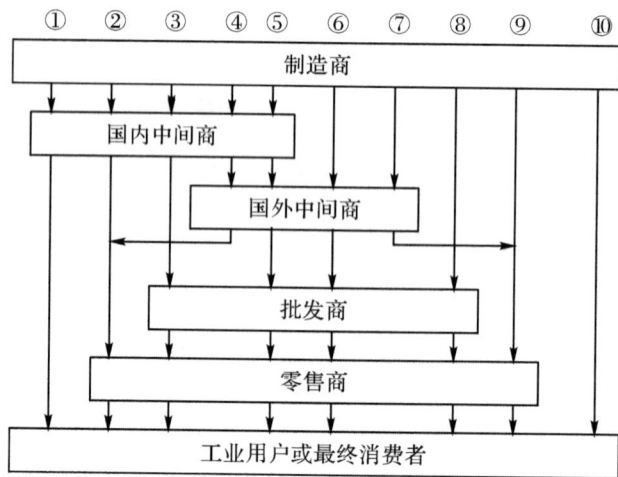

**图 10-2　全球分销渠道模式**

在图10-2中,全球分销渠道中的国内中间商和国外中间商包括许多不同性质的渠道参与:如第⑩种渠道结构是最短的分销结构,未经任何中间层次就完成了商品流通过程;

第⑤种渠道所经历的中间环节最多,产品必须通过国内中间商、国外中间商、批发商、零售商等多个层次才能完成商品所有权的转移。前5种渠道均需要企业所在国国内的中间商环节实现产品的国际转移,我们将这5种渠道统称为间接渠道。在后5种渠道模式中,企业省去了国内的中间商环节,直接将产品销往国外市场,称为直接渠道。

在第②、③、⑧、⑨渠道中,批发商和零售商也兼营了进口业务。

**专栏 10-3　多渠道协调需要投资:以好事达公司为例**

如果不注意渠道整合,多渠道公司并不能保证成功。技术是实现整合最基本的出发点。好事达公司清楚,在商业过程管理和数据管理方面的投资是执行多渠道项目的关键,其特点是实现深度整合。

好事达是美国最大的个人保险上市公司,成立于1931年,1933年成为上市公司。如今,公司总资产达1330亿美元,产品组合包含13大类保险,包括汽车、财产、人寿和商业险,另外还销售退休和投资产品及金融服务。所有这些产品线由多渠道分销网络提供,包括好事达代理人、好事达网站、1—800好事达电话、独立代理人、金融机构和经纪人。

消费者从中得到的好处就是,他们可能受益于非常不同但又尝试整合的分销网络。好事达代理人可以接入客户呼叫中心和互联网,这意味着消费者既可以采用网络这样的创新渠道,也可以通过代理人或电话这些传统手段来完成交易。例如,一名潜在客户可能在两分钟内就了解到公司对汽车保单的预估,公司可以立刻在网站上显示一名代理人的姓名,供客户随时联系。技术使顾客得以在网上启动交易,与代理人完成交易,而不需要重复整个交易,他们只需要在之前停顿之处继续就可以完成整个过程。

多渠道整合也给代理人带来利益,他们可以快速方便地报价、跟进、追踪新交易,从而比以往更高效地追求销售目标。但是,多渠道分销必须有整合沟通。事实上,至关重要的是,公司要保证所有渠道提供相同的服务和信息,一致地传递品牌和信息,并提升定位策略的连贯性。

好事达保险公司于2000年启动渠道整合项目,自此销售显著增长。技术、整合和持续投资于分销渠道的改进,这些是公司和客户之间建立成功关系的要点所在。好事达保险公司设在伊利诺伊斯布鲁克的分公司的一名负责分销、营销和过程方案的经理说:"我们希望为顾客提供优质体验,多渠道必不可少。"

资料来源:伊兰阿隆,尤金贾菲,多娜塔维亚内利:《全球营销》,郭晓凌,龚诗阳译,中国人民大学出版社2016年版,第301页.

# 第二节　全球市场分销渠道决策

## 一、全球分销渠道的长度

全球分销渠道的长度是指产品或服务从生产者到最终用户或消费者所经过的渠道层次数。每个在推动产品及其所有权向最终购买者转移的过程中承担一定职能的中间商是一个渠道层次。全球营销企业在选择分销渠道时,应树立整体渠道的观念,要考虑商品从生产者流转到消费者的全过程,而不能只关注其中一个环节。

渠道的长度决策涉及是否使用中间商,使用哪些类型的中间商以及每种类型中间商的数量问题。依据渠道中间商的层级多少和每一层级中间商数量的多少,分销渠道分为直接渠道与间接渠道。间接渠道又分为短渠道与长渠道、宽渠道与窄渠道。

### (一)直接渠道

国际市场直接分销渠道是指生产企业不通过国内中间商环节,将产品直接销售给国外最终消费者或工业用户的渠道模式,又称零级渠道。在直接渠道中,没有任何一个中间商的介入,节省了分销所产生的一切成本,从而降低了产品的价格。直接分销渠道包括电视购物、网络销售、上门销售和制造商商店等几种模式,也包括国际范围的博览会、展销会、交易会、订货会。

直接分销渠道是工业品分销的主要方式,因为工业品技术性较强,有的是按用户的特殊要求生产的,售后服务非常重要。另外,这类产品的用户较少,购买批量较大,购买频率低,方便直接分销,有利于节省费用,保证企业信誉,更可以获得较高的利润。

### (二)间接渠道

生产企业通过中间商环节把产品传送到消费者手中。依据渠道中间商的层级数量,间接渠道分为一级渠道、二级渠道和多级渠道。

间接分销渠道是消费品(如化妆品、饮料、食品等)的主要分销途径。由于消费品的技术性不强,在全球市场使用面广,每次购买量少,消费者也比较分散,许多生产企业不能或很难将产品直接销售给广大的国际市场消费者。所以,作为消费品分销渠道,一般较宜通过国外进口商采取间接分销,而不是直接分销(当然也有特殊情况,如随着现代网络技术的发展,许多消费品生产企业也可以通过网络直销自己的产品)。

## 二、全球分销渠道的宽度

全球分销渠道的宽度是指渠道每个环节所使用的同类型中间商的数目多少。根据渠道的宽度,全球分销渠道可以被分为宽渠道策略与窄渠道策略。制造商在同一层次选择较多的同类型中间商(如批发商或零售商)分销其产品的策略称为宽渠道策略;反之,则称为窄渠道策略。具体来说,全球营销企业在渠道宽度上可以有三种选择:广泛分销策略、选择分销策略和独家分销策略。

### (一)广泛分销策略

广泛分销,也称密集分销,是指在同一分销层次上尽可能多地使用中间商,以拓宽分销渠道。广泛分销的优点在于产品的高市场覆盖率,最大限度地便利消费者购买的同时,有利于企业迅速占领市场,提升销售量。广泛分销最适用于便利品和工业用品中供应品的销售。不足之处在于,广泛分销加剧了经销商之间的竞争,不利于形成经销商对生产商的忠诚度,也较难保证和控制经销商的服务水平。

## (二)选择分销策略

选择分销策略是指在一定时间内、特定的市场区域内,精选少数中间商分销本企业的产品。选择分销策略,既便于企业与中间商建立良好的合作关系,也能保证企业获得适当的市场覆盖面。消费品中的选购品(如服装)、特殊品(如家电)和工业品中的零部件比较适合采用选择分销策略。与广泛分销策略相比,采用选择分销策略的企业对渠道的控制力较强,成本也较低。

有些产品为了能迅速进入国际市场,在开始时往往采用广泛分销策略。但经过一段时间之后,为了减少费用,保持产品声誉,转而选用选择分销策略,逐步淘汰那些作用小、效率低的中间商。缺乏全球市场营销经验的生产企业,在进入国际市场的初期,也可选用几家中间商进行试探性分销,待企业有了一定国际市场经验或其他条件比较成熟以后,再调整市场分销策略。

## (三)独家分销策略

独家分销策略是指企业在某一时期、特定的市场区域内,只选择一家中间商来分销其产品。通常双方签订协议,规定这家中间商不能经营其他竞争性产品,而制造商也不能在该地区内直销自己的产品或使用其他中间商分销其产品。

采用独家分销策略,生产商在中间商的销售价格、促销活动、信用和各种服务方面拥有较强的控制力,并通过独家分销形式取得经销商强有力的销售支持。独家分销的不足之处在于产品的覆盖面较小,导致顾客在购买地点的选择上感到不方便。独家分销适用于产品的市场竞争程度较低或者服务要求较高的专业产品或高档产品。当企业在全球营销活动中想与中间商建立长久而密切的关系时,独家分销策略也是一个很好的选择。但如果独家经销商选择不当,如在国际市场上资信条件不好、经营作风不正、工作能力差或效率低,可能会给企业带来失去市场的风险。

## 三、影响全球分销渠道选择的因素

在全球市场营销中,可供选择的分销渠道通常很多。为了找出直达企业目标市场的最佳途径,企业通常要考虑 6 个具体因素,它们分别是成本(Cost)、资本(Capital)、控制(Control)、覆盖(Coverage)、特征(Character)及连续性(Continuity)。这 6 个具体决策因素称为"渠道决策的 6 个 C"。

分销渠道策略

## (一)成本(Cost)

成本是指渠道成本,即开拓渠道的投资成本和保持渠道的维持成本。通常,开发渠道的投资成本是一次性支出,而维持渠道的成本是长期的、主要的、经常的支出。后者包括本企业推销人员的一切费用、各中间商的佣金、商品流转过程中的储运装卸费用、各种单据和书面工作费用、广告宣传费用和洽谈买卖等各种业务行为费用。

渠道费用构成了企业的销售成本。渠道费用过多,会严重影响企业开拓全球营销渠道的能力和效益。但是取消中间商,则需要企业承担中间商的全部职能。因此,支付渠道成本是任何企业都难以避免的,营销决策者必须在成本与效益间做出权衡和选择。较高的渠道成本常常是企业开拓国际市场的重要障碍。衡量渠道成本的基本原则是能否用最小的成本达到预期的销售目标,或这一渠道费用是否能最大限度地扩展其他5个"C"的利益。

### (二)资本(Capital)

这是指建立渠道的资本要求。如果制造商要建立自己的全球市场分销渠道,使用自己的销售队伍,通常需要大量的投资。如果使用独家中间商,虽可减少现金投资,但有时却需要向中间商提供财务上的支持。因此,除了财力雄厚的企业有能力投入大量现金,建立自己的营销渠道之外,一般中小企业由于企业资源的限制,更适宜通过中间商间接出口。

### (三)控制(Control)

控制是指国际营销企业对整个分销系统和中间商的有效管理。不同的渠道安排,对应着不同的营销控制程度。通常,企业自己投资建立全球分销渠道,将最有利于渠道的控制。在市场变化和消费者需求变动的时候,可以及时感知,并迅速做出相应的策略调整——产品的调整、价格的调整以及促销策略的调整,但这样也往往以增加分销渠道成本为代价;反之,如果采用中间商进行分销,企业对渠道的控制力度相对较弱,为了达到有效分销的目的,企业就必须投入资本以激励和控制中间商。此外,大量中间商的采用还会导致企业对于市场变化的反应迟缓,以致错失良机。

渠道控制与产品性质有一定的关系。对于工业品来说,由于使用它的客户相对比较少,分销渠道较短,中间商较依赖制造商对产品的服务,所以制造商对分销渠道进行控制的能力较强。而就消费品来说,由于消费者人数多,市场分散,分销渠道也较长、较宽,制造商对分销渠道的控制能力较弱。

### (四)覆盖(Coverage)

这是指渠道的市场覆盖面,即全球营销企业在目标国家销售产品时,通过一定的分销渠道所能达到或影响的市场区域或细分市场。选择市场覆盖面,以取得最大经济效益为前提,并不是越大越好。

营销者在考虑市场覆盖面时应注意四点:一是渠道所覆盖的每一个市场能否获取最大可能的销售额;二是这一市场覆盖能否确保合理的市场占有率;三是这一市场覆盖能否取得满意的市场渗透率;四是各类型以及具体中间商的市场覆盖能力。

### (五)特征(Character)

营销者在进行全球市场分销渠道设计时,既要考虑自身的企业特征、产品特征,还要考虑目标市场国的市场特征和环境特征。

#### 1. 企业特征

企业特征涉及企业的规模、财务状况、产品组合、营销政策等。一般来说,企业的规模越大,越容易取得中间商的合作,因此,可选择的渠道方案也越多。企业的产品如果种类多,差异大,则一般要使用较多的中间商,企业的产品组合中如果产品线少而深,则使用独家分销比较适宜;企业产品组合关联性越强,越应该考虑使用性质相同或相似的分销渠道;此外,企业的营销政策也对分销渠道的选择产生影响,如企业奉行的是快速交货的客户政策,就需要选择尽可能短的分销渠道。

**2. 产品特征**

产品的差异可能会对分销渠道具有不同的要求。一般来说,对鲜活、易腐、生命周期短的产品等,应尽量使用较短的分销渠道;单位价值较低、标准化的产品,分销渠道可相应长一些;技术要求高,需要提供较多客户服务的产品,如汽车、机电产品等,较宜采用直销的方式,或选择少数适宜的中间商销售;原材料、初级产品一般宜于直接销售给进口国的制造商,这一方面的要求与国内市场分销基本相同。

**3. 市场特征**

由于各国经济、文化、政治、法律、物质、技术等环境的差异,各国的市场各有其自身的特征。分析、研究市场特征主要是分析与研究市场集中程度、潜在顾客的数量、顾客的购买习惯和购买频率、销售量的大小、分销渠道的结构和竞争产品的分销渠道等内容。

市场集中程度是指市场、顾客在地理上的集中或分散的程度。如果市场集中,可采用较短的渠道甚至直销渠道;如果市场分散,则需采用间接销售或长渠道;如果潜在顾客的数量多,市场容量大,分布地区广,可采用较长的分销渠道。

从顾客的购买习惯和购买频率来看,日用品一般是就近购买,可采用比较广泛的分销渠道。对于特殊品,顾客一般是向专业商店购买,则不宜采用广泛的分销渠道。如果市场中顾客购买某种商品的次数很频繁,但每次购买的数量不多,则宜使用中间商。顾客一次购买批量大的,可选择直接销售的方式。

销售量小的产品一般选用代理商较好,因为代理商可代表制造商向大型零售企业推销,避免经销环节过多而增加零售价格。

在全球市场营销中,渠道策略及其他营销策略的选择必须考虑各目标市场国家分销渠道结构的特点。如日本的分销渠道可以说是世界上最长、最复杂的,并且零售商总是期望退货可以被完全接受,以及大量融资和享受定期送货上门的服务。

竞争者的分销渠道是渠道决策时需要考虑的另一重要因素。对于某些出口产品来说,制造商在确保产品质量并提供良好服务的前提下,往往希望采用与竞争者相同或相近的渠道来销售。一方面是利用该渠道的市场覆盖面和中间商的经验,另一方面是以此来与竞争者抗衡,争取一定的市场份额。

**4. 环境特征**

目标市场国家的政府可能会禁止或限制某些分销渠道的安排。如一些发展中国家规定某些进口业务必须由特许的企业经办,有些地区规定要对代理商征收代销税,因此,代理商往往希望采用表面买断而实际上提取代理佣金的形式,为制造商提供分销服务。就经济环境来说,当经济衰退时,一般应尽可能地使用短渠道,以较低价格将产品尽快地卖给最终用户或消费者。

### （六）连续性（Continuity）

一个企业国际市场分销渠道的建立往往需要付出巨大的成本和营销努力，而且，一个良好的分销渠道系统，不仅是企业重要的外部资源，也是企业在国际市场中建立差异优势的一个基础。因此，维持渠道的连续性对于企业营销者来说是一项重要的任务和挑战。分销渠道的连续性会受到三个方面力量的冲击。一是中间商的终止。中间商本身会存在一个寿命问题。例如，在国际市场上代理中间商大多是一些小机构，由于领导人及原业务人员的更迭而变更经营范围，甚至经营不善导致企业的倒闭都是常有的事情。二是激烈的市场竞争。当竞争激烈，商品销路欠佳，或者利润较低时，原来的渠道成员可能会退出。三是随着现代技术尤其是信息技术的不断变革，以及营销上的不断创新，一些新的分销渠道模式可能会出现，而传统的模式可能会因此而失去其竞争力。

因此，企业要维持分销渠道的连续性，第一，要慎重地选择中间商，并采取有效的措施提供支持和服务，同时在消费者中树立品牌信誉，培养中间商的忠诚。第二，对已加入本企业分销系统的中间商，只要它们愿意继续经营本企业的产品，而且也符合本企业的条件和要求，则不宜轻易更换，应努力与之建立良好的长期关系。第三，对那些可能不再经营本企业产品的中间商，企业应预先做出估计，预先安排好潜在的接替者，以保持分销渠道的连续性。第四，应时刻关注竞争者渠道策略、现代技术以及消费者购买习惯和模式的变化，以保证渠道的不断优化。

# 第三节　全球市场分销渠道管理

全球分销渠道的管理，包括全球分销目标、渠道策略的制订，对渠道成员进行选择、激励、评价、控制，以及渠道调整改进等的过程。其中渠道管理的核心是对中间商的管理。由于全球分销渠道管理涉及的因素很复杂，各国的分销体系及政治、经济、文化差异巨大，不存在通用的一致的办法，国际营销者应该对分销渠道进行认真研究，慎重决策，选择切实有效的分销渠道，并能适应环境的变化予以调整，保持分销渠道的高效率。

## 一、制订全球分销目标

全球分销渠道管理的首要任务就是制订全球分销目标。全球分销目标具有多样性、层次性和动态性等特点。一般来说，企业进行全球分销管理的总体目标是取得较高的利润率或一定的市场占有率等。为达到这些总体目标，又可分为达到预期的顾客服务水平，中介机构应该发挥的功能，在一定的渠道内取得大量的分销，以尽可能少的投资在新的国际市场上实现产品分销数量的增长，提高市场渗透率，等等。各个层次的目标应该是统一和协调的，但有时它们之间也存在着冲突。

企业全球分销的目标也可能随着营销过程和企业规模的扩大而予以适时调整。如制造商在进入全球市场的初期，由于缺乏全球市场营销的经验，并不要求对分销渠道取得大的控制权,只是逐步积累经验。随着出口规模的不断扩大,制造商要树立自己的品牌和企业形象,这时,对分销渠道的控制就会变得越来越重要。

在制订分销目标时,还要考虑目标市场顾客对分销服务的要求。顾客的分销服务可分为五大类,即批量规模、市场分散程度、等候时间、产品多样性和服务支持等。批量规模反映了顾客一次购买数量方面的要求,市场分散程度涉及购物地点的方便性,等候时间是指产品的交付速度,产品多样性是指竞争产品的数量和顾客选择范围的大小,服务支持是指分销渠道成员能够提供给用户或消费者的售后服务。

## 二、选择国内外中间商

中间商的选择是全球分销渠道管理中的一个重要环节。当企业决定使用国外中间商进入和开拓目标国家市场,在国际分销渠道设计和管理中,就需要对具体的中间商做出选择。国外中间商的选择,会直接关系到全球市场营销的效果甚至成败,因为中间商的质量和效率将影响产品在国际市场上的销路、信誉、效益和发展潜力。企业在选择中间商时都要有一个筛选的过程,需要充分评价每一个候选的中间商是否满足一些基本的条件。企业选择国外中间商一般应按照以下几个步骤。

### (一)寻找中间商的来源

寻找中间商的最佳选择在于采取主动方式。企业寻找和了解中间商可以通过以下途径进行。

#### 1.通过银行调查

这是一种常见的方法,按国际习惯,调查客户的情况属于银行的业务范围,在我国一般委托中国银行办理。

#### 2.通过国外的工商团体进行调查

国外的工商团体如商会、同业公会、贸易协会等,一般都接受其他国家厂商的委托,对所在地企业情况进行调查,但通过这种渠道得来的资信,要经过认真分析,不能轻信。

#### 3.通过我国驻外机构和在实际业务活动中对客户进行考察

这样所得的资料一般比较具体可靠,对业务的开展有较大的参考价值。

此外,外国出版的企业名录、厂商年鉴以及其他有关资料,对了解客户的经营范围和活动情况也有一定的参考价值。

### (二)确定选择中间商的标准

企业应根据分销目标和自身条件制订选择中间商的适应标准。这些标准有些是容易定量化的,对各中间商可以进行分析与比较,有些标准则只能定性化。企业选择中间商的主要标准有以下几个方面。

#### 1.中间商的市场范围

市场是选择中间商所必须考虑的最关键因素。一方面,要考虑中间商的经营范围与本企业计划销售的产品、中间商的销售力量所覆盖的市场区域与目标市场是否一致;

另一方面,要考虑中间商的客户与本企业的目标顾客是否一致。

**2.中间商的财务状况及管理水平**

通常,国外市场需要通过较长的时间进行培育,才能渐趋成熟。但是,如果企业在刚开始开展国际营销活动时,想要有一个良好的开局,中间商必须在实际销售活动开始前,投入人力和设备。因此,预期的分销商必须财务状况良好、有实力,能够承担相关风险。财务实力包括信用等级和现金流状况。管理水平则决定着中间商的营销效率和效果,直接影响到产品的销售业绩及其在市场中的声誉,因此选择中间商时还必须考虑它的社会地位、历史、经营作风、人员素质等因素。

**3.中间商的专业知识**

这是指中间商所掌握的有关产品、顾客、竞争者、行业特点等方面的知识。专业知识强的中间商往往能够迅速打开市场,节约成本,并对生产企业提供大量有用的支持。

**4.中间商的地理位置和拥有的网点数量**

地理位置对于批发商和零售商的选择都是一个重要的因素。理想的零售位置应是顾客流量大、交通便利的地点。对批发商的选择则主要看它的位置是否有利于产品的批量储存和运输,通常以交通枢纽为宜。一个中间商拥有的销售网点越多,销售能力越强,制造商与之合作的潜力也就越大。

**5.中间商的信誉**

诚实、信用是对中间商的基本的道德要求。信誉不好的中间商不仅自身难以长期生存,而且也会损害所经营产品的形象。任何企业在国际分销管理中都应尽可能避开那些信誉不佳、不讲商业道德的中间商。

**6.预期合作程度**

所选择的中间商必须要有积极合作的意愿和态度,否则将难以保证达到预期的分销目标。例如,虽然有的中间商有遍布整个目标国市场的销售网络,而且在目标国家的顾客中也具有良好的声誉和形象,但如果它对制造商的产品分销不能给予足够的重视,中间商所提供的货架空间、商品陈列位置等难以达到理想水平,制造商也应考虑其他的选择。

**(三)中间商的筛选**

企业按照其制订的标准,在寻找到初步符合标准的中间商名单后,应对其进行逐一论证和筛选。企业可给每位中间商候选人去函,概述产品情况并提出对经销人的条件要求。对答复满意者再提出更为具体的询问,如商品种类、商场区域、销售人员数量及其他背景材料等。筛选的最好方法是与之面对面交谈。

**(四)双方签订协议**

当国际营销者找到合适的中间商后,双方应签订销售协议书。协议书因具体情况不同没有统一的模式,一般应包括的条款有双方的权利与义务、合同期限、合作方式、终止关系和仲裁争议等。

看吉利如何玩转渠道营销

伙伴选择过程如图 10-3 所示。

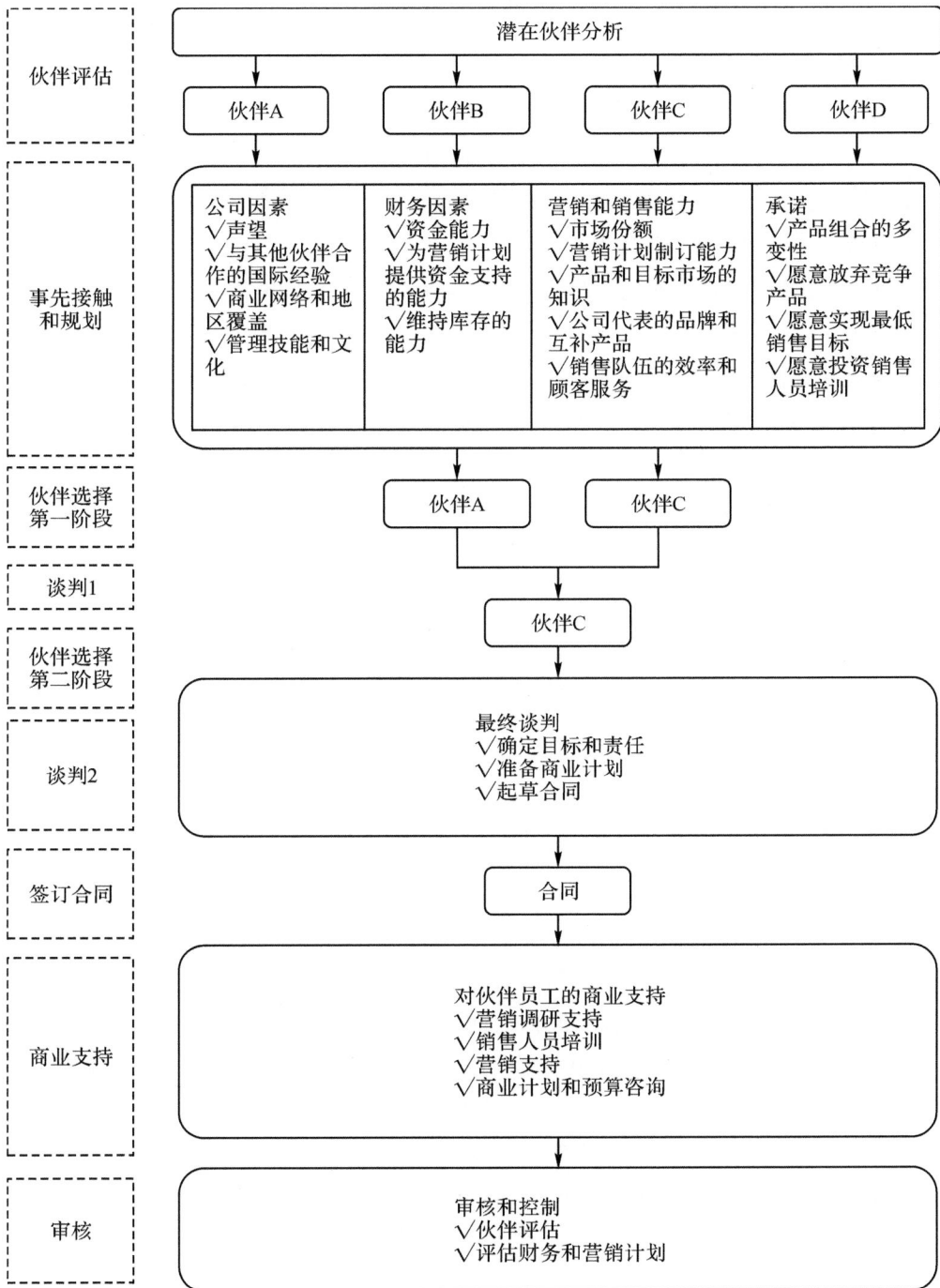

**图 10-3 伙伴选择过程示例**

资料来源：Varis，J.，Kuivalainen，O.，& Saarenketo，S.（2005）. Partner selection for international marketing and distribution in corporate new ventures. *Journal of International Entrepreneurship* 3，19-36；Cavusgil，S. T.，Yeoh，P.，& Mitri，M.（1995）. Selecting foreign distributors：An expert systems approach. *Industrial Marketing Management* 24，297-304；Hollensen，S.（2010）. *Marketing management：A relationship approach*. Harlow，Essex，England：Pearson Educated

### 三、全球分销渠道的控制

#### (一)激励渠道成员

企业不仅要选择中间商,而且要经常激励中间商使之尽职。对中间商给予适当激励,目的是促使双方友好合作,互利互惠,融洽感情。激励渠道成员的主要方法如下。

**1. 了解中间商的经营目标和需要**

一方面,有利于帮助中间商实现目标,另一方面也有利于将企业的目标与中间商的利益结合起来,实现双赢。

**2. 提供市场需要的优质产品**

这是对中间商最好的鼓励,因为只有满足市场需要的好产品,才有销路,才能使双方实现营销目标。

**3. 给予中间商适当的回报**

企业应合理制订产品价格,适当降低价格水平,使中间商有利可图,这是最关键的激励。

**4. 为分销商提供全面的服务**

企业应在市场调研、产品促销宣传、人员培训等方面为中间商提供服务,以增强中间商的分销能力和分销效果。

**5. 加强与中间商的联系与沟通**

企业应与中间商建立长期、稳定的联合关系,并随时与分销商进行沟通,了解其需要,提供相应的帮助。

#### (二)评估渠道成员

生产企业并非被动地为中间商服务,为保证自身利益,企业在维护合作关系的同时,还应进行积极的引导和督促,以保证中间商正常开展推销业务。一般说来,企业要确立一定的评估标准,经常性地对中间商的推销业绩进行检查和评估,以便及时发现问题,采取调整措施。这些标准应包括销售目标、市场份额、平均库存水平、市场成长目标、对顾客提供的服务水平、与企业的协作情况等。其中,销售指标最为重要,因为国际市场营销中某一地区中间商的推销规模很大程度上就是企业在该市场销售目标实现的规模。根据销售业绩,企业可对各个中间商进行评价,鼓励先进,并对发现的问题及时采取相应措施。

### 四、全球分销渠道的调整

随着市场环境、分销渠道和企业内部条件的变化,全球营销企业将会适时对分销渠道进行调整。分销渠道调整往往是出于两方面的原因:一是企业通过对中间商的考核,发现中间商不能履行分销合同所规定的义务,希望与某些中间商终止关系;二是企业希望通过调整渠道成员,提高渠道效率。

全球产品分销渠道的涉及面广而复杂,因此渠道的调整和改进工作尤其突出,其影响也较大。全球分销渠道的调整,一般有两种情形:一是该渠道成员的更换和调整,二是放弃原有渠道而采用新的分销渠道。

**(一)渠道成员的更换和调整**

如果中间商不能履行职责或者市场状况改变,企业应采取其他分销形式,因此会终止与某些中间商的协议,将其剔除出渠道体系。渠道成员若不能胜任其工作而被剔除,而又没有成员来承担其原有功能时,新成员就得被引入。当然新成员的引入也可能因渠道成员数量不足。

这里要注意的是,在某些国家终止协议是相当困难的。在挪威,制造商若要更换代销商必须列举其不称职的真实依据,即使解除了分销关系,也必须支付一大笔钱予以补偿。可见,渠道成员的更换和调整是一项十分复杂的工作,有时需要花费很长的时间和很大的代价。为了避免日后调整渠道成员的麻烦,企业在选择渠道成员时,就应慎重决策。

**(二)采用新的分销渠道**

出口企业的分销渠道的改进工作也并不仅仅局限于渠道成员的更换和调整,还有对原有渠道的完全放弃。对原有渠道的放弃往往有三种情况:一是放弃长渠道,采用短渠道,企业一般都会走这条路。二是放弃短渠道,采用长渠道,这种情况的发生,可能是由于该市场已严重退化,企业几乎要放弃该市场。只是因为还有少量的市场需求,采用长渠道去满足其需要,而把资源投到其他市场上去,以免继续使用短渠道消耗企业资源。三是保持渠道的中间层次不变,但改变了市场区域,使原有市场的产品渠道网络因此被出口企业废弃。

# 第四节　全球市场实体分销

前面讨论的主要是产品所有权在国际市场上的转移,在产品的分销过程中,还涉及产品实体的转移,它与产品所有权的转移是相辅相成的,产品实体的转移是否通畅,将直接影响产品所有权的转移和产品价值的实现。所谓实体分销,是指产品实体从企业手中运送到消费者手中的空间移动。国际市场实体分销主要包括国际市场营销中的商品包装、装卸、储存、运输、加工整理等。其中,储存与运输是实体分销的中心环节。

## 一、全球市场实体分销功能

全球市场实体分销的基本功能是向购买者在需要的时间和地点,提供所需的产品。具体来说,全球市场营销中实体分销具有下列功能。

### (一)实体分销是实现市场营销的重要一环

市场营销的本质在于以市场为中心、以顾客的需求为出发点,通过产品、价格、分销、促销等营销工具的整合运用来满足消费者的需求。实体分销作为营销过程中的一个重要环节,它的运行状态会直接影响和制约其他营销工具的效用。

### (二)合理的实体分销有利于降低成本

企业生产活动所需要的物质材料及半成品等的采购,往往占用了企业的大量资金,如果管理不善,可能导致质次价高、暗箱操作、库存积压等问题。因此,实体分销的严格管理及合理化对企业的成本有着重要的影响。

### (三)合理的实体分销有利于提高产品的价格竞争力

企业实体分销的成本在产品的最终价格中占有一定的比例,产品能否及时销售关系到企业的存在价值是否被社会承认。因此,在国际营销中为增强企业的竞争力,实体分销的合理化可以起到立竿见影的效果。

### (四)合理的实体分销有利于提高顾客满意度

实体分销在三个方面影响顾客的满意度。一是产品的可得性。实体分销能否将产品及时地运送到顾客方便的购买地点,是顾客评价企业分销服务水平的一个重要指标。二是产品的安全性。产品实体在分销过程中应秋毫无损地转移到最终用户或消费者手中。三是分销过程的经济性。在保证产品安全的前提下,企业应选择最经济的实体分销方式和路线,以节省成本,降低实体分销的费用。因为实体分销费用的节省有可能降低产品售价,避免增加消费成本。

## 二、全球市场实体分销目标

企业的全球实体分销目标是以企业战略目标和销售目标为基础的,是为实现企业营销总目标而确定的一个次级目标。同时,它又是企业制订实体分销策略,进行全球实体分销管理的依据。归纳起来,全球实体分销目标可分为以下几类。

### (一)经济性目标

经济性目标是企业把降低运输、储存、装卸等费用作为国际实体分销的目标。追求实体分销中的规模经济效益就是经济性目标的一种具体体现。要实现这一目标,企业应把实体分配中的各项费用作为一个整体,在不断改善服务的前提下,力求降低总费用的水平。因为各项费用是相互关联的。例如,以水运代替陆运虽然可以减少费用,但却使资金周转延缓;又如节省了包装成本,往往会加大运输中的损耗。

### (二)安全性目标

安全性目标是企业把保证按照正确的数量与质量,准确、及时、完整地将产品运送到指定的地点作为国际实体分销的目标。一般来说,安全性越高,代表着服务水平越高,顾客的满意度也就越高。

### (三)灵活性目标

灵活性目标是企业把保证和增强实体分销系统的灵活性和应变能力作为国际实体

分销的目标。在国际市场营销中,不断地跟踪企业环境的变化,特别是现代通信、交通运输、自动化、集装箱等技术的变化,并根据变化对实体分销系统做出调整和改进,有时可能会成为改善整个企业营销绩效的关键。在那些环境变化快的市场中,保持实体分销系统的灵活性往往是企业在国际实体分销决策和管理中的首要目标。

### (四)方便性目标

方便性目标是企业在建立国际实体分销系统时,有时可能会选择以尽可能方便顾客购买作为国际实体分销的目标。如日用消费品的国际分销中就往往以方便性作为企业的实体分销目标。

当然,除了上述几类目标外,企业在国际市场营销中可能还会制订其他实体分销的目标,如扩大市场覆盖面的目标。这里列举的几类目标之间,往往是相互矛盾的,例如,要提高顾客购买的方便性通常就需要以牺牲规模经济为代价。因此,在同一时期应注意不要同时确立几类相互矛盾的目标,否则会在实体分销中引起混乱。

### 专栏 10-4 通用汽车公司的国际化物流

通用汽车公司在全世界超过 175 个国家中以不同的方式进行生产。为这些市场提供服务的方法,从当地通用汽车公司制造分公司,到特许装配生产,再到直接出口(一般对较小的市场)各不相同。

国际化出口销售(IES)是通用汽车公司为协调其全球出口而建立的一个部门。IES 员工的主要工作,就是解决其出口汽车制造中的所有问题。例如,他们修改其国际市场的产品设计。

IES 船运通用汽车公司的产品,有的是完全拆卸的零件,有的是完全组装的成品,这些产品大大充实了国际经销商的网络。产品来自通用汽车公司的全球任何一家经销商,包括合资公司,例如巴西的通用汽车公司、德国的欧宝、澳大利亚的 Holden、日本的铃木和五十铃,以及北美的雪佛兰、Pontiac、别克、Oldsmobile、凯迪拉克和 GMC 卡车。哪种产品销往哪里,由市场环境和需求决定。例如,许多发展中国家对商用车(最便宜的、比较适用的)的需求高于客用小轿车。在这种情况下,轻型商用车五十铃比 GMC 卡车更先出口,因为五十铃车一般比较便宜。

IES 通过全世界 11 个地区性办事处和底特律的总部管理通用汽车公司的全球分销网络。底特律总部负责向加勒比地区、拉丁美洲、科威特和中国的出口。地区性办事处位于奥斯陆、维也纳、吕瑟斯海姆、毕尔、鲁顿、罗马、圣胡安、吉达、迪拜、墨尔本和东京,负责销往世界其他地方。这些办事处也给当地经销商提供市场营销支持。

### 三、全球市场实体分销管理

企业开展全球实体分销活动,必须考虑企业市场营销整体活动与企业外部环境的协调,特别是与国际市场文化、政治、法律和经济环境的协调。全球实体分销应当以市场为出发点,充分考虑目标市场用户的位置、中间商和用户对产品流通的便利性需求,以及竞争者的服务水平等,并在此基础上制订出有效的国际实体分销策略,不断改善对顾客的实体分销服务。全球实体分销管理主要包括仓储决策、存货决策、运输决策等。

### (一)仓储决策

每个从事全球市场营销的企业,在等待其货物销售时,都必须将其储存起来。储存的功能解决了国际市场上商品供应与需求在数量、时间、空间差距等方面的背离。仓储管理的重点是确定存储地点的方案。储存的国家或地区越多,就越能及时地满足顾客需求,但储存成本会上升。因此,储存货物的地区或国家的数目、时间、储存量必须在满足顾客需求水平和分配成本之间达到平衡。这就要求企业在仓库的选择与建设上注意三点:一是用户的地理分布和要求的运输量,二是用户要求的服务水平,三是仓库位置与仓库数量的配合关系。

### (二)存货决策

企业在决定存货量时,总是难以决定,存多了成本上升,存少了又不能满足顾客需要。所以,企业在进行存货决策时,必须了解应在何时订货和订货数量的多少。企业应确定科学的订货点,一般要对库存不足和积压的成本风险两者加以权衡。实际订货点高于订货点,以保证有一个安全的库存量。决定订货的数量要考虑随着订货数量的增加,每单位的订货费用会减少,但同时每单位的储存费用会增加,企业要权衡订货费用和储存费用,求得总费用最少的订货数量,达到经济合理的储存量,即经济批量。

### (三)运输决策

物流系统对运输的基本要求是使商品按照合理的流向,力求以最短的运输里程、最少的转运环节、最省的运输费用,安全完好地从产地运送到销地。然而,在国与国之间运输,不仅耗时长,中间环节多,而且托运人在相当长的时间内失去对自己货物的控制权,这就要求企业必须做到以下两点。

#### 1.加强商品运输的计划性

搞好物流计划工作不仅是降低运费、加快商品运送速度、提高运输效率的需要,而且也是实现产、运、销整合的需要。要加强运输的计划工作,应处理好运输计划与生产计划和销售计划或销售合同之间的衔接。销售计划或销售合同是整个计划工作的起点,运输计划是完成销售计划的保证,而生产计划的完成又是保证计划发货的前提。

#### 2.选择合适的运输工具

选择合适的运输工具,关键是把握好常见的运输工具及其主要特征:

(1)铁路运输。其主要特点是费用较低、运行速度快、运力大。

(2)公路运输。其主要特点是速度快、灵活、能提供良好服务,但费用高。

(3)水路运输。包括远洋运输、沿海运输、内河运输三种形式。其主要特点是价格低、运力大,是铁路、公路的辅助形式。

(4)管道运输。这是气体、液体运输的主要形式。其主要特点是专用性强、运量大、安全、便捷、无污染。

(5)航空运输。其主要特点是速度快、可靠、费用最高。

## ◆ 本章小结

全球零售

全球营销分销策略是企业全球市场营销整体策略的一个重要组成部分,它涉及的范围很广,不但包括母国的销售网络,还包括目标市场国的分销渠道。全球市场营销的企业有多种分销渠道模式可供选择,这依赖于企业已确定的国际市场进入战略。

企业在全球分销中可利用的中间商有许多类型,依据这些中间商所处的国境的不同,可以把它们区分为国内中间商和国外中间商。这些中间商根据具体情况划分为各种不同类型。需要说明的是,中间商的划分类型并不是绝对的,有些中间商是混合型的。

在全球分销渠道策略的选择中,有长渠道与短渠道、宽渠道与窄渠道之分。企业选择渠道的策略,一般要考虑 6 个因素,即成本、资金、控制、覆盖、特性和连续性。

全球分销渠道管理,包括制定渠道目标和选择、激励、评价、控制渠道成员,以及渠道的改进等。国际分销渠道管理将更具有挑战性,也更应引起相应的重视。

在激烈的市场竞争中,实体分销环节已越来越引起人们的重视,日益成为企业降低成本、扩大销售、提高竞争力的关键性环节。全球实体分销的管理需要在订货决策、存货决策、仓库管理、运输方式选择等方面做出有效选择。

## ◆ 案例分析

### 澳特力推进全渠道建设,开启花式品牌营销

澳特力是澳大利亚健康食品品牌,旗下产品主要包括益生菌、牛初乳、乳铁蛋白和DHA(二十二碳六烯酸)。自 2017 年引入中国以来,已经在国内市场上获得了较高的知名度和认可度。这与澳特力全渠道布局以及不遗余力的品牌营销是分不开的,几乎在国内主流电商平台、国内线下母婴渠道实现了全方位覆盖,通过营销进一步打响了品牌知名度。但质疑澳特力是"假洋牌"的声音也不少,消费者在选择时也不可过度迷信产品的"功能性"。

### 一、澳洲健康食品品牌

澳特力(AUTILI)是澳洲健康食品品牌,隶属于活曼特药业集团(Homart Group),总部位于澳大利亚新南威尔士州悉尼。活曼特药业集团成立于 1992 年,从最初稳健成长到全球快速扩张,已经将健康产品、护肤品和乳制品带到了世界各地。旗下现有八大品牌:绿芙(Spring Leaf)、特·维康(Top Life)、Health&Nature、Golden Hive、Grand-pawpaw、Cheri、澳特力(Autili)以及 Skin Code。旗下产品已经遍及澳洲各地,而且还顺利出口到了欧美、日韩、泰国、缅甸、越南、中东、新加坡及马来西亚市场,在中国全境均已树立起了澳洲优质产品的品牌形象。

澳特力致力于为全球消费者提供安全的健康食品,严选纯净天然的生产原料、创新

研发、严谨生产,拥有自有 cGMP 工厂、10 万级洁净车间、制药标准生产环境,并且工厂产品已经通过澳洲 TGA 认证。2017 年,杭州驭势贸易有限公司签约澳大利亚活曼特药业集团,活特曼药业集团授权其全权负责"澳特力"中国的独家代理。自此,澳洲健康品牌澳特力被引入中国市场,开启了澳特力品牌在中国发展的新篇章。

企查查显示,杭州驭势贸易有限公司的实际控制人、法定代表人为巴红波,经营范围为母婴日用品(除食品、药品)、预包装食品销售、特殊食品销售、货物或技术进出口等业务。除了澳特力之外,杭州驭势贸易有限公司还代理营销多个国际知名品牌,创始团队均来自国内婴童行业上市公司职业团队。澳特力进入中国市场 3 年以来,已经在国内形成了良好的品牌形象,在消费者中也拥有很高的知名度和认可度。

## 二、产品借力全渠道

目前,澳特力旗下产品涉及免疫力系列、益智系列、肠道健康系列、综合营养系列、成长快乐系列,包括益生菌类、乳铁蛋白类、DHA 类、牛初乳类、奶粉类产品。

益生菌产品是全球益生菌三大供应商之一法国拉曼提供的专有菌株,拥有加拿大卫生部颁发的产品执照,通过了中澳权威机构双重检验,活菌丰富且不含有牛奶、乳糖、大豆等容易致敏的成分。

乳铁蛋白产品中特别添加免疫球蛋白和低聚果糖,乳铁蛋白原料纯度不低于95%,不添加蔗糖、香料、防腐剂等,可追溯奶源跟踪管理体系,从源头上把关。

牛初乳采用的是分娩 72 小时内的初乳,奶源来自澳大利亚维多利亚牧场,有cGMP、袋鼠标、TGA 多重认证以确保产品质量安全。

DHA 产品原料为帝斯曼授权的 life's DHA,原料纯度达 40%,整个生产过程中保证了藻类干净、环保、无污染。

奶粉原料来自澳大利亚维多利亚专门的奶源基地,从饲养、挤奶、储存到运输有一套标准化程序,除了高钙之外,还富含铁、维生素 A、维生素 D 等营养成分,脂肪含量较少,生产工艺先进。而且澳特力的渠道建设十分全面,电商平台、跨境购、线下母婴店等均有布局。

2019 年 3 月,澳特力正式入驻天猫国际,2019 年 9 月与考拉海购签署了战略合作协议。线上基本实现了与全国的主流平台合作,如京东、天猫国际、考拉海购、小红书、海囤全球、金鹰购、唯品会等。

目前线下销售渠道也已实现全覆盖,代理、经销的合作伙伴有 90 家,与孩子王、QTOOLS、丽家宝贝、爱婴室等大型母婴连锁门店深入合作,全国已有 8000 家销售网点。线下可以通过门店直接接触消费者,线上更符合当下消费者的购物习惯。澳特力通过全渠道布局,一方面增加品牌的曝光率,另一方面达到引流的目的,进行了全方位的品牌渗透和宣传。

## 三、花式品牌营销

澳特力还是一个非常会营销的品牌,在成为北京奥运会、上海世博会、G20 杭州峰会澳大利亚健康食品代表之后,逐渐开启了营销之路。2018年赞助了周杰伦、容祖儿、李克勤、张靓颖的世界巡回演唱会,还与崔玉涛育学园、年糕妈妈联合协办了全国巡讲等活动。不仅邀请了董璇作为产品体验官,还获得了李湘、王祖蓝等众多明星的推荐。2020年3月,澳特力成了考拉海购第二期的"考拉全球宝藏品牌",这次联动得到了广泛关注,在微博、抖音、头条等社交电商上获得了很大的曝光量,其中不乏孕婴博主、宝妈们的推荐和分享。通过不遗余力的品牌营销,澳特力进一步扩大了品牌影响力,也让其成为很多消费者熟知的品牌。

资料显示,澳特力隶属的澳洲健康产业领军品牌活曼特药业集团由华人女企业家叶蓓玲成立。据了解,活曼特(上海)贸易有限公司是活曼特药业集团在2007年进入中国市场时在上海成立的分公司。也就是说,澳特力的总代理商与活曼特药业集团有着更深层的联系。

由于澳特力的产品大多针对婴幼儿、儿童群体,虽然澳特力的营销宣传做得很不错,也获得了很多明星、孕婴博主、宝妈们的"背书",但是家长们在选择时仍要避免盲目。

资料来源:https://baijiahao.baidu.com/s? id=1674606259067505654。

◆深入思考

通过案例如何理解全渠道策略? 全渠道策略的应用条件是什么?

◆延伸阅读

《上下一起才不会卡——良品铺子的新零售之道》

上下一起才不会卡——良品铺子的新零售之道

◆思考题

1.试简要分析全球分销系统。
2.全球分销渠道中可采用的中间商有哪些主要类型?
3.企业选择国内外中间商的标准有哪些?
4.影响全球分销渠道选择的因素有哪些?
5.如何对全球分销渠道成员进行有效激励?
6.什么是全球实体分销?
7.简述全球实体分销在全球市场营销中的主要功能。

# 第十一章 全球市场定价决策

【学习目标】

☆把握影响全球市场产品定价的因素；

☆了解和把握全球市场产品定价决策的内容；

☆了解全球市场产品的报价技巧；

☆理解和把握倾销与反倾销的含义；

☆把握转移价格策略的含义及运用。

【导入案例】

商业世界的竞争越来越激烈，得用户者得天下。如何赢得用户青睐呢？拼的是能否提供更好的用户体验。如何提高用户体验是一门系统的学问，体现在贯彻始终的交易过程的每个细节。

定价是提升用户体验的重要策略。一个很典型的案例是麦当劳早餐咖啡的定价，麦当劳早餐时段的鲜煮咖啡是可以免费续杯的。但麦当劳设置了小杯 9 元和大杯 10.5 元两个价格。

刚看到这个价格可能觉得有些奇怪，既然能续杯，为什么还设置大杯价格？其实这两个价格是为两种人群准备的。

第一种人时间充裕，肯定选小杯的合适，价格便宜，喝完再续杯。

第二种人时间紧，没时间续杯，但他只多花 1.5 元，就能买到一杯比小杯多不少的咖啡。

通过两种价格，两种人都觉得非常划算。麦当劳用一个看似多余的设置，既满足了不同消费者的需求，还让两拨人都感觉自己赚了，获得了非常好的用户体验。

价格是市场营销组合的一个重要元素。因为产品价格的高低不仅直接关系到产品是否能被市场所接受，而且决定着企业的收益水平。产品定价在国内市场营销中就是一项颇具挑战性的工作，而它在全球市场营销中就变得更为复杂。因为全球市场营销企业的产品定价主要涉及两个方面：出口定价和外国市场定价。

出口定价是指企业在本国制订的由外国市场上的中间商（偶尔也是最终用户）支付的产品价格，这是一种跨国境定价。外国市场定价是指企业在外国市场制订的由当地的购买者支付的产品价格。这是由跨国公司在国外的国内市场制订的价格。这两种定价在三个方面有所区别,定价的地点不同(本国对外国市场),定价的人员不同(本国出口商或市场营销企业对本国企业的国外分支机构),影响定价的限制条件不同。无论是出口定价,还是外国市场定价,全球营销的产品定价工作都是十分复杂的工作。在这里我们将这两种定价结合起来,着重讨论其共性的特点,力求比较透彻地对产品的全球市场定价进行分析。

# 第一节　全球市场产品定价决策的环境

无论是出口定价,还是外国市场定价,企业在全球营销活动中的定价行为都是在特定的环境中进行的,其决策会受到许多因素的制约和影响,这些因素主要包括以下方面。

## 一、成本因素

企业必须及时补偿成本以便继续经营,所以,成本核算在定价中十分重要。

### (一)出口定价所涉及的成本要素复杂

产品不论是供出口还是国内销售,都要涉及各种成本,只是由于产品的去向不同,其成本构成可能有所不同。

出口产品的成本构成除了生产成本、分销成本、运输成本以外,还涉及其他成本,如关税等,而且出口定价的各项成本因素本身有变化。

(1)生产成本的变化。如果出口产品为了适应外国的技术标准,如度量衡制度、电力系统和其他因素必须做出改动时,就可能意味着生产成本的增长。当然,与之相反,如果出口产品被简化或者去掉了某些功能,其生产成本可能会降低。

(2)增加了运费及其他成本。由于在全球营销活动中,产品的生产者和消费者之间的空间距离相对较远,所以运费会相应增加。

(3)风险成本加大。因为出口产品从生产者转移到消费者需要花更多的时间、更长的距离,加上汇率变化、币值换算、出口坏账等引起的风险,所以出口产品的成本构成中风险成本明显加大。

### (二)成本变化带来出口定价的价格升级现象

与国内市场营销相比,在出口业务中生产者与消费者之间自然的和经济的距离被拉远了。这种额外的距离意味着需要更多的运输和保险服务,需要更多的中间商和更长的分销渠道,还需要支付出口所需的各种案头工作费用和进口税。这种额外成本的逐渐加成,形成所谓的出口价格逐步上涨的现象。因为在出口活动中从生产者到最终消费者通常需要经过许多环节,而每经过一个环节都要支出成本,从而导致在出口市场上的最终价格要比国内销售价格高。表 11-1 说明在出口中产品所需经过的额外环节以及相应的成本支出。进口商或代理商的利润率要比批发商高,是因为他们在处理进口商品时要做更多的工作。

表 11-1　出口产品的价格升级　　　　　　　　　　　　　单位：美元

| 价格升级项目 | 国内市场销售价格 | 国外市场销售价格 |
|---|---|---|
| 出厂价 | 100 | 100 |
| 国内运费 | 10 | 10 |
| 出口文书、包装费用 | | 5 |
| 远洋运输费用及保险费 | | 25 |
| | | 140 |
| 进口关税 | | 28 |
| （到岸成本的 20%） | 110 | 168 |
| 国内批发商加成（25%） | 27.5 | 42 |
| | 137.5 | 210 |
| 国内零售商加成（30%） | 41.25 | 63 |
| 最终价格 | 178.75 | 273 |

　　表 11-1 所采用的数据和假设表明了出口价格的上涨现象，表 11-1 中外国市场的最终价格比国内市场价格几乎高出 100 美元。当然，此图仅是一个例子，现实生活中出口产品的价格逐步上涨程度比它高或者低，都是可能的。但是，不论上述哪种情况，出口价格的上涨，就使得企业想把国外市场价格定得比国内市场低变得十分困难或不太可能。价格的上涨可能使企业的产品在外国市场上失去竞争力。

　　为了克服价格逐渐上涨这个难题，企业可能采取下列策略：一是改变运输方式或拆散整体产品，可能会降低运费和税金。二是在生产过程中降低出口产品的生产成本，从而减少所有增量的乘数效应。三是改变运费或税收的分类，可能会减少这方面的支出。近年来全球机电产品市场上盛行将机器设备拆卸后出口，很大原因是可以节省运费。例如，2009 年 9 月 1 日起，我国进口汽车零部件关税将统一调整为 10%，即价值等于或超过整车价格 60% 的进口零部件将不再被按整车征收关税。进口零部件关税调整后，进口豪华汽车制造商的合资企业有可能为了提高市场的竞争力，而把目前整车进口的项目转而调整为总成进口，到中国组装。关税从 25% 降到 10%，那么在其净车价基础上计算的消费税、购置税等费用都将下降，最终散件组装的大排量乘用车成本将大幅下降。四是在出口市场直接生产，以减少额外环节带来的额外费用。

　　**专栏 11-1　目标成本核算**

　　日本公司对待成本问题的传统做法总会实现大额的生产节余，同时还产生价格在全球市场具有竞争力的产品。实行目标成本核算的著名日本公司有丰田、索尼、奥林巴斯和小松制作所等。这个过程有时称作按成本设计，可以概述如下。

　　目标成本核算在于确保开发团队能拿出可盈利的产品投放市场，不仅质量和功能达到上乘标准，而且价格适合目标消费者子市场。它是一种约束，在开发工作中，使本来互不相干的参与者（从设计师和制造工程师到市场研究人员和供货商……）工作协调。实际上，公司从顾客的需求和付款的意愿进行逆向推理，而不是沿袭有缺陷但是惯用的成本加成定价法。

目标成本核算始于市场勘测和产品定义与定位,营销队伍必须做到下述各项:

(1)决定待选定的子市场,以及该子市场的顾客愿意支付的价格。团队运用市场调研技巧如联合分析法,设法更好地了解顾客如何看待产品的特点和功能。

(2)计算总体目标成本,以确保公司的长远盈利。

(3)将目标成本分摊至产品的各种功能。计算目标成本与估算的实际生产成本之间的差距。要想到会计的借方与贷方:因为目标成本是固定的,一个部件组装部门为改进某一具体功能,额外开支必须从另一个部件组装部门扣除。

(4)遵守基本规则:如果设计不能达标,产品就不应推出。

具体如图 11-1 所示。

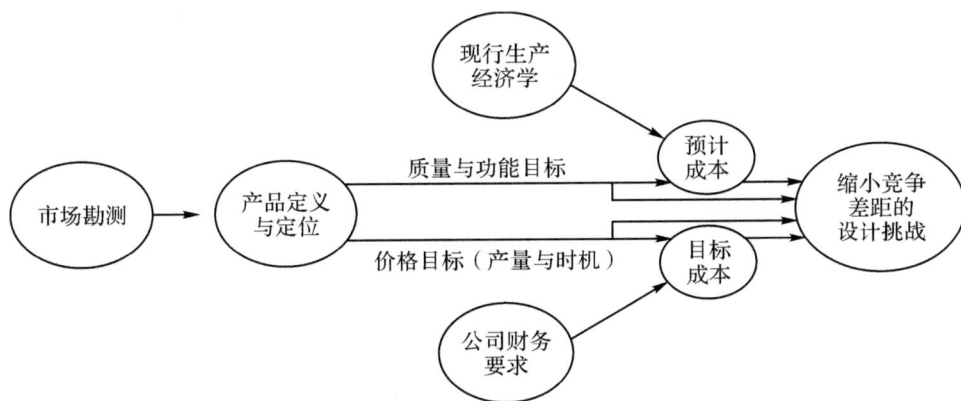

**图 11-1  目标成本核算流程**

资料来源:Robin Cooper and W. Bruce Chew,"Control Tomorrow's Costs Through Today's Designs,"Harvard Business Review 74,no.1(January—February 1996),p.95.

### (三)外国市场定价的成本变化

#### 1.生产成本方面的优势

在外国市场上,跨国公司经常会比当地的本国公司拥有更大的成本优势。从生产的角度来看,跨国公司有可能达到生产的规模经济,成为最有效益的制造企业,从而使企业拥有很强的价格竞争能力。这是因为跨国公司在该国或其他国家拥有工厂,这些工厂有着不同的生产成本和生产能力,跨国公司就可按照各厂生产成本的高低,在各个工厂之间进行选择,最后为该国市场提供成本最低的产品。例如,福特汽车公司的各个部件是分散在 5 个不同的国家生产的,最后在西班牙组装成整车。这种跨国生产方式,使得各个汽车部件的生产都能达到一定的规模经济。所以,福特汽车在许多市场拥有较强的价格竞争能力。又如福特公司和通用汽车公司都分别在它们的欧洲和亚洲的汽车分厂制造汽车,然后供应到美国。与在本国投资建厂相比,这种方式更能使这两家公司以较低的价格出售自己的产品。

#### 2.其他成本相应变化

由于以下几个方面的原因,使得产品价格中所包含的市场营销成本在各子公司之间有所差异。一是因为在不同国家进行市场调查、广告宣传和产品分销等支出的费用不同,市场营销服务成本就会有高低。二是营业额的大小和产品大类的宽窄也会因子公司的不同而不同。大多数市场营销活动都应该达到一定的规模经济,所以产品销量较小、产品大类较窄的子公司,就不得不在其产品的价格中承受较高的市场营销成本。三是跨国公司的市场营销组合在各个国家也是各不相同的,各子公司之间的营销环境与营销战略的区别,使得企业在各外国市场上对价格、广告、人员推销、产品质量等的要求,也随情况变化而变化。例如在美国,宝洁(P&G)公司采用电视广告作为它的主要的市场促销工具——一种"拉"的策略。在没有商业电视广告的外国市场,宝洁公司就必须改变它的市场促销组合,运用其他方法来赢得顾客。如在低劳动力成本国家,企业可以采用"推"的策略,雇用几百名推销员,或步行、或骑车、或坐公共汽车,走街串巷,上门推销。这样宝洁公司在全球各个子公司的营销成本就有较大的差异。

## 二、需求因素

在定价中还有一个比成本更为重要的影响因素,那就是目标国家市场的需求特点,包括需求水平、需求结构和需求心理等。

### 1. 需求水平的差异性

需求水平是决定价格承受力的最重要因素。外国消费者的支付能力对企业出口产品定价影响较大。支付能力是消费者收入水平的体现,它最好的说明是人均收入,而人均收入在世界各国的差距悬殊。对美国出口商来说,绝大多数的外国市场的支付能力比国内市场小。所以,在美国企业的出口市场上,消费者都希望美国产品的出口价格最好能比美国国内市场价格低。如果仅仅通过定价不能满足外国消费者的这个愿望,那么企业可以通过对产品的改动,如缩小尺码、减少不必要的功能、简化产品或使产品实用而不豪华等措施,以达到目的。

### 2. 需求结构和需求偏好

有时候,哪怕是低收入的消费者,对某产品的迫切需求也可能使得此产品卖出高价,如一条"利维"牌牛仔裤可在莫斯科卖出 80 美元的高价。某些出口产品在国外市场上的需求强度大,消费者对此有着迫切的需求,就可以定高价;反之,只能是定低价。例如,中国的大豆因为富含蛋白质深受日本消费者欢迎,而芬兰人喜欢含油量高的大豆,中国大豆在这方面不具有优势。因此,中国大豆销往日本的价格要高于芬兰。

### 3. 需求心理的复杂性

有些国家的消费者追求价廉物美,而有些国家的消费者则坚信只有高价的产品质量才能得到保证。因此,在有些国家过低的价格不但不能赢得顾客,而且还会损害产品的形象。

## 三、竞争因素

市场营销人员都十分熟悉竞争对定价自由所造成的限制。企业常常不得不顺应市场价格。

如果目标国家市场竞争者较少,企业就可能有较多的定价自由,但是市场垄断者也可能对竞争者的价格施加压力。比如当某汽车制造商降低汽车价格时,就会导致同行的效仿,最后还是达不到预期的目的。在出口定价中,同样存在竞争的压力,它与国内市场竞争的主要差异在于:企业在每个出口市场上面对着不同的竞争形势和不同数量的竞争对手,同时,竞争者的规模和实力会参差不一,它们的定价战略也会千差万别。在那些竞争者防线稳固的出口市场,企业产品出口可能不得不制订跟随价格,或者制订比当地市场低的价格以进入这些市场。

一家美国汽车公司的经理曾说,他不喜欢在法国销售,抢雷诺汽车的地盘,因为雷诺公司是国营企业,企业的基本目标是保持就业而不是追求利润。所以,雷诺公司能比竞争者承受更低的价格,它就迫使竞争者将价格压低到几乎无利可图的水平。而德国的汽车公司与美国公司一样,以利润最大化为企业的目标,所以这就允许竞争者在德国市场制订更为有利可图的价格。

在某些市场上,企业也可能没有什么竞争,特别对那些捷足先登者来说更是如此。在这些出口市场上,企业就可以制订一个比在竞争激烈的国内市场高得多的价格。通过对竞争影响的分析,我们可以得出这样的结论:出口市场的各种不同的竞争状态,也是导致出口商品价格不同于国内销售价格的重要影响因素。

### 专栏 11-2　聚焦公司:GAP 与价格压力做斗争

20 世纪 90 年代,GAP 通过在连锁零售专卖店销售价格适中的时尚服装而获得成功。它能否长期保持产品的差异化? 答案是否定的。在一个进入门槛很低、顾客转移成本也微乎其微的行业,它的商业模式很容易复制。GAP 品牌被裹挟在时尚业的各种趋势潮流中,无法在目标顾客心目中建立正确的定位。

考虑到竞争环境,一方面,消费者寻求低价基本用品。如今,其他公司(比如 Zara 和 H&M)也在提供 T 恤、牛仔裤和斜纹布裤,但它们的价格更低,对 GAP 造成无法承受的价格压力。另一方面,一线品牌提供独特、昂贵的签名版服装。虽然公司为建立品牌更具时尚性的定位进行了无数次尝试,但均告失败。结果是消费者觉得品牌定位不相关,而且产品线价格过高。

品牌组合造成了更多问题。在美国,GAP 公司还有老海军(Old Navy)和香蕉共和国(Banana Republic)两类零售店,这让消费者更为困惑,从而加剧了 GAP 的困境并侵蚀了它的销售。老海军的产品更具娱乐导向,价格更低,在经济衰退时赢得了更大市场;另一个品牌香蕉共和国销售质量更高、更高档的产品,预计在经济下行之后销量会重新上扬。

GAP 与价格压力做斗争

考虑到公司面临的内部和外部困难,以及有必要确定一个新的、恰当的并且与产品独特定位相符的性价比,很显然 GAP 公司需要一个转折点来保证未来的发展。

资料来源:伊兰阿隆,尤金贾菲,多娜塔维亚内利:《全球营销》,郭晓凌,龚诗阳译,中国人民大学出版社 2016 年版,第 264 页。

### 四、政策因素

在全球市场产品定价决策中,通常会受到东道国政府的政策管制对定价的制约。主要表现政府对价格的管制与控制。

无论是发达国家还是发展中国家,世界上不少国家都对市场价格进行不同程度的控制。政府对企业价格控制的方法通常是限制价格变动、限制低价销售等。

**1. 限制价格上涨**

东道国政府为了保护本国消费者的利益,往往对价格上涨有严格的控制,具体做法如下。

(1)严格的审批制度。通常在外国制造商提出价格上涨的要求时,东道国政府要求其必须提供各种资料以说明提价的理由(工资、原材料成本上涨等),如果要求有幸得以批准,那么在提交申请与可以真正提价之间,还有一段等候批准的时间。这种等候期在瑞典是一个月,在比利时是三个月。

(2)有限的上涨幅度。政府允许价格上涨的幅度通常是一个固定的百分比,或者是企业成本增加额的一定百分比。比如在英国,企业能对增加的附加福利在价格中作为100%的补偿,但这仅是已增加工资成本的2/3。企业常常抱怨政府允许价格上涨的幅度总是低于其实际成本增长率或通货膨胀率。

(3)不允许价格变动。东道国政府允许价格上涨的幅度太小还不是企业最为担心的事情,因为不管怎么说,价格略上涨总还是对成本增长的一种补偿。真正令企业为难的是价格上涨的要求完全可能被东道国政府拒绝,这种情况是屡见不鲜的。如果一个企业在成本加大的压力下,又得不到价格上涨的允许,那么企业的生存就岌岌可危了。

(4)直接干预市场。东道国政府为了稳定市场往往可能采取措施直接干预市场的价格行为,当外国企业酝酿涨价行为时,东道国政府将其掌握的产品投放市场,造成市场供大于求的局面,使外国企业的涨价目的破产。

**2. 控制敏感产品的价格**

药品、食品等关系国计民生的产品,一般具有较高的政治敏感性,易受东道国政府的价格控制。例如,中东国家的政府对药品价格进行严格控制,同时它们还参照了英国医药月刊上所载的各种药品价格,因为英国对药品定价的严格控制是在国际上著名的。除了药品,食品也是一种受到严格控制的产品,因为它与国民的生活息息相关。许多国家的政府不断削减其直接控制的产品数量,但食品往往不在此列。

**3. 控制中间商毛利**

许多国家政府,特别是发展中国家的政府有时还会干涉企业对中间商的价格折扣。例如1979年,丹麦政府的反托拉斯部门指控丹麦的尤尼莱佛公司总经理,因为尤尼莱佛公司为了获得丹麦人造奶油市场的大多数市场份额,给了零售商超过1000万美元的贸易折扣。在丹麦,提供贸易折扣本身并不违法,但要遵守公平竞争原则,并要求企业报知对限制性贸易行为进行管理的政府部门,得到批准后方可实行。而尤尼莱佛公司在这两方面都没做到。

#### 4.对倾销的指控

如果企业试图以较低的价格占领东道国市场,虽然能使企业扩大销售,又能取悦外国消费者,但容易被当地政府认定为倾销,而且常会引起当地竞争者的怨言,如长期以来美国企业对日本制造商充满怨气,那些抱怨还可能导致政府对外国企业采取反倾销措施。(详细内容将在第三节中讨论)

此外,某些国家的政府为了使本国的产品在国外市场上具有竞争力,有时采取对出口企业进行补贴的方式。因为对出口产品进行直接补贴,往往受到限制,因此,不少国家的政府补贴是间接补贴,如通过出口退税或通过减免费用的方式使产品的成本下降,竞争力提升。美国政府就曾对运输部门进行补贴,从而使出口产品的运费下降。

影响定价决策的因素

#### 专栏 11-3 蒙牛终止收购澳大利亚乳企 LDD,此前被曝遭当地政府阻拦

在遭到澳大利亚政府拒绝后,蒙牛公告终止收购当地一家乳企巨头。

2020 年 8 月 25 日上午,蒙牛乳业(2319. HK)发布公告,因一项条件未能于先决条件届满日期前达成,终止收购 Lion-Dairy and Drinks(简称:LDD)的交易。鉴于该公告中所述的其中一项条件未能于先决条件届满日期前达成,订约方于 2020 年 8 月 24 日以书面方式终止股份买卖协议,并于澳大利亚悉尼时间 8 月 25 日凌晨 12 时 01 分生效。

这笔计划交易最初在 2019 年年末对外公布。2019 年 11 月 25 日,蒙牛乳业发布公告,表示将以 6 亿澳元(约合人民币 28.6 亿元)现金对价,收购澳大利亚品牌乳品及饮料公司 LDD 的 100% 股份。蒙牛在公告中披露,收购 LDD 的原因主要是,该公司拥有多个标志性乳业品牌,这些品牌在乳饮料、酸奶、低温果汁及植物饮料的市场地位上澳洲排名第一。LDD 可取得大量高品质的澳洲奶源,拥有 13 个位于澳洲各地的大型制造设施,以及可服务 35000 名客户的庞大冷链分销网络。

但在上周,据澳大利亚当地媒体报道,这笔交易可能会受到澳大利亚政府阻拦。根据澳大利亚《金融评论》获得的信源,对该笔交易持反对意见的是澳大利亚财政部长约什•弗莱登伯格(Josh Frydenberg),而澳大利亚外国投资审查委员会(Foreign Investment Review Board)对该笔交易持支持态度。

路透社报道,澳大利亚在 2020 年 6 月宣布了外国投资法案改革。这是澳大利亚近半个世纪以来对于外国投资法的最大变动,赋予了财政部长最后决定权,可以在外国投资审查委员会批准交易后进行改变、撤销或增加交易条件。路透社还指出,该法律还授予政府权力,当政府认为企业存在威胁国家安全的情况下,可强迫企业进行出售。

资料来源:新浪财经 https://finance. sina. com. cn/。

### 五、其他因素

在全球市场上影响产品定价的还有许多因素,包括通货膨胀、汇率变化及产品本身的因素等。在这里我们主要讨论通货膨胀对定价的影响。

在世界上,通货膨胀率经常会有戏剧性的变化。当目标国家市场的通货膨胀率居高不下时,企业产品定价就应该采取经常提价的方式,以跟上通货膨胀的上涨幅度。当然企业应注意目标国家的当地政府是否允许提价,也应密切注意竞争者的动态,不能将价格定得比竞争者高出太多。由于劳动力、原材料、间接费用、包装和运输等成本的通货膨胀率都是不相同的,企业还不能采用统一的通货膨胀率来核算企业的成本和价格。

在通货膨胀的经济中,企业定价所能遇到的最为严重的问题是企业既受到通货膨胀的威胁,又受到政府的价格控制,可谓雪上加霜。虽然这种情况不太多见,但国际企业需要制订相应的策略,防止双重危机带来的影响。

对策之一是建立良好的成本核算系统。因为企业没被允许就不能提价,所以良好的成本会计核算,在企业为提价要求提出正当理由时就显得更为重要。跨国公司的子公司希望与东道国的贸易团体或竞争者一起,对该国价格管理部门施加压力。跨国公司有可能需要比东道国企业更为高级的会计系统,从而可以对提价提出更为充分的理由。

对策之二是设法改变企业的投入组合。如果工资的增长比其他成本的增长更快,企业就可能考虑进行更为资本密集型的生产。美国和日本的汽车行业就曾这样做过。如果一些原材料和其他成本的价格上涨很快,那么企业就应该寻找价格相对稳定的材料作为替代。还有一种方法是核算和调整企业的产品大类。这有两方面的原因:一方面,不是所有的产品都受到相同的价格控制,这样企业就可以有所选择,尽量将生产从受价格控制的产品转移到不受控制的产品上去。另一方面,也不是所有的产品都受到相同程度的通货膨胀的影响。有些产品的成本价格相对稳定,企业就应该考虑将这样的产品列入生产范围。

企业应对通货膨胀和价格控制双重危机的最后一个方法是退出市场,这似乎是一个下策,但是在一些极端的情况下仍不失为明智之举。

### 专栏 11-4　盲盒的平价革命

盲盒经济,正处高光时刻。随着泡泡玛特上市,盲盒行业被极速放大,在最能体现泡沫化的"高溢价""高毛利"的玩法之外,一种新的路线和价格规则正在风起云涌,名创优品来到盲盒行业,试图再次在这个行业里掀起平价革命。

在 IP 玩偶的带动下,盲盒成型且迎来爆发式增长。来自中国产业信息网的数据显示,2019 年盲盒玩具增速达 60.9%,消费者人均购买 4.2 个。据《一点财经》了解,毛利率高是当前盲盒行业的显著特点之一,某盲盒企业的毛利率高达 65%,更疯狂的是一个盲盒玩偶还可能在二手交易市场溢价几十倍乃至上百倍……来自天猫的数据显示,有近 20 万消费者每年花费 2 万余元收集盲盒,闲鱼上,一款原价 59 元的隐藏款,售价已超过 2000 元。

**1. 盲盒的另一种可能**

一个成熟的市场和行业,一定是层次丰富而多样的,甚至平价才是主导。对盲盒来说,平价路线的出现,必要切合时宜。

剖开盲盒的内核,陪伴、不确定性,这是其消费市场崛起的根本,也是这个行业能够持续发展下去的动能。但现在的盲盒市场似乎有些偏离初衷,盲盒市场里"贵"成为主导消费的无形之手。

当回归理性,盲盒行业就有了另一种可能。比如名创优品,就是平价路线的主要提倡者,2019年初看到盲盒机会,开始尝试做IP联名,并在2019年11月正式推出盲盒产品。

其平价基因也在盲盒领域得到体现,与迪士尼、三丽鸥、樱桃小丸子、宝可梦、Kakao Friends等多个全球知名IP达成盲盒战略合作,还可以联合知名IP的顶尖设计师,开展三方联名合作。平均定价仅为29.9元,单款销售可达60多万个。

**2.当盲盒不"盲"**

盲盒,这个开始"高烧"的行业,在平价路线上的商业玩家出现后将迎来怎样的改变?

一方面是来自时下二次元与城市孤独人群的"玩伴"强需求;另一方面是受经济影响的消费观念转变。在两方作用下,盲盒泡沫必将"退烧",整个行业也将回归常态。

名创优品拿下了包括故宫宫廷文化、漫威、HelloKitty、裸熊、粉红豹、潘通、Kakao Friends、芝麻街等众多知名IP,有了足够的IP储备以及IP产品设计、生产能力和成本控制能力。此前,其漫威联名单品超过2000种,价格不超过100元,有的甚至在10元左右。

资料来源:知乎盲盒的平价革命,链接见 https://zhuanlan.zhihu.com/p/147664069。

# 第二节 全球市场产品定价决策的内容

## 一、确定全球市场的定价目标

定价目标是指企业通过定价决策要达到的目的。不同的企业有不同的定价目标,同一企业在不同国家的市场上有不同的定价目标,同一企业在同一国家市场上的不同时期也有不同的定价目标。可见,企业的定价目标并不是单一的,它往往是一个目标体系,企业可根据不同市场和产品的特点,在定价目标选择上有所侧重。

一般来说,企业在全球市场营销活动中的定价目标主要有以下几种。

### (一)利润目标

获得最高利润往往是大多数企业的主要定价目标。当然,追求高利润,并不等于制订高价格,而是指企业期望实现长期的总利润目标。因此,企业在全球营销过程中,往往不在乎一时的得失,而是从长计议,追求长期利益最大化,有时,为了打好市场基础,国际企业不惜在有的目标国家市场承受亏损。例如,进入中国市场的许多国际商业集团,都有一个长期的目标,像沃尔玛、家乐福等国际零售业巨头在进入中国市场最初都是以低价策略的运用见长,迅速扩大市场。

## （二）市场目标

赢得市场往往也是许多企业追求的定价目标。具体来说，企业的市场目标又可分为追求外销量目标和追求市场占有率目标。

（1）企业以外销量作为定价目标时，往往采取"薄利多销"的策略，以量取胜。这种定价对于扩大产品销量，实现更多创汇有着重要意义。但是，这种定价目标因为价格过低，往往会受到东道国的反倾销指控。

（2）企业为了保持或扩大其市场占有率，往往采取市场渗透策略，以较低的价格赢得市场。这种定价目标虽能帮助企业拓展市场，但同样存在着易受被指控反倾销的问题。

## （三）竞争目标

价格策略是市场竞争的重要手段，企业在定价时往往考虑到产品的价格竞争力，使本企业的产品价格比竞争者更具竞争优势。根据市场竞争的态势，企业的竞争定价目标具体如下。

（1）高于竞争者的"领袖价格"。当企业在技术、产品质量、服务等方面具有优势时，一般说来消费者愿意支付较高的价格，企业也往往将产品价格定得高于竞争者，从而树立和维护企业的产品形象。

（2）追随"领袖价格"。当市场竞争者较多，而企业的竞争实力不够强时，往往采取这种定价目标，避免因价格过高或过低而造成不必要的损失。这是一种稳健的定价目标。

（3）低于竞争者的价格。企业为了取得有利的市场竞争地位，有时采取超低价格策略，甚至主动发起价格战。这种定价目标容易遭到竞争对手的报复，最终引发价格大战。

企业在以竞争目标为定价目标时，必须意识到价格并不是竞争的唯一手段，仅仅依靠价格已无法赢得市场。

因此，企业必须根据市场的需求和竞争特点、企业特点和产品本身的特点，科学地确定定价目标，并根据市场形势的变化及时地调整定价目标。

### 专栏 11-5　宜家在中国的定价策略

宜家采用市场渗透定价以在正在壮大的中国家具市场上占据一席之地。当这家瑞典家居巨头 2002 年在北京开设第一家专卖店时，许多商店正在出售"山寨"宜家产品，价格仅为宜家的一小部分。唯一能吸引中国节俭顾客的方法是大幅度削减价格。通常西方品牌在中国把化妆品和跑鞋等产品的价格定于比市场高出 20％－30％的水平，这样既可以弥补中国的高端进口关税，还可以为自己的产品提高威望。通过将产地移至中国，宜家在中国成功将价格减至比其他国家低 70％的水平。虽然宜家仍然要与假冒产品斗争，但宜家在北京、上海、广州、成都、天津等地都开设了大型门店，并每年在一两个新的地点开设门店。

资料来源：菲利普·科特勒等：《营销管理》（原书第 15 版），格致出版社 & 上海人民出版社 2012年版，第 586 页。

宜家在中国的定价策略

## 二、选择全球市场定价的方法

根据影响全球市场产品定价的因素和企业的定价目标,企业可采取相应的定价方法。

### (一)成本导向定价法

这是从利润目标出发,以产品的成本为基础,加上预期利润,结合产品销售等情况,确定产品价格水平的方法。成本导向定价法是最基本、最普遍的定价方法。在运用成本导向定价法时,又有以下三种具体方法。

**1. 成本加成定价法**

它是在单位成本的基础上,加上一定比例的目标利润,以确定产品的单位价格。其计算公式为:

$$单位产品价格 = \frac{产品生产总成本 + 目标利润}{总产量}$$

或:

$$单位产品价格 = 单位产品成本 \times (1 + 目标利润率)$$

成本加成定价法的优点:(1)简便易行;(2)"将本求利",公平合理。其不足之处是一厢情愿,忽视市场需求和竞争,所确定的价格可能不一定符合市场需求水平和需求心理,也可能无法获得竞争优势。

**2. 损盈平衡定价法**

这种方法按照生产某种产品的总成本与销售收入维持平衡的原则来确定产品的保本价格。其计算公式为:

$$单位产品保本价格 = \frac{产品生产固定成本}{总产量} + 单位产品变动成本$$

或:

$$产品保本销量 = \frac{产品生产固定成本}{单位产品价格 - 单位产品变动成本}$$

这种定价方法的思路是在市场销售形势不容乐观的情况下,只要做到不赔不赚,总要比停产损失小。

**3. 边际成本定价法**

边际成本定价法,也称边际贡献定价法。企业采用这种定价方法往往只考虑变动成本,只要产品定价高于变动成本,即有边际贡献,对抵偿固定成本有益处,都是可以接受的价格。其定价公式为：

$$单位产品价格＝\frac{产品变动成本}{总产量}$$

这种定价方法一般适用于产品处于衰退期、市场竞争激烈、产品销售疲软等情况，是企业为了收回投资的一种无奈的定价方法。运用这种定价方法必须注意因低价而带来的一系列问题。

### （二）需求导向定价法

需求导向定价是指企业根据国外市场的需求特点来制订产品价格的方法，按照这种方法，同一产品在不同市场上将制订不同的价格。需求导向定价法主要有以下两种。

（1）市场倒推定价法。它是指企业预先估算出海外市场上消费者对产品的可接受价格，扣除各种费用和分销商加成，然后倒推出企业的出厂价，再考虑成本因素，最后确定价格。这种定价方法可以确保产品在全球市场上的竞争力和企业的预期收入，同时该方法也能有效地防止产品因价格过低而遭遇反倾销。我们可以从第一节中的图11-1，根据国外最终市场的价格倒推出企业的出厂价，如表11-2所示。

表 11-2　出口产品的市场倒推定价法　　　　　　　　　　单位：美元

| 最终价格 | 273 |
| --- | --- |
| 国内零售商加成（30%） | －63 |
| | 210 |
| 国内批发商加成（25%） | －42 |
| | 168 |
| 进口关税（到岸成本的20%） | －28 |
| | 140 |
| 远洋运输费用及保险费 | －25 |
| FOB价 | 115 |

（2）差别定价法。它是指企业根据产品的差异、消费群体和消费时间的差别、地区的差别而引起的需求的不同，制订不同的价格，以获得更大的收益。例如，销往欧美等发达国家的产品定价可比销往拉美、非洲等国的高。

### （三）竞争导向定价法

竞争导向定价法是指企业以竞争对手的价格水平和价格策略作为定价依据，确定具有竞争力的价格。竞争导向定价法通常有以下几种具体做法。

（1）通行定价法。企业为了减少或回避竞争，按照行业的现行价格来决定本企业的产品价格，如参加卡特尔或遵守卡特尔制订的价格。这种定价方法往往适合于这些情况：①企业难以估计成本；②企业不愿与竞争对手正面交战；③市场竞争激烈，是近似完全竞争的市场。

（2）正面竞争定价。当企业具有较强的竞争实力时，往往以低于竞争者的价格水平进入市场。这种定价方法易引发价格战，但在激烈的市场竞争中，也是靠实力打垮竞争对手常用的方法。

在全球营销活动中,以上三种定价方法中采取成本导向定价法往往会因为产品定价过低而导致反倾销。因此,采取需求导向定价法中的市场倒推定价法和竞争导向定价中的通行定价法,是减少和避免反倾销指控的有效定价方法。

### 三、讲究全球市场的产品报价技巧

不仅出口定价决策非常复杂,而且出口产品的报价也是一项非常复杂而又带有很强技术性的工作。因为全球市场上的商品报价包括一系列内容,如"每打 200 美元 CIF 纽约"。在这一产品报价单中,至少包括计量单位、单位价格、计价货币、价格条件等。除了单位金额以外,其他的内容都是国内市场营销中所没有的。因此,我们重点来探讨其余各项内容。

#### (一)价格条件

价格条件也即贸易术语,是全球市场产品报价的核心内容之一。因为采用哪一种价格术语实际上就决定了买卖双方的责权、利润的划分,所以,出口商在拟就一份报价单前,除要尽量满足客户的要求外,自己也要充分了解各种价格术语的真正内涵并认真选择,然后根据已选择的价格术语进行报价。《2020 年国际贸易术语解释通则》(中文又称为"《2020 通则》",下同),是国际商会(ICC)根据国际货物贸易的发展对《2010 年国际贸易术语解释通则》(以下简称"《2010 通则》")的修订版本,于 2019 年 9 月 10 日公布,2020 年 1 月 1 日开始在全球范围内实施。《2020 通则》在《2010 通则》的基础上进一步明确了国际贸易体系下买卖双方的责任,其生效后在贸易实务、国际结算和贸易融资实务等方面都将产生重要的影响。

专栏 11-6

表 11-3　国际贸易术语解释通则

| 组别 | 术语缩写 | 术语英文名称 | 术语中文名称 |
| --- | --- | --- | --- |
| E 组发货 | EXW | EX works | 工厂交货(指定地点) |
| F 组<br>主要运费未付 | FRC<br>FAS<br>FOB | Free Carrier<br>Free Along Side<br>Free On Board | 交至承运人(指定地点)<br>船边交货(指定装运港)<br>船上交货(指定装运港) |
| C 组<br>主要运费已付 | CFR<br>CIF<br>CPT<br>CIP | Cost and Freight<br>Cost, Insurance and Freight<br>Carriage Paid to<br>Carriage and Insurance Paid to | 成本加运费(指定目的港)<br>成本、保险加运费付至(指定目的港)<br>运费付至(指定目的港)<br>运费、保险费付至(指定目的地) |
| D 组<br>货到 | DAF<br>DES<br>DEQ<br>DDU<br>DDP | Delivered at Frontier<br>Delivered EX Ship<br>Delivered EX Quay<br>Delivered Duty Unpaid<br>Delivered Duty Paid | 边境交货(指定地点)<br>目的港船上交货(指定目的港)<br>目的港码头交货(指定目的港)<br>未完税交货(指定目的地)<br>完税后交货(指定目的地) |

## 《2020 年国际贸易术语解释通则》的变化说明

**1. 运输终端交货(DAT)变成了卸货地交货(DPU)**

在 2010 年的之前版本的《国际贸易术语解释通则》中,DAT 指货物在商定的目的地卸货后即视为交货。在国际商会(ICC)收集的反馈中,用户要求《国际贸易术语解释通则》中涵盖在其他地点交货的情形,例如厂房。这就是现在使用更通用的措辞 DPU 来替换 DAT 的原因。

**2. 增加运费和保险费付至(CIP)的保险范围**

CIP 是指卖方将货物交付承运人,但支付包括保险费在内的直至目的地的运输费用。同样的规则也适用于成本加保险费、运费(CIF),然而,本《国际贸易术语解释通则》只适用于海运费。根据《2010 年国际贸易术语解释通则》(下文简称"《2010 通则》"),在这两种情况下,卖方都有义务提供与第 C 条(货物协会条款)相对应的最低保险范围。这是一种基本的保险形式,只包括明确界定的损害赔偿。

随着《2020 通则》发布,CIP 的最低保险范围延伸到第 A 条,这是涵盖了所有风险的最高保险级别。其背后的原因是,CIF 通常用于大宗商品,而 CIP 则更常用于制成品。

**3. 货交承运人(FCA)提单**

如果买卖双方已就《国际贸易术语解释通则》中的 FCA(货交承运人)达成一致,则卖方应将货物交付至买方指定的地点和人员。此时,风险和成本转移给买方。

这一方式通常是由买方选择的,他们希望避免承担货物在交付到目的地后可能受到损害的风险。其缺点是卖方不能收到提单,因此没有信用证可以保证货物的付款。

为此,《2020 通则》提出了一个务实的解决方案。如果双方同意卖方按照 FCA(货交承运人)要求将货物交付集装箱码头,买方可以指示承运人在卸货时向卖方签发已装船提单。这样,卖方就可以更好地防范风险,例如在卸货期间。

**4. 自定义运输方式的承运**

《2020 通则》假设,当适用《国际贸易术语解释通则》中的货交承运人、目的地交货(DAP)、卸货地交货(DPU)或完税后交货(DDP)时,卖方和买方之间的货物运输由第三方进行。在 2020 年 1 月 1 日生效的新版《国际贸易术语解释通则》中,这一定义已经扩展到包括卖方或买方自定义运输方式的承运。

**5. 对担保义务的更清晰地分配**

《2020 通则》还对买卖双方之间的相关担保要求(包括相关费用)进行了更为精确的分配。一方面,这一步骤可视为对国际贸易中加强担保监管的反应;另一方面,它的目的在于防范可能产生的费用纠纷,特别是在港口或交货地点。

在全球营销实践中,最常用的价格术语主要是 FOB、CIF、CFR 等几种。企业可根据不同的市场营销形势,来选择适当的出口价格。通常,CIF 价格被认为是一种市场导向的定价方式。外国购买者对此感到十分方便,并易于将国内价格与外国供应商的价格进行比较。在 CIF 价出口的条件下,船货衔接问题可以得到较好的解决,使得出口商有了更多的灵活性和机动性。在一般情况下,只要出口商保证所交运的货物符合合同规定,只要所交的单据齐全、正确,进口商就必须付款。货物过船舷后,即使在进口商付款时货物遭受损坏或丢失,进口商也不得因货损而拒付货款。就是说,以 CIF 价成交的出口合同是一种特定类型的"单据买卖"合同。一个精明的出口商,不但要能够把握自己所出售货物的品质、数量,而且应该把握货物运抵目的地及货款收取过程中的每一个环节。对于货物的装载、运输、货物的风险控制都应该尽量取得一定的控制权,这样贸易的盈利才有保障。一些大的跨国公司,以自己可以在运输、保险方面得到优惠条件而要求中国出口商以 FOB 价成交,就是在保证自己的控制权。所以到底是迎合买家的需要,还是坚持自己的原则,出口商在报价时多加斟酌十分必要。

在目前出口利润普遍不高的情况下,对于贸易全过程的每个环节精打细算比以往任何时候更显重要。国内有些出口企业的做法不错,他们对外报价时,先报 FOB 价,使客户对本企业的商品价格有个比较,再询 CIF 价,并坚持在国内市场安排运输和保险。这样做,不但可以给买家更多选择,而且有时在运保费上还可以赚一点差价。

**(二)定价的货币**

企业在进行出口定价时,会遇到一个国内市场营销所没有的问题:企业不仅要制订一个合适的价格,还需为这一价格选择一种合适的货币。企业往往习惯于用本国的货币来进行交易,而他们的顾客则习惯于用他们本国的货币来做买卖。企业在国际贸易中就需要选择双方都能接受的货币,并进行准确的换算。

货币换算的主要依据是汇率,而汇率是变动的,汇率的变动可能给企业带来意外的收益,也可能带来额外的损失。浮动汇率给国际贸易带来了不确定性,所以企业在进行出口定价时,就必须慎重选择币种。在选择币种时,应考虑以下几方面。

(1)本国是否与进口国签订贸易支付协定,规定使用某一种计价货币。如果有支付协定,则必须按照协定报价。

(2)如果两国未签订支付协定,则一般选择"可兑换货币",即在国际外汇市场上可自由买卖的货币,如美元、英镑、欧元等,我国的人民币已实行经常项目下可兑换,所以也是我国对外贸易中使用的货币之一。

(3)为了保证企业的利益,企业在出口产品时,宜选择"硬币",即币值可能上升的货币;而在进口时则应选择"软币",即可能会贬值的货币。这样,企业可以因货币升值而得到更多收益,也可因为货币贬值而少支付。

(4)在货币的换算过程中,还涉及具体计算问题。如在使用直接标价法的国家,将本币换算为外币,应使用买入价,即外币金额=本币金额÷该外币的买入价。因为企业得到外币后,将外币换回本币时,银行是以买入价结算的;反之,在实施间接标价法的国家,则应使用卖出价,即外币金额=本币金额×该外币的卖出价。如果将外币换算成本币,其操作方法也应进行相应的调整。对于出口商来说,较为简便的方法是将出口产品的价格乘以大的数,除以小的数,即"乘大除小",保证价格有利于卖方;进口商的操作相反。

### (三)计量单位的换算

各国的计量单位有较大的差异,因此,出口产品的报价必须考虑计量单位的换算。如将产品以"件"为单位计价换算为以"打"(12 件)为计价单位,将长度单位由"公里""米"换算为"英里""英尺"等,将重量单位由"千克""克"换算为"磅""喱"等,将容量单位由"升"换算为"加仑""品脱",等等。

### (四)支付方式

在产品报价过程中,还应考虑到支付条件,因为支付条件影响着企业的营销风险,因而在定价决策时必须考虑。对于买卖方来说,支付条件所要承担的风险是不同的,从预付货款到寄售,卖方的风险由低到高,买方的风险由高到低。这种关系可以通过风险三角形来描绘。如图 11-3 所示。

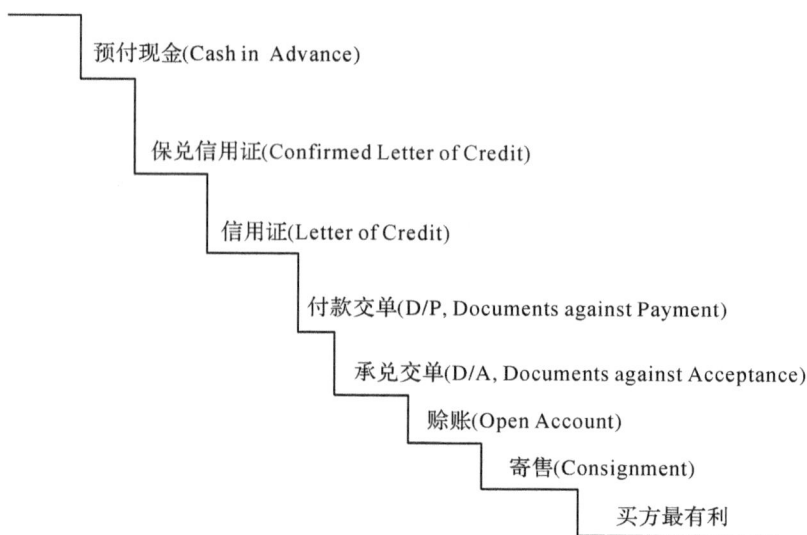

预付现金(Cash in Advance)

保兑信用证(Confirmed Letter of Credit)

信用证(Letter of Credit)

付款交单(D/P, Documents against Payment)

承兑交单(D/A, Documents against Acceptance)

赊账(Open Account)

寄售(Consignment)

买方最有利

图 11-3　支付风险三角形

因此,全球营销人员在协商支付条件时,应考虑以下因素:(1)支付数量和担保的需要;(2)行业惯例;(3)买卖双方的势力强弱。此外,还要考虑出口商品的市场销售情况。如果出口产品在市场上比较畅销,那么,支付条件可以根据出口方的要求而定;反之,则需更多地迁就进口商。如果出口商品将进入一个新市场,或市场竞争压力较大,那么支付条件应更多考虑进口商的要求。通常来说,当出口商承担高风险时,就宜报高价,从较高的价格中得到补偿;如果进口商面临高风险,那么成交的价格要低一些。有时,出口商为了减少风险,也可能通过低价鼓励对方以有利于卖方的支付方式成交。

降价是不是
唯一的选择

# 第三节　全球市场产品定价决策应关注的问题

## 一、倾销与反倾销

### (一)倾销和反倾销的含义

倾销。在国际贸易中,倾销是指一国产品以低于正常价格进入进口国市场,并使进口国市场已建立的产业受到实质性伤害或构成这一威胁,或实际上使进口国产业延迟建立。

反倾销。受到倾销商品损害的进口国为此采取的抵制措施称为反倾销。

反倾销的依据。根据世界贸易组织的《反倾销协议》规定,成员要实施反倾销措施,必须遵守三个条件:第一,确定存在倾销的事实;第二,确定对国内产业造成了实质损害或实质损害的威胁,或对建立国内相关产业造成实质阻碍;第三,确定倾销和损害之间存在因果关系。

反倾销的最终补救措施是对倾销商品征收反倾销税。征收反倾销税的数额可以等于倾销幅度,也可以低于倾销幅度。另外一种补救措施是价格承诺。若出口商自愿做出了令人满意的承诺,修改价格或停止以倾销价格出口,则调查程序可能被暂停或终止,有关部门不采取临时措施或征收反倾销税。

按照倾销的定义,若产品的出口价格低于正常价格,就会被认为存在倾销。出口价格低于正常价格的差额被称为倾销幅度。所以,确定倾销必须经过三个步骤:确定出口价格,确定正常价格,对出口价格和正常价格进行比较。

### (二)中国企业遭遇反倾销

随着我国对外贸易不断发展和在国际贸易舞台上的地位日益上升,国际上一些国家也将我国的出口商品作为反倾销的主要目标。自1979年开始至今,中国产品受到一些国际组织和国家的400多起反倾销指控,位居全球之首。国际反倾销给我国造成的出口损失已达100多亿美元。对"中国造"反倾销最厉害的国家和地区是美国和欧盟,由于美欧是中国重要的出口市场,其对我国大规模的反倾销构成了中国出口贸易的严重障碍。

#### 1.中国企业遭遇反倾销的现状

改革开放以来,我国的对外贸易不断发展,特别是2001年12月正式加入世贸组织后,我国积极参与经济全球化进程,抓住全球产业加快转移的历史性机遇,对外贸易发展焕发出勃勃生机,赢得了历史上最快最好的发展时期。2013年以来,我国进出口贸易总额呈现震荡上行走势,在经历了2015—2016连续两年下滑之后,进出口贸易总值重回上升通道,2018年,全国进出口贸易总值首次突破30万亿元大关。据调查数据显示,2019年,我国外贸发展呈现了总体平稳、稳中提质的态势。全年进出口贸易总值为31.54万亿元,同比增长3.4%。

自 1994 年以来,我国的进出口贸易均保持顺差,且规模不断扩大。1995 年贸易顺差突破 100 亿美元,达到 167 亿美元。2005 年又突破 1000 亿美元,达到 1020 亿美元。2007 年再突破 2000 亿美元,达到 2618 亿美元。2007 年我国外汇储备从 1978 年仅有的 1.67 亿美元迅速扩大到 1.5 万亿美元。2008 年,在世界经济形势急剧下滑和国内要素成本上升等因素的影响下,我国对外贸易总额达 2.56 万亿美元,其中进口 11330.8 亿美元,出口 14285.5 亿美元,贸易顺差达 2954.7 亿美元。2019 年我国贸易顺差大幅回升,贸易顺差 2.92 万亿元,扩大 25.4%。

我国在对外贸易中基本处于顺差地位。这在一定程度上刺激了国外有关竞争者利用反倾销法,频频指控我国出口商品倾销。至 2020 年,中国已连续 25 年成为遭遇反倾销调查最多的成员,连续 14 年成为遭遇反补贴调查最多的成员。2017 年中国共遭遇 21 个国家(地区)发起的贸易救济调查 75 起,涉案金额 110 亿美元。

**2. 中国企业遭遇反倾销的原因**

我国出口商品屡遭国外反倾销指控的原因是多方面的。既有国际的,也有国内的;既有客观的,也有主观的;除了经济因素的影响,还有法律因素的制约。综合起来,可主要从以下几个方面来分析。

(1)国际经贸形势所迫。一方面,近年来西方国家经济普遍不景气,他们为保护本国产品的国内市场,于是频繁运用反倾销措施来限制外国产品进入。另一方面,由于乌拉圭回合协议的生效,要求各国大幅度削减关税和取消进口数量限制,各国为抵消这一谈判结果对本国工业的冲击,纷纷采用反倾销这一便利而有效的措施。中国近年来经济发展迅速,出口产品种类多、数量大,保持对较多国家特别是西方国家贸易的顺差,自然成了反倾销的主要对象之一。

(2)制度差异引起歧视。国际上一些国家特别是西方国家对社会主义中国怀有偏见,对我国使用"非市场经济国家"的待遇,专横地以替代国价格作为计算基础,而在第三国参考价格选取上又别有用心或不负责任。同时,对我国外贸企业以"国有"为由,普遍实行单一的反倾销税率,甚至把对个别企业的反倾销当成对整个国家来裁决,即一家企业遭受反倾销起诉,全国同类出口产品同为被告,这显然有失公正合理。

(3)价格竞争过烈。我国产品本身就具有低成本的竞争优势,价格比较便宜。再加上出口秩序混乱,出口企业削价竞销,导致我国出口商品价格大幅下跌,对进口国企业构成一定的威胁。

**专栏 11-7　中国遭遇反倾销调查**

中国已连续 21 年成为全球遭遇反倾销调查最多的国家,连续 10 年成为全球遭遇反补贴调查最多的国家。2016 年以来,针对中国产品的反倾销、反补贴等贸易救济调查更如疾风骤雨般到来,平均每月超过 10 起,差不多三天一起。

**1. 美国、印度出手最多**

统计显示,上半年,我国出口产品遭遇了来自 17 个国家(地区)发起的 65 起贸易救济调查案件,同比上升 66.67%,涉案金额 85.44 亿美元,同比上升 156%。而 2015 年同期只有 37 起,涉案金额 35 亿美元。仅仅半年,65 起贸易救济调查涉案金额已超出 2015 年全年总额。进入 7 月份,针对中国的贸易救济案大有不降反增的势头。自 7 月 1 日土耳其对从中国进口的光伏产品发起反倾销调查后,先后有印度对华彩涂钢板发起反倾销调查,美国商务部对原产于中国的不锈钢板带材做出补贴调查初裁,美国就中国对锑、钴、铜、石墨、铅、镁、滑石、钽和锡等 9 种原材料的出口关税措施提起世贸组织争端解决机制下的磋商请求,越南对中国彩涂钢板发起保障措施调查,巴西对华高碳钢丝产品发起反倾销调查,欧盟就中国对锑、铬、钴、铜、石墨、铟、铅、镁、滑石、钽和锡等 11 种原材料的出口关税和出口配额及相关管理措施提起世贸组织争端解决机制下的磋商请求,美国对华大型洗衣机做出反倾销初裁。

从数据来看,又以遭受反倾销调查为最多。在上半年的 65 起贸易救济调查案中,反倾销案件达 46 起,占比约 70.8%。在 2015 年、2014 年和 2013 年,反倾销案在总案件数中的占比分别为 73.5%、60% 和 69.4%,均高出反补贴和保障措施的案件。以国别看,据商务部发言人沈丹阳披露,上半年,美国和印度成为对中国发起贸易救济调查最多的国家,立案数量分别达 18 起和 15 起,同时,涉案金额最多的国家也是美、印两国。

**2. 钢铁产品沦为重灾区**

无论是 2016 年还是往年,中国的钢铁产品无疑是遭遇贸易救济调查的重灾区。从 2016 年 1 月 1 日至今,商务部官网发布的发言人就贸易救济调查问题的共 28 次谈话中,涉及钢铁产品的为 18 次。沈丹阳在总结去年我国遭受贸易摩擦总体情况时也说,最受影响的行业主要集中在钢铁、轻工等劳动密集型产业,及机电、化工等附加值较高的企业。数据显示,2015 年,钢铁及其制品、化工、机电产品 3 个行业遭遇的贸易救济调查,占总数比重为 70.4%。

近年来,我国钢材出口高速增长:2014 年出口 9392.6 万吨,同比增长 50.4%;2015 年出口 11240 万吨,增长 19.9%。中国钢铁产品所遭遇的贸易救济调查也在激增:2015 年,我国钢铁产品共遭遇 46 起贸易救济调查立案,同比增加 19 起,占全年贸易救济调查总数的 46.9%,成为遭遇贸易救济调查最多的行业。

即便如此,对于近期美国频繁发起针对我国钢铁产品的贸易救济调查措施,商务部贸易救济调查局负责人发表谈话指出,根本原因并非我国钢铁产业产能过剩和出口的快速增长,而在于美国对其钢铁产业过度的贸易保护。

贸易保护措施看似针对的是产品,然而,受到打击的却是涉案产品相关的整个行业,并进而影响到相关上下游产业的发展。特别是在当前国际贸易保护主义的矛头主要指向中国产品的背景下,中国更需要积极应对,以维护中国企业和消费者的合法权益。

反倾销

资料来源:上海证券报 2016 年 07 月 26 日。

(4)出口结构失衡。从产品结构看,我国出口的多是劳动密集型的纺织品。机电产品、化工产品,产品的附加值相对偏低,易给进口国造成低价倾销的印象。从市场结构

看,出口地区过于集中,我国商品出口主要集中于欧美、日本等地。按照国家统计局发布的信息,2018 年按美元计,中国的对外货物贸易进出口总额约为 4.623 万亿美元,同比增长 12.6%。其中,中国对外出口的商品总额约为 2.48 万亿美元,进口的商品总额约为 2.14 万亿美元,中国贸易顺差 3517.6 亿美元。按国别与地区来看,欧盟、美国和东盟继续是中国对外贸易的前三大伙伴,进出口总额分别增长 7.9%、5.7% 和 11.2%,且三者合计占我国进出口总值的 41.2%。另外,中国对"一带一路"沿线国家合计进出口 8.37 万亿元人民币,增长 13.3%,高出全国整体增速 3.6 个百分点。如表 11-4 所示。

表 11-4　2018 年中国进出口贸易伙伴情况　　　　　　　　　　金额单位:亿美元

| 主要出口贸易伙伴情况 | | | | 主要进口贸易伙伴情况 | | | |
|---|---|---|---|---|---|---|---|
| 位次 | 国家或地区 | 出口金额 | 增速(%) | 位次 | 国家或地区 | 进口金额 | 增速(%) |
| | 总值 | 24866.82 | 9.9% | | 总值 | 21357.34 | 15.8% |
| 1 | 美国 | 4783.96 | 11.3% | 1 | 欧盟 | 2496.13 | 12.1% |
| 2 | 欧盟 | 3519.67 | 11.6% | 2 | 韩国 | 2046.43 | 15.3% |
| 3 | 日本 | 1470.49 | 7.1% | 3 | 日本 | 1806.61 | 9.0% |
| 4 | 韩国 | 1087.56 | 5.9% | 4 | 美国 | 1551.23 | 0.8% |
| 5 | 越南 | 838.77 | 17.1% | 5 | 澳大利亚 | 1058.11 | 11.4% |
| 6 | 印度 | 766.76 | 12.7% | 6 | 巴西 | 775.70 | 31.8% |
| 7 | 英国 | 565.43 | −0.3% | 7 | 越南 | 639.56 | 27.0% |
| 8 | 新加坡 | 490.37 | 8.9% | 8 | 马来西亚 | 632.05 | 16.1% |
| / | / | / | / | 9 | 俄罗斯 | 591.42 | 42.9% |

数据来源:国家统计年鉴

(5)全球营销谋略不足。我国出口企业大多缺乏对全球市场的深入调研和总体把握,单纯依赖低价战略打入全球市场的居多,对于对外价格竞争手段重视不够。首先,一些出口企业由于急于成交,即使在对进口国市场行情和价格水平真正掌握的情况下,报价也较低,易给进口方造成"价廉质劣"的印象;其次,缺乏对进口国消费者风俗习惯的调查研究,不重视口味、款式、包装等方面的改进和创新,往往使一些"好货"卖不出"好价钱";最后,一些企业未能把握全球市场和进口国行情及时调整出口商品的价格和数量,致使某些商品大量涌入进口国,增大了对华反倾销的概率。

(6)法律应诉不力。目前我国尚未建立起反倾销应诉机制,存在着应诉经费不足、专业人才匮乏、企业应诉意识淡薄等问题。国外对华反倾销案调查后,许多企业因多种顾虑往往不愿应诉。我国反倾销诉讼的被动与消极做法,易给人造成国外对华反倾销易于成功的错觉,结果往往不仅丧失了多年开辟的市场,而且助长了有些国家肆意对华反倾销的气焰。

**（三）中国企业如何应对反倾销**

当前，政府部门和出口企业应加强联手，积极应对国外的反倾销，主要可采取以下措施。

（1）强化法律意识，提高企业应诉的主动性。企业作为市场经营运行的主体，要参与全球市场竞争，必须更多地学习和掌握国际贸易的法律，强化自我保护、自我发展意识。尤其是近年来，许多国家改变了过去对中国所有企业裁定统一反倾销税率的做法，诸如美国对华反倾销案中，大部分都以中方应诉企业实际的"生产要素"为基础计算各个应诉企业的"倾销幅度"，欧盟自 1998 年 7 月份修改了对中国和俄罗斯的反倾销规则后，也规定在满足一定份额条件后，可以给予应诉企业以"分别的税率"。在这样的情况下，应诉企业有可能取得一个比较低的税率，而不应诉企业得到的"统一税率"往往大大高于应诉企业的税率（如美国对华金属锰反倾销案中，参加应诉的几家企业分别得到 3％、5％和 20％的反倾销税率，而未应诉的企业则被一律裁定超过 100％的高额反倾销税）。因此，面对国外对华反倾销指控和调查时，所有的相关企业都应积极参与并善于运用法律武器来保护自身合法权益，这样才能在国际贸易的激烈竞争中不断发展与壮大。

（2）规范出口竞争秩序，提高企业竞争能力。一是要注重对出口产品在国外市场的调研工作，了解并掌握其同行对手生产能力、市场销量和价格水平，防止一哄而上过量出口。二是要加速建立市场经济的价格运行机制，尽快形成合理的价格体系，切实做到商品价格由市场决定，从而使西方国家在反倾销中对我国实行价格歧视的借口失去依据。三是要加强对企业的宏观调控和协调管理，严禁出口企业低价竞销，以避免出口企业自相残杀而导致肥水外流。四是要优化生产要素的合理配置，通过降低成本提高竞争能力。

（3）增强全球营销观念，实施出口多元化战略。在全球市场竞争日趋激烈的形势下，出口企业应尽快转换现有的竞争战略及策略，变"以廉取胜"为"以质取胜"，学会运用商标、包装、公关、广告等多种非价格竞争的手段，在出口商品的技术含量和创汇率上下功夫，扩大高技术含量、高附加值产品的出口。同时，应注重全方位地开拓全球市场，在巩固现有欧美市场的同时，积极开拓新兴的海外市场，尤其要加强对东欧、拉美、非洲等市场的开拓，以降低市场过于集中所带来的风险，并达到避免反倾销调查之效。

（4）加大政府交涉力度，力促取消对华不平等待遇。一方面，要加大力度在国际上宣传我国向市场经济转轨的事实，通过政府之间的谈判，要求欧美等西方国家取消参照国做法，按我国国内价格确定产品的正常价格，并对涉诉企业采取实事求是、个别对待的做法。另一方面，加入 WTO 后，我国成为国际反倾销公约的签约国，可提高我国在反倾销谈判和诉讼中的地位，有效抵制国外对华反倾销的歧视，维护中华民族的合法权益。同时，我国也应加大对外国产品的反倾销追查力度，《中华人民共和国反倾销和反补贴条例》于 1997 年 3 月 25 日由国务院颁布实施，并在 2001 年 11 月 26 日重新修订，这是我国关于反倾销的第一部专门法规,10余年来,应国内产业申请,我国对进口产品发起反倾销调查案件共160多例(WTO统计口径)。实践表明,依法、公正、合理地实施反倾销措施,遏制了境外倾销产品对国内产业的冲击,维护了公平竞争的贸易秩序,大部分受损害产业生产经营状况明显好转,产业竞争力迅速提升。但整体来看,我国的对外反倾销与外国对华的反倾销差距还较大。

### 专栏 11-8　中国风塔遭欧委会反倾销调查

商务部网站信息显示,2020年10月21日,欧委会发布公告,决定对中国风塔发起反倾销调查。

一家头部风电整机制造商人士告诉证券时报·e公司记者,公司在国内不采购风塔,"国际项目有个别订单里含风塔,但原本风塔就不是从国内进口,因此,欧委会启动的反倾销调查对公司没有影响"。据了解,风塔一般属于EPC(工程总承包)范畴,对于整机商来说,只交付风机和叶片,而不包含风塔。

记者从公开信息中发现,欧委会的调查或许始于2019年5—6月。彼时,欧盟风塔生产商向欧委会提交了反倾销调查申请,包括中科风电、华锐风电等中国风塔生产企业将面临被欧盟征收反倾销税的风险。

无独有偶,10月初,墨西哥经济部在官方公报中公告,对原产于中国的风塔做出反倾销肯定性终裁。墨西哥调查机关决定在终裁中适用"低税原则",因此调查机关裁定对所有来自中国的风塔适用21%的反倾销税,裁定自公布次日起生效。

值得注意的是,中国制造的风塔产品在海外多次遭遇反倾销调查。早在2012年,美国商务部也曾做出有关终裁决议,认定中国应用级风塔的生产商或出口商在美国销售此类产品时存在倾销行为,幅度为44.99%—70.63%。

"由于原材料、人工等方面因素,国内风塔的价格太便宜了。"关于为何风塔产品频繁遭遇反倾销调查的问题,上述整机商人士向记者表示。至于此番欧盟发起的反倾销调查,业内普遍认为,这将导致西门子和维斯塔斯等欧盟下游企业的生产成本上升。

泰胜风能提到,2018年澳大利亚启动了对于中国出口风塔的反倾销日落复审,于2019年3月25日发布了仲裁结果,将针对泰胜风能的反倾销税率从原来的15%调整为6.4%。

目前,国内的风塔制造商主要包括天顺风能、泰胜风能、天能重工等。2020年上半年,天顺风能国外收入为5.24亿元,减少了55.3%;泰胜风能外销产品实现收入2.14亿元,同比减少45.26%。

天顺风能与泰胜风能的情况均显示,2020年上半年,风塔产品外销收入出现明显下降。背后的原因或许与新冠疫情影响有关,根据GWEC预计,由于风电产业链及风电场建设滞缓,2020年全球风电装机容量相比原本的预计下降约20%。当然,也不排除受海外反倾销因素的影响。

资料来源:《证券时报》2020年10月26日。

（5）建立健全反倾销应诉机制，全力做好反倾销应诉工作。为了有效应对国外对华反倾销，防止和减少国外反倾销造成的损失，政府及其出口商品管理部门和司法机构已经做了不少工作，商务部定期发布反倾销的预警信息，并加强了相应的培训工作。今后还需要进一步建立起应对国外对华反倾销的协调网络和加紧从事反倾销应诉的专门人才的培养。

## 二、转移价格及其运用

### （一）转移价格的含义及作用

前面讨论的内容主要是针对独立的外国购买者的出口定价策略，而当企业出口产品到自己的国外子公司时，其定价背景就有所不同。

**1. 转移价格的含义**

转移价格也称划拨价格，它是指跨国公司内部母公司与子公司或子公司相互之间进行内部贸易使用的约定价格。这种价格的最大特征是在一定程度上不受市场供求关系的影响，也不是买卖双方在公开市场上按"独立竞争"原则确定的价格，而是根据跨国公司的全球战略目标和谋求最大限度利润为目的、由公司上层决策人员确定的内部结算价格。

**2. 转移价格的表现形式**

跨国公司内部贸易包括有形产品和无形产品两方面，因此转移价格在形式上就不仅包括有形产品的转移价格，还包括无形产品的转移价格；从支付方式上既包括贸易性支付，又包括非贸易性支付。具体地说，跨国公司常用的转移价格有以下几种表现形式。

（1）货物价格。在跨国公司的转移价格中，货物价格的使用占了很大比重。所谓货物，包括了生产过程中的原材料、零部件、中间产品、制成品和机器设备等。公司通过使用货物转移价格高于或低于正常交易原则下的市场价格，实现利润的转移和资金的流动。

（2）劳务费用。在跨国公司体系中，各公司之间可以通过提供服务，收取高额或低额服务费用来实现转移价格。劳务费用有技术性劳务费和管理性劳务费两种。由于劳务费用具有不可比性，很难掌握其真实价格，所以跨国公司可以在这方面大做文章，灵活性较大。例如，特许权使用费是一种重要的国际资金流量，对特许权使用的支付，可以用单纯的形式或隐藏在其他价格中（如隐藏在设备价格中），特别是专利、专有技术和商标。另外，商业秘密、商业信誉等，也具有类似性质，这类费用支付也是跨国公司经常使用的转移价格形式。

（3）贷款利息。在母公司对子公司进行投资的过程中，贷款较之参股具有更大的灵活性，因为子公司用股息形式偿还母公司的投资，在纳税时不能作为费用扣除，但支付的利息则可以作为费用扣除。而且母公司还可以根据整个公司情况制订利息率的大小。例如：为了增强子公司产品的竞争能力，可以不收或少收利息，使子公司减少产品的费用；相反，为了造成子公司亏损的局面，达到在东道国少交税的目的，则按较高的利率收取利息。当然,母公司对子公司的放款不是无限制的,它要受到各国规定的公司债务产权比的制约。

(4)租赁费。租赁是一项相对较新的经济活动形式,近年来获得了迅速发展。随着租赁活动的发展,某些长期需要工业、商业或科学设备的企业发现,利用租赁而不是购置这些设备具有许多好处。因为这样免去了筹资的负担,风险小,而且租赁费可以作为转移价格的一种形式,如利用很低的租赁费在跨国公司内部将一个公司的资产转移给另一个公司,实现其经营目的。

转移价格形式的广泛性为跨国公司使用转移价格带来了很大的灵活性,如果有形产品的转移定价受到限制,它可以在无形产品上做文章,尤其商标、专有技术、专利等无形商品,对它们的价格实行限制是很困难的。

**3. 转移价格的作用**

(1)减轻所得税。跨国公司利用转移价格的主要目的是避税,其中主要是所得税。由于各国所得税税率不同,跨国公司可利用转移价格将高税率国子公司的利润转移到低税率国的子公司,从而减少所得税款,增加公司总体利润。具体来说,由高税率国子公司按压低或低于成本的价格出售产品和劳务给低税率国子公司,也可以由低税率国子公司按抬高或高于市场的价格销售产品和劳务给高税率国子公司。跨国公司运用转移价格来减少所得税的另一种方式是通过"避税港"(Tax Havens),即低税区或免税区。一般来说,这些低税区或免税区要求外国公司所缴纳的税率很低,或者根本无须纳税。对外国公司的法律管制也较松,公司资金进出和利润分配也较自由。跨国公司就可以利用这些特点,运用转移价格把利润转移到设在这些低税或免税区的控股公司进行逃税。例如,美国的跨国公司若向其设在英国的子公司出售商品,可以先以低价将商品售给其设在某一个免税区的控股公司,该公司可以根本不经营具体业务,仅仅是有人接听电话的虚设机构,然后由这家控股公司以高价将该商品出售给设在英国的子公司。实际上,货物并不经控股公司,而直接由美国运往英国,但通过这种账面周转,使美国的母公司因"低价"出售而无盈利,英国的子公司亦因"高价"购进而无盈利,设在低税区或免税区的控股公司则可两方盈利,这就减少了整个公司的所得税负,增加了利润。

(2)减轻关税。关税多为从价计征的比例税率,因此,制订低的转移价格可以降低过关的报价,从而减少应纳的关税。例如,某产品正常售价为 100 美元,若进口关税税率为 20%,则所征关税为 20 美元。现在,以低的转移价格售给子公司,发票标明为 80 美元,则所征关税为 16 美元,每件产品减少关税 4 美元。

运用转移价格减轻关税的另一途径,是利用区域性关税同盟或有关协定的优惠规定。例如,欧洲自由贸易区规定,如果商品是在贸易区外生产的,由贸易区某一成员国运往另一成员国时,需缴纳关税。但如果该商品的价值一半以上是在自由贸易区内成员国中增殖的,则在该自由贸易区内运销可以免交关税。如果美国一家跨国公司要把一批半成品运往其设在挪威的子公司,制成成品后在自由贸易区内销售,美国的母公司就可采用转移低价,人为压低半成品的售价,使在挪威制成成品后的价值一半以上在挪威增殖。该商品在运销到自由贸易区其他成员国时就不用缴纳关税了。

（3）加强竞争优势。跨国公司在国外建立一个新的子公司，除凭借其资金和技术的实力，从资金信贷和技术上提供有力支持外，还利用转移价格，给予新成立子公司以原料来源、中间产品和服务的低价扶植，这种实际上的补贴，旨在帮助子公司迅速打开局面，站稳脚跟。树立信誉，在当地市场获得更多的贷款机会，这种当地贷款对跨国公司最为有利，风险最小，良好的金融状况使公司的股票被看好，有利于公司投资。

另外，跨国公司发挥优势，集中人力、物力和财力，并以转移低价对开拓新市场或对付竞争者的子公司转入商品或劳务，维持其低价倾销，进行市场渗透，最终打败竞争者，占领市场。由于市场的高利润可能招来更多的竞争者，跨国公司常采用转移高价，降低在该国子公司的高额利润，从而避免潜在竞争者的介入。

### （二）转移价格的制订

#### 1.分析影响转移定价的因素

跨国公司在制订转移价格时必须考虑各种因素，包括公司内部因素和外部因素。

企业的内部因素主要有以下几方面。

（1）相关成本。产品成本按其经济职能分为生产成本、销售成本和管理成本等，其中生产成本包括直接材料、直接劳动力和制造费用。产品成本按其与产量的关系可分为可变成本和固定成本。其中可变成本包括直接材料、直接劳动力、可变制造费用、可变销售成本和可变管理成本；固定成本包括固定制造费用、固定销售成本和固定管理成本。此外，跨国公司在计算成本时，还必须考虑公司总部摊在子公司上的其他费用。

（2）分权程度。公司分权或者集权经营方式是制订转移价格时必须考虑的一个因素。完全的分权是子公司自己做生产和销售的决策，而公司总部按子公司的经营绩效来对之进行评价。在完全集权的情况下，一切决策都由公司总部来做。因此，分权程度不同，子公司和公司总部参与转移价格决策的程度也不同，从而影响转移价格的确定。

（3）相互依赖性。子公司之间的相关程度不同，对转移价格的制订也有影响。如果一个子公司的决策影响另一个子公司的经营，那么这两个子公司就是相关的。高度相关的子公司间往往采取纵向一体化的战略。是否采取纵向一体化，或者不同的纵向一体化程度，将导致不同的转移价格决策。

而外部环境因素包括以下两个方面。

（1）政治、法律因素。各国政府，特别是第三世界国家政府，往往制定各种政策，如限制利润汇回母国和外汇管制等，来限制跨国公司的活动。许多国家在税法中都直接对转移价格的制订加以限制，并辅之以相应的财政规定。这些限制和规定以及东道国政局的稳定等，都对跨国公司的决策产生重大的影响。

（2）经济因素。经济因素是影响转移定价最广泛的一类因素，例如，所得税、关税与预提税税率、外汇汇率、外汇顺逆差、通货膨胀率以及市场竞争状况等，这些都是影响转移价格制订的经济因素。这类因素往往直接制约转移定价的动机，从而影响着整个转移定价决策，如税率与避税动机、市场竞争状况与增强竞争优势动机等。此外，经济因素对政治、法律因素也产生着重要影响,从而间接地影响转移定价决策。例如,当某国连年出现外汇逆差时,该国政府很可能采取一些措施来改变这种情况,加强外汇管制就是一种常见的措施。

**2. 确定转移定价目标**

(1)目标一致是转移定价的最重要的基本目的,也是对转移价格的一项基本要求。它是指制订的转移价格应使子公司的目标与总公司的全球目标达成一致,在制订转移定价政策时,上层管理人员鼓励子公司在对公司总体利益做出贡献的同时,实现子公司各自的目标。当然,在子公司与公司总体达成完全的目标一致是很难的,当两者目标有冲突时,应以公司总体利益为重,慎重选择转移定价政策。在子公司的目标与跨国公司全球目标不冲突或冲突不大的情况下,转移价格的制订应尽可能多地给予子公司自主性,以增强其经营过程中的积极性和灵活性,增强子公司实现与公司总体目标一致的自觉性和主动性。

(2)建立激励机制是制订转移价格的基本目标之一。子公司经理需要得到激励,以合适的转移价格在跨国公司内转移他们的产品和劳务,使他们分部的利润最大或有所增加,同时也激励着子公司尽可能地与公司总体达到目标一致。

如果跨国公司想给子公司强有力的激励以达到目标一致,那么转移价格对子公司绩效的影响就必须加以考虑,要有效衡量子公司经理的绩效。转移定价必须满足下列几个条件:①被子公司经理接受为一种有效的绩效衡量手段;②包含子公司经理可达到的目标;③考虑所有需履行的行动,跨国公司必须分析把转移定价用作激励子公司经理绩效的潜在影响,设法使每个子公司的工作绩效得到公正的评价。

(3)有时使用同一转移价格的目标可能不止一个,例如在实现避税目标的同时,可能还想达到避免风险的目标。有时不同的目标可以使用相同的转移定价方法来实现,有时不同的目标则要求使用不同的转移定价方法。就是同一类目标也有可能相互冲突,例如,同一种转移价格可能使减轻进口税的目标与减轻所得税的目标相悖,即少纳进口税就得多纳所得税。解决这一矛盾,要根据两国的具体环境来决定,一般所得税要比进口税重,减轻所得税负目标优先得到考虑。由此可见,应当分清各具体目标的主次关系,全面权衡利弊。

此外,具体目标应力求不与基本目标相冲突,否则就必须做出取舍。因为转移定价的目标大多是从公司总部角度提出的,所以与"目标一致"冲突较少。然而具体目标与"绩效评估"冲突则较多,因为转移价格的制订有时会使子公司的利润发生偏离,这时要想既达到"目标一致",又要保持对子公司绩效的恰当评估,做两本账(即一本公开对外,以应付税务当局;另一本对内,以进行公司内部控制和绩效评估)是一个求全的办法。

**3. 转移价格的策略运用**

跨国公司转移价格的具体运用策略是多种多样的,但归根到底不外乎转移高价和转移低价两种。转移低价是指跨国公司母公司与子公司、子公司与子公司之间以低于市场正常交易价格水平的价格进行结算;反之,转移高价则是指以高于正常市场交易价格的水平结算。跨国公司采用转移低价还是转移高价要考虑多种因素。如表11-5所示。

表 11-5　跨国公司的转移定价策略

| 子公司东道国状况——母公司或其他子公司以转移高价提供商品或劳务 | 子公司东道国状况——母公司或其他子公司以转移低价提供商品或劳务 |
| --- | --- |
| (1)存在当地合资或合作方<br>(2)东道国存在政治风险<br>(3)存在外汇和利润汇出限制<br>(4)存在以产品成本为依据的最终产品价格限制<br>(5)工会可能要求提高工资待遇<br>(6)子公司的高利润可能会引诱竞争者进入 | (1)较低的公司所得税率<br>(2)较高的从价关税<br>(3)当地市场竞争激烈<br>(4)需要改善子公司财务形象以获取当地贷款或其他优惠<br>(5)较低的通货膨胀率<br>(6)政府对进口商品实施配额管制<br>(7)存在出口补贴或出口退税等优惠政策 |

#### 4.选择适宜的转移定价方法

转移定价的方法包括市场基础法、成本基础法、线性规划法、数学分析模型法、协商法等。在选择定价方法时,应根据公司的定价目标、总体战略并结合内外环境因素来决定。

在这里,我们讨论转移价格这一问题的意义:一方面,中国企业在全球市场上应充分利用转移价格策略以实现合理避税;另一方面,作为许多跨国公司的东道国,中国政府也应制定相应的政策法规,防止跨国公司在我国滥用转移价格策略,损害我国的利益。

### ◆ 本章小结

与国内营销一样,全球市场的产品定价也需要考虑成本因素、需求因素、竞争因素和政策因素等内容,但在全球营销活动中,这些因素的构成更为复杂多变,因此,企业需要充分重视这些因素。全球市场产品的定价决策也包括定价目标和定价方法等决策,除此以外,在全球营销活动中还应讲究产品的报价技巧。因为,在全球市场上产品报价涉及的内容包括计量单位、计价货币、价格术语和支付方式等,企业必须进行慎重决策,方可实现营销目标,否则可能导致意外损失。

在全球营销活动中,还有一些价格方面的特殊问题需要关注。在此,我们主要探讨转移价格策略及其运用,以及倾销与反倾销两大问题,因为这都是困扰我国企业开展全球化经营的现实问题,我们需要加以了解和把握。

### ◆ 案例分析

#### 老干妈的产品策略与价格策略

老干妈主要生产风味豆豉、风味鸡油豆豉、香辣菜、风味腐乳等 20 余个产品,这些产品在出口到国外市场时,采取了标准化的产品策略。并没有根据国外市场采取差异化战略。通过采用标准化的产品策略,老干妈可以降低成本、改进质量、满足客户的偏好。得益于这一策略,老干妈在国外市场收获了许多利润。但同时,标准化的产品策略也会导致目标缺失、缺乏独特性、应对贸易壁垒的脆弱性、面临强大的本地竞争对手等问题。因此,老干妈可以在标准化产品策略的基础上,逐渐采取本土化与适应的策略,针对本土市场灵活营销。

### 改进策略一:产品改变,宣传延伸

采取这一策略,老干妈的产品用途在国内外市场上基本相似,只是使用条件不同,或是顾客的使用习惯和购买习惯略有差异。老干妈在国外市场可以效仿麦当劳的"川香酱",与一些娱乐文化公司合作,推出联名产品,作为传播商业快餐娱乐文化的载体:麦当劳的"川香酱"将颠覆传统视角的 Rick 加进了"川香酱"品牌当中,并触发热销。人们所消费的和抢购的并不是实在的"川香酱",而是代表着每个人自身所扮演的社会角色——我行我素的 Rick,正因为抢购的物品是"自己",所以这一调味品在美国引发了轩然大波。

老干妈在美国市场也可以效仿 Danny Cash 辣椒酱亲自设计包装标签,为产品增加新的"卖点",在小范围内引起目标客户群的注意,带动品牌发展,为公司和品牌创造新的价值。

### 改进策略二:产品和宣传的双重改变

为了适应新市场的消费者不愿放弃传统文化熏陶而形成的消费习惯,老干妈对现有产品或是广告宣传内容都必须加以改变。老干妈可以向拉差辣椒酱学习:汇丰食品公司(Huy Fong Foods)的拉差辣椒酱从未刊登过任何广告,也没有 Facebook 和推特账户,公司主页上次更新还是 2004 年 5 月 10 日。即便低调,汇丰拉差辣椒酱也赢得了消费者,成为拉差辣椒酱的标志。而汇丰辣椒酱成功的原因很简单——好吃。具体而言,老干妈应该根据国外市场的口味偏好,设计出全新的辣椒酱口味,并且对此做适当的宣传。

说起来有些令人感到不可思议,老干妈在国外市场的定价策略是偏向于撇脂定价的,这意味着老干妈会制订一个高价在最初的最终消费市场"撇脂"。

老干妈的创始人曾经说过,"我是中国人,我就是要赚外国人的钱",因此,老干妈采取这一战略的目的就是在国外市场获得尽可能高的利润。老干妈这一来自中国的辣椒酱产品的确和国外大多数辣椒酱产品有所不同,因此许多市场愿意支付高价格,老干妈在这些市场虽然份额低,但是价格和利润都很高。

老干妈在全球市场上的价格策略是偏向于价格差异化策略的,这一策略允许老干妈在不同的市场确立一个被认为是最适宜当地条件的价格,并且不必建立各国间的价格合作。

举例而言,老干妈在韩国超市的售价基本翻一番。按韩元折算成人民币,大约 22 元一瓶;在德国销售的老干妈,综合起来折合人民币 30 元一瓶;2012 年 7 月,美国奢侈品电商 Gilt 把老干妈奉为尊贵调味品,限时抢购价 11.95 美元两瓶(当时约为人民币 36 元一瓶),使其一度成了"进口辣椒酱奢侈品"。

因此,老干妈也应该根据不同的产品定价,采用全球中心型定价,围绕全球或区域性标准再加上一个在各个国家间可变的加成。

◆ 深入思考

1. 结合本案例,理解撇脂定价策略在不同的全球环境下的应用条件。

2. 老干妈如何实现产品与价格的匹配关系?

◆ 延伸阅读

《全渠道零售下"Showrooms"对需求分布、定价和收益的影响研究》

全渠道零售下"Showrooms"对需求分布、定价和收益的影响研究

◆ 思考题

1. 企业在全球市场产品定价决策时应考虑哪些因素?

2. 企业全球市场产品定价的目标主要有哪些?

3. 企业的全球市场产品定价方法主要有哪些?

4. 企业的全球市场产品报价应注意哪些方面?

5. 什么是倾销?什么是反倾销?加入 WTO 后为何中国还是频繁遭遇反倾销?

6. 什么是转移价格?跨国公司运用转移价格策略的目的是什么?

7. 转移高价与转移低价策略运用的具体条件主要有哪些?

# 第十二章 全球市场沟通决策

**【学习目标】**

☆掌握全球广告活动的主要制约因素及相应决策；

☆熟悉全球市场人员推销的特点、组织形式以及推销人员的管理；

☆掌握全球市场营业推广的形式和决策；

☆了解全球市场公共关系的主要方法；

☆了解全球市场直复营销的特点和形式。

**【导入案例】**

### 善用老牌社媒玩出新花样——Facebook 海外营销促销案例

尽管新兴社媒平台不断出现，元老级海外社媒——Facebook 仍不断地追求创新，成为现代人生活不可或缺的一部分，稳坐全球社媒龙头宝座。根据 2019 年 9 月的最新统计，Facebook 拥有 23.8 亿活跃用户，透过照片与影片分享他们的生活。想要成功进军海外市场，品牌方可要好好地经营 Facebook 账户才行。

## 一、潘多拉(Pandora)

插播影片广告——提升德国市场知名度与销售额

对西方国家来说，每年从 11 月感恩节、12 月圣诞节到新年，都是"节日季"，也是全年营销大战的重点。2017 年底，潘多拉为了提升在德国市场的知名度，针对 18—50 岁的用户，试验性地投放 Facebook 插播影片广告，选择将当时其在电视上最火的广告，缩短成 15 秒的片段。这则内容为女性好友赠送对方首饰，互相鼓励的广告，依赖精致的画面，再配上欢快的音乐，成功获得观众回响。透过这次的 Facebook 广告影片投放，有不少消费者表示喜爱潘多拉胜过其他珠宝品牌。品牌实际投资回报率方面，在这个季度销售成长 61%，新顾客增长了 42%。

潘多拉插播影片广告的案例，可见品牌需具备说故事的能力，在短短 15 秒内展现品牌形象并建立起与观众的连接。另一方面，潘多拉选择重新剪辑高质量电视广告，而不是另外制作一部针对 Facebook 广告，不仅省下预算，而且再次证明优质广告营销策划能够在多渠道都取得良好的效果。

### 二、三星(Samsung)

*阿根廷四周广告活动——新品爆红热卖*

2015年,三星策划了一场精彩的新品上市宣传活动,针对阿根廷的用户投放长达一个月的Facebook广告。一周上传一部新影片,每部影片透露一些新产品——Galaxy S6的亮眼卖点,如外观设计、相机功能与长效电池,吊足了观众胃口,到了最后一周才上传完整产品的介绍影片。透过这次广告活动,三星收获了超过500%的投资报酬率,并增加了7%的新顾客。

在三星的案例中,可见品牌需清楚目标群众,并规划好推广新品的策略,第一部影片就激发起观众的兴趣,透过后续不断的广告推送,获得观众的好感度进而产生购买行为。

### 三、摇滚名人堂博物馆(Rock & Roll Hall of Fame)

*Messenger讯息——增加顾客互动与促进销售*

摇滚名人堂是在美国俄亥俄州的纪念博物馆,创立于1983年,致力于记录最具知名度与影响力的摇滚乐艺术家、唱片制作人、录音室工程师等人物历史。品牌方发现使用Messenger讯息功能交流已成了现代人的习惯,于是优化品牌Messenger讯息功能,及时回复用户问题,并贴心提供博物馆附近娱乐、饮食、交通等资讯,快速提升博物馆知名度与销售额。原本预计增加12%的销售额,实际上增长到了81%。摇滚名人堂表示最高纪录发生在复活节那个周末,收到54则用户讯息留言。

透过Messenger讯息功能与用户建立个人化关系,不只是提升顾客满意度,更是累积用户对于品牌的忠诚度,最终将影响用户的购买意愿。

全球市场沟通是企业为实现其全球营销目标,影响已有的和潜在的全球市场消费者行为的各种沟通方式,是全球市场营销组合的一个重要组成部分。全球营销中,由于产品销售范围广,以及各国间文化习俗、政策法律不同等因素的影响,增加了买卖双方沟通的复杂性,加大了企业开展营销活动的难度。

本章主要研究全球营销中企业运用广告、人员推销、营业推广和公共关系等市场沟通手段所面临的特殊问题和策略技巧,以及直复营销在全球市场沟通中的发展和应用。

# 第一节　全球市场广告决策

## 一、全球广告发展

全球广告是全球营销企业为实现一定的目的,以支付费用的方式,通过广播、电视、报纸、杂志、网络等大众传媒,向目标国家市场的消费者和公众传递有关企业及产品信息的一种促销手段。由于当代信息技术、通信技术的迅猛发展,新闻媒体高度普及,全球广告已成为形式多样、十分有效的信息传播方式,在企业的全球营销活动中发挥着十分重要的作用。

近年来,全球广告业发展势头强劲,广告费的年均增长速度超过了世界经济的增长速度。1991 年全球媒体的广告费仅为 1846.5 亿美元,至 2019 年全球广告市场总体规模已达到 5630.2 亿美元。如图 12-1 所示。

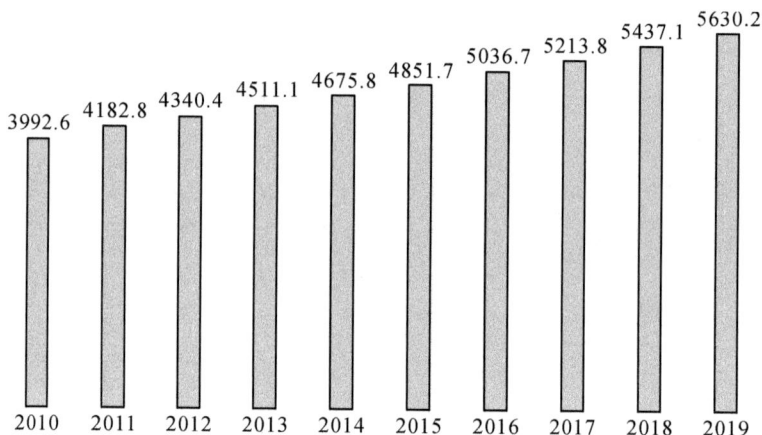

图 12-1 2010—2019 年全球广告市场规模(单位:亿美元)

资料来源:Statista 前瞻产业研究院整理

Statista 数据显示:2019 年全球第一大广告市场为美国,市场规模为 2425.4 亿美元;排名第二的是中国,市场规模为 875.3 亿美元;第三是日本,市场规模为 466.3 亿美元。如图 12-2 所示。

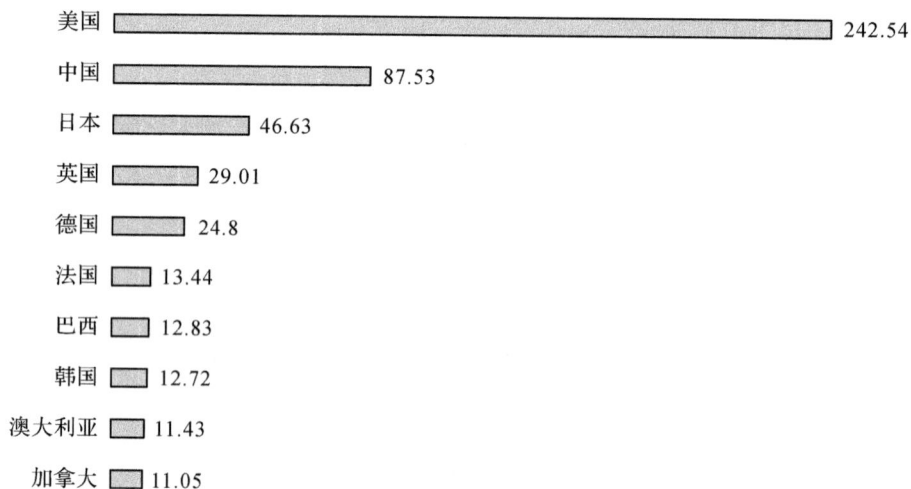

图 12-2 2019 年全球十大广告市场(单位:十亿美元)

资料来源:Statista 前瞻产业研究院整理

从市场的发展来看,尽管目前全球广告市场的主体是发达国家,但由于这些国家的广告市场相对已经发展成熟,增长速度趋缓。全球广告市场更多由发展中国家的市场推动,许多发展较快的国家都是广告业新兴国,广告市场从无到有、从小至大飞速增长,大多数发展中国家增长率在过去的几年中已达到两位数。中国、巴西等广告市场焕发了勃勃生机。根据 *Global Intelligence* 的预测,2017—2020 年,东欧及中亚地区是全球广告费用支出增长速度最快的地区,我国所处的亚洲快速发展地区系增长速度第二的地区。如图 12-3 所示。

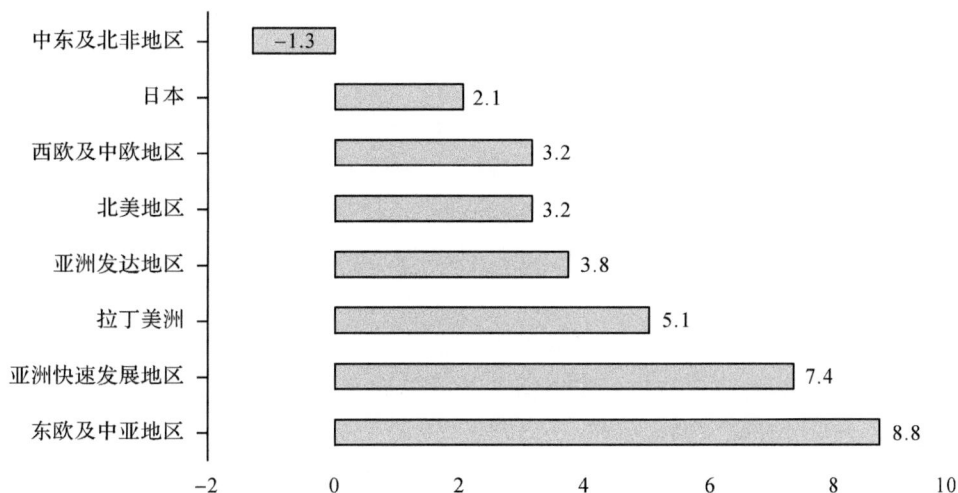

**图 12-3　2017—2020 年全球不同地区广告费用支出年均增速(％)**

资料来源:Statista 前瞻产业研究院整理

在全球广告市场中,最重要的广告媒体包括电视、报纸、互联网、杂志、广播、电影和户外媒体等。当代通信技术、信息技术的发展,使得广告媒体日益增多。特别是随着互联网络的高速发展,网络广告得到了较快的发展,网络已经成为继电视、广播、报纸、杂志和户外广告以外的又一种重要广告媒体。2007 年,全球互联网广告规模首次超过广播媒体广告,成为第四大广告媒体。总体上看,全球电视广告、网络广告市场不断增长,互联网对平面媒体的冲击较大,报纸、杂志广告市场呈现萎缩趋势。根据 Zenith 的分析报告:2019 年在全球广告市场中,网络广告花费最多,占比达到 29.9％;其次是电视广告,花费占比为 29.2％;付费搜索广告花费占比为 17.1％。如图 12-4 所示。

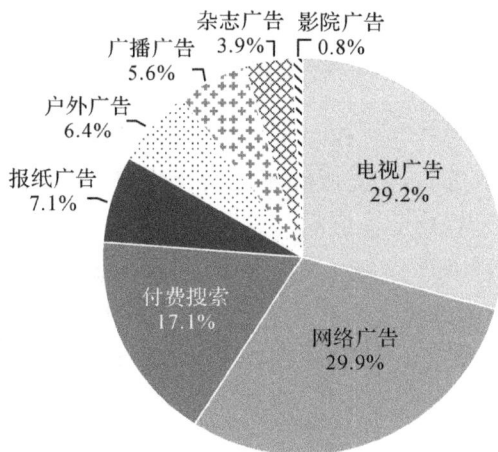

**图 12-4　2019 年全球广告消费构成(％)**

资料来源:Zenith 前瞻产业研究院整理

## 二、全球广告的主要制约因素

利用全球广告进行促销必然面对跨越国界和跨文化环境两层障碍,制订和运用全球广告策略时也就不得不考虑语言、社会文化、广告媒体、法律等因素的影响和限制。

### (一)语言的差异

语言是借助广告进行有效交流过程中最大的障碍之一,不同国家语言差异很大,有的一国之内语言差异也很大。在处理多国语言问题时,稍有不慎就可能犯错误。

语言涉及的不仅是不同国家的不同语言,同一国内的不同语言或方言,还有无声语言等问题。无声语言的障碍主要出现在与交往对方直接接触的过程中,如谈判、推销、接待、拜访、考察等场合。

营销人员在东道国做广告时,可雇用当地雇员帮助审核广告稿本,也可以完全利用当地的广告代理商,使广告能得到当地消费者的正确理解,达到扩大销售、提高声誉的目标和扩展全球市场的目的。

### 专栏 12-1　FARFETCH 中文名"发发奇"?

FARFETCH 是一个享誉全球的时尚购物平台。从东京到多伦多,米兰到迈阿密,入驻该平台进行合作的品牌和时尚买手店都是各个时尚领域的潮流领导者。这种独树一帜的运营模式也保证了平台的商品包罗万象。无论是国际奢侈品牌,还是新锐设计师设计出的品牌,所有独具风格的最新品牌、正品品牌都齐聚在此,是时尚购物的首选平台。

最近 FARFETCH 已将中文品牌名定为"发发奇",并且已经变更了官网的品牌名称。虽然这字的发音与品牌名英文发音相似,但是组合在一起并没有突出的寓意,无法显示其时尚购物平台的定位。起中文名"发发奇",可以看出 FARFETCH 迫切希望品牌本土化,被更多中国消费者记住的愿望。但对它来说,阻碍其实不在于名字,而在于平台定位和价格,注定很难形成大众消费,动辄几千几万的大牌时尚单品,不是大家会随手消费的。

资料来源:土味十足,国外品牌中国命名失败案例合集——知乎(zhihu.com)。

### (二)社会文化因素的差异

全球广告最大的挑战之一,是克服在不同文化的交流中遇到的问题。文化因素包括的范围很广,如传统习惯、社会价值观、宗教等。各国的风俗习惯、社会价值观、宗教信仰差异很大,如对时间的看法,美国人认为"时间就是金钱",而其他一些国家的人会说"跑得快,死得快"。一国或地区之内亚文化之间的差异同样值得注意,如在中国香港就有 10 多种不同的早餐方式。因此,企业应特别重视广告与东道国的文化习俗相适应。

### (三)广告媒体的限制

目标市场中可以获得的广告媒体的数量、种类、消费者的媒体习惯等都会影响企业的广告活动。通常经济发达的国家广告业也较发达,可供选择的广告媒体有很多,而在一些经济落后的国家,宣传的媒体较少,大众传媒的普及率较低,可供企业选择的媒体非常有限。如许多非洲国家没有日报,一些广告人甚至泛舟河上,一边行进,一边向灌木丛里的人们播放流行音乐和广告。

### (四)法律的限制

全球广告除了受文化、地理环境、经济发展水平等因素的影响外,还要受各国政府对广告的调控政策的影响。世界各地不同国家在广告商品种类、广告内容、广告媒体、广告税收和管制等方面都有相应的法律规定。如果企业不了解东道国政府对广告的有关政策和法规,不仅不能达到预期的促销效果,而且可能由于广告方面的行为违反法律而受到处罚。了解各国的相关法律规定,适当调整广告策略,对于全球营销企业尤为重要。

### 专栏 12-2　丰田的"霸道"营销

一切缘起于一汽丰田销售公司的两则广告,它们刊登在《汽车之友》2003 年第 12 期。广告由盛世长城广告公司制作:一辆霸道汽车停在两只石狮子之前,一只石狮子抬起右爪做敬礼状,另一只石狮子向下俯首,背景为高楼大厦,配图广告语为"霸道,你不得不尊敬";同时,"丰田陆地巡洋舰"在雪山高原上以钢索拖拉一辆绿色国产大卡车,拍摄地址在可可西里。

读者纷纷来信来电质询,《汽车之友》表示:"我们已认识到问题的严重性,在此,我们诚恳地向多年来关心和支持《汽车之友》的广大读者表示衷心的歉意。"同时,《汽车之友》还表示,将停发这两则广告,由于发行原因,将于 2004 年 1 月在下一期杂志上正式刊登道歉函。

2003 年 12 月 4 日,这两则广告的制作公司盛世长城国际广告公司也公开致歉,并表示:"一些读者对陆地巡洋舰和霸道平面广告的理解与广告创意的初衷有所差异,我们对这两则广告在读者中引起的不安情绪高度重视,并深感歉意。我们广告的本意只在汽车的宣传和销售,没有任何其他的意图。"同时,还表示:"对出现问题的两则广告已停止投放。由于 12 月的杂志均已印刷完成并发布,这两则广告将在 1 月份被替换。"

资料来源:https://wenku.baidu.comview99c02678760bf78a6529647d27284b 73f3423636.html。

## 三、全球广告的标准化和当地化决策

面对错综复杂的全球市场,企业的广告决策所面临的第一个难题就是广告的信息和媒体选择的标准化与否的问题:采用全球范围内的统一广告策略,抑或针对不同国家或地区市场的当地化广告策略?

### (一)全球广告的标准化

全球广告的标准化,或称全球广告策略,是指在不同的地区或国家的目标市场上,对同一产品采用广告主题相同、形式相似的宣传广告。全球广告的标准化尤其适用于致力于塑造企业统一形象的国际性企业,例如 IBM、奔驰、可口可乐等。体现在广告用语上,如 NIKE 的"Just Do It",飞利浦的"让我们做得更好",吉列的"男人最好的选择"。

全球广告的标准化突出了全球市场基本需求的一致性,既有利于企业建立全球统一的品牌形象,又节省了企业的广告费用。但是由于标准化广告忽略了市场之间的差异性,所以广告的针对性不强,往往不能满足目标市场的特殊需求。因此,一些跨国企业放弃标准化广告,转而采用当地化广告策略。

### (二)全球广告的当地化

全球广告的当地化,或称差异化广告策略,是强调国家或地区的差异性,针对特定目标市场,传送不同的广告主题和广告信息,开展适合其顾客需求的广告活动。如雀巢公司在世界各地雇用了 150 家广告代理商,为其在 40 多个国家的市场上做各种主题的咖啡广告。

全球广告的当地化具有能够适应东道国文化环境,满足消费者需求,针对性强等优点,但也存在广告制作和播放成本费用相对较高,企业对各国市场的广告宣传较难控制,甚至会出现相互矛盾从而影响企业形象的情况。

全球广告的标准化和当地化各具特点,也有各自的适用范围。一般来说,消费类的产品或具有较多社会文化属性的产品,宜选用当地化广告策略。全球品牌、科技含量高的产品、工业产品多选用标准化广告策略。事实上,全球市场中很少见到绝对的标准化广告或绝对的当地化广告,大多数的跨国企业往往采取折中的广告策略,只是可能会在某种程度上更倾向标准化或者当地化。

### (三)全球广告的标准化和当地化相结合

标准化和当地化相结合的策略也称为模式化广告策略,是全球化统一促销概念下,针对单个的目标市场进行适度调整的广告策略。模式化广告策略的发展是与营销观念从全球化向全球当地化发展的趋势一致的。

跨国企业由重视全球性的统一广告策略,向所谓的"全球品牌当地化""跨国品牌区域化"的广告策略转变。全球当地化,也称全球兼顾当地,包含"全球策略、当地执行"和"全球观感、当地策略"两个方面的含义。

全球广告的标准化和当地化相结合还体现在同一广告主题下代言人的选择上。例如,SK-II 在保持产品全球定位的同时,在不同的国家选择不同的代言人,以适应当地消费者的不同喜好和需求。

东西方广告的差异

**专栏 12-3　中国奥美"快乐重生"**

2014 年 6 月,可口可乐公司联手奥美中国开展全新传播活动"快乐重生"。该活动是可口可乐公司全球可持续项目的一部分,旨在通过创意瓶盖,将饮用完的可口可乐塑料瓶变身为有趣好玩的实用物品,以此鼓励消费者对饮料瓶的再循环利用。活动将在亚洲市场陆续展开。

"快乐重生"提供了一组16个创新实用的瓶盖,这些瓶盖可以被拧到饮用完的可口可乐空瓶上,瞬间变身为生活中实用、有趣的物品或玩具,例如画笔、喷水枪和卷笔刀等。只需购买一瓶可口可乐,消费者就能获赠这些创意十足的有趣瓶盖。

资料来源:https://v.qq.com/x/page/t0129wb9c42.html。

### 四、全球广告的媒体决策

#### (一)全球广告媒体的类型及特点

全球广告的媒体选择很多,包括报纸、杂志、电视、广播、户外和网络等多种媒体,各种媒体均各有一定的优势和劣势。

**1. 报纸广告**

报纸作为广告媒体具有许多特点,比如传播面广、反应快、制作简单、费用低廉和可信度高等,但也存在接触时间短、吸引力差等局限。报纸作为广告媒体在不同国家或地区的使用受到限制不同。例如,黎巴嫩人口才100多万,却拥有210多家报纸,每家平均发行量才3500份。若消费者面广量大,就需要在多家报纸上同时刊登广告。日本情况刚好相反,日本人口多达1.27亿(2007年),全国性的报纸才5家,每家发行量均在百万份以上。由于报刊数量少,发行量大,若想刊登广告也不容易。

**2. 杂志广告**

杂志作为广告媒体,具有专业性强、保存时间长、可信度高等特点。由于杂志的出版周期长,发行范围窄,灵活性与时效性较差,许多杂志仅有本国文字的版本,难以在更为广泛的全球市场发行。所以,企业在全球市场上很少采用杂志作广告媒体。当然,有些工业品或者某些特定的消费品也利用杂志作广告媒体。

**3. 电视广告**

电视广告由于实现了视、听的结合,画面形象生动有趣,且具有传播范围广、表现手法灵活多样及广告促销效果好等特点。视听技术的发展和电视普及率的提高,给电视作为国际性的广告媒体提供了有利的条件。近年来卫星电视及有线电视的发展,扩大了广告在各国和地区的传播范围。但电视作为广告媒体也有其自身的局限性,比如广告时间短、易受其他节目的干扰、费用昂贵、观众统计资料难以获得等。许多国家对电视商业广告或多或少有所限制,有时甚至很严格,不仅限制商业广告播出的时间,而且还限制广告的内容及其目标对象。

**4. 广播广告**

广播具有传播范围广、信息传递迅速及时、方式灵活多样、费用相对低廉等特点。尤其在文盲率较高或者电视机尚未普及的不发达国家或地区,广播更是传递广告信息的重要媒体。即使在发达国家或地区,无线电广播仍拥有许多听众,人们往往利用空余时间收听广播广告,甚至利用出行间隔,收听车载收音机上的广播广告。

**5. 户外广告**

包括广告牌、招贴画、霓虹灯、车体广告等都属于户外媒体,它具有形象生动、保存间长、成本费用低等特点。但户外广告缺乏针对性，信息表达的形式与内容受到限制，促销效果难以评估。许多国家对户外广告的位置、尺寸及其颜色等常常有不同的限制。

**6. 新媒体**

新媒体是针对传统媒体而言的，广义上的新媒体是指"互动式数字化复合媒体"，包括手机媒体、IPTV（交互网络电视）、数字电视、移动电视、博客、播客等。而狭义的新媒体则是指基于互联网这个传输平台来传播新闻和信息的网络。新媒体分为两部分：一是传统媒体的数字化，如报纸、期刊的电子版；二是因网络提供的便利条件而诞生的"新型媒体"，如谷歌网、百度网、淘宝网等。

借助于网络技术的发展而诞生的新兴媒体形式，最大的优点在于快速、即时，覆盖面广，互动性和大众参与性强。

**专栏 12-4　互联网广告**

互联网广告的主要形式有：

（1）推销商品或者服务的含有链接的文字、图片或者视频等形式的广告；

（2）推销商品或者服务的电子邮件广告；

（3）推销商品或者服务的付费搜索广告；

（4）推销商品或者服务的商业性展示中的广告，法律、法规和规章规定经营者应当依照其规定向消费者提供的信息的展示；

（5）其他通过互联网媒介推销商品或者服务的商业广告。

互联网广告的主要表现形式：

（1）横幅广告（包含 Banner、Button、通栏、竖边、巨幅等），是以 GIF、JPG、Flash 等格式建立的图像文件，定位在网页中大多用来表现广告内容，同时还可使用 Java 等语言使其产生交互性，用 Shockwave 等插件工具增强表现力。

（2）文本链接广告，是以一排文字作为一个广告，点击可以进入相应的广告页面。

（3）电子邮件广告，具有针对性强、费用低廉的特点，且广告内容不受限制。

（4）赞助式广告，多种多样，比传统的网络广告给予广告主更多的选择。

（5）与内容相结合的广告，广告与内容的结合可以说是赞助式广告的一种，从表面上看起来它们更像网页上的内容而并非广告。在传统的印刷媒体上，这类广告都会有明显的标示指出这是广告，而在网页上通常没有清楚的界限。

（6）插播式广告（弹出式广告），访客在请求登录网页时强制插入一个广告页面或弹出广告窗口。有点类似电视广告，都是打断正常节目的播放，强迫观看。插播式广告有各种尺寸，有全屏的也有小窗口的，而且互动的程度也不同，从静态的到全部动态的都有。

（7）RichMedia，一般指使用浏览器插件或其他脚本语言、Java 语言等编写的具有复杂视觉效果和交互功能的网络广告。一般来说，RichMedia 能表现更多、更精彩的广告内容。

（8）其他新型广告，如视频广告、路演广告、巨幅连播广告、翻页广告、祝贺广告、论坛版块广告等。

（9）EDM 直投，通过 EDMSOFT、EDMSYS 向目标客户定向投放对方感兴趣或者需要的广告及促销内容，以及派发礼品、调查问卷，并及时获得目标客户的反馈信息。

（10）定向广告，可按照人口统计特征，针对指定年龄、性别、浏览习惯等的受众投放广告，为客户找到精确的受众群。

### （二）全球广告媒体的选择

媒体的选择是全球广告中十分重要的问题。世界各国的广告媒体类型基本相同，但又各有其特点，在选择广告媒体时，应着重考虑以下问题。

**1. 各国采用的媒体**

各种媒体在不同国家的影响作用不同。在各种宣传媒体中，受电视影响最大的国家是秘鲁、哥斯达黎加和委内瑞拉。在那些没有商业电视、广播广告或者限制其使用的国家，印刷品的宣传占了很高的比重，如阿曼、挪威、瑞典等。户外和交通广告在玻利维亚的宣传媒介支出中约占 50％，而在美国却不到总广告费用支出的 2％。因此，必须根据各国目标市场常用的媒体加以选择。

**2. 媒体的声誉与特点**

广告媒体的声誉影响其传播信息的可信程度，企业应当选择信誉高的媒体做广告。媒体的特点，是指媒体的专业性因素。如有的适宜于发布娱乐性广告，有的则宜于宣传产品广告，等等。

**3. 媒体发布广告的时间**

广告播送必须及时，过时的广告是毫无作用的。只有了解广告媒体的广告周期和时间安排，才能及时发布全球广告。如印度由于纸张供应紧张，广告版面不足，要在六个月前预订位置；德国电视广告的全年安排一定要在前一年的 8 月底之前做好，但电视台仍不能保证夏天的广告不会延迟到冬天才播出。在计划广告时，就要把握时间，紧密结合商品上市时机做出恰当安排。

**4. 媒体费用**

各个国家广告媒体的广告价格很不相同，如在 11 个欧洲国家，广告传到目标受众的成本不等，在意大利是 1.58 美元或 1.59 美元，在丹麦是 2.51 美元，在德国是 10.87 美元，此外，还应考虑广告税率。各国的广告税收费标准和征收方法都不同，不同税率会影响广告费，如奥地利各个州、市都有本身的广告税率。

### 专栏 12-5　互联网广告主要计费方式

**1. CPC（点击成本），即 Cost-per-click，每点击成本**

按照广告点击付费的模式是互联网广告最早的计费方式，1994 年出现的第一支广告就是采用此计费方式。由于广告的点击非常容易作弊，因此 CPC 计费方式产生的后果就是媒体大量地生成虚假点击欺骗广告主，同时由于广告主更熟悉、更接受电视广告的宣传模式，出现了 CPD 的计费模式，向电视宣传模式靠齐。如果不考虑作弊，单从效果角度考量的话,CPC 计费方式比 CPD 计费方式更加有利。百度竞价以及谷歌竞价均采用 CPC 的计费模式(也叫 PPC 模式,Pay-Per-Click)。

### 2. CPD(Cost per day),即按天付费

此种模式完全参考电视广告的宣传方式,重展现,讲品牌曝光的范围(地域或人群)及深度(到达频次),也以电视广告的指标来衡量效果,比如 iGRP 等。但采用此种计费方式的媒体必须有强大的用户群体支撑,而且必须具有很高的知名度及美誉度,否则广告主并不买账,因此也只有几个门户网站采用这种计费方式。对于垂直类媒体以及广告网络而言,可采用 CPM(千人成本 Cost per Thousand Impressions)的计费方式。

### 3. CPM,即广告主为它的广告显示 1000 次所付的费用

CPM 中的 M 指的是 Mille,希腊文中"千"的意思。互联网行业,是长尾法则发挥力量的行业,除了少数的大广告主可以接受 CPD 的计费方式外,大量的中小广告主往往由于价格的原因放弃网络上的投放。有需求就会有解决方案,CPM 计费的方式就产生了。CPM 方式与 CPD 方式的核心区别在于按量投放、按量计费,广告主只需要为自己需要采购的播放量付费,解决了中小广告主的价格困局,因此受到市场的欢迎,CPM 是垂直类媒体以及广告网络的主流计费方式。

### 4. CPA(Cost per action)

由广告所带来的用户产生的每次特定行为的费用,即根据每个访问者对网络广告所采取的行动收费的定价模式。对于用户行动有特别的定义,包括形成一次交易、获得一个注册用户、产生一次下载行为等。网络广告的计费方式随着市场的变化而变化。随着网络游戏、电子商务的兴起以及重视长尾流量的网盟的发展,CPA 的计费模式产生了,此模式直指游戏、电商广告主最核心的需求——产生注册及订单。从定义上来讲,A 是投放前广告主和媒体协商制订的,因此 A 可以是注册,可以是下单,可以是点击某一个特定按钮,也可以是提交问卷等多种形式,只要定义好,双方认可,并且双方都可以监测到相应数据即可。

### 5. CPS(Cost per sale),即基于广告引入用户所产生的成功销售而收取一定比例佣金的商业合作方式

CPS 模式是 CPA 模式的一种特定形式,在国内常用作电商广告投放时的计费方式,意思是只有在电商获得订单的时候,媒体才会得到推广费用。CPS 有两种收益计算方法:一是按照订单额的比例计算;一是不区分订单额,每个订单有固定价值,订单固定价值乘以订单量即为广告主的收益。

### 6. ROI(Return on Investment),即投资收益率或回报率

此计费方式多用于电商、游戏类用户考核广告效果的标准。一般计算方法是由广告产生的收益额或投放额。ROI 方式是 CPS 方式的另一种表示方法,如果一个电商的合作 ROI 是 1:2,其指的是广告主愿意支出其订单额的 50%(1/2)付给媒体。

### 7. 媒体组合

由于世界各地的媒体的特点不同,广告管理法规不同,因此,在运用媒体组合策略

时,必须考虑各国使用媒体的具体情况。在全球市场上,一般以报纸为广告的主要媒体,很少运用杂志做广告。但在某些国家也可运用有影响的杂志加以配合,如美国、欧洲国家,妇女杂志读者多,往往采用杂志作化妆产品广告。有些国家(如拉丁美洲国家)的广播广告成为主要的广告工具,有些国家则以电视作为广告的主要媒体。还有不少国家如欧洲一些国家运用路牌广告作为开拓市场的重要工具。

### 五、全球广告预算

全球广告预算是全球营销企业广告活动中所计划使用的总费用,或者说,是全球营销企业投入广告活动的资金费用的使用计划与控制计划。企业通过长期实践,总结出以下一些便于实际操作的预算方法。

#### (一)量力支出法

这是指全球营销企业以自身的经济能力为基础来确定广告费用的绝对额。这种方法比较简单易行,但缺点是完全忽略了广告支出与销售额之间的因果关系,忽略了其他促销策略对销售额的影响。按照这种方法,企业每年的促销费用可能有较大差异,这不利于企业制订长期的市场拓展计划。

#### (二)销售比例法

该方法要求全球营销企业根据在某国的销售额来确定广告支出,使广告支出占销售额一定比例。这种方法把广告额与销售额紧密结合起来,能使广告支出保持在企业支付能力之内。如果企业在许多国家有销售业务,使用这种方法能够使广告预算在各国进行有效的分配。这种方法的主要优点就是简便易行,其主要缺点是颠倒了广告额与销售额的因果关系,限制了该方法的使用。

#### (三)竞争对等法

该方法要求全球企业确定与竞争对手大致相同的广告费用。许多全球营销企业在进入全球市场之初,由于缺乏全球广告经验,难以确定自己究竟该花多少广告费用。在这种情况下,企业便效仿竞争对手的做法,与其保持大致相近的广告支出。但这种方法不一定很科学,一方面,竞争对手的预算不一定合理有效;另一方面,企业与竞争对手在资源、营销目标、市场机会及市场竞争地位等方面不一定相同,所以对方的预算不一定符合自己的实际情况。

#### (四)目标任务法

按照这种方法,企业首先要确定广告目标(如销售额增长、品牌知名度提高等),然后确定为达到这些目标而必须完成的任务,最后再估算完成这些任务所需要的广告费用。采取这种方法,最好做一次成本—收益分析,即把广告目标与成本进行比较,这种分析有助于达到最佳效果。使用这种方法的困难主要在于正确地确定广告目标。如果企业对市场上的情况了解不充分,所确定的广告目标本身就不合适,那么据此所预计的广告费用也就会出现错误。

上述几种方法,各有其优缺点,企业可根据自身条件、市场情况和产品特点等因素进行灵活地选择。

# 第二节　全球市场人员推销决策

## 一、全球市场人员推销的功能和特点

全球市场人员推销是指国际企业向目标市场国派出推销人员或委托、聘用当地或第三国的推销人员直接与顾客或潜在顾客接触、洽谈,并说服其购买本企业产品的促销活动。人员推销在工业品的全球营销中应用非常普遍,在消费品营销时,多用于向中间商的推销。

### (一)全球市场人员推销的功能

#### 1. 市场调研与预测

推销人员通过市场研究,收集全球市场信息,并及时反馈给企业,为企业营销决策服务。公司根据推销人员反馈的这些信息,制订营销战略和策略,开发新产品和新市场,使企业赢得市场竞争优势。

#### 2. 拓展市场与处理客户关系

通过派出推销人员拜访客户、发现和培养新的客户、维系老的客户是企业开拓市场的常用手段。为此,推销人员必须具备相当的产品和营销方面的知识,了解全球市场的发展趋势,以及开拓市场的能力,即善于发现市场机会,具有良好的专业推销技巧;同时掌握客户经营状况,提出合理分配资源的意见,做好商品供应工作。全球市场推销人员还必须精通各地语言、商务礼仪和文化习俗。

#### 3. 信息传递与沟通

推销人员通过向顾客介绍企业和产品,在顾客心目中树立产品品牌形象和信誉。可见,人员推销承担了广告的功能,或者参与全球市场的广告活动。全球推销人员不仅要销售产品,还要承担传递与反馈信息的任务。

#### 4. 销售产品与售后服务

销售服务主要包括:免费送货,上门安装,提供咨询服务,开展技术协助,及时办理交货事宜,必要时帮助用户和中间商解决财务问题,搞好产品维修,等等。这就要求推销人员除推销工作以外,还要熟悉业务,精通技术,以便为国外客户提供各种销售服务。

### (二)全球市场人员推销的特点

人员推销是最古老也是最常用的促销手段。尽管各国经济发展水平和富裕程度不同,但人员推销广泛存在于各个国家的企业促销活动中。之所以如此,是因为其自身在全球市场营销活动中有着其他促销方式无法替代的优点。

### 1. 信息传递的双向性

人员推销作为一种信息传递形式,具有双向性。在人员推销过程中,一方面,推销人员向顾客宣传介绍企业产品的有关信息;另一方面,推销人员通过与顾客接触,能及时了解顾客对本企业产品或推销品的评价。

### 2. 推销目的的双重性

一方面,推销人员施展各种推销技巧,目的是推销商品;另一方面,推销人员与顾客直接接触,向顾客提供各种服务,帮助顾客解决实际问题,满足顾客需求。推销人员只有做好顾客的参谋,更好地实现满足顾客需求这一目的,才有利于诱发顾客的购买欲望,促成购买,使商品推销效果达到最大化。

### 3. 推销过程的灵活性

推销人员可以与潜在顾客直接接触,通过面对面的交谈,及时了解顾客的反应,并据此调整自己的推销策略,进行有针对性的说服。

### 4. 可促进买卖双方建立良好的关系和友谊

推销人员与顾客直接见面,长期接触,可能促使买卖双方建立友谊,密切企业与顾客之间的关系,易于使顾客对企业产品产生偏爱。在长期保持友谊的基础上开展推销活动,有助于建立长期的买卖协作关系,稳定销售渠道。中东地区和非洲一些国家的企业就十分重视彼此间的友谊,他们很难同陌生人或关系不好的人谈生意。

当然,人员推销这种促销方式也有一定的局限性。其一,人员推销的市场覆盖面有限,推销费用较高,增加了产品的销售成本。其二,全球营销中对推销人员的综合素质和能力提出了更高的要求,他们在东道国应表现出很强的文化适应能力,包括语言能力、较强的市场调研能力和果断决策的能力。因此,企业有时可能很难找到合适的推销人才,选拔、培训出合格的推销人员也非易事。

## 二、全球市场人员推销的组织形式

全球市场人员推销的组织形式,指推销人员在全球市场的分布和内部构成。它一般包括四种类型。

### (一)地区结构型

每个推销人员负责一两个地区内本企业各种产品的推销业务。这种结构常用也比较简单,因为划定全球市场销售地区,目标明确,容易考核推销人员的工作成绩,发挥推销人员的综合能力,也有利于企业节约推销费用。但是,当产品或市场差异性较大时,推销人员不易了解众多的产品和顾客,会直接影响推销效果。

### (二)产品结构型

每个推销人员专门推销一种或几种产品,而不受国家和地区的限制。如果企业的出口产品种类多,分布范围广,差异性大,技术性能和技术结构复杂,采用这种形式效果较好,因为对产品的技术特征具有深刻了解的推销人员,有利于集中推销某种产品,专门服务于有关产品的顾客。但这种结构的最大缺点是,不同产品的推销人员可能同时到一个地区(甚至一个单位)推销,这既不利于节约推销费用,也不利于制订全球市场促销策略。

### (三)顾客结构型

按不同的顾客类型来组织推销人员结构。由于全球市场顾客类型众多,因而全球市场顾客结构形式也有多种。比如:按服务的产业区分,可以向机电系统、纺织系统、手工业系统等派出不同的推销人员;按服务的企业区分,可以让甲推销员负责对 A、B、C 企业推销的任务,而让乙推销员负责对 D、E、F 企业销售产品;按销售渠道区分,批发商、零售商、代理商等,由不同的推销人员包干;按客户的经营规模及其企业关系区分,可以向大客户和小客户、主要客户和次要客户、现有客户和潜在客户等,分配不同比例的推销人员。采用这种形式的突出优点是,企业与顾客之间的关系密切而又牢固,因而有着良好的公共关系,但若顾客分布地区较分散或销售路线过长,往往使推销费用过大。

### (四)综合结构型

综合采用上述三种结构形式来组织全球市场推销人员。在企业规模大、产品多、市场范围广和顾客分散的条件下,上述三种单一的形式都无法有效地提高推销效率,则可以采取综合结构型推销方式。比如,美国一些大公司根据产品和市场特点,对东亚、东南亚、西亚、非洲等地区多采用地区结构型推销方式,而对西欧、日本、澳大利亚和拉美地区,则更多地采用产品结构型、顾客结构型和地区结构型相结合的形式组织人员推销。

## 三、全球市场推销人员的管理

全球市场推销人员的管理主要包括选拔、培训、激励、评估各环节。

### (一)全球推销人员的选拔

#### 1. 全球推销人员的来源

一般来说,全球推销人员主要来自本国、东道国或第三国。就来自本国的推销人员而言,他们对企业及母国的情况较为熟悉,在与母公司的沟通方面无障碍,但与东道国各界的沟通中存在严重的障碍;来自东道国的推销人员可与当地公众保持良好的沟通,且熟悉东道国环境,但他们在母公司指令的理解及与母公司的沟通上有一定的障碍;而来自第三国的推销人员则可能在以上两方面都存在不足,不过,有些国际旅行推销人员可能具有较丰富的推销经验。

#### 2. 全球推销人员选拔的标准

全球推销人员的选拔并没有千篇一律的标准,全球营销专家沃尔什曾提出过选拔推销人员的六条标准:决断能力、调查能力、文化环境适应能力、独立工作能力、身体素质、外语能力。

从总体上看,全球推销人员应具备良好的思想品质、心理素质和业务素质。在这里,思想品质和心理素质尤为重要,因为它关系到推销人员的工作态度、对待顾客的心态等,不仅会影响产品的销售,而且可能影响推销人员乃至产品和企业在市场上的形象,而业务素质是可以通过培训得到提高的。

### (二)全球推销人员的培训

#### 1.培训的地点与培训内容

推销人员的培训既可在目标市场国进行,也可安排在企业所在地或者企业地区培训中心进行。跨国公司的推销人员培训多数是安排在目标市场国,培训内容主要包括产品知识、企业情况、市场知识和推销技巧等方面。若在当地招聘推销人员,培训的重点应是产品知识、企业概况与推销技巧。若从企业现有职员中选派推销人员,培训重点应为派驻国市场营销环境和当地商业习惯等。

#### 2.对高科技产品推销人员的培训

对于高科技产品,可以把推销人员集中起来,在企业培训中心或者地区培训中心进行培训。因为高科技产品市场在各国具有更高的相似性,培训的任务与技术要求也更加复杂,需要聘请有关专家或富有经验的业务人员任教。

#### 3.对推销人员的短期培训

由于科学技术的发展,新技术、新工艺和新产品不断涌现;由于市场供求关系或者竞争态势的变化,企业需要调整推销计划或者开拓新市场。为此,就需要对推销人员进行临时性的短期培训。对于这类性质的培训,企业既可采取组织巡回培训组到各地现场培训的方法,也可将推销人员集中到地区培训中心进行短期集训。

#### 4.对海外经销商推销人员的培训

企业在全球市场营销活动中,经常利用海外经销商推销产品。为海外经销商培训推销人员,也是工业用品生产厂家常常要承担的任务。对海外经销商推销人员的培训通常是免费的,因为经销商推销人员素质与技能的提高必然会带来海外市场销量的增加,生产厂家与经销商均可从中受益。

### (三)全球推销人员的激励

对海外推销人员的激励,可分为物质奖励与精神鼓励两个方面。物质奖励通常指薪金、佣金或者奖金等直接报酬形式,精神鼓励有进修培训、晋级提升或特权授予等多种方式。企业对推销人员的激励,应综合运用物质奖励和精神鼓励等手段,调动海外推销人员的积极性,提高他们的推销业绩。例如,菲利浦·莫里斯公司在委内瑞拉市场的做法是定期公布最佳推销人员的销售成绩,给予金钱奖励,并为销量居前四名的推销人员举行宴会进行表彰。

对海外推销人员的激励,更要考虑到不同社会文化因素的影响。海外推销人员可能来自不同的国家或地区,有着不同的社会文化背景、行为准则与价值观念,因而对同样的激励措施可能会做出不同的反应。有一研究表明,在日、美两国一些具有可比性的公司销售代表中,日本人比美国人更注重社会认可,而美国人更注重个人成长与发展。

### (四)全球推销人员业绩的评估

对于海外推销人员的激励,建立在对他们推销成绩进行考核与评估的基础上。但是企业对海外推销人员的考核与评估,不仅是为了表彰先进,还要发现推销效果不佳的市场与人员,找出问题,分析原因,加以改进。人员推销效果的考核评估指标可分为两个方面:一种是直接的推销效果,比如所推销的产品数量与价值、推销的成本费用、新客户销量比例等;另一种是间接的推销效果,如访问的顾客人数与频率、产品与企业知名度的增加程度、顾客服务与市场调研任务的完成情况等。

企业在对人员推销效果进行考核与评估时,还应考虑当地市场的特点以及不同社会文化因素的影响。比如,产品在某些地区可能难以销售,则要相应地降低推销限额或者提高酬金。若企业同时在多个海外市场上进行推销,可按市场特征进行分组,规定小组考核指标,从而更好地分析比较不同市场条件下推销人员的推销成绩。

营销传播

# 第三节 全球市场营业推广决策

## 一、全球市场营业推广的特点和形式

### (一)全球市场营业推广的特点

全球市场营业推广是指除了人员推销、广告和公共关系等手段以外,企业在全球目标市场上,为了刺激需求、扩大销售而采取的能迅速产生激励作用的促销措施。

全球营业推广与其他的促销手段相比,具有以下特点。

**1. 直接性**

与其他促销方式相比,营业推广可以使广大潜在消费者更直接地接近企业的产品,它往往能直观地展示产品,使潜在顾客了解产品并接受产品。

**2. 刺激性强**

营业推广方式往往能带给潜在顾客比其他促销方式更多的实惠,具有较强的刺激性。例如,免费试用、赠品、有奖销售等,这在一些发展中国家尤其受欢迎。但必须注意的是,营业推广的某些方式不仅在有些国家达不到刺激购买的效果,而且可能带来负面效果。

**3. 灵活性强**

营业推广的方式多种多样,企业既可灵活选择已有的推广方式,也可根据市场特点和产品特点,创造一些有效的营业推广方式。

**4. 整体性**

营业推广必须与其他的促销手段综合加以运用才能达到预期的效果。如开展营业推广活动时,要培训相应的推销人员,要进行广告宣传。企业还可将营业推广与公共关系活动结合起来。

**(二)全球市场营业推广的形式**

营业推广的形式非常多,常被作为广告、人员推销的一种补充,不仅在发达国家的运用十分普遍,而且在一些经济文化落后或对广告限制比较严格的国家或地区,具有非常独特的作用。全球营销中最常用的营业推广形式如下。

**1. 针对消费者的营业推广**

(1)免费样品。一般在新产品上市之初,企业向消费者免费送出一定量的样品,以使产品能尽快地被消费者所了解和接受。这种做法在欧美各国非常流行。

(2)折价券。企业用商品的包装或广告或邮寄的方式向顾客赠送小面额的折价券,持券人可凭券在购买某种商品时得到优惠。

(3)现金兑换。消费者在购买产品后,可凭一定的票据向制造商索取折扣。

(4)竞赛抽奖活动。通过竞赛或抽奖活动,将奖品发给优胜者,吸引消费者参与。

(5)交易印花。消费者每购买单位商品就可获得一张印花,筹集到一定数量的印花后,就可换取这种商品或奖品。

(6)附送赠品。按消费者购买商品的金额比例赠送同类产品或其他廉价品。

(7)售点促销。放置于销售点的宣传广告。

**2. 针对中间商的营业推广**

(1)合作广告。企业向经销商提供详细的产品技术宣传资料,帮助经销商培训销售技术人员,协助店面装潢设计,等等。

(2)交易推广。通过折扣或赠品形式来促进与经销商的合作。

(3)现场演示。企业安排经销商对产品进行特殊的现场表演、示范及提供咨询服务。

(4)业务会议和贸易展览。邀请中间商参加定期举行的行业年会、技术交流会、产品展览会等,传递信息,加强双向沟通。

(5)经销商竞赛。企业采用现金、实物、旅游等形式刺激经销商以达到促销之目的。

**3. 针对全球市场推销人员的营业推广**

(1)红利及利润分成。企业与推销人员对产品销售数量进行协商,并根据实现销售的程度给予推销人员一定比例的利润分成。

(2)推销补贴。企业对推销人员开拓新的或难度较大的市场进行适当的经费补贴,以达到激励推销人员的目的。

(3)推销竞赛。通过现金、旅游、精神表彰等形式鼓励推销人员提升推销热情,达到促销的目的。

## 二、全球市场营业推广决策

企业要制订一套良好的全球市场营业推广策略,不只是选择一种或几种推广方式,还要结合产品、市场等方面的情况,慎重确定营业推广的地区范围、鼓励的规模、推广的目标、推广的时机和期限、推广预算以及不同国家法律文化习俗等方面的限制,在营业推广实施过程中和实施结束以后,企业还有必要不断地进行营业推广效果评价,以调整企业的营业推广策略。

## (一)营业推广的对象与规模

一般情况下,企业营业推广的刺激对象应是企业现有的和潜在的顾客,他们最能有效地扩大企业销售,有时也可以是其他的消费者或公众。在此基础上考虑确定营业推广的规模,规模太小不易引起消费者的注意或兴趣,规模过大虽能引起较高的刺激水平和更多的销售反应,但相应地会增加成本,反而会使效益递减。因此,企业应在权衡预期的成本、收益的基础上确定合理的促销规模。

## (二)营业推广的时机和期限

营业推广时机的选择对于促销的成功是相当重要的。不同的产品和市场条件应选择不同的促销时机,如新产品的推出和在竞争激烈的市场条件下滞销产品的快速售出等应选择不同的时机。

营业推广时限的长短也很重要。时间太短,相当数量的潜在顾客可能无法购买,从而难以达到预期的促销效果;持续时间太长,会增加促销成本,降低对消费者的吸引力,也难以收到理想的促销效果。企业应考虑产品的性质特点、市场竞争和销售状况、消费者的购买习惯、消费的季节性等因素把握营业推广的实施时机和期限。

## (三)营业推广的目标

推广目标主要是指企业开展营业推广所要达到的目的和期望。推广目标必须依据企业的全球市场营销战略和促销策略来制订。每一次的营业推广活动都有其目标。营业推广的目标不同,其方式、期限等都不一样。比如,针对国内外中间商的营业推广,其目标与方式有以下几种:诱导、吸引国内出口商、国外进口商和中间商等购买新品种和大批量购买,可以采用推销奖金、联营专柜、赠送样品和资料等手段;鼓励国外老客户和新市场的新客户续购、多购,可以采用购货折扣、合作广告、推广津贴、特别服务、分期付款、发放奖券等手段;为了建立企业与出口商、国外进口商、经销和代理商的良好关系,培养他们对企业的忠诚和偏爱,除了加强业务往来和物质刺激以外,还要重视非业务往来和精神激励,比如举办联谊会、恳谈会;在主要的节日和喜庆之日,赠送礼品和贺信;在资金上给予融通;邀请中间商来本国旅游、观光;等等。

## (四)要注意各国的法律和文化习俗方面的限制

企业在国外市场运用营业推广的方式促销时,应特别注意各国法律对此类活动的限制,如德国禁止赠品,法国禁止抽奖,意大利禁止现金折扣,其他有些国家的法律限制零售的折扣率,等等。

营业推广的形式多种多样,但各种方式在不同国家受欢迎的程度及有效性是有很大差异的。有研究表明,在法国最有效的形式是商店降价、免费样品和交易折扣,在德国最有效的形式是商店降价、展销和交易折扣,在西班牙最有效的形式是附送赠品,等等。企业应注意了解和掌握在目标市场国行之有效的形式。

### (五)营业推广的预算

制订营业推广预算开支主要有两种方法:一种方法是根据制订的营业推广方案来估算确定预算开支;另一种方法是从总的促销费用中按一定比例提取,用于营业推广。

企业在制订出营业推广的方案后,需要在小范围市场内进行测试,测试成功后方可进入全面实施阶段。在这个过程中,企业应注意收集反馈信息,及时了解产品的销售情况、竞争者和消费者的反应以及出现的种种问题,进而对营业推广方案进行必要的调整和实施控制。

### 专栏 12-6 黑色星期五 (美国商场的圣诞促销)

美国圣诞节大采购一般是从感恩节之后开始的。感恩节是每年 11 月的第四个星期四,因此它的第二天也是美国人大采购的第一天。在这一天,美国的商场都会推出大量的打折和优惠活动,以在年底进行最后一次大规模的促销。因为美国的商场一般以红笔记录赤字,以黑笔记录盈利,而感恩节后的这个星期五人们疯狂地抢购使得商场利润大增,因此被商家们称作"黑色星期五"。商家期望通过从这一天开始的圣诞大采购为这一年获得更多的盈利。

关于"黑色星期五"的由来有多种说法,其中一种就是指黑压压的一片人在感恩节后的星期五去商场排长队购物。较普遍的一种说法是,由于这一天是感恩节(11 月第四个星期四)后开业的第一天,之后就是美国传统而盛大的圣诞节,人们通常由此开始圣诞节大采购,很多商店都会顾客盈门从而有大额进账。而传统上用不同颜色的墨水来记账,红色表示亏损即赤字,黑色表示盈利,把这个星期五叫作"黑色星期五",用以表示期待这一天会有盈利。因为商店的打折活动一般都在感恩节结束的午夜(即周五零点)开始,即感恩节的次日,想买便宜货的人必须摸着黑冲到商场排队买,这也可以视为"黑色星期五"的另一个来历。这种行为有个非常形象的说法,叫 Early Bird(早起的鸟儿)。

### 三、国际会展

国际会展是全球营业推广中的主要形式,它以其"短、平、快"和集中影响的宣传促销效果吸引了众多的厂家、商家和广大顾客。在发达国家,企业通过参加会展进行产品推广已成为重要营销活动。例如,在德国,企业将参展作为生产研发之后的头等大事,它们认为没有哪一项商业活动能够像参展这样每天可以与数十个客户面对面交谈,并最终促成签约。

## (一)国际会展的特点和类型

### 1.国际会展的特点

国际会展具有其他促销手段所不具有的特点,这些特点如下。

(1)真实性。国际会展传递信息的媒体是展品,其中主要是产品实物,因此传递的信息具有真实性。

(2)交流的多向性。国际会展是国际上最常用的促销形式,因为在会展上促销的产品形象、生动、直观,能在参展者与参观者之间、参展者与参展者之间以及参观者与参观者之间形成最直接的沟通,具有很强的说服力。

(3)聚集性。国际会展是将不同国家或同一国家许多厂商的全球产品集中在同一场所进行展示,可聚集信息和人气,实现规模效应。

(4)综合性。国际会展利用一切可以传播产品信息的工具和手段,形成一种综合、立体和复合的传播系统,最大限度地刺激顾客心理。

(5)社会性。国际会展常由大型企业和政府出面主办,往往会构成新闻事件,被新闻媒体报道,进一步增加了会展的宣传促销效果。

### 2.国际会展的类型

国际会展按不同的标准有不同的分类。

按展览地点划分,可以分为国际、全国、地区、本地四个层次。本地会展的规模相对小,旨在吸收附近的参观者,如各城市举办的房展会等;地区性会展一般是全国性会展的一部分;国际性会展的参展商和参观者往往来自许多国家。

按展览内容划分,可以分为综合性会展和专业性会展。综合性国际会展规模大、项目多、内容全面、综合概括性强。专业性会展的主题性比较强,是针对具有集中兴趣的顾客而举办的,其规模一般要小于综合性会展。随着经济的迅速发展,会展市场的逐步完善,众多的会展为参展商提供了丰富的参展机会,参展商对市场细分的需求越来越迫切,专业性的会展成为会展的主流,几乎每个行业都有自己的会展。西方发达国家的会展已经完成从综合性会展向专业性会展的转型。

## (二)国际会展的决策

### 1.办展与参展的决策

参与全球营销活动的企业自己办展,往往有以下优点:可以更全面完整地向国际市场展示企业及其产品,有利于迅速在国际市场上树立企业形象,有利于展现企业的实力和竞争力。

但是,企业要单独办展必须具备以下条件:首先,企业在国际上具有较高的知名度和影响力;其次,有办展的需要,企业应当拥有众多的产品或业务,需要或值得花费精力和资金自己举办;再次,举办地应有较大的市场或市场潜力较大;最后,企业拥有办展的各方面能力,包括资金力量、组织能力和协调能力等。而不具备以上条件时,企业可通过参展的方式达到目的。

参加他人举办的国际会展有以下优点：可利用办展者的国际市场声望来提升参展者的国际形象；与办展相比，参展的成本往往要低得多，而且没有条件限制，选择面较广。

**2. 国际会展促销决策**

会展是一项极为复杂的系统工程，受制因素很多。从制订计划、市场调研、展位选择、展品征集、报关运输、客户邀请、展场布置、广告宣传、组织成交直至展品回运，形成了一个互相影响、互相制约的有机整体，任何一个环节的失误，都会直接影响展览活动的效果。因此，掌握国际会展促销的策略至关重要。

企业的国际会展促销策略从程序上来看，主要包括明确参展目的、选择会展、会前活动、会中活动、会后活动、营销策略效果评估以及作为补充的网上展览等。

**专栏 12-7**

拉斯维加斯会议展览中心（Las Vegas Convention Center）是目前世界上最繁忙最先进的多功能场馆之一。位于拉斯维加斯山谷的中心地带，拥有 30 万平方米的展览大厅，可容纳 100000 人以上，中心由 LVCVA 公司运营，以其多功能性闻名于全球，有超过 190000 平方米的展览面积，144 个会议厅（超过 23000 平方米）可容纳 20—2500 人。会展中心可在步行距离内提供 1.8 万间客房，在 3 英里范围内提供 5 万间客房。一个豪华的休息厅及登记处连接现有的展厅和预计修建的展厅以及会议室，使中心可以随意调整场地以适应多种会展需求。

**Las Vegas Convention Center 展厅**

# 第四节　全球市场公共关系决策

## 一、全球市场公共关系的特点

全球市场公共关系是指企业通过一系列活动与全球市场上的公众进行信息沟通，使企业与公众相互了解，消除公众与企业之间的隔阂，并在公众中树立良好的企业及其产品形象，以促进企业产品销售的活动。一般来说，相比较其他促销手段来说，全球市场公共关系具有以下特点：

第一，公共关系是一定社会组织与其相关的社会公众之间的相互关系。全球营销企业作为公关活动的主体，其公关活动的对象，既包括企业内部职工、股东等公众，又包括企业外部的顾客、竞争者、新闻界、金融界、政府各有关部门，以及其他社会公众。这些公关对象构成了企业公关活动的客体。企业与公众对象关系的好坏直接或间接地影响企业的发展。

第二,建立公共关系的目标是在社会公众中创造良好的企业形象和社会声誉。企业以公共关系为促销手段,是利用一切可能利用的方式和途径,让社会公众熟悉企业的经营宗旨,了解企业的产品种类、规格以及服务方式和内容等有关情况,使企业在社会上享有较高的声誉并树立较好的形象,促进产品销售的顺利进行。

第三,公共关系的活动以真诚合作、平等互利、共同发展为基本原则。公共关系是以一定的利益关系为基础的,这就决定了主客双方必须均有诚意,平等互利,并且要协调、兼顾企业利益和公众利益,这样才能满足双方需求,以维护和发展良好的关系。

第四,公共关系是一种信息沟通,是创造"人和"的艺术。公共关系是企业与其相关的社会公众之间的一种双向的信息交流活动。企业从事公关活动,能沟通企业上下、内外的信息,建立相互间的理解、信任与支持,以及协调和改善企业的社会关系环境。

第五,公共关系是一种长期活动。公共关系的效果不是急功近利的短期行为所能达到的,需要连续地、有计划地努力。企业要树立良好的社会形象和信誉,不能拘泥于一时一地的得失,而要追求长期稳定的战略性关系。

## 二、全球市场公共关系的任务

全球市场公共关系的中心任务是树立和维护企业良好的公众形象。具体地讲,企业的全球公关工作的主要任务如下。

### (一)宣传企业

企业可以向公众提供自己印制或正式出版的宣传品(书面资料或音像资料),向公众介绍企业、企业的产品以及企业所做的对公众有利的事情。还可以利用大众媒体为企业进行宣传,以建立企业良好的形象。如果能争取到新闻媒体的主动报道,则这种宣传的可信度会更高。

### (二)加强与社会各方面的沟通和联系

企业通过与当地政府、经销商、社会事业人士和团体、消费者联系,增进了解,加深感情。有的企业建立与全球市场目标公众固定的公开往来制度,经常向他们说明本企业对顾客、公众和社会可能做出和已经做出的贡献。为了完成这项任务,企业可以在全球社会开展一些赞助、捐赠、竞赛等活动,如赞助体育运动会,向社会团体赠送礼品,向对社会有突出贡献的组织和个人颁发奖金,为公用事业捐款,扶持残疾人事业,支持文化、教育、卫生事业建设,等等。

### (三)意见反馈

建立与公众之间的联系制度,答复他们向本企业提出的各种询问,提供有关本企业情况的材料,对任何来访、来电和来信的人,进行迅速、有礼、准确、友好的接待。

### (四)应付危机,消除不利影响

当企业的全球市场营销战略发生失误,或出现较大的问题时,可以利用公共关系给予补救;对不利于本企业发展的社会活动和社会舆论,要运用公共关系进行纠正和反驳。

在全球营销的实际工作中,各企业应根据不同时期不同的市场情况,确定公关关系的具体任务和公关方法。

### 专栏 12-8 Jeep 供应商拖欠酬劳

2020 年 10 月 16 日,微博博主"熊小默"发文称:"Jeep 一共欠我 174000 元人民币整,这笔钱已经欠了 16 个月。""熊小默"表示,2019 年初,汽车品牌"Jeep 中国站"委托它下属的签约内容供应商激创广告向其咨询一个紧急的项目。客户想请其给这个项目拍摄一个视频,但"熊小默"忙不开,所以推荐了另外 5 位博主给 Jeep。

"熊小默"表示,作为这个项目的临时召集人,他担起了策划、对接和统筹的工作,并代表大家和激创广告签订了一份合同。因为上线日期紧迫,客户表示只能先给一点预付款,事后三个月再付尾款。"熊小默"表示:"2018 年我曾和 Jeep 有过一次合作,那条视频在我自己看来,是全微博最好的汽车生活 vlog。可那次催账的过程也格外痛苦,我天天'跪'在微信群里乞讨,后来才把报酬要回来。因此,为了我的 5 个朋友免受'熊小默'同款委屈,我当时个人垫付了他们的全部报酬。"

"澎湃创想 BOOMBOX""摄影师柏霖""音乐人马海平""人物及旗下""每日人物"等微博博主均表示被 Jeep 拖欠款项。

2020 年 10 月 20 日午间,"Jeep 中国站"发声明回应称,广汽菲亚特克莱斯勒汽车销售有限公司(下称"我司")一贯按照合同规定,履行对前供应商"上海激创广告有限公司"(下称"激创")的付款义务,不存在任何逾期付款的情形。

"Jeep 中国站"称:"我司从未对'激创'的应收款项提出打折支付要求,也从未要求'激创'打折结算 KOL 的合作费用。在事情发生后,我司立刻开展与'激创'沟通,要求该公司立刻停止相关不当操作。""Jeep 中国站"表示:"对于'激创'拖欠的 KOL 费用,我司已委托新供应商处理,将于 10 月底前联系涉及的 KOL,澄清了解薪劳问题争议,并将按照相关合同或者协议尽快推进全额支付(不包括我司已支付'激创'的项目)。""Jeep 中国站"还表示:"对于本次'激创'拖欠薪资事件的相关方,也可以邮件联系,提供相关信息。同时,我司将进一步加强供应商风险管理,避免类似酬劳问题再度发生。"

资料来源:腾讯网 https://new. qq. comraina/yek202010210054980e。

## 三、全球市场公共关系方法

全球市场公共关系以一定的公关目标和任务为核心,将若干种公关媒介与方法有机地结合起来,形成一套具有特定公关职能的工作方法。按照公共关系的功能不同,全球市场公共关系方法可分为 5 种。

### (一)宣传性公关

它是指运用报纸、杂志、广播、电视等各种传播媒介,采用撰写新闻稿、演讲稿、报告等形式,向社会各界传播企业有关信息,以形成有利的社会舆论,创造良好的气氛。这种方式传播面广,推广企业形象效果较好。

### (二)征询性公关

这是运用开办各种咨询业务、制订调查问卷、进行民意测验、设立热线电话、聘请兼职信息人员、举办信息交流会等各种形式,通过连续不断的努力,逐步形成效果良好的信息网络,再将获取的信息进行分析研究,为经营管理决策提供依据,为社会公众服务。

### (三)交际性公关

通过语言、文字的沟通,为企业广结良缘,巩固传播效果。可采用宴会、座谈会、招待会、谈判、专访、慰问、电话、信函等形式。交际性公关具有直接、灵活、亲密、富有人情味等特点,能深化交往层次。

### (四)服务性公关

通过实惠性服务,以行动去获取公众的了解、信任和好评。这样不仅有利于促销,还有利于树立和维护企业的形象与声誉。企业可以以各种方式为公众提供服务,如消费指导、消费培训、免费修理等。

### (五)社会性公关

通过赞助文化、教育、体育、卫生等事业,支持社区福利事业,参与国家、社区重大社会活动等形式,来塑造企业的社会形象,提高企业的社会知名度和美誉度。这种公关方式公益性强,影响力大,但成本较高。

# 第五节  全球市场直复营销决策

## 一、全球市场直复营销的概念

直复营销(direct marketing)又译作"直接营销",也被称为直接订货营销(direct-order marketing)。它是一种将广告活动和销售活动统一在一起的营销方式。其做法是营销者通过一定的媒体把相关的商业广告信息传达给可能对其有兴趣的消费者,并提供一种回复工具(如免费电话、订单等)方便顾客订货。

与其他促销方式相比,直复营销突出的特点如下。

### (一)互动性

直复营销的工作人员和目标客户之间是进行"双向信息交流"的,而在传统的市场营销活动中,营销人员却只能进行"单向信息传递"。所以,传统的市场营销人员存在着很大的决策误差。而在直复营销中,营销人员则能根据市场营销活动的效果和反馈信息进行交流,再行决策,从而避免了营销决策的盲目性。

### (二)针对性

直复营销并不是完全采取大众营销策略以促使许多人购买某件产品的,而是努力创造出一个稳定的、经常购买的消费者群。直复营销的关键是顾客数据库的建设。顾客可以获得一份制作、创意皆属上品的直接信函,如果寄错了对象,结果一定全军覆没。企业的顾客数据库应十分详尽且是最新的顾客资料,凭借这些信息可以给产品进行准确定位,有针对性地选择营销的对象,制作促销信息,以达到说服顾客购买的目的。顾客也因此会感到自己很受公司重视,而产生一种优越感,这是其他促销方式难以比拟的。

### (三)效果可测性

直复营销的效果是可以测评的。顾客可通过多种方式,例如电话反馈、直接邮购等,将自己的意见反馈给直复营销人员。这种可衡量性可以使直复营销人员确切地知道何种信息交流方式使顾客产生了反应行为,并且能知道反应的具体内容是什么。这种来自市场的第一反应,将成为营销人员第二反应的基础和动因。不仅如此,更重要的是这种第二反应的获得成本是很低的。

### (四)通路的广泛性

直复营销的通路是广泛的,这种广泛性是一种市场的开拓能力和开拓途径。这种优势是传统营销所不具备的。不仅如此,在直复营销中,营销人员已经开始意识到维系良好的客户关系的重要性,建立一个稳定、经常购买的消费者群。为了吸引经常购物的顾客,并且促使他们建立对自己品牌的忠诚度,直复营销人员在实践中还总是试图将营销手段变得更富有人情味。

## 二、全球市场直复营销的形式

20世纪80年代以来,随着通信技术、网络技术及信用手段的快速发展,直复营销获得了空前的发展,现已被世界所有发达国家的几乎所有企业普遍采用,甚至被称为21世纪最具发展潜力的营销模式。其形式也不再局限于邮购活动,而变得越来越丰富,常见的直复营销的形式主要有如下方式。

### (一)直接邮寄(direct mailing)

直接邮寄通常指企业将广告信息印刷成信件或宣传品,直接邮寄或送达目标顾客的方式。具体的做法和送达方式有邮寄宣传品、专人逐户投递传单、企业宣传彩页、企业拍卖或展示活动的邀请等。

除邮寄书面的广告外,现在还有两种新的、应用非常普遍的传递方式如下。

**1. 传真邮件(fax-mail)**

即用传真机将一方的书面文件通过电话线传到另一方。如全球营销中常需用传真机向对方发送报价单、产品目录等。

**2. 电子邮件(E-mail)**

即通过计算机网络传输信息和文件。电子邮件传递不受国界的限制,传输速度快,成本低。

### (二)目录营销(catalog marketing)

目录营销是直接邮寄广告的一种特殊形式,指企业向目标顾客邮寄产品目录,一般是印刷品,有时也有光盘、录像带、在线信息等,以期获得对方直接反应(电话订购、信函或传真订购)的营销方式。

适合目录营销的产品包括服装、饰品、家居用品、图书等,目录中可以包含产品的图片,以及品质、规格和用途的说明,信息量大,有利于顾客进行比较和挑选。制作精美的目录有利于刺激顾客购买。

### (三)电话营销(telemarketing)

电话营销就是运用电话作为信息沟通的媒介,以期获得目标顾客直接反应的营销方式。电话的普及,尤其是 800 免费电话的开通使消费者更愿意接受这一形式。现在许多消费者通过电话咨询有关产品或服务的信息,并进行购买活动。电话已成为一种主要的直复营销工具。

### (四)电视营销(television marketing)

电视营销指通过电视购物节目或家庭购物频道推销产品或服务。在美国,家庭购物网(HSN)是最大的购物频道,该频道一天 24 小时播放电视购物节目。产品类别从珠宝、台灯、玩具娃娃、服饰到电动工具、电子消费品等。顾客可通过免费电话订购商品,所订购的商品则在 48 小时内送到。

### (五)网络营销(online marketing)

网络是目前最先进的直复营销媒体,其传播范围广且不受时间的限制,沟通最为方便快捷。目前,书籍、计算机软硬件、旅游服务等已普遍开展了网上营销业务,给消费者和企业带来了巨大的便利性。

网络营销的特点是,它提供图文并茂的用户界面,如果用户想要浏览或订购商品,所要做的就是按动鼠标进行点击,操作非常方便快捷。

## 三、制约全球市场直复营销的主要因素

直复营销在美国、西欧、日本等发达国家及地区发展非常迅猛,已被广泛应用。据美国直复营销协会统计,顾客每年通过直复营销形式的购买花费达 2000 亿美元,直复营销的发展速度已达整个零售业发展速度的两倍。但在中国等许多发展中国家,直复营销尚处于生命周期的导入阶段,其蓬勃发展还需要一定的时间。主要的制约因素如下。

### (一)传统消费观念和休闲方式的影响

在传统消费观念下,消费者愿意到商店去选择、购买所需的商品,而直复营销则是一种时空分离的购买方式,与传统的零售方式有很大的不同,消费者还需要一个接受、适应的过程。

从休闲方式上看,美国人的休闲消费在世界上水平很高,美国消费者认为,去商店买东西要花上好几个小时,耗费相当的精力,意味着休闲时间的浪费。而通过直复营销购物则只需在家看看目录、打个电话等,就可以等着送货,省心、省力,又省时间。而在许多发展中国家,消费者的收入水平和消费水平较低,逛街购物还是消费者重要的、经济的休闲娱乐方式之一。

### (二)企业运作和商业信誉方面的问题

比如邮购这种方式,常常吸引一些不法之徒,他们买空卖空,骗取钱财,通过邮购欺骗消费者的事情时有发生。还有不少消费者投诉电视直销公司胡乱夸大商品的功能,电视直销存在节目内容平庸、格调低下、商品质量与价格背离、售后服务得不到保证等问题。除此之外,还有垃圾邮件的泛滥、对消费者隐私的侵害等,都对直复营销的发展构成了很大的障碍。

### (三)相关的法律制度不够健全规范

直复营销行为具有一定的隐蔽性,出了问题不易查找。发达国家都制定有专门的《直销法》等法律法规来规范直复营销公司和直复营销人员的行为,并保护消费者权益,但发展中国家相关的法律制度亟待建立和完善。

### (四)基础设施条件的限制

直复营销之所以能在发达国家迅速发展,得益于其成熟的市场条件、先进的科技手段和发达的媒体传载功能。但在许多发展中国家这些条件往往并不具备,信息基础设施的现行水平较低,使得直复营销的现代化方式不能充分体现;物流配送运输方式的落后和不协调,导致客户从发出订单到收到货物的周期过长和成本过高;信用卡普及率不高,给支付和结算造成一定的困难。

上述种种原因,使得直复营销在各个国家的适用条件会有很大的差异,因此企业需要根据具体国家的实际情况,灵活地选择适宜的沟通方式和工具。

直复营销:中国邮政

◆ 本章小结

全球市场营销中,由于各国的文化、习俗、法律体系等不同,增加了买卖双方沟通的复杂性,因此有效的沟通十分重要。全球市场沟通包括广告、人员推销、营业推广、公共关系和直复营销 5 种手段,企业应对其进行有机组合和运用。

全球广告是全球市场沟通的一种重要手段。企业在制订全球广告策略时,应特别注意各国社会文化、语言、消费者媒体习惯、政府法律等对广告的限制。全球广告决策的关键是对采用标准化、当地化策略或标准化与当地化相结合的策略做出选择。通常企业还要考虑全球广告媒体的选择和广告预算制订的问题。

全球市场人员推销是指全球企业向目标市场国派出推销人员或委托、聘用当地和第三国的推销人员直接与顾客或潜在顾客接触、洽谈,并说服其购买本企业产品的促销活动。与其他全球促销方式相比,全球市场人员推销具有信息传递的双向性、推销目的的双重性、推销过程的灵活性、利于买卖双方建立良好的关系和友谊等特点。

全球市场营业推广一般分为直接对消费者营业推广、直接对中间商营业推广和直接对全球市场推销人员的营业推广三类。企业应制订一套良好的全球市场营业推广策略。全球会展是全球促销中的主要形式,它具有真实性、交流的多向性、聚集性、综合性和社会性等特点。全球企业应根据自身情况和展会类型做出办展或参展,以及全球会展促销的决策。

公共关系在全球市场促销中起着十分重要的作用。全球公共关系的对象涉及顾客、经销商、新闻界、政府机构企业内部职工等多方面。全球市场公共关系的主要任务有宣传企业、加强与社会各方面的沟通和联系、应对危机、消除不利影响等。

直复营销是一种将广告活动与销售活动统一的营销方式。与其他促销方式相比,其突出的特点是互动性、针对性强,效果可测性,通路的广泛性。直复营销的形式主要有直接邮寄、目录营销、电话营销、电视营销、网络营销。

## ◆案例分析

### 瑞士氢能创新 STOR-H 亮相 2020 进博会,打造出行新生态

在新冠肺炎疫情影响下,世界各国的可持续发展进程与生态环境正面临着前所未有的挑战,而氢作为一种低碳、清洁的能源载体,对解决 21 世纪的能源低碳化、交通电气化难题具有关键作用,也为各国在后疫情时代向低碳、具有韧性的经济体转型提供宝贵的机遇。如今,氢能及燃料电池汽车正成为全球主要汽车生产国家和地区争相部署的重要战略方向。

如今,氢能产业在中国正进入快速发展阶段,在政府的大力支持下,其产业化落地进程不断加快。2020 年 10 月 9 日国务院常务会议通过了《新能源汽车产业发展规划》:2021 年起,国家生态文明试验区、大气污染防治重点区域新增或更新公交、出租、物流配送等公共领域车辆,新能源汽车比例不低于 80%,氢燃料汽车也被纳入新能源汽车"三纵"之列,这给氢能产业赋予了更多的信心。

氢能将成为中国能源体系的重要组成部分。预计到 2050 年氢能在中国能源体系中的占比约为 10%,氢气需求量接近 6000 万吨,年经济产值超过 10 万亿元。全国加氢站达到 10000 座以上,交通运输、工业等领域将实现氢能普及应用,燃料电池车产量

达到 520 万辆/年,固定式发电装置 2 万台套/年,燃料电池系统产能 550 万台套/年。氢能源行业将迎来前所未有的发展机遇。

世界各国的氢能产业也早已起步,其中欧洲的氢能产业发展不容小视,欧盟已有 14 个成员国制订了各自的氢能发展规划。

2020 年的中国国际进出口博览会也吸引了来自众多国家的新能源产业的企业和协会参加。其中,一家来自瑞士的氢能行业领军者 AAQIUS 及其子公司 STOR-H Technologies SA 便带来了诸多新品,并期待通过展会结识更多来自中国的企业及政府组织,共同交流并发展氢能行业,倡导氢能零碳出行,为消费者带来更为绿色环保的生活体验。

STOR-H Technologies SA 成立于 2017 年,是从 AAQIUS 高科技公司分拆出来的一家公司,拥有广泛的固态储氢和系统集成专业知识。STOR-H Technologies SA 整合了 AAQIUS 所有与氢能相关的资产和资源。这是新能源、氢燃料的先驱者 AAQIUS 历经 8 年研发后推出的一种新的零二氧化碳能源标准,通过使用颠覆性、专有的氢存储技术为城市和轻型交通赋能。

STOR-H Technologies SA 的产品极具创新性,并在全球范围内受 155 项专利保护,STOR-H 的核心技术是以极低的压力,将"绿色环保"的氢气储存于方便携带的储罐中。这些采用 STOR-H 技术的储氢罐属于即插即用型,可用于 2、3 或 4 轮轻型车辆,在数秒钟内更换。每个储氢罐支持的最大行驶范围约为 50 公里,可重复使用 5000 次,可 100% 回收。

这些储氢罐可放置在自动贩售机内进行分销,无须昂贵且占地的基础设施,用户可通过智能手机 App 获取清洁能源。消费者还可通过便携式家用充氢设备在家中或办公室为储氢罐充氢。高品质的技术、互联网数字化的服务,为用户带来现代、优质的使用体验,有效管理出行和能源需求。

STOR-H 十分注重中国市场,其在华目标是打造本地化的完整的 STOR-H 绿色氢生态系统。其实早在 2017 年,STOR-H Technologies SA 及其母公司就在法国总统特使、法国前总理拉法兰先生与十届全国人大副委员长顾秀莲女士的共同见证下,与正星科技股份有限公司在"一带一路"国际合作高峰论坛期间的中法能源企业间战略合作签约仪式上,正式签订战略合作协议。正星科技股份有限公司是中国加油机制造业的龙头企业。这在中欧共建清洁能源合作领域起到示范、引领作用。

而 2020 年 11 月 5 日—11 月 10 日,STOR-H Technologies SA 再次来到中国,参加中国国际进出口博览会,亮相国家会展中心(上海)技术装备展区 4.1 馆 C6-002 展位。作为首次参加中国国际进出口博览会的高科技能源企业,将带来其技术先进的氢能源产品,包括其生态系统中的主要设备。

为了全面实现业务本地化,STOR-H 目前正积极寻找优秀的合作伙伴,共同在中国市场部署这项能源标准。此次亮相 2020 中国国际进出口博览会,STOR-H Technologies SA 还与其所属母公司 AAQIUS 一起,在拉法兰先生与瑞士参赞莫海岩先生的见证下,协同中国投资协会新兴产业中心、泉州台商投资区管委会于其进博会展台进行项目签约仪式。

该协议的签署标志着 STOR-H Technologies SA 公司正式进入中国市场,其带来的全新的氢能零碳出行解决方案 STOR-H 将会填补该行业在国内的技术空白,并期待在不远的未来能够推广至全国,极大地改善中国在空气污染、碳排放等方面的问题。

资料来源:今日头条 2020 年 11 月 10 日,https://www. toutiao. com/article/6893425891901178380/? channel＝&source＝search_tab。

### ◆深入思考

STOR-H Technologies SA 是如何借助政府政策进行产品和品牌推广的? 采用了几种方式? 分别发挥了什么样的作用?

### ◆延伸阅读

《快时尚品牌优衣库的营销之道》

**快时尚品牌优衣库的营销之道**

### ◆思考题

1.全球广告的主要制约因素有哪些?

2.举例说明全球广告标准化决策与当地化决策的优缺点。

3.如何选择全球广告媒体?

4.如何对全球市场推销人员进行有效的管理?

5.简述全球市场营业推广的主要形式。

6.试述全球市场公共关系的主要任务。

7.试述全球市场直复营销的概念和特点。

8.全球营销中制约直复营销的主要因素有哪些?